国家科技支撑计划课题(2015BAH28F04)资助出版

新视角·新模式·新发展

——西北民族地区旅游产业发展研究

把多勋　编著

科学出版社
北京

内 容 简 介

本书立足于我国西北民族地区旅游产业发展的实践,综合运用旅游科学理论的新理念、新视角和新方法,较为全面系统地研究了我国西北民族地区旅游产业的发展,探讨了西北民族地区旅游产业发展的规律、现状以及发展态势。全书由本体研究篇、基础研究篇、融合研究篇、模式研究篇和影响研究篇五个部分、二十个章组成,是一本较为全面地介绍我国西北民族地区旅游产业发展状态和趋势的学术专著,也是一次系统地对我国西北民族地区旅游产业发展本质和规律的探索性研究。

本书适合于从事旅游科学研究和教学的专业人员、旅游行政管理人员、大专院校旅游专业师生以及从事民族旅游理论、管理和实践的相关人员参考和阅读。

图书在版编目(CIP)数据

新视角·新模式·新发展:西北民族地区旅游产业发展研究/把多勋编著. —北京:科学出版社,2017.6
 ISBN 978-7-03-053432-3

Ⅰ.①新… Ⅱ.①把… Ⅲ.①民族地区-地方旅游业-旅游业发展-研究-西北地区 Ⅳ.①F592.74

中国版本图书馆 CIP 数据核字(2017)第 135589 号

责任编辑:许 健
责任印制:谭宏宇 / 封面设计:殷 靓

科学出版社 出版
北京东黄城根北街 16 号
邮政编码:100717
http://www.sciencep.com

南京展望文化发展有限公司排版
苏州市越洋印刷有限公司印刷
科学出版社发行 各地新华书店经销

*

2017 年 6 月第 一 版 开本:787×1092 1/16
2017 年 6 月第一次印刷 印张:18 1/2
字数:427 000

定价:**92.00 元**
(如有印装质量问题,我社负责调换)

前　言

在中国 30 年的经济增长和发展中,我们不能不高度关注中国产业经济发展中的重要产业——旅游产业的发展。在改革开放和现代化进程中,旅游产业异军突起,成为中国经济发展最有潜力和潜质的经济体量,截至 2016 年,旅游产业产值已达 GDP 的 5% 左右,在许多地区旅游业已经成为国民经济的龙头产业或支柱产业,甚至成为战略性支柱产业。2015 年世界旅游组织发布的《UNWTO Tourism Highlights》中,美国以 1 780 亿美元的国际旅游收入位居世界第一,中国以 1 140 亿美元的国际旅游收入位居第二。国家旅游局发布的《中国旅游发展报告(2016)》显示,随着"515"战略、"旅游+战略"、"全域旅游战略"和"一带一路"旅游合作战略的进一步实施,中国将全面迎来旅游业提质增效阶段。预计 2017 年全年国内旅游人数将达到 48.8 亿人次,同比增长 10%;入境旅游人数 1.4 亿人次,同比增长 3.5%;国际旅游收入 1 260 亿美元,同比增长 5%;出境旅游人数 1.35 亿人次,同比增长 4%。但是,如果我们对过去 30 年的经济增长和发展做一回顾和反思,就会得出我国旅游产业最大的问题是我们还在经济增长和发展的模式与类型上苦苦探索,应该说,未来十年,我们必须找到能够关乎未来的成熟的经济增长和经济发展的特定规律;在我国旅游产业发展中,我们更要探索一条独特而又鲜明的,且适合中国实际和特色的发展道路。

民族地区是中国区域经济发展中的一个特殊类型地区,长期以来,由于发展起点、基础、条件、区位和资源禀赋等方面的原因,使得民族地区的经济社会发展长期落后于其他地区,民族地区脱贫致富和实现现代化的使命十分艰巨。但是,民族地区在寻找和选择适合于自身发展的模式过程中,发现发展现代旅游产业是一条科学和理性的发展选项,这主要囿于我国民族地区大多具有民族文化历史悠久、积淀深厚和灿烂辉煌的特征,并且由于这些特征,使得民族地区在进行产业的比较优势选择中,几乎不约而同地将文化旅游产业的发展作为区域经济增长和发展的优先发展产业或龙头产业,甚至将其作为支柱产业或战略性支柱产业进行培育。通过旅游产业的发展,我国民族地区确实找到了一条在可观察的周期内实现经济增长和发展的、有比较优势的产业,必须高度肯定旅游业在民族地区经济增长和发展中的特殊作用,也反映了我国民族地区经济增长和发展的阶段性特征。

进入 21 世纪以后,尤其是近五年以来,我国经济发展进入了新常态,原有的发展模式和类型已经变得不可持续,也已经不适应于人类在未来的发展,包括旅游业,尤其是民族地区旅游业的发展已经到了非转型不可的地步。在过去的二三十年间,我国的民族旅游都是在追求单一经济价值的主线上高速运行,在我国广袤的西部区域,民族类型千差万别,又形成了民族旅游发展的多种模式。但我们必须寻求在全球经济社会发展特质和新条件下、在中国经济进入新常态下、在全球新的治理模式下、在我国经济进入"拐点"的条件下的民族地区旅游产业发展新模式——尤其是兼顾新发展理念并统筹经济、社会、资源环境、人和文化的民族旅游产业发展的新模式,以期对指向未来的和现代化的民族地区旅游业有新的借鉴和启示,使我国的民族旅游产业能够可持续发展、绿色发展、和谐发展,真正成为民族经济体的有机组成部分。

因此,本书在深入探讨民族地区旅游业发展规律的基础上,在系统梳理民族地区旅游业发展的历史进程中,大胆探索民族地区成型的旅游产业发展模式,研究包括了对民族地区借鉴社会发展和旅游产业发展的回顾和反思、我国民族地区旅游业发展的区域旅游发展基础研究、民族地区旅游业发展模式的探索、民族地区旅游业发展的影响研究等内容,以期助益于我国民族地区旅游业的发展、经济的增长以及民族地区现代化的进程。本书想努力把握一个"民族地区和民族地区旅游—民族地区旅游发展的基本梳理和反思—作为民族地区旅游研究起点的区域旅游—民族地区旅游发展模式的探索—民族地区旅游发展影响"的基本逻辑,大致初步在学理上交代一个关乎我国民族旅游的基本样式,本研究的探索只是一个起步,我国民族地区现代化进程的火热实践不是我们这个初步研究就能概括和解释的,但我们永远在研究我国民族地区经济发展尤其是旅游业发展的道路上,我们也将不懈努力!

本书对西北民族地区旅游产业发展的研究以我国重要的民族地区——甘肃省为研究对象或研究案例,因此在相关篇章的研究中再不特殊注明。

把多勋写于中共中央党校学员一号楼1301室
2017年4月16日

目 录

前言

本体研究篇

第一章　西北民族地区经济社会发展概述 …………………………………… 3
　一、总体概况 …………………………………………………………………… 3
　二、民族自治区 ………………………………………………………………… 3
　三、民族自治州 ………………………………………………………………… 4
　四、民族自治县 ………………………………………………………………… 12

第二章　西北民族地区旅游产业发展概述 …………………………………… 15
　一、旅游产业发展现状 ………………………………………………………… 15
　二、旅游产业存在的问题 ……………………………………………………… 20
　三、旅游产业发展评价 ………………………………………………………… 23

第三章　西北民族地区各省区旅游产业的发展 ……………………………… 25
　一、新疆维吾尔自治区 ………………………………………………………… 25
　二、宁夏回族自治区 …………………………………………………………… 29
　三、青海省民族地区 …………………………………………………………… 32
　四、甘肃省民族地区 …………………………………………………………… 36

第四章　西北民族地区旅游资源空间结构研究 ……………………………… 41
　一、相关概念及理论基础 ……………………………………………………… 41
　二、数据来源和研究方法 ……………………………………………………… 42
　三、民族旅游资源的空间结构 ………………………………………………… 42
　四、民族旅游资源的空间分布 ………………………………………………… 45
　五、本章小结 …………………………………………………………………… 49

第五章　西北民族地区人文旅游资源评价 …………………………………… 50
　一、人文旅游资源评价体系 …………………………………………………… 50
　二、人文旅游资源综合评价 …………………………………………………… 65
　三、本章小结 …………………………………………………………………… 86

区域研究篇

第六章 区域旅游产业发展战略研究的基本框架 …… 89
    一、旅游产业发展战略研究述评 …… 89
    二、区域旅游产业发展战略的基本体系和框架 …… 91
    三、区域旅游产业发展战略研究和实施的意义与价值 …… 95
    四、本章小结 …… 96

第七章 区域旅游产业竞争力研究 …… 97
    一、数据来源与研究方法 …… 98
    二、研究结果与分析 …… 100
    三、本章小结 …… 103

第八章 区域旅游业与城镇化协调发展研究 …… 106
    一、旅游业与城镇化基本情况概述 …… 107
    二、旅游业与城镇化相互作用机制 …… 112
    三、旅游业与城镇化协调发展分析 …… 118
    四、旅游业与城镇化协调发展政策建议 …… 121
    五、本章小结 …… 124

第九章 区域旅游产业协同发展研究 …… 125
    一、区域旅游产业协同发展的理论基础 …… 125
    二、区域旅游产业协同发展的保障机制 …… 133
    三、西北地区旅游产业协同发展现状 …… 140
    四、西北地区旅游产业协同发展战略及建议 …… 146
    五、本章小结 …… 149

第十章 区域旅游产业布局优化研究：以甘肃省河西地区为例 …… 150
    一、布局优化的构成要素 …… 150
    二、布局优化的基本标准 …… 154
    三、布局优化的实证分析 …… 157
    四、本章小结 …… 171

融合研究篇

第十一章 文脉视角下的区域旅游产业可持续发展研究 …… 175
    一、相关概念及理论基础 …… 175
    二、文脉与旅游产业可持续发展 …… 176

三、案例分析 …………………………………………………………… 182
　　四、本章小结 …………………………………………………………… 183
第十二章 旅游可持续视角下的文化发展研究 ……………………………… 184
　　一、相关概念及理论基础 ……………………………………………… 184
　　二、文化与旅游产业可持续发展 ……………………………………… 185
　　三、可持续旅游产业视角下的文化危机 ……………………………… 187
　　四、旅游产业发展中的文化发展 ……………………………………… 188
　　五、本章小结 …………………………………………………………… 190
第十三章 旅游凝视与民族地区文化变迁研究 ……………………………… 191
　　一、相关概念及理论基础 ……………………………………………… 191
　　二、民族地区文化变迁 ………………………………………………… 192
　　三、旅游凝视与文化变迁的作用模型 ………………………………… 195
　　四、本章小结 …………………………………………………………… 196
第十四章 民族文化保护传承与发展的互动机制研究：以裕固族为例 …… 197
　　一、裕固族民族文化的传承现状 ……………………………………… 197
　　二、裕固族民族文化的传承机制 ……………………………………… 200
　　三、本土居民对民族文化保护传承的认知 …………………………… 202
　　四、民族文化保护传承与发展的互动机制 …………………………… 212
　　五、本章小结 …………………………………………………………… 217

模式研究篇

第十五章 民族地区旅游经济发展模式的比较研究 ………………………… 221
　　一、民族地区旅游产业发展模式的现状与比较 ……………………… 221
　　二、民族地区旅游产业发展模式中存在的问题 ……………………… 224
　　三、本章小结 …………………………………………………………… 225
第十六章 民族地区旅游产业发展运行机制研究 …………………………… 227
　　一、民族地区旅游产业运行机制的内涵 ……………………………… 227
　　二、准备与支撑机制 …………………………………………………… 229
　　三、启动与运行机制 …………………………………………………… 231
　　四、控制与保障机制 …………………………………………………… 236
　　五、本章小结 …………………………………………………………… 238
第十七章 基于文化发展的民族地区旅游产业模式研究：以甘南藏族自治州为例 …… 240
　　一、甘南州旅游文化发展现状 ………………………………………… 241

二、旅游文化与旅游产业间的关系 ………………………………… 243
　　三、旅游文化视角下的旅游产业发展模式 ………………………… 246
　　四、本章小结 ………………………………………………………… 252

影响研究篇

第十八章　西北民族地区旅游业发展与经济增长的关系研究 …………… 255
　　一、模型设定与变量选取 …………………………………………… 255
　　二、实证分析 ………………………………………………………… 256
　　三、本章小结 ………………………………………………………… 261
第十九章　西北民族地区社区参与式旅游扶贫机制研究：以甘南藏族自治州为例 …… 263
　　一、社区参与式旅游扶贫优势 ……………………………………… 263
　　二、经济社会贫困与旅游发展现状 ………………………………… 264
　　三、社区参与式旅游扶贫机制 ……………………………………… 267
　　四、本章小结 ………………………………………………………… 269
第二十章　基于可持续发展的民族地区旅游产业外部性研究 …………… 270
　　一、旅游产业发展的经济外部性 …………………………………… 271
　　二、旅游产业发展的环境外部性 …………………………………… 274
　　三、旅游产业发展的负外部性规避 ………………………………… 281
　　四、本章小结 ………………………………………………………… 284
后记 ………………………………………………………………………… 286

本体研究篇

第一章　西北民族地区经济社会发展概述

一、总体概况

西北民族地区总面积269.54万 km²，约占西北地区总面积的86.76%，约占全国总面积的28.08%，包括2个民族自治区、8个民族自治州和10个民族自治县。具体包括新疆维吾尔自治区和宁夏回族自治区2个民族自治区；甘肃省的临夏回族自治州、甘南藏族自治州，青海省的海南藏族自治州、海北藏族自治州、黄南藏族自治州、玉树藏族自治州、果洛藏族自治州、海西蒙古族藏族自治州8个自治州；甘肃省的武威市天祝藏族自治县、张掖市肃南裕固族自治县、酒泉市肃北蒙古族自治县、阿克塞哈萨克族自治县、天水市张家川回族自治县，青海省的西宁市大通回族土族自治县、海东市民和回族土族自治县、互助土族自治县、化隆回族自治县、循化撒拉族自治县10个民族自治县。西北民族地区总人口3 731.595 7万人（2015年常住人口[①]），约占西北地区总人口的37.28%，占全国总人口的2.73%。2015年，西北民族地区实现地区生产总值（2015年GDP[②]）13 923.274 8亿元，占西北地区GDP总量的35.15%，占全国GDP总量的2.06%。按常住人口计算，全年人均地区生产总值37 312元，低于全国平均水平。

二、民族自治区

(一) 新疆维吾尔自治区

新疆维吾尔自治区，简称"新"，首府乌鲁木齐，地处东经73°40′~96°18′，北纬34°25′~48°10′，深居亚欧大陆的腹地，位于中国西北边陲，总面积166.49万 km²，占中国国土总面积的六分之一，面积列全国各省、市、自治区的第一位，是中国五个少数民族自治区之一，下辖4个地级市、3个地区和5个民族自治州。新疆维吾尔自治区地形以山地与盆地为主，地形特征为"三山夹两盆"。陆地边境线长达5 600 km，占中国陆地边境线的四分之一，周边与8个国家相接壤，是中国陆地面积最大、陆地边境线最长、毗邻国家最多的省区。截至2015年末，新疆常住人口2 360万人，其中城镇常住人口1 115万人，乡村常住人口1 245

[①] 数据均来自政府的官方统计。一般根据2015年地方政府国民经济与社会统计公报的数据进行计算，其中化隆回族自治县依据2014年化隆回族自治县国民经济与社会发展统计公报中的数据进行计算，酒泉市肃北蒙古族自治县、阿克塞哈萨克族自治县、天水市张家川回族自治县的常住人口依据政府公布的2016年常住人口数据进行计算。

[②] 数据均来自政府的官方统计。一般根据2015年地方政府国民经济与社会统计公报的数据进行计算，其中大通回族土族自治县依据政府公布的2014年GDP进行计算。

万人,城镇化率为47.25%①。

(二) 宁夏回族自治区

宁夏回族自治区,简称"宁",首府银川,是中国五个少数民族自治区之一。宁夏回族自治区地处北纬35°14′～39°23′,东经104°17′～107°39′,位于黄河上游,南北相距约456 km,东西相距约250 km,总面积为6.64万km²,占全国总面积的0.69%,下辖5个地级市。宁夏回族自治区处于高原与山地交错带,疆域轮廓南北长、东西短,呈十字形。宁夏回族自治区自古以来内接中原,西通西域,北连大漠,是"丝绸之路"上各民族频繁往来的要道,又得黄河水灌溉而形成悠久的黄河文明,素有"塞上江南"之美誉。截至2015年末,宁夏回族自治区常住人口667.88万人,其中城镇常住人口368.90万人,乡村常住人口298.98万人,城镇化率为55.23%。汉族人口421.50万人,占总人口的63.11%;各少数民族人口246.38万人,占总人口的36.89%②。

三、民族自治州

(一) 甘肃省两个民族自治州

1. 临夏回族自治州

临夏回族自治州(简称临夏州)总面积8 169 km²,位于黄河上游,东临定西市,西倚青海省,南靠甘南藏族自治州,北接兰州市,是中国两大回族自治州之一,也是甘肃西南重要的商品集散地和汉藏贸易枢纽。

2015年全州实现地区生产总值211.41亿元,同比增长9.0%。其中,第一产业增加值36.14亿元,增长5.9%;第二产业增加值44.83亿元,增长11.1%;第三产业增加值130.44亿元,增长8.9%。三次产业占生产总值的比重为17.1∶21.2∶61.7,三次产业对经济增长的贡献率分别为10.63%、32.97%和56.40%。按常住人口计算,全州人均生产总值10 514元,低于全国平均水平。截至2013年末,临夏回族自治州有回族、汉族、东乡族、保安族、撒拉族、土族、藏族等31个民族,少数民族人口占总人口的59.2%。其中,东乡族和保安族是两个以临夏为主要聚居区的少数民族。到2015年末,临夏回族自治州常住人口201.08万人。其中,城镇常住人口62.22万人,乡村常住人口138.86万人,城镇化率为30.94%③。

2. 甘南藏族自治州

甘南藏族自治州(简称甘南州)总面积4.5万km²,位于甘肃省西南部,地处青藏高原东北边缘与黄土高原西部过渡地段,是藏、汉文化的交汇带,被费孝通先生称为"青藏高原的窗口"和"藏族现代化的跳板"。2015年甘南州实现地区生产总值126.55亿元,按不变价格计算,比上年增长7.5%。其中,第一产业增加值为27.01亿元,增长5.4%;第二产

---

① 数据来源:2015年新疆国民经济和社会发展统计公报。
② 数据来源:2015年宁夏国民经济和社会发展统计公报。
③ 数据来源:2015年临夏州国民经济与社会统计公报。

业增加值为20.70亿元,增长2.2%;第三产业增加值为78.84亿元,增长10.4%。三次产业占生产总值的比重为21.34∶16.36∶62.30,三次产业对经济增长的贡献率分别为13.2%、7.1%和79.7%。目前,甘南州已初步形成了以水电能源、畜产品加工、建材、采矿冶炼、藏医药、山野珍品等为主的地方民族工业体系。按常住人口计算,2015年全州人均生产总值17 990元,比上年增长6.9%。截至2014年,甘南藏族自治州常住人口73.07万人,有藏族、汉族、回族、土族、蒙古族等24个民族,藏族占54.2%①。到2015年末,甘南藏族自治州常住人口70.45万人。其中,城镇常住人口21.31万人,乡村常住人口49.14万人,城镇化率为30.50%②。

3. 民族地区与非民族地区经济对比分析

为了更好地理解民族地区经济社会的发展状况,本章试图将民族地区放在各省经济发展的宏观视野下进行相应对比分析。

(1) GDP对比分析

"十二五"期间,临夏回族自治州和甘南藏族自治州的经济总量不断增加,但在全省经济发展序列中,上述两个地区的排名仍然靠后。2015年甘南州GDP为126.54亿元,临夏州GDP为211.41亿元,分别位列甘肃省经济总量倒数第一和倒数第三(表1-1)。

表1-1 "十二五"期间甘肃省各市(州)GDP （单位:亿元）

地 区	2011年	2012年	2013年	2014年	2015年
兰州市	1 360.03	1 564.41	1 776.28	1 913.5	2 095.99
嘉峪关市	235.54	269.1	226.3	243.1	190
金昌市	232.75	243.39	252.04	245.64	224.52
白银市	375.79	433.77	463.3	497.58	434.27
天水市	357.6	413.9	456.3	496.89	553.8
酒泉市	481.5	574.6	642.7	620.2	544.8
张掖市	256.6	291.89	336.86	353.43	373.53
武威市	272.85	/	381.18	405.97	416.19
定西市	186.95	224.12	252.22	267.94	304.92
陇南市	197.7	/	249.5	262.5	315.14
平凉市	276.19	325.36	341.92	350.53	347.7
庆阳市	454.08	530.29	606.07	668.93	609.43
临夏回族自治州	128.78	151.89	/	186.05	211.41
甘南藏族自治州	81.34	96.74	108.89	114.92	126.54

数据来源:2011~2015年甘肃省各市(州)国民经济与社会发展统计公报。

(2) GDP增速对比分析

2011年临夏回族自治州的GDP增速为13.1%,与甘肃其他13个市(州)相比,只有甘南州(10.9%)、天水市(12%)、陇南市(12.5%)、定西市(12.7%)低于临夏州,其他市均

---

① 数据来源:2014年甘南州国民经济与社会统计公报。
② 数据来源:2015年甘南州国民经济与社会统计公报。

高于临夏州,GDP 增速相对较低;2015 年临夏州的 GDP 增速下降为 9.0%,与其他 13 个市(州)相比,只有天水市(9.2%)、陇南市(9.5%)、兰州市(9.1%)的增速高于临夏州(表1-2)。2011 年甘南藏族自治州 GDP 增速为 10.9%,甘肃其他 13 个市(州)均高于甘南州;2015 年甘南州的 GDP 增速下降为 7.5%,与甘肃其他 13 个市(州)相比,只有金昌市(3.2%)、酒泉市(5.3%)、白银市(6.8%)的增速低于甘南州,其他市(州)均高于甘南州(表1-2)。

表 1-2 "十二五"期间甘肃省各市(州)GDP 增速(%)

地 区	2011 年	2012 年	2013 年	2014 年	2015 年
兰州市	15.0	13.4	13.40	10.4	9.1
嘉峪关市	17.4	16.4	15.3	10.0	9.0
金昌市	15.7	16.54	15.3	7.8	3.2
白银市	13.6	14.68	12.7	8.9	6.8
天水市	12	13.4	11.5	8.9	9.2
酒泉市	15.5	16.1	12.3	7.8	5.3
张掖市	13.2	12.2	11.8	8	7.5
武威市	13.2	/	12.8	9.1	8.7
定西市	12.7	13.1	11.3	9.2	8.7
陇南市	12.5	/	11.7	9.0	9.5
平凉市	14.0	14.1	11.3	8	7.6
庆阳市	16.8	16.1	14.5	10.2	9.0
临夏回族自治州	13.1	14.8	/	10.9	9.0
甘南藏族自治州	10.9	13.0	10.0	6.7	7.5

数据来源:2011~2015 年甘肃省各市(州)国民经济与社会发展统计公报。

(3) 人均 GDP 对比分析

临夏州 2011 年的人均 GDP 为 6 036 元,与甘肃其他市(州)相比达到最低,2015 年的人均 GDP 为 10 514 元,与甘肃其他市(州)相比仍然最低。甘南州 2011 年的人均 GDP 为 11 801 元,与甘肃其他市(州)相比,只高于天水市(10 961)、陇南市(6 982)、定西市(6 223)、临夏州(6 036),排名倒数第五;2015 年的人均 GDP 为 17 990 元,与甘肃其他市(州)相比,只高于天水市(16 723)、平凉市(16 595)、陇南市(11 028)、定西市(10 975)、临夏州(10 514),排名倒数第六(表1-3)。

表 1-3 "十二五"期间甘肃省各市(州)人均 GDP （单位:元）

地 区	2011 年	2012 年	2013 年	2014 年	2015 年
兰州市	42 068	48 657	48 777	52 378	56 972
嘉峪关市	101 003	115 123	123 683	101 955	78 336
金昌市	50 060	52 157	53 854	52 336	47 739
白银市	21 858	25 231	24 297	29 094	25 410
天水市	10 961	12 687	13 814	15 043	16 723

续表

地　区	2011 年	2012 年	2013 年	2014 年	2015 年
酒泉市	43 745	52 116	58 088	55 778	48 920
张掖市	21 302	24 171	27 862	29 163	30 704
武威市	14 994	/	21 057	22 385	22 931
定西市	6 223	8 093	9 103	9 665	10 975
陇南市	6 982	/	8 823	9 268	11 028
平凉市	11 853	15 648	16 404	16 776	16 595
庆阳市	20 502	23 904	23 882	30 090	27 366
临夏回族自治州	6 036	7 064	/	8 520	10 514
甘南藏族自治州	11 801	14 004	15 658	16 421	17 990

数据来源：2011~2015 年甘肃省各市(州)国民经济与社会发展统计公报。

(4) 产业结构对比分析

"十二五"期间，临夏州和甘南州的三次产业结构不断优化。2011 年临夏州三次产业产值占比为 20.97：31.01：48.02，至 2015 年为 17.1：21.2：61.7；2011 年甘南州产业结构三次产业产值占比为 23.3：25.2：51.5，至 2015 年为 21.34：16.36：62.3。经过五年的发展，上述两个地区的第三产业所占比重逐年上升。作为甘肃省内文化资源丰富的民族地区来说，第三产业已经成为甘南藏族自治州和临夏回族自治州的支柱产业和主导产业，在产业结构中所发挥的效应较大，产业结构优化升级潜力巨大（表 1-4）。

表 1-4　"十二五"期间甘肃省各市(州)三次产业结构状况

地　区	2011 年	2012 年	2013 年	2014 年	2015 年
兰州市	2.95：48.27：48.78	2.89：47.60：49.51	2.76：46.19：51.05	2.62：41.23：56.15	2.68：37.34：59.98
嘉峪关市	1.3：81.9：16.8	1.4：81.8：16.8	1.72：75.56：22.62	1.7：70.5：27.8	2.2：57.1：40.7
金昌市	5.2：78.4：16.5	5.5：75.8：18.7	6.3：72.7：21	7.1：69.3：23.6	8：58.2：33.8
白银市	11.18：57.43：31.39	11.2：57.31：31.49	11.62：54.73：33.65	11.48：50.45：38.07	13.59：44.73：41.68
天水市	18.7：39.8：41.5	19.2：39.3：41.5	19：38.2：42.8	18.3：38.8：42.9	17.61：33.51：48.88
酒泉市	12.3：52.3：35.4	12.1：53.5：34.4	12.1：53：34.9	11.7：47.8：40.5	14.4：37.1：48.5
张掖市	28.1：37.4：34.5	28.1：35.5：35.8	27.6：35.7：36.7	25.2：33.7：41.1	25.4：29.4：45.2
武威市	24.56：42.33：33.11	24.22：44.04：31.74	23.4：43.6：33	23.3：42.6：34.1	24：36.6：39.4
定西市	28.3：27.7：44.0	30.5：26.9：42.6	31.0：25.6：43.4	28.0：26.3：45.7	25.2：21.8：53
陇南市	25.3：30.6：44.1	25.4：30.6：44	24.7：29.6：45.7	25.23：26.43：48.34	22.31：23.14：54.55
平凉市	20.64：48.30：31.06	21.32：47.31：31.37	22.5：42.9：34.6	24.3：38.3：37.4	27.1：27.9：45.0
庆阳市	12.77：63.41：23.82	13.9：62.1：21.0	13.25：62.36：24.39	11.6：59.8：28.6	13.5：52.7：33.8
临夏州	20.97：31.01：48.02	21.13：30.57：48.3	20.04：26.88：53.08	18.94：26.68：54.38	17.1：21.2：61.7
甘南州	23.3：25.2：51.5	22.2：26.9：50.9	22.3：26.2：51.5	20.68：22.7：56.62	21.34：16.36：62.3

数据来源：2011~2015 年甘肃省各市(州)国民经济与社会发展统计公报。

(二) 青海省六个民族自治州

1. 海南藏族自治州

海南藏族自治州(简称海南州)总面积4.6万km²,位于青海湖之南,故名"海南",是青藏高原的东门户,素有"海藏通衢"之称。2015年全州实现地区生产总值140.20亿元,比上年增长9.3%。其中,第一产业增加值为31.21亿元,增长6.1%;第二产业增加值为70.14亿元,增长10.8%;第三产业增加值为38.85亿元,增长9.2%。三次产业占生产总值的比重为22.26:50.03:27.71。按常住人口计算,人均地区生产总值为30 150元,增长7.3%。截至2015年末,全州常住人口46.40万人,有藏族、汉族、回族、土族、撒拉族等21个民族,是以藏族为主的多民族聚居区。其中,城镇常住人口为15.31万人,乡村常住人口为31.09万人,城镇化率为33.0%①。

2. 海北藏族自治州

海北藏族自治州(简称海北州)总面积3.4万km²,位于青海省境东北部,北部与甘肃省毗邻。2015年全州实现地区生产总值94.86亿元,按可比价计算,比上年增长7.5%。其中,第一产业增加值为16.91亿元,增长5.7%;第二产业增加值为43.11亿元,增长6.6%;第三产业增加值为34.84亿元,增长9.7%。三次产业占生产总值的比重为17.8:45.5:36.7,三次产业对经济增长的贡献率分别为12.0%、44.2%和43.8%。按常住人口计算,人均地区生产总值31 960元,比上年增长6.7%。截至2015年末,全州常住人口29.7万人,有汉族、回族、藏族、蒙古族、土族等26个民族。其中,少数民族人口19.89万人,占总人口的66.97%。城镇常住人口8.33万人,乡村常住人口21.37万人,城镇化率为28.04%②。

3. 黄南藏族自治州

黄南藏族自治州(简称黄南州)总面积1.88万km²,位于青海省东南部,地处九曲黄河第一弯。东南与甘肃省甘南藏族自治州的夏河县、碌曲县、玛曲县和本省果洛州的玛沁县为邻,西北与本省海南州的同德县、贵德县和海东市的化隆、循化县接壤。2015年全州实现地区生产总值72.75亿元,按可比价格计算,比上年增长7%。其中,第一产业增加值19.62亿元,比上年增长4.6%;第二产业增加值25.42亿元,比上年增长4.5%;第三产业增加值27.72亿元,比上年增长11%。三次产业占生产总值的比重为27:34.9:38.1。按常住人口计算,人均地区生产总值为27 179元,比上年增长12.3%。截至2015年末,全州常住人口为26.88万人,有藏族、蒙古族、汉族、回族、土族、撒拉族、保安族等15个民族。其中,少数民族人口252 155人,占总人口的93.8%。在少数民族人口中,藏族184 575人,蒙古族37 579人,回族17 396人。城镇常住人口7.74万人,乡村常住人口19.14万人,城镇化率为28.80%③。

4. 玉树藏族自治州

玉树藏族自治州(简称玉树州)总面积26.7万km²,位于青海省西南青藏高原腹地的

---

① 数据来源:2015年海南藏族自治州国民经济与社会发展统计公报。
② 数据来源:2015年海北藏族自治州国民经济与社会发展统计公报。
③ 数据来源:2015年黄南藏族自治州国民经济与社会发展统计公报。

三江源头,藏语意为"遗址",是青海省第一个、全国第二个成立的少数民族自治州,也是全国 30 个少数民族自治州中主体民族比例最高、海拔最高、人均占有面积最大的自治州。2015 年全州实现地区生产总值 60.55 亿元,按可比价格计算,比上年增 10.4%。其中,第一产业增加值为 25.72 亿元,比上年增长 5.2%;第二产业增加值为 23.31 亿元,比上年增长 16.7%;第三产业增加值为 11.53 亿元,比上年增长 9.5%,三次产业占生产总值的比重为 42.5∶38.5∶19.0。按常住人口计算,人均地区生产总值为 15 073 元。截至 2015 年末,玉树藏族自治州常住人口 39.19 万人,有汉族、回族、土族、蒙古族、撒拉族、苗族、布依族、壮族、满族、朝鲜族等民族,为全国少数民族人口比例最高的自治州。其中,少数民族人口 386 537 人,占总人口的 98.6%;在少数民族人口中,藏族 385 683 万人,占少数民族人口的 99.8%;回族 298 人,其他少数民族 556 人①。

5. 果洛藏族自治州

果洛藏族自治州(简称果洛州)总面积 7.6 万 km²,位于青海省东南部,地处青藏高原腹地、黄河源头。2015 年全州实现地区生产总值 356 648 万元,同比增长 6.0%。其中:第一产业完成增加值 58 769 万元,同比增长 5.2%;第二产业完成增加值 136 851 万元,同比增长 4.1%;第三产业完成增加值 161 028 万元,同比增长 8.5%。三次产业占生产总值的比重为 16.48∶38.37∶45.15。按常住人口计算,人均地区生产总值为 18 089 元,同比增长 8.73%。截至 2015 年末,全州常住人口 200 175 人,有汉族、藏族、回族、土族、蒙古族、撒拉族等民族。其中,藏族人口 183 901 人,占总人口的 91.87%。城镇常住人口 48 115 人,农牧业人口 152 060 人,城镇化率为 24.04%②。

6. 海西蒙古族藏族自治州

海西蒙古族藏族自治州(简称海西州)总面积 32.578 5 万 km²,位于青藏高原北部,青海省西部,是甘青新三省区交汇的中心地带,也是进出西藏的重要通道。因其居青海湖以西,故名海西。2015 年全州实现地区生产总值 439.9 亿元,增长 3.2%。其中,第一产业完成增加值 26.8 亿元,同比增长 7.6%;第二产业完成增加值 297 亿元,同比增长 2%;第三产业完成增加值 116 亿元,同比增长 7.1%。三次产业占生产总值的比重为 6.09∶67.52∶26.37。按常住人口计算,人均地区生产总值 86 407 元,高于全国平均水平。截至 2015 年末,全州常住人口 50.91 万人,有汉族、藏族、回族、土族、蒙古族、撒拉族等民族。其中,城镇常住人口 36.15 万人,乡村常住人口 14.76 万人,城镇化率为 71.02%③。

7. 民族地区与非民族地区经济对比分析

(1) GDP 总量对比分析

从"十二五"期间青海省各市(州)GDP 状况可以看出,青海省内除海西蒙古族藏族自治州外,其他民族自治州的 GDP 总量均低于青海省的西宁市和海东市。2011 年 6 个民族自治州的 GDP 总量为 756.39 亿元,占青海省 GDP 总量(1 746.46 亿元)的 43.31%;2012 年 6 个民族自治州的 GDP 总量为 906.45 亿元,占青海省 GDP 总量

---

① 数据来源:2015 年玉树藏族自治州国民经济与社会发展统计公报。
② 数据来源:2015 年果洛藏族自治州国民经济与社会发展统计公报。
③ 数据来源:2015 年海西藏族自治州国民经济与社会发展统计公报。

(2 031.67 亿元)的 44.62%;2013 年 6 个民族自治州的 GDP 总量为 992.31 亿元,占青海省 GDP 总量(2 307.84 亿元)的 43.00%;2014 年 6 个民族自治州的 GDP 总量为 956.73 亿元,占青海省 GDP 总量(2 411.57 亿元)的 39.67%;2015 年 6 个民族自治州的 GDP 总量为 843.92 亿元,占青海省 GDP 总量(2 359.94 亿元)的 35.76%。6 个民族州的 GDP 总量在青海省 GDP 中所占比重由 2011 年的 43.31% 下降到 2015 年的 35.76%。青海省民族区域的社会经济发展与非民族区域社会经济发展的差距进一步拉大(表 1-5)。

表 1-5 "十二五"期间青海省各市(州)GDP　　　(单位:亿元)

地　区	2011 年	2012 年	2013 年	2014 年	2015 年
西宁市	770.70	851.09	978.53	1 077.14	1 131.62
海东市	219.37	274.13	337.00	377.70	384.40
海北藏族自治州	77.89	95.97	112.26	106.62	94.86
黄南藏族自治州	48.40	58.11	66.47	68.83	72.75
海南藏族自治州	82.65	104.35	117.12	130.72	140.20
果洛藏族自治州	26.15	30.55	32.08	34.07	35.66
玉树藏族自治州	40.20	47.17	54.68	56.49	60.55
海西蒙古族藏族自治州	481.10	570.30	609.70	560.00	439.90

数据来源:2011~2015 年省市(州)国民经济与社会发展统计公报。

(2) GDP 增速对比分析

"十二五"期间青海省各市(州)GDP 增速总体上都呈下降趋势,且 6 个民族自治州 GDP 增速的波动幅度较大,与西宁市、海东市相比稳定性相对较差。其中,海北藏族自治州和海西蒙古族藏族自治州由 2011 年的最高增速 21.8% 和 19.0% 分别下降到 2014 年的最低增速 4.1% 和 1.5%,均下降 17.7 个百分点,下降幅度最大;果洛藏族自治州由 2011 年的最高增速 21.6% 到 2014 年的最低增速 4.8%,下降 16.8 个百分点 (表 1-6)。

表 1-6 "十二五"期间青海省各市(州)GDP 增速(%)

地　区	2011 年	2012 年	2013 年	2014 年	2015 年
西宁市	15.0	15.0	14.1	13.5	10.9
海东市	18.5	18.1	18.2	15.1	11.2
海北藏族自治州	21.8	16.3	16.3	4.1	7.5
黄南藏族自治州	5.9	12.2	10.2	3.8	7.0
海南藏族自治州	12.1	14.1	9.0	10.5	9.3
果洛藏族自治州	21.6	12.0	8.6	4.8	6.0
玉树藏族自治州	15.0	10.7	11.0	3.1	10.4
海西蒙古族藏族自治州	19.0	17.0	10.7	1.5	3.2

数据来源:2011~2015 年省市(州)国民经济与社会发展统计公报。

(3) 人均GDP对比分析

"十二五"期间,青海省各市(州)人均GDP总量整体较高,因地广人稀,资源丰富,社会经济发展存在明显优势,发展潜力巨大。同时,除海西蒙古族藏族自治州、海北藏族自治州的人均GDP总量从2013年开始逐年有所下降以外,全省其余市(州)人均GDP总量均呈现逐年上升的趋势,发展态势良好。"十二五"期间海西州的人均GDP总量在青海省内排名第一,且每年在省内都遥遥领先,2011年海西州的人均GDP总量为97 747元,比西宁市高出63 004元,到2013年海西州的人均GDP总量达到最高122 114元,比西宁市高出78 768元,差距明显且越来越大。西宁市人均GDP总量年均排名第二,作为青海省省会城市经济发展水平较高,优势明显。海北藏族自治州紧随其后,人均GDP总量排名第三,但与西宁市仍然存在一定差距,从2011年的相差7 350元到2015年相差17 240元,差距越来越大。海南州和黄南州人均GDP总量相对接近,排名顺序会稍有变化,其中,除2011年黄南州人均GDP总量高于海南州、位列全省第四之外,其他年份海南州人均GDP总量均高于黄南州人均GDP总量、排名全省第四。海东市人均GDP总量与黄南藏族自治州人均GDP总量总体上存在一定差距,除2014年海东市人均GDP总量(26 281元)略高于黄南州人均GDP总量(25 974元),位列全省第五外,其他年份海东市人均GDP总量均在全省排名第六。果洛州和玉树州人均GDP总量与省内其他市(州)相比差距明显,尤其是玉树州人均GDP总量在全省年均最低(表1-7)。

表1-7 "十二五"期间青海省各市(州)人均GDP　　　　　　　　(单位:元)

地区	2011年	2012年	2013年	2014年	2015年
西宁市	34 743	38 034	43 346	47 261	49 200
海东市	15 638	19 323	23 552	26 281	26 531
海北藏族自治州	27 393	33 360	38 545	36 188	31 960
黄南藏族自治州	18 651	22 281	24 942	25 974	27 179
海南藏族自治州	18 531	23 179	25 780	28 479	30 150
果洛藏族自治州	14 381	16 458	16 897	17 744	18 089
玉树藏族自治州	10 439	12 040	13 850	13 961	15 073
海西蒙古族藏族自治州	97 747	116 484	122 114	111 254	87 040

数据来源:2011~2015年省市(州)国民经济与社会发展统计公报。

(4) 产业结构对比分析

"十二五"期间,青海省6个民族自治州主要是以第二产业为主。其中,海北藏族自治州、海南藏族自治州、海西蒙古族藏族自治州的第二产业比重远高于第一和第三产业所占比重;黄南藏族自治州、果洛藏族自治州的第二产业和第三产业的比重相差不大,第一产业与第二产业和第三产业的比重差距也不是很大;玉树藏族自治州的第一产业所占比重均高于第二产业和第三产业,且和第二产业的差距不大。到2015年,西宁市、果洛藏族自治州、黄南藏族自治州第三产业的比重首次超过第二产业,产业结构进一步优化,有助于地方经济结构的转型升级,发展态势良好。在其他市(州)产业结构中,第三产业所占比重较低,产业结构有待进一步优化(表1-8)。

表 1-8 "十二五"期间青海省三次产业结构状况

地 区	2011 年	2012 年	2013 年	2014 年	2015 年
西宁市	3.6∶53.4∶43.0	3.7∶51.6∶44.7	3.7∶52.6∶43.7	3.5∶52.1∶44.4	3.3∶48.0∶48.7
海东市	18.4∶44.3∶37.3	16.16∶49.54∶34.3	15.5∶52.5∶32.0	14.1∶53.3∶32.6	13.8∶50.2∶36
海北藏族自治州	15.2∶59∶25.8	14.6∶60.8∶24.6	14.8∶60.4∶24.8	16.4∶54.8∶28.8	17.8∶45.5∶36.7
黄南藏族自治州	29.8∶36.7∶33.5	29∶37.5∶33.5	28.87∶37.54∶33.59	29.19∶36.05∶34.76	27∶34.9∶38.1
海南藏族自治州	26∶46∶28	24∶50∶26	25∶49∶26	24∶50∶26	22∶50∶28
果洛藏族自治州	18.6∶48.7∶32.7	17.6∶46.7∶35.7	17.61∶46.68∶35.71	17.82∶44.97∶37.21	16.48∶38.37∶45.15
玉树藏族自治州	51.5∶30.3∶18.2	48.9∶33.4∶17.7	47∶36∶17	46∶36∶18	43∶38∶19
海西蒙古族藏族自治州	2.8∶81.2∶16	3.1∶81.4∶15.5	3.62∶80.44∶15.94	4.64∶76.43∶18.93	6.09∶67.52∶26.39

数据来源：2011~2015 年省市(州)国民经济与社会发展统计公报。

四、民族自治县

(一) 甘肃省 5 个民族自治县概况

天祝藏族自治县地处甘肃省中部、武威市南部，位于河西走廊和祁连山东端，藏语称"华锐"，意为英雄部落。天祝藏族自治县是以吐蕃(今藏族)为主体民族的多民族聚居地，是新中国成立后第一个实行民族区域自治的地区，是由周恩来总理命名的第一个少数民族自治县，也是全国仅有的两个藏族自治县之一。

肃南裕固族自治县地处张掖市的南部、河西走廊中部、祁连山北麓，整个区域横跨河西五市，是中国唯一的裕固族自治县。截至 2015 年，肃南裕固族自治县总人口 37 579 人，全县有裕固族、汉族、藏族、蒙古族等 18 个民族，少数民族人口 2.12 万，占总人口的 56.41％。其中，裕固族人口 1.02 万，占少数民族人口的 48.11％[①]。

肃北蒙古族自治县属酒泉市，位于甘肃省西北部、河西走廊西端南北两端，县域分南山和北山两个不相连的区域，周边与一个国家、三个省(区)三个县市接壤，是一个以蒙古族为主体的少数民族自治县，也是甘肃省唯一的边境县。

阿克塞哈萨克族自治县位于酒泉市最西端，位于甘肃、青海、新疆三省(区)交界处，东与肃北蒙古族自治县接壤，北与敦煌市毗邻，南与青海省相连，西与新疆自治区相望。是一个以哈萨克族为主体，汉族、回族、维吾尔族、藏族、土族、裕固族、萨拉族等 11 个民族共同居住的少数民族自治县。

张家川回族自治县总面积 1 311.8 km^2，位于甘肃省东南部、天水市东北部，东接陕

---

① 数据来源：2015 年肃南裕固族自治县国民经济与社会发展统计公报。

西省陇县、南邻清水县、西连秦安县、北毗华亭和庄浪县,是陇东南唯一的少数民族自治县。

(二) 青海省5个民族自治县概况

大通回族土族自治县地处青海省东部河湟谷地,是青藏高原和黄土高原过渡地带。全县有汉族、回族、土族、藏族、蒙古族等26个民族,两次被文化部命名为"中国民间文化艺术之乡"。

民和回族土族自治县位于青海省东部边缘,东北与甘肃省永登县、兰州市红古区相连,东与甘肃省永靖县接壤,南隔黄河与甘肃省积石山县相对,西、西北及北与本省的循化县、化隆县、乐都区毗邻。民和回族土族自治县以汉族为主,主要有回族、土族、藏族等少数民族,是青海省重要的粮食、蔬菜、瓜果主产区,在全省享有"瓜果之乡"的美誉。截至2015年末,全县常住人口36.37万人,全县户籍总人口43.17万人,有汉族、回族、土族、藏族等14个民族。其中,少数民族人口26.12万人,占总人口的比重为60.5%①。

互助土族自治县位于青海省东部、海东市北部,是全国唯一的土族自治县,也是土族人口最多最为集中的地方,土族是青海省世居民族,约占总人口的17%。该县还有藏族、回族、蒙古族、撒拉族等少数民族。

化隆回族自治县总面积位于海东市南部,地处青海省东部黄土高原与青藏高原过渡地带,是一个以回族为主的多民族聚居县,共有回族、汉族、藏族、撒拉族等12个民族。

循化撒拉族自治县位于青海省东部,地处青藏高原边缘地带,黄河上游河谷地区,黄河南岸古文化遗存丰富,是我国古代文明的发祥地之一,是青海省历史最长、文化类型遗存最多的第二个县份。

(三) 民族自治县总体概况

从2015年西北民族地区10个民族自治县社会经济基本状况可以看出,各民族自治县的各项指标整体上相对较低,但近年经济发展态势良好,整体上呈上升趋势。五年间,循化撒拉族自治县的生产总值从"十一五"末的11.2亿元升至26.57亿元,保持了年均14.98%的高速增长,生产总值增速位居全市第一,实现了翻番②。大通回族土族自治县的经济总量在2014年就达到109.6亿元,经济总量在这10个民族自治县中位列第一;其次为互助土族自治县2015年经济总量达到98.1亿元,相对较高;其他民族自治县的经济总量差距较大。

从产业结构来看,张家川回族自治县第三产业比重55.73%,高于第二产业所占比重,服务业拉动支撑作用明显增强,产业结构比较优化,其他民族自治县的产业结构有待优化,转型升级任务艰巨。从城镇化率来看,肃北蒙古族自治县的城镇化率达到57.80%,超过了50%;其次为大通回族土族自治县城镇化率为42.60%;其他民族自治县的城镇化率差距明显(表1-9)。

---

① 数据来源:2015年民和回族土族自治县国民经济与社会发展统计公报。
② 数据来源:2016年政府工作报告——循化撒拉族自治县第十六届人民代表大会第九次会议。

表 1-9 2015 年西北民族地区 10 个民族自治县社会经济基本状况

地 区	面积(km²)	GDP 总量（亿元）	产业结构	人口（万人）	城镇化率(%)
天祝藏族自治县	7 149	44.7	14.33∶46.34∶39.33	17.59	37.75
肃南裕固族自治县	23 800	28.7	17.4∶58.2∶24.4	3.76	37
肃北蒙古族自治县	66 748	34.5	1.45∶78.26∶20.29	1.53	57.80
阿克塞哈萨克族自治县	31 000	15.14	3∶65∶32	1.05	/
张家川回族自治县	13 118	24.98	25.18∶19.08∶55.73	29.32	37.36
大通回族土族自治县	3 090	109.6	12.6∶71.4∶16	44.72	42.60
民和回族土族自治县	1 890.82	71.8	14.2∶54∶31.8	36.37	26.80
互助土族自治县	3 423.9	98.1	18.2∶45.8∶36	40.01	37.30
化隆回族自治县	2 740	50.78	11.6∶64.6∶23.8	28.79	32.90
循化撒拉族自治县	2 100	26.57	16∶43∶41	13.34	38.17

注：大通回族土族自治县的 GDP 总量数据为 2014 年数据；张家川回族自治县、大通回族土族自治县的产业结构状况为 2014 年数据；肃北蒙古族自治县、阿克塞哈萨克族自治县、张家川回族自治县的人口统计数据为 2016 年数据；化隆回族自治县的人口统计数据为 2014 年末数据。

其他数据来源：2015 年各县国民经济与社会发展统计公报及政府工作报告。

近年来，这 10 个民族自治县的经济社会发展稳中有进，教育、科技、文化、卫生、安全等各项社会事业协调发展，产业结构不断升级，配套服务设施不断完善，经济社会发展呈现良好发展态势。如"十二五"末，民和回族土族自治县人均受教育年限由 2010 年的 7.62 年提高到 2015 年的 8.21 年，教育事业稳步发展[①]。肃南裕固族自治县到"十三五"末人民群众生活水平得到大幅度提高，小康实现程度为 79.94%，居全市第 1 位[②]。化隆回族自治县贫困发生率由"十一五"末的 40% 下降到 12.7%，累计减少贫困人口 5.7 万人[③]，人民群众幸福指数明显提升。居民收入普遍提高，差距不断缩小，人民生活水平持续改善。

[①] 数据来源：民和县国民经济和社会发展第十三个五年规划纲要。
[②] 数据来源：肃南县国民经济和社会发展第十三个五年规划纲要。
[③] 数据来源：2017 年政府工作报告——化隆回族自治县化隆回族自治县第十六届人民代表大会第九次会议。

第二章 西北民族地区旅游产业发展概述

我国是一个多民族国家,民族旅游是我国旅游业发展中一个非常重要的区域旅游现象和重要的旅游业态,也是民族地区实现产业结构优化、经济增长和发展的重要产业支撑。西北民族地区是我国重要的民族聚居区域,也是我国欠发达的地区之一,加快西北民族地区产业结构转型、大力发展旅游产业已经成为西北民族地区广大人民群众的共识。长期以来,西北民族地区由于区情、区位、客观环境与经济社会发展水平等因素的制约,经济增长与发展水平一直落后于全国的平均水平,也落后于西北地区平均水平。但西北民族地区地域辽阔,自然、文化与民族风情差异度大,旅游资源丰富,有得天独厚的发展旅游产业条件,由此,在巨大的经济增长和社会发展的压力下,发展旅游产业成为民族地区产业结构调整方向与新的经济增长领域的战略首选。西北地区民族众多,而真正意义上属于西北民族地区的是新疆维吾尔自治区、宁夏回族自治区以及青海省的6个民族自治州和5个民族自治县、甘肃省的6个民族自治州和5个民族自治县。由于在青海省行政区域划分中将青海省划分为2个地级市和6个民族自治州,其中民族自治地区占青海省总面积的比例为97.58%[①],因此本书在第二、三章中对青海省民族地区旅游产业的阐述以青海省旅游产业代替;而甘肃省民族地区占甘肃省整体面积的比例相比较小,因此对甘肃民族地区旅游产业发展的阐述以其民族地区为主。

一、旅游产业发展现状

(一)旅游政策环境逐步优化

从国家层面上看,"一带一路"国家战略的实施推进为西北民族地区旅游产业的发展营造了良好的政策环境。2013年,习近平在哈萨克斯坦纳扎尔巴耶夫大学演讲时提出了"一带一路"的概念,指出该经济带是我国与中亚、西亚国家之间形成的,在商贸合作地域范围上总体与古丝绸之路相同,但在合作模式上却有着更加丰富的内容,这将有利于打造中国经济的全新增长极。同时,"一带一路"战略构想的提出,为沿线地区优势互补与对外开放创造了新的条件,也有利于促进东中西部地区的联动发展[②]。在国家发布的"一带一路"规划方案中明确提出与我国西北地区相关的政策,具体包括将新疆打造为向西开放的窗口,作为"丝绸之路经济带"的核心发展区域;将陕西省打造为以西安为代表的西部内陆开放高地;在宁夏实施外向经济发展试验区以打造国际商贸物流中心;进一步推动甘肃和

---

① 数据来源:《青海省统计年鉴(2016)》。
② 刘立华,徐硕.习近平主席"一带一路"话语创新实践案例研究[N].北京第二外国语学院学报,2016-06-15(3).

青海的开放发展等。西北民族地区是丝绸之路经济带国内段上的重要区域,是"一带一路"战略实施的重要区域基础,且各区域在一带一路战略中都有自身的明确地位。如将新疆定位为丝绸之路经济带上重要的交通枢纽中心、商贸物流中心、金融中心、文化科技中心、医疗服务中心,将甘肃省定位为丝绸之路经济带黄金段,将青海定位为丝绸之路经济带战略基地和重要支点,将宁夏定位为丝绸之路经济带的战略支点。

从省域层面看,随着"一带一路"国家战略的实施与推进,西北民族地区不同民族省份都高度关注本地区旅游产业的纵深发展,在不同的政策法规文件中将旅游产业定位为本区域的"主导产业"、"支柱产业"和"龙头产业",旅游产业的政策环境进一步优化。在2011年新疆维吾尔自治区党委和自治区人民政府出台的《关于推进旅游业跨越式发展的意见》中,明确地将旅游产业定位为"对外开放与人文交流的窗口,实施现代文化引领的重要载体",推进旅游业跨越式发展对于深入贯彻落实科学发展观、进一步扩大开放、推动消费升级、带动相关产业发展、加快产业结构调整和经济发展方式转变、提高各族群众生活水平、推进新疆跨越式发展和长治久安具有重要的战略意义,并提出到2020年,将新疆建设为我国重要的旅游目的地。2016年宁夏回族自治区出台的《关于进一步促进旅游投资和消费的实施意见》中提出,要充分发挥旅游业在推动经济转型、产业升级中的重要作用,推进中阿旅游中转港和国际旅游目的地建设。2015年4月青海省人民政府发布的《关于促进旅游业改革发展的实施意见》中明确提出在充分发挥本省旅游资源优势的前提下加快高原旅游名省建设,把旅游产业培育为本省国民经济的战略性支柱产业和人民群众更加满意的现代服务业。2015年甘肃省出台的《关于进一步促进旅游投资与消费的实施意见》中提出要充分发挥旅游业在促进创新发展、协调发展、绿色发展、开放发展、共享发展,推动全身经济转型、产业升级中的重要作用,实施大景区建设工程、基础设施完善工程、产业融合创新工程、乡村旅游富民工程等。

(二)旅游产业规模持续增长

自改革开放到20世纪90年代中后期,我国旅游产业形成并运行发展。旅游消费结构由东到西渐次蔓延,逐渐形成了由具有弹性的旅游需求到刚性旅游需求的过渡[①]。入境旅游与出境旅游需求的增加进一步推动了我国旅游产业的发展,我国发展旅游产业的动力源泉逐渐由国家对外宾的政治接待向获取国际外汇储备、再向满足人们日益增长的旅游需求过渡。在国家整体旅游环境向好,旅游产业不断发展的环境下,西北民族地区由于具有高品质与高赋存的旅游资源等比较优势,使其在"十二五"期间获得了巨大的发展。

从表2-1可以看出,新疆维吾尔自治区、宁夏回族自治区和青海省在"十二五"期间国内外旅游人次都实现了较大规模地增长,2015年较2011年分别实现了53.91%、57.27%和63.93%的增长。"十二五"期间甘肃省国内外旅游人数由2011年的5 835.59万人次增长到2015年的15 638.4万人次,增长率达167.98%。同时,"十二五"期间甘肃省两个民族自治州国内外旅游人次也实现了较大规模增长,其中,甘南藏族自治州国内外旅游人次由2011年的243.9万人次增长到2015年的770.02万人次,增长率达

---

① 唐晓云.中国旅游发展政策的历史演进[J].旅游学刊,2014,29(8):15-25.

215.71%,临夏回族自治州国内外旅游人次由 2011 年的 310.2 万人次增长到 2015 年的 895 万人次,增长率达 188.52%。

表 2-1 "十二五"期间西北民族地区国内外旅游人次　　　　（单位:万）

地 区	2011 年	2012 年	2013 年	2014 年	2015 年
新 疆	3 961.5	4 860.8	5 058.63	4 952.69	6 097.36
宁 夏	1 169.61	1 340.89	1 820.41	1 674.98	1 839.48
青 海	1 412.37	1 581.48	1 780.43	2 005.58	2 315.4
甘 肃	5 835.59	7 834.46	10 078.17	1 2658.2	15 638.4
甘 南	243.9	307.7	410.2	501.2	770.02
临 夏	310.2	440.8	592.19	724.55	895

数据来源:"十二五"期间各地区统计年鉴。

从表 2-2 可以看出,西北民族地区国内外旅游收入较旅游人次而言增长幅度更大。新疆维吾尔自治区、宁夏回族自治区和青海省旅游外汇收入增长率分别为 132.64%、91.64%和 168.93%。甘肃省"十二五"期间国内外旅游收入由 2011 年的 333.64 亿元增长到 2015 年的 975.42 亿元,增长率为 192.35%。在"十二五"期间,甘肃省民族地区国内外旅游收入增幅巨大,其中甘南藏族自治州国内外旅游收入由 2011 年的 9.56 亿元增长到 2015 年的 34.03 亿元,增长率为 255.96%;临夏回族自治州国内外旅游收入由 2011 年的 11.2 亿元增长到 2015 年的 38.6 亿元,增长率为 244.64%。

表 2-2 "十二五"期间西北民族地区国内外旅游收入　　　　（单位:亿元）

地 区	2011 年	2012 年	2013 年	2014 年	2015 年
新 疆	440.36	576.99	673.07	649.94	1 024.48
宁 夏	84.20	103.39	127.28	142.69	161.36
青 海	92.24	123.68	158.54	201.89	248.06
甘 肃	333.64	471.06	620.14	780.22	975.42
甘 南	9.56	13.12	17.40	22.58	34.03
临 夏	11.20	17.86	24.36	30.71	38.60

数据来源:"十二五"期间各地区统计年鉴。

(三) 旅游产业收入效应明显

旅游产业收入效应是指基于旅游产业对于区域经济发展的正面作用,由旅游产业总收入变化引致的相关产业收入和区域经济整体收入的变化总和,分为旅游产业的直接收入效应和间接收入效应。旅游产业的直接收入效应表现为旅游者购买商品或服务而引致的旅游收入的直接变化,如旅游者在旅游景点景区的消费可视为旅游产业的直接收入效应;间接收入效应则是由旅游产业的直接收入变化引发的其他相关产业的收入变化。对旅游收入效应的衡量,多使用旅游总收入对 GDP 的贡献率或者旅游产业总产值对 GDP 的贡献率。作为支撑我国经济发展的重要产业,旅游产业对于国家和地区所产生的经济效益十分显著,其快速发展可以为国家和地区经济社会的发展带来巨大的经济收入,同时能够扩大就业领域和就业人数,摆脱地区贫困,扩大消费需求,提高人民生活水平,改善人民生活质量。西北民族地区旅游产业经过近30年的增长,不仅在产业规模上实现了较大的扩张,而且在经济结构中的作用和地位也得到了不断的提升,旅游产业已经成为全区社会经济发展的重要产业之一。

从表2-3所示的"十二五"期间西北民族地区旅游收入对GDP的贡献率可以看出,除宁夏回族自治区在2011年、2012年和2015年低于全国平均水平0.11个百分点、0.03个百分点和0.06个百分点外,西北民族地区旅游产业的收入效应均高于同时期全国平均水平,且均已成为西北各个民族地区的战略性支柱产业。新疆旅游产业贡献率在2011年高于全国平均水平1.05%,到2015年高于全国平均水平5.08%,贡献率增长109.14%。宁夏旅游产业贡献率在2011年低于全国平均水平0.11%,在2015年低于全国平均水平0.06%,贡献率增长35.45%。青海旅游产业贡献率在2011年高于全国平均水平1.44%,在2015年高于全国平均水平4.36%,贡献率增长81.73%。甘肃省旅游产业贡献率在2011年高于全国平均水平2.42%,在2015年高于全国平均水平8.46%,贡献率增长116.91%。对于甘南藏族自治州和临夏回族自治州而言,旅游产业在2011年已经成为战略性支柱产业,且大幅度地高于全国平均水平。在2011年,甘南藏族自治州旅游产业贡献率高于全国平均水平7.55%,2015年高于全国平均水平20.99%,贡献率增长128.85%。临夏回族自治州旅游产业贡献率在2011年高于全国平均水平4.5%,在2015年高于全国平均水平12.36%,贡献率增长109.89%。

表2-3 "十二五"期间西北民族地区旅游收入对GDP贡献率(%)

	2011年	2012年	2013年	2014年	2015年
全 国	4.2	4.47	4.62	4.85	5.90
新 疆	5.25	7.2	7.91	7.01	10.98
宁 夏	4.09	4.44	4.96	5.19	5.54
青 海	5.64	6.57	7.55	8.77	10.26
甘 肃	6.62	8.31	9.84	11.4	14.36
甘 南	11.75	13.56	15.98	19.65	26.89
临 夏	8.70	11.76	14.52	16.51	18.26

数据来源:"十二五"期间全国与各地区统计年鉴。

(四)旅游产品结构日趋完善

旅游产品是指为满足旅游者的愉悦性休闲体验需要而在一定地域上被生产或开发出来以供销售的物象与劳务的综合[①]。根据国家旅游局(1999年)对旅游产品的分类说明,旅游产品从旅游活动的角度可以分为五种类型,分别为:观光旅游产品(自然风光、名胜古迹、城市风光等);度假旅游产品(海滨、山地、温泉、乡村、野营等);专项旅游产品(文化、商务、体育健身、业务等);生态旅游产品(一种新的旅游形式,主旨是保护环境、回归自然等);旅游安全保护产品(旅游防护用品、旅游意外保险产品等)。在旅游发展的初级阶段,

---

① 谢彦军.基础旅游学[M].北京:中国旅游出版社,2011:129.

人们主要以游览古迹名胜和自然景观等为目标,观光旅游是人们从事旅游活动最主要的方式,但随着社会经济的不断发展和生活水平的不断提高,游客在旅游活动中更多的要求从中获得知识和体验生活,人们旅游需求的多层次发展势必要求旅游产业在形式和内容上呈现出文化含量更高、方式更加多元、体验更加自由等特征。

近年来,随着区域经济的发展以及区域产业结构优化升级的需要,西北民族地区的旅游产业与其他产业业态(文化创意产业、体育产业、休闲农业等)积极融合,旅游产业产品结构逐步完善,已由最初的观光旅游向休闲旅游、度假旅游、乡村旅游、工业旅游、探险旅游等新型业态旅游发展。在"十二五"期间,新疆维吾尔自治区旅游产业形成了融合观光、休闲、度假、康养、探险等于一体的复合型旅游产品结构,并开发了自驾旅游、房产旅游、温泉度假旅游、文化主题旅游等20类旅游特色产品。宁夏回族自治区"十二五"期间积极鼓励社会资本大力开发观光、休闲、度假、探险、科普等旅游产品,依托其丰富的沙、山、水等旅游资源,重点规划建设了诸如滑冰、休垂钓鱼、热气球、皮划艇等体育旅游项目,推动区域旅游产业与体育产业的深度融合开发,同时大力开发休闲旅游产品,力争到2020年建成国家级、自治区级休闲旅游度假区10家以上。青海省在"十二五"期间深度挖掘各类文化体育资源,围绕城乡居民休闲旅游消费需求,完善休闲度假载体建设和功能配套,推进养生保障和休闲旅游的深度融合,重点发展了中藏医保健、医食养生等系列保健旅游产品[1]。

(五) 旅游产业发展潜力巨大

经济结构包括产业结构、消费结构和分配结构等,产业结构是经济结构中的一种重要类型和国民经济中第一位的重要关系,随着生产力的不断发展和经济结构的不断提高,产业结构也随之发生改变。在国民经济的运行中,能够引起产业结构转变的因素很多。从内部因素来看,主要有技术进步、需求结构和数量的变化以及供给的变化。从外部因素来看,产业结构主要受国家产业政策与发展战略、收入分配政策、国际贸易与国际分工等因素的影响。从历史来看,第一产业的增加值和就业人数在国民生产总值和全部劳动力中的比重在大多数国家呈不断下降的趋势,直到19世纪70年代在一些发达国家(英国和美国),该下降的趋势才开始减弱。第二产业的增加值和就业人数所占国民生产总值和全部劳动力的比重在19世纪60年代以前大多呈上升趋势,但在此之后许多发达国家的工业部门增加值和就业人数在国民生产总值和全部劳动力中的比重开始下降,其中传统工业的下降趋势更为明显。第三产业对第一、二产业的发展具有促进作用,其兴旺发达是现代化经济的一个必要特征,从历史来看,大多数国家第三产业的增加值和就业人数在国民生产总值和全部劳动力的比重都呈上升趋势,尤其是19世纪60年代后,发达国家的第三产业发展更为迅速,所占比重已超过60%[2]。在现代化市场经济的发展过程中,旅游产业作为第三产业的重要组成部分,是世界上发展最快的新兴产业之一,其扩大内需和促进消费的经济效用对于任何经济体寻求经济增长都十分重要。

---

[1] 资料来源:2016年新疆维吾尔自治区政府工作报告。
[2] 刘世锦,王晓明,等.我国产业结构升级面临的风险和对策[J].经济参考研究,2010,2(13):2-5.

表 2-4 "十二五"期间西北民族地区三次产业结构状况(%)

地区	2011年	2012年	2013年	2014年	2015年
全国	10.1∶46.8∶43.1	10.1∶45.3∶44.6	9.4∶43.7∶46.9	10.1∶46.7∶43.2	9∶4.5∶50.5
新疆	17.3∶50.0∶32.7	17.6∶46.4∶36.0	17.6∶45.2∶37.2	16.7∶42.4∶40.9	6.7∶38.2∶45.1
宁夏	8.9∶52.1∶38.9	3.4∶49.7∶46.9	4.2∶54.0∶41.8	4.0∶54.5∶41.5	8.2∶47.4∶44.4
青海	9.5∶57.5∶32.7	9.4∶57.9∶32.7	9.9∶57.3∶32.8	9.4∶53.5∶37.1	8.6∶50∶41.4
甘肃	13.5∶50.3∶36.2	13.8∶46.0∶40.2	14.0∶45.0∶41.0	13.2∶42.8∶44.0	14.1∶36.7∶49.2
甘南	23.3∶25.2∶51.5	22.2∶26.9∶50.9	23∶26.2∶51.5	20.7∶22.7∶56.6	21.3∶16.4∶62.3
临夏	20.9∶31.0∶48.1	21.1∶30.5∶48.3	20.0∶26.9∶53.1	8.9∶26.7∶54.3	17.1∶21.2∶61.7

数据来源:"十二五"期间全国与各地区统计年鉴。

从表 2-4 所示的"十二五"期间西北民族地区三次产业结构状况来看,我国三次产业结构中第三产业所占比重逐年上升,2015 年第三产业所占比重超过 50%。我国西北民族地区第三产业所占比重与全国第三产业所占比重发展态势相同,都呈上升趋势。新疆在 2011 年第三产业比重为 32.7%,2015 年第三产业所占比重上升为 45.1%。宁夏在 2011 年第三产业所占比重为 38.9%,2015 年第三产业所占比重上升为 44.4%,为西北民族地区第三产业变化幅度最小的地区。青海在 2011 年第三产业比重为 33.0%,2015 年第三产业所占比重上升为 41.4%。甘肃在 2011 年第三产业比重为 36.2%,2015 年第三产业所占比重上升为 49.2%,与全国平均水平相差 0.07 个百分点,为"十二五"期间西北民族地区第三产业所占比重上升幅度最大的地区。甘肃省甘南藏族自治州和临夏回族自治州第三产业所占比重在 2013 年就超过了 50%,分别为 51.5%和 53.08%,到 2015 年其第三产业所占比重更是达到了 62.3%和 61.7%。除却甘南藏族自治州和临夏回族自治州外,西北其他民族地区在 2015 年第三产业所占比重均小于全国平均水平。因此,在旅游产业已成为西北民族地区支柱产业和主导产业的背景下,对于旅游资源丰富的西北民族地区来说,其旅游产业在第三产业中所发挥的效应会越来越大,旅游产业对于该地区产业结构优化升级潜力巨大。

二、旅游产业存在的问题

(一)旅游产业创汇效应不强

在经济全球化与区域经济一体化的发展过程中,旅游产业不仅是国际贸易的重要组成部分,也是各国发展外向型经济的重要内容,对于旅游目的地国进出口贸易的平衡以及整个对外贸易的发展具有重要的促进作用。而旅游业的经济效应是旅游产业发展的具体体现,对区域经济发展具有重要影响,而旅游创汇效应无疑是旅游经济效应中最重要的环节之一。旅游产业创汇效应是针对入境旅游目的地国家(地区)而言,入境旅游者的旅游消费所形成的本国(地区)外汇收入的增加。外汇收入的多少是一个国家或地区经济实力的重要标志,增加外汇收入可以分为贸易外汇和非贸易外汇,旅游产业的创汇属于后者。由于入境旅游具有环境友好、节约资源等优势而不受贸易保护壁垒的限制,因此开展入境旅游是国际公认的最佳创汇手段①。从图2-1所示的我国入境旅游外汇收入变化趋势可以看出,2006~2015年我国入境旅游外汇收入呈上升趋势,2006年我国入境旅游外汇收入为339.5亿美元,2015年我国入境旅游业外汇收入为1 137亿美元,入境旅游外汇收入十年间增长了2.34倍。在2014年之前,我国入境旅游外汇收入在波动中平稳增长,增长幅度较小,但从2014年至2015年,我国入境旅游外汇收入实现大幅度增长,增长量高达99.82%,表明我国入境旅游市场进一步发展,三大旅游市场结构趋于完善。

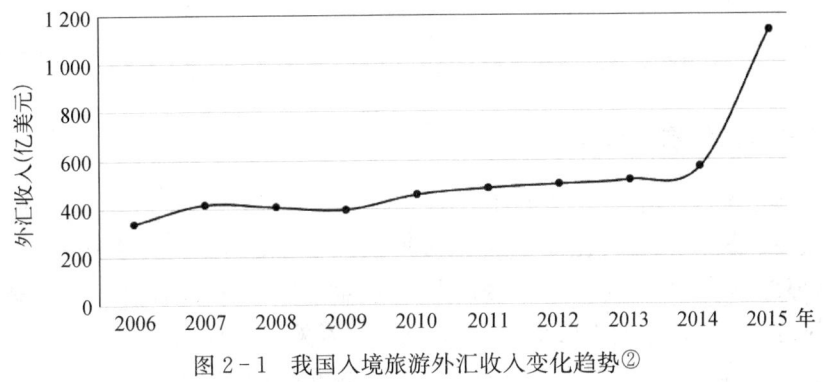

图2-1 我国入境旅游外汇收入变化趋势②

在我国入境旅游市场整体向好的环境下,"十二五"期间西北民族地区旅游创汇效应总体上低于全国平均水平,且在不同区域表现出了不同的变化趋势。从表2-4所示的"十二五"期间西北民族地区旅游创汇效应可以看出,2011~2015年全国入境旅游创汇效应整体呈上升趋势,2011年全国旅游创汇平均水平为2.55%,2015年全国旅游创汇平均水平为5.23%,创汇效应增长105.09%。新疆2011年旅游创汇效应为2.76%,高于全国平均水平0.21个百分点;但2015年旅游创汇效应为3.47%,低于全国平均水平。宁夏在2011年旅游创汇效应只有0.39%,是西北民族地区旅游创汇效应最低的地区。经过五年发展,宁夏2015年旅游创汇效应为0.70%,仍大幅度低于全国平均水平。青海省在2011年和2012年旅游创汇效应都高于全国平均水平,但从2013年开始,其旅游创汇效应开始下降,到2015年旅游创汇效应只有2.47%。甘肃省在"十二五"期间旅游创汇效应为西北民族地区最低省份,2011年旅游创汇效应为0.80%,从2011年到2014年其旅游创汇不断下降,2015年略有提升,但依然低于全国和西北民族地区其他省份。在甘肃省的民族地区中,甘南藏族自治州和临夏回族自治州的旅游创汇效应水平与全国平均水平相比差额较大,值得注意的是在2015年甘南藏族自治州的旅游创汇效应达到了23.54%,但这并非其入境旅游收入的大幅度增长,而是由于其外贸出口额在2015年下降为101.96万美元,同期相比降幅达98.58%(2014外贸出口额为7 175万美元)。

---

① 苏建军,徐璋勇,等.国际贸易与入境旅游的关系及其溢出效应[J].旅游学刊,2013,28(5):43-50.
② 中国旅游研究院.中国入境旅游发展年度报告2016[M].北京:旅游教育出版社,第一版,2016:12-13.

表 2-5 "十二五"期间西北民族地区旅游创汇效应(%)

	2011 年	2012 年	2013 年	2014 年	2015 年
全　国	2.55	2.44	2.34	2.42	5.23
新　疆	2.76	2.85	2.63	2.12	3.47
宁　夏	0.39	0.33	0.47	0.43	0.70
青　海	4.02	3.28	2.32	2.28	2.47
甘　肃	0.80	0.63	0.44	0.19	0.25
甘　南	1.04	0.61	0.50	0.23	23.54
临　夏	1.94	0.86	1.16	0.25	0.14

数据来源:"十二五"期间全国与各地区统计年鉴。

(二) 旅游产业结构有待优化

旅游产业由国内旅游、入境旅游和出境旅游三大市场组成,"大力发展入境旅游、积极发展国内旅游、规范发展出境旅游"是我国发展三大旅游市场的国家政策①。在三大旅游市场中,入境旅游是我国旅游"三大市场"中开发最早、发展最快的市场,是衡量一个国家和地区旅游综合发展水平的重要指标,也是增加国家外汇收入、平衡国际收支,为国家建设积累资金和提高区域经济水平的重要手段。但近年来由于主要客源国市场经济增长乏力、国际游客出游趋于保守、各旅游目的地竞争加剧、国际地缘政治的消极影响强化、入境游客在华消费意愿下降、我国入境旅游宣传推广体系有待进一步完善、我国入境旅游品牌建设仍处于初级阶段等负面因素的消极影响,使我国入境旅游在三大旅游市场中的比例一直较小。在全国入境旅游市场发育较为迟缓的环境下,西北民族地区入境旅游市场由于社会经济发展支撑力度较弱、基础设施不完善、旅游形象认知系统不健全、旅游宣传不到位等原因,发展更为缓慢。

表 2-6 "十二五"期间西北民族地区入境旅游人数与国内旅游人数之比

	2011 年	2012 年	2013 年	2014 年	2015 年
全　国	0.050 92	0.044 73	0.039 60	0.035 59	0.034 71
新　疆	0.034 60	0.031 80	0.031 04	0.031 27	0.028 40
宁　夏	0.001 67	0.001 42	0.001 39	0.002 01	0.002 03
青　海	0.003 67	0.003 00	0.002 62	0.002 57	0.002 84
甘　肃	0.001 56	0.001 30	0.000 97	0.000 23	0.000 35

数据来源:"十二五"期间全国与各地区统计年鉴。

从表 2-6 可以看出,2011 年全国入境旅游人数与国内旅游人数之比为 0.050 92,到 2015 年下降为 0.034 71,降幅为 31.83%,说明我国入境旅游人数的增长幅度小于国内旅游人数的增长幅度。从西北民族地区入境旅游人数与国内旅游人数之比与全国平均水平相比来看,2011~2015 年西北民族地区入境旅游人数与国内旅游人数之比远远小于全国

---

① 胡瑞娟,匡林.论新时期中国三大旅游市场政策取向[J].旅游学刊,2009,24(1):19-22.

平均水平,且基本呈下降趋势。新疆2011年入境旅游人数与国内旅游人数之比为0.034 6,2015年入境旅游人数与国内旅游人数之比下降为0.028 4,降幅为17.94%。宁夏2011年入境旅游人数与国内旅游人数之比为0.001 67,2015年入境旅游人数与国内旅游人数之比为0.002 03,增加21.56%。青海2011年入境旅游人数与国内旅游人数之比为0.003 67,在2015年入境旅游人数与国内旅游人数之比下降为0.002 84,降幅为22.62%。甘肃省2011年入境旅游人数与国内旅游人数之比为0.001 56,2015年入境旅游人数与国内旅游人数之比为0.000 35,降幅达77.56%。

表2-7 "十二五"期间西北民族地区入境旅游收入与国内旅游收入之比

	2011年	2012年	2013年	2014年	2015年
全国	0.025 12	0.022 02	0.019 68	0.018 77	0.033 25
新疆	0.011 31	0.010 17	0.009 18	0.008 02	0.006 17
宁夏	0.000 74	0.000 53	0.000 95	0.001 31	0.001 30
青海	0.002 94	0.001 96	0.001 25	0.001 29	0.001 58
甘肃	0.000 52	0.000 48	0.000 33	0.000 13	0.000 15

数据来源:"十二五"期间全国与各地区统计年鉴。

从表2-7所示的"十二五"期间西北民族地区入境旅游收入与国内旅游收入之比可以看出,西北民族地区的入境旅游收入在整个旅游收入中所占的比重都很小,这说明来华旅游的入境旅游客消费水平偏低,西北民族地区的入境旅游收入与国内旅游收入之比较全国水平更低。其中甘肃在2011年入境旅游收入与国内旅游收入之比只有0.000 52,在2015年该比值低至0.000 15。

因此,无论从入境旅游人数与国内旅游人数之比还是从入境旅游收入与国内旅游收入之比来看,西北民族地区旅游业在"十二五"期间的发展水平都低于全国平均水平,其旅游产业的内部结构有待进一步优化。

三、旅游产业发展评价

综上所述,经过二十几年的不断发展,西北民族地区旅游产业的发展速度普遍高于当地的经济发展速度,旅游政策环境不断优化,旅游产业规模持续增长,旅游收入对GDP的贡献率不断上升,旅游产品结构不断完善,入境旅游所占比重逐步提高,且旅游方式实现了从低层次的观光游览向高层次的休闲度假游的转型发展,部分地区现代旅游方式(如青海省的自驾游、张掖市的智慧旅游)已初步形成,旅游产业业已成为西北民族地区整体社会经济发展的龙头产业、主导产业、支柱产业,甚至是战略性支柱产业。但由于西北民族地区地处我国内陆地区,经济发展低于全国平均水平,整体社会经济环境对民族旅游市场的支持与支撑力度较低,民族旅游基础设施尤其是道路交通建设、旅游整体环境建设、旅游产品体系建设、旅游人力资源建设远远落后于我国非民族地区,较高的交易成本(时间成本和经济成本)使得旅游产业各环节和各要素的提升与发展速度均慢于非民族地区,旅游信息传播不当使得区域旅游形象比较模糊且同质化倾向较为严重,信息交互机制和形象认知机制并未在客源地市场充分建立。同时,民族文化资源的垄断性比较优势基础上使得西北民族地区大力发展旅游产业,但也使该地区过度追求单一的经济价值而忽略旅游产业的可持续发展,导致当地文化本体价值被逐渐忽视甚至扭曲,环境生态价值发展被代价化,人的发展尺度和标准模具化等"价值漏损"问题也逐渐浮现。若对以上问题继续保持"三缄其口"的态度,那么增长压力下的赶超型旅游产业发展模式将在"马太效应"的推动下使得西北民族地区在经济、社会、环境、人文文化等方面的发展与我国非民族地区的差距进一步增大。因此,作为当地社会经济发展的希望与支撑,西北民族地区旅游产业的发展模式亟待重构与重建,以期实现西北民族地区旅游产业的创新发展、协调发展、绿色发展、开放发展与可持续发展。

第三章 西北民族地区各省区旅游产业的发展

一、新疆维吾尔自治区

新疆维吾尔自治区是"古丝绸之路"的通衢之地和中西方文化交汇地,历史文化璀璨夺目,民族风情绚丽多彩,名胜古迹众多;地域辽阔,地形地貌复杂多样,自然风光神奇独特,旅游资源丰富、种类齐全;具有连接亚欧、毗邻多国的地缘优势,是我国向西开放的桥头堡和亚欧大陆通道的重要枢纽,旅游业发展潜力巨大、前景广阔。随着改革开放的深入推进,新疆已成为国家向西开放的前沿和重要的区域商贸中心,现代服务业日趋活跃;航空、铁路、公路立体化交通网络日趋完善,交通条件显著改善,旅游业发展的瓶颈得到有效缓解。中央新疆工作座谈会的召开和全国新一轮对口援疆工作的全面启动,为新疆大建设、大开放、大发展带来了千载难逢的历史机遇,也为新疆旅游业跨越式发展创造了难得的历史机遇。

(一) 旅游政策

自2010年以来,全国旅游系统特别是19个对口援疆省市旅游部门在其党委政府和新疆政府的大力支持下,扎实有效地开展了形式多样的旅游援疆工作,探索了富有旅游行业特色的援疆工作模式。2015年,旅游部门援疆资金达50多亿元,并协调推动内地旅游企业投资新疆旅游项目的总投资超过200亿元,帮助新疆编制旅游规划150多个,培训各级各类旅游人才12 000名,组织500多名专家指导新疆旅游业发展,派出援疆干部120余名①。"万人游新疆"活动以及旅游包机、旅游专列入疆等,掀起"送客入疆"的热潮,拉动了旅游消费和新疆经济的增长。

在2015年7月20日召开的全国旅游援疆工作会议上,按照"游客送疆、产业援疆、人才扶疆"的旅游援疆工作思路,国家旅游局未来五年拟抓好十件实事,支持新疆旅游业的发展②。十件实事为:一是"十三五"期间,在旅游发展基金中增加1亿元,共安排3.5亿元支持新疆旅游发展,其中2亿元支持南疆旅游发展;二是动员一批旅游企业,帮助新疆建设一批旅游厕所,首批将帮助建设50个旅游厕所,以改善新疆旅游消费环境;三是帮助新疆包装一批旅游项目,并纳入中国旅游优选项目名录,同时帮助新疆加大招商推广力度,争取每年有一批旅游项目落地;四是帮助新疆开展5A级景区、旅游度假区、特色旅游目的地和乡村旅游系列品牌创建工作,推动新疆旅游精品品牌建设;五是未来五年为新疆

---

① 资料来源:2015年7月20日全国旅游援疆工作会议。
② 资料来源:国家旅游局网站.http://www.cnta.gov.cn/xxfb/jdxwnew2/201507/t20150721_742671.shtml.

培养培训千名旅游领军人才;六是协调对口援疆省市,开展内地与新疆100家旅游企业结对帮扶活动,提升新疆骨干旅游企业的发展能力;七是组织内地旅游规划资质单位,为新疆4A级、5A级景区景点和特色旅游区等开展旅游规划公益扶助活动;八是支持新疆开发具有民族和地方特色的"新疆礼物",协调内地省市加大对"新疆礼物"研发、生产、推广、销售的支持力度,对"新疆礼物"免费在中国国际旅游商品博览会上宣传推广;九是加大对新疆旅游业的宣传推广,每年组织一批海内外旅游媒体和旅行商入疆采风,中国国际旅游交易会和国家旅游局组织的海外旅游展,对新疆旅游展位给予优惠;十是支持新疆举行丝绸之路国际旅游活动,开辟更多的丝路旅游航线,使新疆尽快成为丝绸之路经济带旅游集散中心,成为丝绸之路旅游的重要标志区和目的地。

(二)旅游发展整体状况

在景区建设方面,2015年新疆维吾尔自治区旅游局开展了5A景区倍增计划①,在2015年末已建成9个国家级5A景区,其旅游景区数一跃进入全国第二梯队,在西北各省区中排名第一,旅游精品集群格局基本形成。9个5A景区分别是乌鲁木齐天山天池风景名胜区、吐鲁番葡萄沟风景区、阿勒泰地区喀纳斯景区、伊犁地区那拉提旅游风景区、富蕴县可可托海景区、喀什地区普泽金胡杨景区、乌鲁木齐天山大峡谷景区、博湖县博斯腾湖景区、喀什噶尔古城景区。2015年,新疆帕米尔景区评为"中国国际高原风情特色旅游目的地",红其拉甫口岸成为"中国红色旅游边哨文化体验地",石河子市成为"中国红色旅游军垦文化体验地"。在节庆会展方面,2015年新疆举行了中国西部冰雪旅游节暨第十届新疆冬季旅游产业交易博览会,并在3天之内共吸引专业观众、国内外客商以及市民32万人参加,达成了45亿元的签约成交额,创下历年之最。在旅游产品开发方面,2015年新疆开发了"花儿为什么这样红"、"坐着火车游新疆"等创新型旅游产品,尤其在医疗旅游方面取得了重大突破,与俄罗斯医疗旅游考察团进行了合作,且新疆旅游协会与俄罗斯新西伯利亚州旅游协会签署了医疗旅游合作备忘录;2015年10月成立了促进丝绸之路经济带沿线各国现有医疗旅游资源有机整合的丝绸之路旅游联盟,这些创新型旅游产品对于新疆旅游产品结构的优化、内涵的丰富、质量的提升具有重要的作用,也同时提高了新疆旅游业的竞争力和影响力。在跨境旅游合作方面,2015年1月召开了第二届中国新疆国际丝绸之路旅游发展大会,推动落实了《丝绸之路国际旅游乌鲁木齐宣言》,在2015年9月召开了环阿尔泰山四国六方特种旅游活动,在2015年12月签署了《中华人民共和国国家旅游局和哈萨克斯坦共和国投资发展部关于便利中国公民赴哈萨克斯坦共和国团队旅游的备忘录》。在旅游企业方面,2015年5月新疆西域旅游开发股份有限公司在全国中小企业股份转让系统成功挂牌上市,2015年11月喀纳斯旅游发展股份有限公司也在全国中小企业股份转让系统挂牌上市,这标志着新疆旅游业进入资本市场寻求发展,并开启了在中国资本市场推进新疆旅游产业快速发展的新时代②。

---

① 资料来源:2010年中央新疆工作座谈会。
② 资料来源:《新疆统计年鉴(2016)》。

(三)旅游规模

新疆作为我国"一带一路"战略中的向西开放口岸,旅游资源丰富,社会经济在所处区域中较为发达,政策扶持力度较大,这些比较优势为新疆发展旅游产业以促进产业结构优化升级和社会经济发展提供了良好的基础。从图3-1可以看出,2011~2015年新疆旅游总人数与总收入都实现了大幅度地增长,新疆也已成为西北民族地区旅游人数与旅游收入规模最大的区域。2011年,新疆接待国内外游客为3 391.5万人次,同比增长29.69%;2012年新疆接待国内外游客4 860.8万人次,同比增长22.70%;2013年新疆接待国内外游客5 058.63万人次,同比增长4.06%;2014年新疆接待国内外游客4 952.69万人次,同比下降0.21%;2015年新疆接待国内外游客6 097.36万人次,同比增长23.11%。

在新疆入境旅游总收入变化方面,如图3-1所示的"十二五"期间新疆国内外旅游总人数与总收入变化可以看出,2011~2015年新疆国内外旅游总收入呈上升趋势,且增长趋势与国内外旅游总人数的变化趋势大致相同,但变化幅度更大。2011年新疆实现国内外旅游总收入为440.36亿元,同比增长44.14%;2012年新疆实现国内外旅游收入576.99亿元,同比增长率为31.02%;2013年新疆实现国内外旅游收入673.07亿元,同比增长率为16.65%;2014年新疆实现国内外旅游收入649.94亿元,同比下降3.43%;2015年新疆实现国内外旅游收入1 024.48亿元,同比增长率为57.62%。

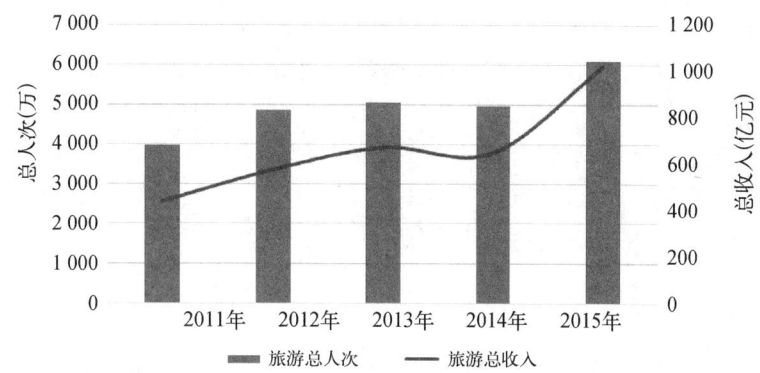

图3-1 "十二五"期间新疆国内外旅游总人数与总收入变化

数据来源:"十二五"期间《新疆统计年鉴》。

(四)入境旅游消费

旅游消费水平和消费结构是一个国家或地区旅游业发展程度以及旅游客源地经济发展水平的重要标志[1]。消费结构的内部差异及演变趋势是一个国家或地区旅游经济结构合理化与健康化的重要标志。同时,入境旅游的旅游消费对旅游接待国的经济构成外来经济的助力作用,可以直接促进经济总量的增长[2]。

---

[1] 戴斌,蒋依依,等.中国出境旅游发展的阶段特征与政策选择[J].旅游学刊,2013,28(1):39-41.
[2] 贾英.中国6大热点城市入境旅游消费结构比较研究[J].旅游科学,2008,22(3):18-20.

表 3-1　新疆入境旅游消费结构变动状况

指标	2014 年		2015 年	
	金额(万美元)	比重(%)	金额(万美元)	比重(%)
总　计	49 704	100	60 775	100
长途交通费	19 583	39.4	25 921	42.7
游　览	3 479	7.0	1 349	2.2
住　宿	5 915	11.9	5 585	9.2
餐　饮	3 628	7.3	4 163	6.9
商品销售	7 804	15.7	11 292	18.6
娱　乐	3 181	6.4	1 513	2.5
邮电通信	1 292	2.6	3 823	6.3
市内交通	1 243	2.5	650	1.1
其他服务	3 579	7.2	6 479	10.7

数据来源：新疆统计年鉴(2016)。

从表 3-1 可以看出，2014～2015 年新疆入境旅游消费呈增长趋势，增长数额为 11 071 万美元，增长幅度为 22.27%。2014 年入境旅游消费结构中占比由高到低依次是长途交通、商品销售、住宿、餐饮、其他服务、游览、娱乐、邮电通信和市内交通，到 2015 年，新疆入境旅游消费结构中占比依次是长途交通、商品销售、其他服务、住宿、餐饮、邮电通信、娱乐、游览、市内交通。在长途交通费用中，占比由高到低依次为民航、铁路和汽车。其中，从 2014 年到 2015 年作为基本消费的长途交通所占的比重进一步上升，上升 3.4%；非基本消费的商品销售所占比重也进一步上升，上升 2.9%，这说明入境游客在新疆的消费动机进一步增强。但 2015 年入境游客在游览与住宿方面的消费占比减少，由 2014 年的 7% 和 11.9% 降低为 2015 年的 2.2% 和 9.2%，尤其作为旅游活动核心的游览消费大比例下降，这说明新疆旅游产业的创新性和开发深度依然不够。

(五) 各地区旅游产业情况

2015 年新疆实现国内旅游消费 985 亿元，全年实现入境旅游消费 60 775 万美元。从表 3-2 可以看出新疆各个地区旅游消费差异大，市场不均衡现象突出。从国内旅游消费层面看，国内旅游消费中排在前三位的是乌鲁木齐市 382.71 亿元、伊犁哈萨克自治州 187.46 亿元、昌吉回族自治州 103.09 亿元，国内旅游消费排在后三位的是哈密地区、和田地区与克孜勒苏柯尔克孜自治州。从入境旅游消费来看，入境旅游消费排在前三位是伊犁哈萨克自治州、伊犁州直属县(市)、乌鲁木齐市，入境旅游消费排在后三位是阿克苏地区、和田地区、石河子市。由此可见，不论是国内旅游消费状况还是入境旅游消费状况，新疆各地区旅游产业经济区域差距明显，极化格局突出。值得注意的是新疆作为我国"一带一路"战略中向西开放的窗口，其商务客流受新疆对外贸易经济活动的影响而使得新疆省会乌鲁木齐成为入境旅游中商务旅游的主要目的地城市，但乌鲁木齐市入境游客消费仅 17 771 万美元(表 3-2)，相当于伊犁哈萨克自治州入境消费的 49.84%，可见乌鲁木齐的商务旅游并没有得到很好的发展，商务旅游市场还有很大的发展潜力，新疆未来应该将商务旅游作为入境旅游市场的重点培育对象,逐步构建起高度概括目的地特征、阐释目的地旅游内涵的旅游目的地形象体系。

表 3-2 2015 年新疆各地区旅游消费状况

地　　区	入境旅游消费(万美元)	国内旅游消费(万元)
总　计	60 775	9 850 000
乌鲁木齐市	17 771	3 827 131
克拉玛依市	336	402 176
石河子市	6	381 759
吐鲁番市	1 204	702 109
哈密地区	746	157 076
昌吉回族自治州	756	1 030 871
伊犁哈萨克自治州	35 659	1 874 620
伊犁州直属县(市)	29 839	974 180
塔城地区	1 211	289 345
阿勒泰地区	4 609	611 095
博尔塔拉蒙古自治州	1 523	174 910
巴音郭楞蒙古自治州	951	726 501
阿克苏地区	169	245 910
克孜勒苏柯尔克孜自治州	761	39 806
喀什地区	762	228 631
和田地区	131	58 500

注:表中旅游消费合计存在重复统计因素,因此分地区指标除表示本地旅游发展情况外,只做全省旅游统计指标测算参考依据,简单合计不能准确代表全省旅游发展情况;数据来源于《新疆统计年鉴(2016)》。

二、宁夏回族自治区

(一) 旅游政策

作为第三产业的组成部分,旅游产业是现代经济结构的重要一环,也是衡量现代经济发展水平的重要指标之一。由于地理环境的独特性和旅游资源的丰富性等原因,旅游产业已成为宁夏回族自治区的支柱产业之一,也成为宁夏回族自治区产业结构优化升级、扩大市场消费和增加居民收入的重要产业之一。因此,宁夏对旅游产业的发展给予了高度重视,近几年针对旅游业的发展出台了各种政策规定:2016 年 8 月 1 日宁夏回族自治区人民政府出台了《关于进一步促进旅游投资和消费的实施意见》,明确了旅游业在推动经济转型和产业升级中的重要作用,并提出了下列几项促进旅游业发展的具体措施:① 提升旅游服务质量,不断改善旅游消费环境;② 推动相关产业的融合创新,着力培育旅游投资的消费热点;③ 加快发展乡村旅游,大力开拓旅游消费空间;④ 落实休假政策,激发旅游消费需求;⑤ 实施旅游优先发展战略,促进旅游投资消费持续增长。在宁夏自治区人民政府办公厅出台的《关于全面提升旅游服务质量实施"十百千万"工程的若干意见》中提出从2016年起在全区实施"十百千万"工程,即创建十条旅游特色街区、做强十大精品景区、发展十大旅游购物商店、打造十强旅行社、做优十家星级饭店、扶持十大特色农家乐、推广十大金牌旅游小吃、评树百名旅游服务之星、培育千名乡村旅游带头人、培训万名旅游从业人员。这些政策的出台为宁夏旅游产业的发展提供了良好的政策环境。

(二)旅游总体状况

在旅游产业规模快速增长的同时,宁夏旅游景区建设不断推进,市场主体也不断丰富:2015年,宁夏旅游企业达到900余家,A级以上景区达58家,其中5A级4家、4A级16家、3A级21家;宁夏星级饭店至2015年上升为102家,旅行社达121家;2015年底,宁夏乡村旅游点380家,乡村旅游直接从业人员达1万人,间接带动就业7万人,并成为宁夏旅游产业实现快速发展的重要推动力,也成为宁夏旅游扶贫的重要渠道。在旅游品牌建设方面,"塞上江南·神奇宁夏"已成为国内知名的旅游品牌,并在2015年获得"影响中国旅游的一句宣传语"金奖,同时宁夏被《纽约时报》评为全球必去的46个旅游目的地之一。在旅游产品方面,宁夏回族自治区党委宣传部在2015年评选宁夏"艾依春晓、古堡新影、贺兰晴雪、黄河金岸、回乡风情、六盘烟雨、沙湖苇舟、沙坡鸣钟、神秘西夏、水洞冰沟"十大景观为"宁夏新十景",这极大地丰富了宁夏旅游产业的内涵,为宁夏旅游产业规模地进一步扩大奠定了基础。在全域旅游方面,宁夏确定了"一核三廊六板块"的建设目标,一核即将银川建设为宁夏全域旅游核心区;三廊即贺兰山东麓旅游廊道、黄河金岸旅游廊道、清水河流域旅游廊道;六板块即葡萄文化旅游板块、大沙湖度假休闲板块、塞上回乡文化体验板块、大六盘红色生态度假板块、腾格里沙漠休闲运动板块、东部环线边塞旅游板块。在旅游合作方面,2015年在宁夏召开了中国·阿拉伯国家旅行商大会,启动了"驾越丝路,中阿友好万里行"活动,并召开了第七届海峡两岸旅游交流圆桌会议,将宁夏沙湖与台湾日月潭缔结为"姊妹湖",进一步深化和扩大了对台的旅游交流合作[①]。

(三)旅游规模

从图3-2可以看出,2011~2015年宁夏旅游产业发展趋势良好,其中旅游总收入的增长幅度尤为明显。从旅游总人次来看,2011年宁夏接待国内外游客总人次为1 169.61万人次,同比增长率为14.6%;2012年宁夏接待国内外游客总人次为1 340.89万人次,同比增长率为14.64%;2013年宁夏接待国内外游客总人次为1 820.41万人次,同比增长率为35.76%;2014年宁夏接待国内外游客总人次为1 674.98万人次,同比下降7.99%;2015年宁夏接待国内外游客总人次为1 839.48,同比增长率为9.82%。从旅游总收入来看,2011年宁夏国内外旅游总收入为84.2亿元,同比增长率为24.2%;2012年宁夏国内外旅游总收入为103.39亿元,同比增长率为22.79%;2013年宁夏国内外旅游总收入为127.28亿元,同比增长率为23.11%;2014年宁夏国内外旅游总收入为142.69亿元,同比增长率为12.11%;2015年宁夏国内外旅游总收入为161.36亿元,同比增长率为13.08。由此可见,从2011年至2015年,宁夏接待国内外旅游人次虽呈增长趋势,但年

---

① 资料来源:《2016年宁夏回族自治区政府工作报告》。

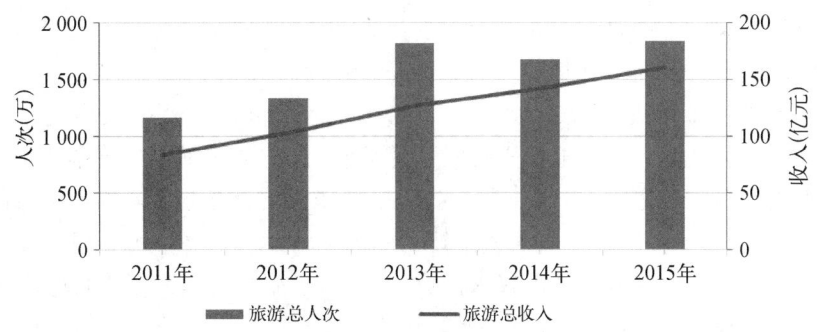

图 3-2 "十二五"期间宁夏旅游总人次与总收入变化

数据来源:"十二五"期间《宁夏统计年鉴》。

间增长率波动较大,而国内外旅游总收入则一直呈上升趋势,且增长率一直为正。

(四)入境旅游

自1992年宁夏接待了历史上第一批赴宁夏旅游的港澳台学生旅游团队后,其入境旅游不断发展,并成为本区对外经济贸易的重要组成部分[①]。由表3-3可以看出,从2011年到2015年,宁夏入境旅游人数一直呈上升趋势,接待入境游客人数由2011年的19 479万人次发展为2015年的37 315万人次,增长率为91.57%。在入境旅游市场结构细分中,在2011年至2013年,宁夏入境旅游市场中入境外国人的占比大于入境港澳台同胞人数,但从2014年至2015年宁夏入境旅游游客中港澳台旅游人次超过了入境外国人旅游人次。在入境外国人旅游市场划分中,入境日本游客所占比重排名第一,其次是美国、德国,且入境旅游客源市场结构状况在"十二五"期间相对稳定。

表 3-3 "十二五"期间宁夏接待入境旅游者人数 (单位:万次)

指标	2011年	2012年	2013年	2014年	2015年
入境旅游总人数	19 479	18 994	25 357	33 657	37 315
外国游客	13 659	14 300	15 036	15 091	18 409
日本	2 662	2 864	1 802	1 819	1 791
美国	1 638	1 063	1 696	1 945	2 453
加拿大	490	517	445	478	536
英国	553	269	354	306	402
法国	486	504	563	424	667
德国	1 398	825	821	918	937
意大利	184	269	398	323	399
澳大利亚	482	598	476	479	549
新西兰	103	158	102	120	134
港澳台地区游客	5 820	4 694	10 321	18 566	18 906

数据来源:宁夏统计年鉴。

---

① 王凯.宁夏入境旅游现状与对策[N].宁夏社会科学,2009-11-15(6).

在旅游外汇收入方面,从表 3-4 可以看出,宁夏入境旅游外汇收入一直呈上升趋势且发展速度较快。2011 年,宁夏入境旅游外汇收入为 4 026 万元,到 2015 年宁夏入境旅游外汇收入为 12 865 美元,增长率为 219.55%。在入境旅游外汇收入构成中,商品性外汇收入在"十二五"期间大幅度地小于劳务性外汇收入,2015 年商品性外汇收入占外汇总收入的比重为 20.8%,而劳务性外汇收入占外汇总收入的比重达 79.2%。在商品性外汇收入中,营利性较大的商品销售收入大于营利性较小的饮食销售收入,说明宁夏入境旅游消费状况较为合理。在劳务性外汇收入构成状况中,宁夏与我国大多数其地区相同,长途交通费所占比例较大,且占比呈进一步上升的趋势。

表 3-4 "十二五"期间宁夏入境旅游外汇收入构成状况　　　　（单位:万元）

指标	2011 年	2012 年	2013 年	2014 年	2015 年
总计	4 026	3 443	7 483	11 357	12 865
商品性外汇收入	878	416	1 272	2 203	2 676
商品销售收入	640	227	831	1 408	2 123
饮食销售收入	238	189	441	795	553
劳务性外汇收入	3 148	3 027	6 211	9 154	10 189
长途交通费	1 083	1 670	2 462	3 577	4 053
宿费	688	575	1 399	1 999	1 711
其他	1 377	782	2 350	3 578	4 425

数据来源:宁夏统计年鉴。

三、青海省民族地区

(一) 旅游政策

青海位于西北内陆地区,与东部发达省份相比较经济为落后,在"新常态"背景下,旅游产业成为青海省民族地区优化产业结构、促进经济增长的重要选择。因此,青海省对旅游产业高度重视,针对旅游业的发展出台了各种政策,为旅游业的差异化跨越式发展提供良好的保障。由此,在进入 21 世纪以来,青海省委、省政府高度重视旅游业的发展,多次召开旅游发展大会,加强旅游产业的顶层设计,将旅游产业定位为主导产业,提出了"打造大美青海、建设高原旅游名省"的产业发展目标,规划了青海省"一圈三线"的旅游发展总体布局,先后出台了《青海省关于促进旅游业改革发展的实施意见》《关于进一步促进旅游投资和消费的实施意见》和《关于支持文化旅游产业加快发展的意见》等 8 个政策指导性文件。在青海省旅游工作推进会上,省政府与各市州政府、省直机关部分签订了《全省第六次旅游发展大会任务分工责任书》等。这些举措使青海省从政策、金融等多方面优化产业的发展环境,提升旅游业的服务质量,促进旅游产业的进一步发展。

(二) 旅游业发展整体概况

在景区建设方面,截至 2015 年底,青海省 A 级景区、星级宾馆、旅行社数量分别达 90

家、219家和247家。其中5A级景区有两个,分别是塔尔寺景区和青海湖景区;4A级景区有20个(表3-5)。在旅游产品方面,青海省旅游产品体系逐步完善,黑枸杞、沙棘饮料、牦牛酸奶等特色旅游产品在全国已具有较高的知名度;在相关产业方面,商贸、餐饮、住宿、运输、旅游商品加工等产业与旅游产业密切相关,全省直接从事旅游生产与服务的人数达到11万,间接从业人员超过50%,其中农(牧)家乐2 850多家,经营收入3.3亿元,12万农牧民从中受益,两万贫困人口通过旅游业摆脱贫困;在品牌形象方面,青海湖、阿玛尼卿雪山入选国家地质公园,昆仑山被评定为海拔最高的世界地质公园,西宁格尔木被评为全国优秀旅游城市,"大美青海"商标成功注册,品牌吸引力、影响力与日俱增,并形成了天山玉树、天境祁连、彩虹故乡等一系列有地方特色的旅游品牌;在项目建设方面,青海省在统筹规划基础设施和公共配套设施建设的基础上,建设了贵德国家旅游休闲度假区、黄南热贡文化旅游区、三江源生态旅游示范区、金银滩—原子城、祁连旅游风光带、门源百丽花海等重点旅游项目和丝绸之路南线、唐蕃古道、玉树康巴风情等10条精品线路[①]。

表3-5 2015年青海省5A景区与4A景区

景区名称	地址
5A级景区	
塔尔寺景区	西宁市湟中县鲁沙尔镇
青海湖景区	青海湖管理与保护局
4A级景区	
青海省博物馆	西宁市西关大街新宁广场
格尔木昆仑文化旅游区	海西州格尔木市八一中路
互助土族故土园旅游区	海东市互助县威远镇北大街
循化撒拉族绿色家园	海东市循化县积石镇
马步芳公馆景区	西宁市为民巷
金银滩景区	海北州西海镇
青海藏医药文化博物馆	西宁市生物园区
门源百里油菜花海景区	海北州门源县东街
祁连风光旅游景区	海北州祁连县祁连广场
热贡国家级历史文化名城旅游区	黄南州同仁县热贡宾馆
久治年宝玉则景区	果洛州久治县智青松多镇
玉树称多拉布民俗村	玉树州称多县拉布村
大通老爷山风景名胜区	西宁市大通县桥头镇
湟源丹葛尔古城	西宁市湟源县
西宁乡趣农耕文化生态园	西宁市城北区大堡子镇陶北村口
西宁市青藏高原野生动物园	西宁市城西区行知路9号
贵德高原养生休闲度假区	海南州贵德县
西宁市青海藏文化馆	西宁市湟中县鲁沙尔镇
玛多黄河源旅游区	果洛州玛多县
坎布拉景区	黄南州尖扎县西北部

数据来源:青海省统计年鉴(2016)。

① 资料来源:《2016年青海省政府工作报告》。

(三)旅游规模

从表3-6所示的"十二五"期间青海省旅游人次变化可以看出,从2011~2015年,青海省旅游人次一直呈上升趋势,其中国内旅游市场规模取得长较大的发展,从2011年至2015年增长率达64.9%。青海省2011年国内外旅游人次为1 412.37万人次,同比增长率为15.15%;2012年国内外旅游人次为1 581.5万人次,同比增长率为12%;2013年国内外旅游人次为1 780.4万人次,同比增长率为12.58%;2014年国内外旅游人次为2 005.6万人次,同比增长率为12.65%;2015年国内外旅游人次为2 315.4万人次,同比增长率为15.45%。相对于国内旅游市场的快速增长,青海省入境旅游市场人次增长速度较慢,2011~2015年青海省入境旅游市场人次增长率32%,其中外国游客人次增长率仅为12.5%,港澳台同胞人次增长则为100%,这是由于较小的基数所致。

表3-6 "十二五"期间青海省旅游人次变化情况

	2011年	2012年	2013年	2014年	2015年
入境旅游者	5	4.7	4.6	5.2	6.6
外国游客	4	3.8	4.1	4.1	4.5
港澳台同胞	1	0.9	0.5	1.1	2
内地旅游者	1 407	1 576.8	1 775.8	2 000.4	2 308.8
旅游人次合计(万人次)	1 412.37	1 581.5	1 780.4	2 005.6	2 315.4

数据来源:"十二五"期间《青海省统计年鉴》。

从表3-7所示的"十二五"期间青海省旅游收入变化情况可以看出,2011~2015年,青海省旅游收入增长速度比旅游人次增长速度更快。2011年青海省国内外旅游总收入为92亿元,同比增长率为27.42%;2012年国内外旅游总收入为124亿元,同比增长率为34.78%;2013年国内外旅游总收入为159亿元,同比增长28%;2014年国内外旅游收入为202亿元,同比增长27.04%;2015年国内外旅游收入为248亿元,22.77%。其中,2011年国内旅游收入为91亿元,2015年国内旅游收入为246亿元,增长率为170.32%。2011年国际旅游收入为2 659万美元,2015年国际旅游收入为3 876万美元,增长45.77%。从旅游人均消费来看,2011年国内旅游者人均消费为644元,2015年国内旅游者人均消费为1 063元,增长率为65.06%。2011年入境旅游者人均消费为152美元,2015年入境旅游者人均消费为179美元,增长率为17.63%。

表3-7 "十二五"期间青海省旅游收入变化情况

	2011年	2012年	2013年	2014年	2015年
国内旅游收入(亿元)	91	122	157	200	246
国内旅游者人均消费(元)	644	775	886	1 007	1 063
入境旅游外汇收入(万美元)	2 659	2 432	1 942	2 574	3 876
入境旅游者人均消费(美元)	152	156	158	159	179
旅游总收入(亿元)	92	124	159	202	248

数据来源:"十二五"期间《青海省统计年鉴》。

(四) 各地区旅游产业

在青海省下辖的 2 个地级市、6 个民族自治州中,由于社会经济发展、旅游资源赋存、基础设施建设等方面的差异使得各个地区旅游产业发展呈现较大差异。

从表 3-8 可以看出,在旅游总收入方面,青海省 2012 年旅游总收入排名前二的市(州)为西宁市、海西州,旅游总收入分别为 75.2 亿元、13.9 亿元,占全省旅游收入的比重分别为 62.67%、11.58%;旅游收入排名最末两位的市(州)为果洛州、玉树州,旅游总收入分别为 1.0 亿元、0.8 亿元,占全省旅游收入的比重分别为 0.83%、0.67%。2015 年旅游收入排名前二的市(州)依然为西宁市、海西市,旅游总收入分别为 156.5 亿元、31.6 亿元,占全省旅游收入的比重分别为 59.8%、12.07%;排名最末两位的市(州)为玉树州、果洛州,旅游总收入分别为 2.5 亿元、2.2 亿元,占全省旅游收入的比重分别为 0.96%、0.84%。在旅游人数方面,2012 年排名前二的市(州)为西宁市、海东市,旅游人数分别为 1 127.6 万人次、580.6 万人次,占全省旅游人数的比重分别为 38.48%、19.82%;2012 年排名最末两位的市(州)是果洛州、玉树州,旅游人数分别为 18.1 万人次、15.2 万人次,占全省旅游人数的比重为 0.62%、0.52%。2015 年排名前二的市(州)依然为西宁市和海东市,旅游人数分别为 1 606.5 万人次、835.8 万人次,占全省旅游人数的比例为 36.07%、16.86%;排名最末的市(州)为玉树州、果洛州,旅游总人数分别为 50.7 万人次、36.5 万人次,占全省旅游人数的比重仅为 1.09%、0.79%。由此,可以看出青海省旅游业在经过 2012~2015 年的发展后市场不均衡显现依然突出,经济极化格局依然明显。

表 3-8　2012~2015 年青海省分地区旅游业发展情况

地 区	旅游总收入(亿元)				旅游人数(万人次)			
	2012 年	2013 年	2014 年	2015 年	2012 年	2013 年	2014 年	2015 年
西宁市	75.2	100.8	126.8	156.5	1 127.6	1 306.8	1 443.2	1 606.5
海东市	12.7	17.0	22.5	28.5	580.6	678.7	754.8	835.8
海北州	5.1	8.4	12.7	16.5	335.1	446.4	563.8	636.3
黄南州	5.8	7.0	8.7	10.8	242.4	273.2	302.0	344.3
海南州	5.5	7.0	8.6	13.1	228.7	278.0	322.4	476.0
果洛州	1.0	1.2	1.7	2.2	18.1	21.4	28.4	36.5
玉树州	0.8	1.0	1.6	2.5	15.2	18.3	30.2	50.7
海西州	13.9	18.8	25.0	31.6	382.3	466.3	556.3	646.3

数据来源:"十二五"期间《青海省统计年鉴》。

(五) 自驾车旅游

近年来,由于地理空间优势和资源特色等原因,赴青海旅游的散客化和个性化特征日益明显,青海省大力发展自驾车旅游,并通过了专项的《青海省自驾车旅游产品开发规划》,深度开发各种类型的自驾车旅游产品,将自驾车旅游与露营、温泉度假、自行车运动、低空旅游、美食、节庆、科考探险等专项旅游相结合。2007 年青海省全年接待自驾车仅 122 400 辆,到 2015 年底接待自驾车达到 734 423 辆。2014 年青海省被评为"年度自驾车旅游目的地"①。根据旅游资源的分布,青海省业已形成的自驾游资源链主要有:环西宁旅游资源链、环青海湖旅游资源链、青藏线旅游资源链、丝绸之路旅游资源链、青川线旅游资源链、唐蕃古道旅游资源链和祁连山脉旅游资源链,且这些资源链均有高速公路路网和自驾车营地补充。从表3-9可以看出,2015年青海省自驾车数量为734 423辆,比上年增长12.05%。进入青海省的自驾车前三位(甘肃、宁夏、青海)大多来源于邻近省区,其中进入青海省的甘肃省自驾车为147 137辆,同比增长37.77%;进入青海省的宁夏自驾车数量为63 659辆,同比增长26.12%;进入青海的陕西自驾车数量为56 411辆,同比增长8.95%。

表3-9 2015年进入青海省自车量及排名情况

车源地	自驾车数量(辆)	比上年增长(%)	排名
合 计	734 423	12.05	
甘 肃	147 137	37.77	1
宁 夏	63 659	26.12	2
陕 西	56 411	8.95	3
四 川	36 914	4.73	4
河 南	33 278	17.21	5
内蒙古	28 041	27.54	6
北 京	27 177	1.17	7
重 庆	25 000	-5.09	8
西 藏	23 845	-9.09	9
山 西	23 097	1.54	10
新 疆	16 458	-17.44	11
其 他	253 406	6.87	

数据来源:青海省统计年鉴(2016)。

四、甘肃省民族地区

(一)临夏回族自治州

2015年,临夏积极推动旅游与文化、体育和商贸的融合发展,并实施了松鸣岩滑雪场、东乡盛世旅游度假村、莲花红色小镇开发等旅游项目,组织筹办了清真食品民族用品博览会、第十四届环湖赛、CBA四强对抗赛等大型活动,接待国内外旅游人数895万人次、同比增长23.6%,实现旅游综合收入38.6亿元、增长25.5%,其旅游产业的快速发展有以下几个原因。

一是深厚的文化积淀。临夏历史文化悠久,曾是丝绸之路南道要冲、唐蕃古道重镇、茶马互市中心,素有"西部旱码头"的美誉;文物资源丰富,以马家窑文化、齐家文化为代表的各类文物遗址达584处,是我国新石器文化最集中、考古发掘最多的地区之一,因出土

---

① 资料来源:2016年青海省政府工作报告。

现珍藏于中国国家博物馆的"彩陶王"而被誉为"中国的彩陶之乡";世界文化遗产炳灵寺石窟,距今已有 1 600 多年历史,是我国六大石窟之一,也是第一批国家重点文物保护单位。

二是浓郁的民俗风情。临夏信仰伊斯兰教的回族、东乡族、保安族、撒拉族人口占全州总人口的 57%;在临夏,清真寺、拱北星罗棋布,风格迥异,以东公馆、榆巴巴拱北等为代表的民族建筑融回族砖雕、汉族木刻、藏族彩绘艺术为一体,被誉为"民族建筑的博览园";临夏民歌"花儿"独具魅力,源远流长,临夏州被中国民间艺术家协会命名为"中国花儿之乡"。

三是众多的自然遗存。临夏曾是古生物繁衍生息的乐园,被誉为"古生物的伊甸园",和政古动物化石的数量、品种、规模和完整程度世所罕见,占据了六项世界之最;"刘家峡恐龙国家地质公园"有世界上最大的恐龙足印化石群地质遗迹,具有极高的古生物地质遗迹保护价值和旅游开发价值。

四是生态资源丰富;临夏生态环境优美,自然风光秀丽,高山草甸丰美,是甘肃中南部森林生态观光游览的胜地;国家 4A 级景区松鸣岩和"莲花山"以及"太子山"自然保护区,是临夏休闲旅游度假的主要目的地之一,是临夏"森林生态休闲游"的主打品牌的核心景区。

五是奇特的黄河风光。黄河在临夏境内流经 107 km,造就了美丽神奇的黄河三峡;黄河文化在临夏源远流长,被誉为"大禹治水的源头";拥有国家 4A 级旅游景区黄河三峡、西北最大的人工湖泊刘家峡水库、中国第一座百万千瓦级水电站、国家首批工业旅游示范点刘家峡水电站、被称为"地球之肾"的黄河中上游最大人工湿地太极岛以及国家级地质公园炳灵石林[①]。

(二) 甘南藏族自治州

作为全国 30 个少数民族自治州和 10 个藏族自治州之一,甘南藏族自治州旅游资源得天独厚,一直被誉为"中国小西藏"、"甘肃后花园",全州现有可开发利用的旅游资源 7 大类、33 种、146 处之多[②]。2016 年,全州共接待国内外游客 1 003.15 万人次,同比增长 30.3%,实现旅游综合收入 46.78 亿元,增长 34.5%,并成为国家旅游局首批创建的"国家全域旅游示范区"之一。在旅游政策方面,甘南 2016 年出台了《中共甘南州委甘南州人民政府关于印发甘南州创建国家全域旅游示范区实施方案》和州委书记、州长与县市委书记、县市长双签的《2017 年旅游产业发展绩效考核责任书》,组建了州旅游综合执法局,成立了全省首家旅游发展研究院,并初步构建了旅游发展智库,注册资金 200 亿元成立了州文旅交建集团,建立了相应的投融资平台,这些举措使得全州的旅游顶层设计达到了一个全新高度。在旅游环境方面,甘南州在全国"全域旅游"、"精准扶贫精准脱贫"以及"生态文明小康村"的背景下开展了全域无垃圾示范区建设的"环境革命",实现了 4.5 万 km² 的青山绿水大草原"全域无垃圾"的环境目标,为甘南旅游形象的进一步确立提供了充分

---

① 数据来源:甘肃省统计年鉴(2016)。
② 林媛.甘肃藏族自治州特色旅游业发展调查报告[J],甘肃民族研究,2012(3):9-16.

保障。在基础设施方面,甘南州夏河机场2016年实现了成功通航,临合高速、迭宕公路建成通车,尕玛、合冶公路全面开通,初步形成与周边市州3小时经济圈和交通格局,并制定了《甘南州道路观景台设置暂行标准》,修建了52处特色鲜明、功能完备的观景台,每一处观景台都修建了停车场、游步道、观景平台和公厕,配备了海拔提示、标示标牌等服务设施,有力提升了全州旅游硬件质量和景区形象。在产业融合方面,2015年甘南州对非物质文化遗产等文化资源的深度挖掘,创作了《唐东杰布》《卓尼土司》《迭部恋歌》等文艺作品以推动文化产业与旅游产业的深度融合,制定了《甘南州蓝色旅游长廊和万亩油菜花观赏建设方案》等以推进农业与旅游产业的深度融合,通过举办全国露营大会、全国山地穿越挑战赛、藏地传奇自行车赛等品牌赛事推动体育与旅游产业的深度融合①。

(三)肃南裕固族自治县

肃南县历史文化底蕴厚重,以裕固族为主体的各民族和谐共处、交汇融合,东纳藏族、喀尔喀蒙古族等少数民族和谐相处,形成了丰富多彩的民族风情,特别是独有的裕固族在长期的历史积淀中形成的语言、歌舞、服饰、习俗等非物质文化遗产更是极其宝贵,具有独特的魅力和极高的开发利用价值,是张掖市乃至甘肃全省的"历史文化体验区"。肃南县生态环境富集,身处祁连山腹地,黑河、石羊河、疏勒河三大内陆河贯穿全境,生物多样性丰富,植被覆盖度高。这些优势都为开发休闲、度假、观光、体验型旅游产品提供了有利的基础保障,能够满足不同消费人群个性化及差异性体验。

近年来,肃南县在建设丝绸之路经济带、华夏文明传承创新区两大战略机遇背景下,将旅游业作为本地区主导产业和支柱产业进行培育,着力推进旅游大景区建设,建立起了良好的品牌营销机制,使得全县的旅游产业取得了长足的发展。"十二五"期间,全县建成国家4A级景区7家,成为全省拥有4A级旅游景区最多的县,星级宾馆达到5家,星级农牧家乐达到27家,旅游接待人数年均增幅达到30%。2015年肃南裕固族自治县全年接待国内外游客290.3万人次,同比增长51%,实现旅游综合收入10.1亿元,同比增长37%,通过实施旅游发展"四大行动计划",肃南县长沟寺、老虎石冰川、青稞地熔炼丹霞等景区获得了发展资本,并建成了肃南裕固族特色村寨。2016年,肃南县被评为全国全域旅游示范区,并以此为契机大力发展了红色旅游,在"西路军魂传承地"红色品牌基础上确立了"红色旅游发展年",打造了红西路军征战肃南红色旅游线路,以石窝会议遗址、马场滩战斗遗址、康隆寺战斗遗址、红西路军妇女团战斗遗址、石窝会议纪念馆、县城红色记忆主题公园6个红色旅游为基点,形成了红色旅游与生态观光、文化体验、乡村旅游、户外拓展、研学实践相结合的复合旅游产体系品。

(四)张家川回族自治县

张家川回族自治县位于甘肃省东南部,是陇东南唯一的少数民族自治县,县境内古文化遗存较多,出土文物丰富多彩,有距今7000～5000年的新石器时期原始聚落遗址与仰韶文化、马家窑文化、齐家文化等原始文化遗存。目前,全省共有各级文物保护单位和文

---

① 数据来源:甘肃省统计年鉴(2016)。

物点90处,其中省级文化保护单位4处。马家塬战国古墓葬被评为2006年"全国考古十大新发现"之一,宣化岗是颇具影响力的中国伊斯兰教哲合忍耶学派圣地之一,张家川花儿被列为全省首批非物质文化遗产。张家川回族自治县境内自然景观和文化遗址较多,主要景观有五龙山、老龙潭、斩蛇崖、小麦积、五指山、青石崖、石人峰等,主要文化遗址有五龙山云风寺遗址、佛爷崖太极八卦图、二郎神脚印石、拴马桩以及宣化岗拱北、清真寺、正觉寺、花果山石窟、摩崖石刻、老庵寺、街亭古战场遗址、秦亭遗址、马家塬战国古墓遗址等。在乡村旅游方面,2015年张家川回族自治县结合县域自然资源禀赋和民族特色大力发展乡村旅游,并建立了龙门镇西门村旅游专业村,新增了马鹿镇寺湾、恭门镇太极山庄、龙山镇西梁子、大阳乡云台山庄、张川镇阿阳生态园等农家乐,新增农家乐户数增长20%,带动本县就业人数增长25%,全县全年接待游客1 200万,实现旅游收入33.6万元,并通过旅游业实现脱贫人数2 990人,占全县脱贫计划人数的10%。在文化旅游方面,张家川回族自治县以伊斯兰文化、回族民族文化、西戎文化为主体打造了民族文化旅游示范基地,开拓了以回乡风情园为主的伊斯兰文化和回族文化风情游和以马家塬遗址为主的历史文化旅游。其中,回乡风情园景区成为国家4A级景区,马家塬遗址被列入国家级文物保护单位,张家川"花儿"被列入第四批国家级非物质文化遗产名录。在旅游宣传方面,2015年张家川回族自治县通过伏羲文化旅游节、兰州经贸洽谈会、关山花儿会暨清真食品节等积极开展旅游宣传,并在陕西、宁夏、深圳等地开展旅游推介和文化宣传活动①。

(五) 天祝藏族自治县

天祝藏族自治县地处甘肃省中部,位于河西走廊和祁连山东端,藏语称"华锐",意为英雄部落。天祝藏族自治县是中华人民共和国成立后第一个实行民族区域自治的地区,是由周恩来总理命名的第一个少数民族自治县,是全国仅有的两个藏族自治县之一。境内旅游资源丰富,集雪山、草原、森林、峡谷为一体。人文景观独具特色,自然风光秀丽迷人,原始性、多样性、神秘性相融,发展旅游业有得天独厚的自然资源和巨大潜力。"旅游兴县"已成为天祝总体发展战略和区域经济协调发展战略的重要部分,推动着全县社会经济快速发展。

2015年,天祝藏族自治县全年共接待游客86.5万人次,比上年增长24.5%;旅游总收入4.77亿元,同比增长25.54%,建立了"藏乡天祝,吉祥天堂"的旅游形象,且开展了多项旅游项目:由天祝三河源文化旅游有限责任公司总投资3.05亿元建设的天祝冰沟河文化旅游景区招商引资项目,2015年累计完成投资1.2亿元,4A级景区创建已通过省旅游局评审;兰州新亚集团计划投资1.2亿元建设的天祝诺布林卡生态文化旅游景区建设项目,目前已完成投资1 000万元,《天祝诺布林卡生态文化旅游景区修建性详细规划》通过评审,环境影响评价报告书的编制工作已启动;联展(北京)公司投资1.2亿元建设的"房车上的甘肃"旅游开发项目,完成投资100万元,目前已经签订了土地租赁合同,并对用地进行了测绘;大山河集团计划投资65亿元建设的丝路风情天祝文化园旅游开发项

---

① 数据来源:甘肃省统计年鉴(2016)。

目,完成投资 200 万元,目前总体规划已经通过初评会,正在进行修改完善;天祝南拉民俗文化产业有限公司投资 1.2 亿元建设的天堂镇民族文化村开发项目,完成投资 1 500 万元①。

(六) 肃北蒙古族自治县

肃北蒙古自治县旅游资源数量众多,类型丰富,既有冰川、雪山、戈壁和草原等自然资源,也有古城堡遗址、岩画、石窟壁画、塞墙烽燧等古文化遗迹,人文旅游资源所占比重较大,民族风情独特,并在 2013 年出台了《甘肃省肃北蒙古族自治县支持旅游业发展优惠政策》,这是肃北继农牧业、服务业优惠政策后的第三个专门扶持旅游业发展的优惠政策,并成立了甘肃省酒泉市肃北蒙古族自治县乾雅文化旅游发展有限公司,填补了当地旅游产业发展信息咨询、安全救援服务、人才培训等多方面的空白,使得肃北旅游产业发展更具科学性和规范性。2015 年,肃北蒙古族自治县接待游客 17.35 万人次,实现旅游综合收入 1.43 亿元,建设了五个庙蒙古文化风情园、盐池湾自驾游营地、透明梦柯 29 号冰川等旅游景区,举行了"穿越一百四戈壁——朝圣之路"魅力肃北徒步体验赛等旅游宣传推介活动,举办了那达慕文化旅游节积极融入敦煌大旅游经济圈。但肃北生态旅游资源(如草原、狩猎场、党河峡谷、盐地湾国家级自然保护区)对气候的依赖度较大,季节性明显,适游季节短,这成为制约肃北蒙古自治县发展旅游的一个重要限制性因素。

(七) 阿克赛哈萨克族自治县

阿克塞哈萨克族自治县位于酒泉市最西端,介于甘肃、青海、新疆三省(区)交界处。东与肃北蒙古族自治县接壤,北与敦煌市毗邻,南与青海省相连,西与新疆自治区相望,是一个以哈萨克族为主体,汉族、回族、维吾尔族、藏族、土族、裕固族、萨拉族等 11 个民族共同居住的少数民族自治县。政策方面,近年来,阿克塞加大财政投入,通过《阿克塞哈萨克族自治县旅游业发展总体规划》《阿克塞县城建设国家 4A 级旅游景区总体规划》进一步培育了民族风情旅游产品和路线,坚持每年投入旅游发展专项资金加快旅游景点体系的建设,为全县旅游产业的规模化发展奠定了基础。在景区建设方面,阿克塞相继开发建设了苏干湖景区、民族风情园、金山湖水上乐园、全民健身中心赛马场、哈萨克民俗博物馆、野生动植物生态园等一批旅游景点和景区,并创建了 3A 级、2A 级景区 3 个,形成了县内独特的旅游体系。在旅游线路方面,阿克塞处于"兰州—敦煌—阿克塞—格尔木—拉萨"和"兰州—河西走廊—敦煌—阿克塞—青海湖—兰州"两条重要的旅游线路中,串联了甘肃、青海、西藏 3 个西部旅游省区中的重点旅游城市,促进了本县旅游产业的发展②。

---

① 数据来源:甘肃省统计年鉴(2016)。
② 数据来源:甘肃省统计年鉴(2016)。

第四章 西北民族地区旅游资源空间结构研究

旅游资源以及以其为基础构建的旅游景区是旅游业赖以发展的物质基础,是构成区域旅游核心竞争力的重要因素。旅游资源的空间结构与区域旅游业的布局、规模等空间属性直接相关,在一定程度上影响着区域旅游业的发展战略,系统、科学地分析旅游资源的空间结构、总结旅游资源的分布规律,对构建区域旅游业有效空间模式、指导区域旅游业合理规划开发具有现实意义。

一、相关概念及理论基础

旅游资源是指在自然界和人类社会,能对旅游者产生吸引力,可以为旅游业所利用,并可产生经济效益、社会效益和环境效益的各种事物和因素。民族旅游资源是按旅游资源的社会属性所界定的,是指能够激发游客民族旅游动机、到民族旅游目的地消费民族旅游产品,并且能够带来经济、社会和环境效益的各种事物和因素。民族旅游资源既包涵位于民族区域内的自然风景资源和具有核心吸引力的民族文化资源,也包括非民族地区的具有民族属性和特质的旅游资源。民族旅游资源有其特殊的环境和相应的地理区域,这也决定了民族旅游资源在其空间分布上有明显的区域特征。

学术界最早提出"资源型景区"一词是在2001年,当时的文献[①]提到了资源型景区门票收入分配问题,认为应该"建立资源开发的回报机制,资源型景区的门票收入要逐步做到部分或全部用于资源的保护",但对于什么是"资源型景区"却没有给出回答。吴必虎、谢志华等在"中国城市居民环城市游憩行为与吸引物空间模式研究"项目中,对于"资源型景区"做了较为清晰明确的定义,认为资源型景区是指以自然风景资源和历史文化资源等原赋的公共旅游资源为核心吸引物,经过人类适当的开发并具备基本旅游设施的旅游景区。参考以上定义以及民族旅游资源概念的界定,笔者认为民族资源型景区是指以位于民族区域内的自然风景资源和特色的具有核心吸引力的民族文化资源以及非民族区域内的具有民族属性的原赋的旅游资源为基础,经过适度开发的旅游景区。它是我国旅游产品中的典型类型。

根据上述定义,民族资源型景区的特征主要包括:第一,民族资源型景区以民族旅游资源作为依托,既可以是指具体形态的物质景观实体,也可以是具有以具体物质形态为载体的文化。第二,民族资源型景区的旅游资源基础一般包括三大主体性资源,即以民族文化景观实体为主体(如历史古城、以民族文化建筑为主题构成的民族博物馆、以民族文化

---

① 郝建秀.希腊、法国旅游业发展的主要经验及启示[J].宏观经济管理,2001,(8):52-54.

内涵为灵魂形成的旅游边贸街区)、以民族行为文化及可参与性的民俗活动为主体(如大型活动与节事旅游、民族餐饮、民族歌舞、各类民俗活动)、以民族价值文化主要指狭义的精神创造部分为主体(如民间文学和神话、绘画、工艺、宗教等部分)。第三,民族资源型景区是跨文化旅游形式的重要目的地,民族文化是民族资源型景区的核心旅游价值。

二、数据来源和研究方法

(一) 数据来源及研究样本

本章数据来源于中国科学院地理科学与资源研究所承担的《甘肃省旅游业发展规划(2006～2020)》,该规划分析和定量评价了全省的旅游资源,本章以此为依据,整理出资源评价为优良级(三级及其以上等级)的104个主要民族旅游资源单体,作为甘肃省民族旅游资源空间结构分析的研究对象。这104个民族旅游资源单体来源于甘肃省30个市县,其中甘南藏族自治州(合作市、夏河县、碌曲县、玛曲县、卓尼县、迭部县、临潭县、舟曲县)35个,临夏回族自治州(临夏市、永靖县、和政县、广河县、积石山县、康乐县)22个,张掖市(甘州区、肃南县、民乐县)17个,酒泉市(肃州区、敦煌市、肃北县、瓜州县、金塔县、阿克塞县)16个,武威市(天祝县、民勤县、古浪县)7个,天水市(秦州区、秦安县、张家川)6个,陇南市(宕昌县)1个。以此为基础,遴选出旅游发展处于成长期或成熟期的35个民族资源型景区作为甘肃省民族旅游资源空间分布特征的研究对象。

(二) 研究方法

本章研究采用基础的最邻近指数分析法分析甘肃省民族旅游资源的分布类型,用地理集中指数、基尼系数等分析甘肃省民族旅游资源的分布均衡性。采用 SPSS13.0 统计工具,用多因素评价分析法分析甘肃省民族旅游资源的分布丰裕度。

三、民族旅游资源的空间结构

(一) 民族旅游资源类型结构

根据2003年5月1日颁布实施《旅游资源分类、调查与评价》国标(GB/T 18972—2003),结合旅游资源的基本属性和功能类型,对甘肃省104个优良级民族旅游资源单体进行分类,并以国家标准旅游资源总类型和甘肃省旅游资源总类型作为参照对象进行比较(表4-1、表4-2)。

从表4-1可以看出,通过与国标比较,甘肃省优良级民族旅游资源亚类17种,占国标中旅游资源亚类型数(28种)的60.71%;旅游资源基本类型30种,占国标中旅游资源基本类型数(140种)的21.43%。其中,自然类旅游资源亚类12种,占国标中自然亚类数(15种)的80%;基本类型17种,占国标中自然基本类型数(63种)的26.98%。人文类旅游资源亚类5种,占国标中人文亚类数(13种)的38.46%;基本类型13种,占国标中人文基本类型数(77种)的16.88%。

表 4-1 甘肃省优良级民族旅游资源类型结构

		国标旅游资源总类型数		甘肃省优良级民族旅游资源类型数		甘肃省优良级民族旅游资源类型所占比例	
		亚 类	基本类型	亚 类	基本类型	亚 类	基本类型
自然类	地文景观	5	37	3	7	80.00%	26.98%
	水域风光	6	15	5	5		
	生物景观	4	11	4	5		
	小 计	15	63	12	17		
人文类	遗址遗迹	2	12	1	1	38.46%	16.88%
	建筑与设施	7	49	3	9		
	人文活动	4	16	1	3		
	小 计	13	77	5	13		
合计	6	28	140	17	30	60.71%	21.43%

表 4-2 甘肃省优良级民族旅游资源类型结构

		甘肃省旅游资源总类型数		甘肃省优良级民族旅游资源类型数		甘肃省优良级民族旅游资源类型所占比例	
		亚 类	基本类型	亚 类	基本类型	亚 类	基本类型
自然类	地文景观	4	27	3	7	92.34%	34.69%
	水域风光	5	11	5	5		
	生物景观	4	11	4	5		
	小 计	13	49	12	17		
人文类	遗址遗迹	2	12	1	1	38.46%	17.11%
	建筑与设施	7	48	3	9		
	人文活动	4	16	1	3		
	小 计	13	76	5	13		
合计	6	26	125	17	30	65.38%	24.00%

从表 4-2 可以看出,通过与甘肃省旅游资源总类型数的比较,甘肃省优良级民族旅游资源亚类 17 种,占全省旅游资源亚类型数(26 种)的 65.38%;旅游资源基本类型 30 种,占全省旅游资源基本类型数(125 种)的 24%。其中,自然类旅游资源亚类 12 种,占全省自然亚类数(13 种)的 92.34%;基本类型 17 种,占全省自然基本类型数(49 种)的 34.69%。人文类旅游资源亚类 5 种,占全省人文亚类数(13 种)的 38.46%;基本类型 13 种,占全省人文基本类型数(76 种)的 17.11%。

(二)民族旅游资源规模空间结构

甘肃民族地区因其独特的自然地理条件和悠久的历史、灿烂的文化、众多的民族而拥有大量特色浓郁、品位极高的自然与人文旅游资源。随着经济社会的发展和西部大开发战略的实施,其价值和地位在短短几年内迅速得到认识和提升,旅游资源开发力度呈现出持续、快速增长的态势。在这样的大环境下,民族旅游资源产业价值进一步提升,其规模进一步上升,并呈现出相应的空间态势(表 4-3)。

表4-3 甘肃省优良级民族旅游资源单体总量空间分布统计表

地市名称	单体个数(个)	单体所占资源总量比例(%)	累计比重(%)	位次	所属层面
甘南藏族自治州	35	33.65	33.65	1	第一层(20个以上)
临夏回族自治州	22	21.15	54.80	2	
张掖市	17	16.35	71.15	3	第二层(10~20个)
酒泉市	16	15.38	86.53	4	
武威市	7	6.73	93.26	5	第三层(10个以下)
天水市	6	5.77	99.03	6	
陇南市	1	0.97	100.00	7	
合计	104	100.00			

如表4-3所示,优良级民族旅游资源单体总量的分布在空间上呈三个层面,第一个层面单体数量在20个以上,主要有甘南藏族自治州和临夏回族自治州;第二个层面单体数量在10~20个,主要有张掖市和酒泉市;第三个层面单体数量在10个以下,主要有武威市、天水市、陇南市。在优良级民族旅游资源单体总量上甘肃省两个少数民族自治州所占体例最大,有肃南裕固族自治县的张掖市和有肃北蒙古族自治县、阿克塞哈萨克族自治县的酒泉市紧随其后,有天祝藏族自治县的武威市和有张家川回族自治县的天水市相对较少,而陇南市相对最少。其分布并不平均,且差异较大。优良级民族旅游资源分布广泛而又相对集中的特点既有利于整个甘肃省民族地区旅游业的共同繁荣,又有利于单个区域重点开发。

(三) 民族旅游资源等级空间结构

旅游资源单体的质量水平理论上一般由按照《旅游资源分类、调查与评价》国标(GB/T 18972—2003)所评定的等级来衡量。甘肃作为多民族聚集地,省域范围内民族地区所辖21个县市,民族旅游资源不仅类型繁多、数量上呈一定的空间态势,其资源质量也在空间上具有一定的分布特征(表4-4)。

表4-4 甘肃省优良级民族旅游资源等级空间分布统计表

地市名称	五级单体(个)	四级单体(个)	三级单体(个)	所属层面
甘南藏族自治州	6	9	20	第一层面
酒泉市	1	1	14	
临夏回族自治州	0	4	18	第二层面
张掖市	0	5	12	
武威市	0	1	6	第三层面
天水市	0	1	5	
陇南市	0	0	1	
合计	7	21	76	

如表4-4所示,甘肃优良级民族旅游资源单体共有104处,其中五级资源单体(又称为特品级旅游资源)总共有7处,其中6处分布在甘南藏族自治州、1处分布在肃北蒙古族自治县;四级资源单体共21处,多分布在甘南藏族自治州、临夏回族自治州和肃南裕固族

自治县；三级资源的单体共 76 处，除陇南市宕昌县外，其余区域分布较为均匀，且差异不大。

四、民族旅游资源的空间分布

（一）空间分布的类型

在省域范围的旅游空间结构研究中，优良级民族资源型旅游景区可抽象为点状要素，空间上通常呈现聚集分布、均匀分布或随机分布三种类型的分布格局。加拿大旅游学者斯蒂芬·L. J. 史密斯在描述旅游地区特征时指出："一个能较为准确并客观地确定布点格局情况的方法就是最近邻分析法"，最近邻分析法是由生态学家 Clark 和 Evans（1954）最先提出的，并被认为适用于特定空间里的点呈不规则分布的情形。吴必虎、马晓龙等多位国内旅游学者也均采用了最近邻分析法定量刻画区域旅游景区的空间分布格局。最邻近距离是表示点状要素在地理空间中相互邻近程度的地理指标，反映点状要素的空间分布格局类型。测算地理空间中每个点状要素与其最邻近点状要素之间的直线距离 r_1，取这些距离的平均值 $\overline{r_1}$，即为表示该地理空间中点状要素邻近程度的平均最邻近距离（简称最邻近距离）。当地理空间中的点状分布为随机型（Poisson 分布型）时，其理论上的最邻近距离可用公式表示为 $\overline{r_E} = \dfrac{1}{2\sqrt{n/A}}$，其中 $\overline{r_E}$ 为理论最邻近距离，A 为研究区域面积，n 为点状要素个数。最邻近点指数 R 定义为实际最邻近距离与理论最邻近距离之比，$R = \overline{r_1}/\overline{r_E}$。当 $R=1$，即 $\overline{r_1}=\overline{r_E}$ 时，点状要素分布为随机型；当 $R>1$，即 $\overline{r_1}>\overline{r_E}$ 时，点状要素趋于均匀分布；当 $R<1$，即 $\overline{r_1}<\overline{r_E}$ 时，点状要素趋于聚集分布。

甘肃省域面积 453 700 km^2，遴选出的优良级民族资源型景区 35 处。根据理论最邻近距离公式，计算出甘肃省优良级民族资源型景区理想随机分布的理论最邻近距离 $\overline{r_E} = \dfrac{1}{2\sqrt{n/A}} = \dfrac{1}{2\sqrt{35/453\,700}} \approx 56.93$ km。运用 GIS 技术测算得出各旅游景区与其最邻近的旅游景区之间的实际最邻近直线距离 $r_{1,i}(i=1\sim 35)$。根据表 4-5 计算出平均实际最邻近距离 $\overline{r_1} = \dfrac{1}{35}\sum_{i=1}^{35} r_{1,i} \approx 47.78$ km。因此，最邻近指数 $R = \overline{r_1}/\overline{r_E} = 47.78/56.93 = 0.839\,3 < 1$，即实际最邻近距离小于理论最邻近距离，表明甘肃省优良级民族资源型景区趋于聚集分布。据此，甘肃省优良级民族旅游资源在空间上呈现凝聚型分布格局。

表 4-5 甘肃省优良级民族资源型景区空间点最近邻距离情况

景区编号	最邻近景区编号	最邻近距离(km)	景区编号	最邻近景区编号	最邻近距离(km)	景区编号	最邻近景区编号	最邻近距离(km)	景区编号	最邻近景区编号	最邻近距离(km)
1	6	32.154 8	5	24	17.069 9	9	13	38.407 8	13	20	33.043 1
2	31	45.652 6	6	32	28.851 2	10	12	44.063 6	14	29	48.574 9
3	4	56.861 5	7	26	35.604 2	11	10	73.571 5	15	34	30.262 6
4	24	14.033 0	8	23	75.309 4	12	10	44.063 6	16	33	18.744 8

续表

景区编号	最邻近景区编号	最邻近距离(km)	景区编号	最邻近景区编号	最邻近距离(km)	景区编号	最邻近景区编号	最邻近距离(km)	景区编号	最邻近景区编号	最邻近距离(km)
17	34	21.299 2	22	28	56.353 1	27	26	30.429 6	32	6	28.851 2
18	5	87.467 6	23	31	71.037 4	28	20	30.388 3	33	16	18.744 8
19	25	101.208 8	24	5	17.969 9	29	14	48.574 9	34	17	21.299 2
20	21	29.174 3	25	7	53.644 1	30	11	230.733 2	35	8	82.844 5
21	20	29.174 3	26	27	30.429 6	31	2	45.652 6			

进一步比较甘肃省民族资源型旅游景区、武汉城市圈、皖南旅游区、石首市、长三角城市群、呼伦贝尔—阿尔山旅游区及全国范围内的资源型景区的最邻近指数(表4-6)，可以发现：① 总体而言各区域旅游资源或旅游景区的空间分布格局都呈现出集群分布的态势,这有助于旅游资源或旅游景区的联动整合开发及旅游空间组织。② 各区域旅游资源或旅游景区的集群分布存在差异,根据点状要素的三种分布类型中,均匀分布的最邻近距离最大、随机分布次之、聚集分布的最邻近距离最小的原理可以得出以下结论：呼伦贝尔—阿尔山旅游区旅游资源的集群分布特征相对显著;皖南旅游区景点、全国资源型景区、武汉城市圈旅游景区的集群分布特征次之;而石首市旅游资源、甘肃省民族资源型景区、长三角城市群旅游景区的集群分布特征不十分明显。

表4-6　各级旅游景区最邻近指数

	面积(km^2)	景区数(节点)(个)	景区密度(个/km^2)	理论最邻近距离(km)	实际最邻近距离(km)	最邻近指数
甘肃省民族资源型景区	453 700	35	0.000 077	56.93	47.78	0.839 0
武汉城市圈	57 972	56	0.000 966	16.08	10.84	0.674 1
皖南旅游区	30 378	44	0.001 448			0.534 0
石首市	1 427	42	0.029 432	3.00	2.34	0.780 0
长三角城市群		69		19.03	18.10	0.951 1
呼伦贝尔—阿尔山旅游区	435 600	54	0.000 124		32.04	0.030 0
全国资源型景区	9 600 000	509	0.000 053	68.67	38.89	0.570 0

由于最邻近指数在测定点状要素空间分布类型时的界定标准存在一定的争论,故在此通过测算Voronoi多边形面积的变异系数(the coefficient of variation,CV)检验最近邻分析法对甘肃省优良级民族资源型旅游景区分布格局的测定结果。Voronoi图是一种基本几何结构,因能有效解决点集或其他几何对象与距离有关的问题而在计算几何学科中占有重要地位。Voronoi图依据对象集合中元素的最邻近原则将对象空间剖分成许多单元区域,是一种有效测度点状要素空间分布特征的方法,国内已有学者将其运用于旅游空间结构研究中。在Arcgis 9.3环境下,以甘肃省35个优良级民族资源型旅游景区为质心,生成普通Voronoi多边形。

CV值是Voronoi多边形面积的标准差与平均值的比值,反映了Voronoi多边形在空间上的相对变化程度,当质心点集在空间上均匀分布时,其Voronoi多边形面积的变化较小,CV 值低;反之当点集聚集分布时,CV 值高。Charles Duyckaerts 在相关研究中提出三个 CV 值:当点集随机分布时,CV 值为 57%(包括 33%~64%的值);当点集聚集分布时,CV 值为 92%(包括>64%的值);当点集均匀分布时,CV 值为 29%(包括<33%的值)。运用 GIS 技术测算各 Voronoi 多边形面积,计算得 CV 值为 127.60%,即点集呈现集聚分布态势,验证了上述的测定结果。通过对甘肃省民族资源型旅游景区分布格局的分析,可以推断出甘肃省优良级民族旅游资源总体上呈现凝聚型分布格局,有利于促进旅游资源联动整合开发,形成特色鲜明的旅游专区,提升综合旅游竞争力。

(二)空间分布的均衡性

甘肃自古以来就是边疆锁钥、游牧民族的活动重地,多文化、多民族的交流和融合成为其发展的一大特色,且当仁不让地成为拥有悠久历史和独具特色的民族风情的文化宝地。甘肃属于多民族聚居的省份,全省民族地区所辖 21 个县市,各地都有富有代表性的民族文化特性的旅游资源。以 104 处优良级民族旅游资源为基础遴选出的 35 处发展成熟的民族资源型景区也分布于全省各自治州、自治县。但是由于全省各地区之间的自然条件、人文环境和经济发展水平存在差异,所拥有的民族资源型景区的数量也不尽相同。

1. 分布集中程度

地理集中指数是衡量研究对象集中程度的重要指标,现用其测算甘肃省优良级民族资源型旅游景区在各地市分布的集中程度,以反映甘肃省民族旅游资源的空间分布状况,指数计算公式为:$G=100\times\sqrt{\sum_{i=1}^{N}(x_i/T)^2}$。式中 G 为旅游景区的地理集中指数;x_i 为甘肃省 i 个地市的民族资源型旅游景区数量;T 为甘肃省民族资源型旅游景区总数;N 为甘肃省地市总数。G 取值范围为 0~100,G 值越接近 100($x_i=T$ 时),旅游景区分布越集中,G 值越小,则旅游景区分布越分散,如果甘肃省 35 个民族资源型旅游景区平均分布于各地州市,即每市拥有旅游景区 35/14≈3 个,则 G 值为 32.07。分别统计甘肃省 14 个地州市优良级民族资源型旅游景区数量,通过上述公式得甘肃省优良级民族资源型旅游景区的地理集中指数 G 值为 50.06,大于 32.07。依据对甘肃省民族资源型旅游景区的分析,表明从区级尺度上,甘肃省民族旅游资源在空间分布上较为集中。

2. 分布均衡程度

基尼系数(Gini Coefficient)可以用于刻画空间要素的分布,也可以对两个空间要素的分布进行对比,进而判断其空间分布变化规律,是地理学中用来描述离散区域空间分布的重要方法。理论上,基尼系数介于 0 和 1 之间,越大表明集中程度越高,均匀程度越低。现引用基尼系数判断甘肃省优良级民族资源型旅游景区在各个地市中分布的均衡状况,其计算公式为:$H=-\sum_{i=1}^{N}P_i\cdot\ln P_i$,$H_m=\ln N$;$Gini=H/H_m$,$C=1-Gini$。式中,$P_i$ 为第 i 地市甘肃省民族资源型旅游景区数占甘肃省民族资源型旅游景区总数的比重;N 为甘肃省地市数,即 14;C 为分布均匀度。通过上述公式计算得 $H=1.5461$,$H_m=1.7918$,$Gini=0.863$,$C=0.137$,结果表明甘肃省民族资源型旅游景区在 14 个地市中呈集中分布特征,且分布均匀程度很低,空间上表现为不均衡。

3. 区级分布分异特征

地理集中指数与基尼指数测算结果表明,甘肃省民族旅游资源在空间上表现出显著的非均衡集中分布特征,根据表4-3中的数据分析全省优良级民族旅游资源在各地市分布的空间洛仑兹曲线(图4-1),仅甘南藏族自治州和临夏回族自治州2个地区民族旅游资源数量就已达到全省民族旅游资源总量的一半以上,再加上有一个少数民族自治县的张掖市和有两个少数民族自治县的酒泉市后,4个地区民族旅游资源量已占到全省总量的86.53%。

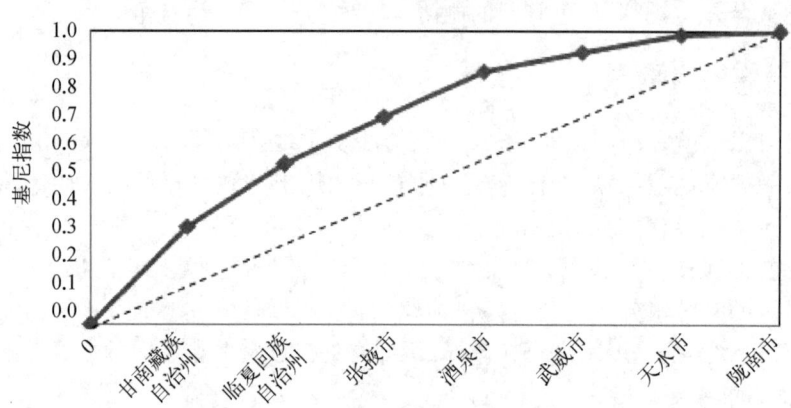

图4-1 甘肃省优良级民族旅游资源分布的空间洛仑兹曲线

依据表4-1与空间洛仑兹曲线,可将甘肃省民族旅游资源从地域上划分为3个层级:第一层级为甘南藏族自治州和临夏回族自治州,分布率均大于20%,累计优良级民族旅游资源单体57个,占全省同级旅游资源总量的54.80%;第二层级为张掖市和酒泉市,分布率为10%~20%,累优良级民族旅游资源单体33个,占全省同级旅游资源总量的31.73%;第三层级为武威市、天水市、陇南市,分布率均低于10%。

(三) 分布的丰裕度分析

利用SPSS13.0对甘肃省104处优良级民族旅游资源的分布数据进行分析处理。利用综合指数评价法,计算全省优良级民族旅游资源单体分布的综合指数,划分各类旅游资源单体的空间分布丰裕度类型,归纳其空间分布特征。具体步骤如下。

(1) 利用公式 $S_j = \sqrt{\dfrac{1}{n}\sum_{i=1}^{n}(X_{ij}-\overline{X_j})^2}$ 分别求各类旅游资源在各民族地区分布的标准差。式中,S_j 是 j 类旅游资源分布的标准差;X_{ij} 是 i 地区的 j 类旅游资源单体的数目;$\overline{X_j}$ 是 j 类旅游资源单体空间分布均值。

(2) 利用公式 $R_j = (X_{ij}-\overline{X_j})/S_j$ 对旅游资源单体分布数据进行标准化。即用 i 地区 j 类旅游资源单体的数目减去平均值,再除以标准差。式中,R_j 是 j 类旅游资源单体的分布指数。

(3) 再按照系数加权平均 $R = \sum_{j=1}^{6} K_j R_j$ 得出各地区民族旅游资源单体的分布综合指数 R。式中,K_j 为各要素的权重系数。

(4) 划分丰裕等级。将甘肃省优良级民族旅游资源分布划分为四个等级：极丰富、丰富、贫乏、极贫乏。综合指数 ≥ 0.5 的为极丰富的地区，[0，0.5) 的为丰富的地区，[−0.6，0) 的为贫乏地区，−0.6 以下为极贫乏地区(表 4 - 7)。

表 4 - 7 甘肃省优良级民族性旅游资源综合指数

	A 地文景观	B 水域风光	C 生物景观	E 遗址遗迹	F 建筑与设施	H 人文活动	综合指数
陇 南	0	0	0	0	0	1	−0.868 0
天 水	0	0	1	2	3	0	−0.578 8
武 威	1	0	4	0	2	0	−0.573 7
酒 泉	3	4	3	0	6	0	0.068 0
张 掖	3	1	2	0	11	0	0.099 5
临 夏	5	1	2	2	11	1	0.658 7
甘 南	3	3	12	0	15	2	1.194 3

依据表 4 - 7，甘肃省优良级民族旅游资源极丰富地区为甘南藏族自治州和临夏回族自治州两个地区，民族旅游资源丰富的地区为张掖市和酒泉市，民族旅游资源贫乏的地区是天水市和武威市，民族旅游资源极为贫乏的地区是陇南市。

五、本章小结

以甘肃省 104 处优良级民族旅游资源和以此为基础遴选出的 35 处民族资源型旅游景区为研究对象，对其空间结构特征进行分析探讨，综合上文得出以下结论：首先，甘肃省民族旅游资源的最邻近指数 $R = 0.839 8 < 1$，同时由各民族资源型旅游景区为质心生成 Voronoi 多边形面积的变异系数值为 127.60%，表明甘肃省民族旅游资源的总体空间分布格局为凝聚型，在空间上趋于聚集分布；其次，甘肃省民族旅游资源的地理集中指数与基尼指数分别为 50.06 和 0.863，表明甘肃省民族旅游资源在市区尺度上呈非均衡的集中分布，且分布均匀程度很低；此外，依据民族旅游资源单体分布率可将甘肃省民族地区划分为 3 个层级。

第五章 西北民族地区人文旅游资源评价

一、人文旅游资源评价体系

(一) 评价目的及原则

1. 评价目的

(1) 了解人文旅游资源的性质和分布特征[①]

通过对人文旅游资源的调查,了解各区域个人文旅游资源单体的情况并对其进行一定规模水平地鉴定,确定旅游资源的性质,并对其进行归类。并在此基础上对旅游资源的空间结构和分布特征进行研究,为区域人文旅游线路设计和旅游功能区分奠定基础,为区域人文旅游的发展提供基础性数据并起宏观性导向作用。

(2) 确定人文旅游资源的质量和等级

人文旅游资源可以看做是一个多要素组成的复杂系统,通过对区域人文旅游资源地调查,对其人文旅游资源的种类进行划分归类、对人文旅游资源单体进行性质和功能地评价,确定区域人文旅游资源单体的质量水平,并合理地对此进行分等定级,为区域旅游资源规划开发提供科学的参考依据,使得不同等级的人文旅游资源有序、重点、合理地得到开发。

(3) 为旅游资源规划、开发和管理做准备

通过对旅游资源地综合评价,确定旅游资源的质量水平,评估在其旅游地开发建设中的地位,进一步明确旅游资源开发的时序和层析。首先可以为旅游发展规划奠定基础;其次可以为旅游地旅游资源的开发方向提供论证;再次可以依据资源等级来进行旅游资源管理工作。

2. 评价原则

由于旅游资源涉及范围极广,对其分级评价不可避免要涉及对旅游资源的比较和重要性排序问题,因此要做到评价指标选取的客观、科学,就必须遵守一定的标准和原则。

(1) 全面系统科学的原则

人文旅游资源涉及的面比较广泛、内容相对较多且情况复杂,在对人文旅游资源进行评价时,要用科学的态度、科学的方法和一定的标准对调查区域进行实事求是地评价并且要对人文旅游进行全面地评价,不能只从旅游资源本身入手,防止评价的片面性。

[①] 王昆欣.旅游资源评价与开发[M].北京:清华大学出版社,2010:135.

(2) 代表性和层次性的原则

对区域人文旅游资源进行评价时选取的指标要有一定的代表性，能在宏观层面上代表人文旅游资源的总体特征并突出一定的特色。在确定评价指标时要有一定的层次性，每一层都是包含的关系，互相有一定的关联。同一层次的评价指标是平行关系，不能出现混淆不清的状态。

(3) 定性和定量相结合的原则

对区域人文旅游资源进行评价时，一方面，在宏观上进行定量分析，把握具体的数据，用具体的调查资料作为有力地补充；另一方面，在微观上对人文旅游资源进行概括性地总结和归纳。让人文旅游资源评价工作既不陷于由数据过多的繁琐又不陷于空谈。

(二) 人文旅游资源综合评价体系构建

本章采用层次分析法和模糊综合评分法相结合的综合评价法对人文旅游资源进行评价。

层次分析法是把复杂问题中的各个因素划分为相互联系的有序层次，根据对一定客观现实地判断就每一层次的相对重要性给予定量表示，利用数学方法确定每一层次要素的相对重要值的权重，并通过排序来分析和解决问题的一种方法。其基本思路是按照各类因素之间的隶属关系把它们分成从高到低的若干层次，建立不同层次因素之间的相互关系，根据对同一层因素相对重要性的相互比较，决定层次各因素重要性的先后次序，以此作为决策的依据。基本步骤为：建立层次结构模型→构造判断矩阵（矩阵内数据反映各因素相对重要性，可利用专家咨询打分法综合得出）→求出各指标的权重→排序及检验→求层次总排序→层次总排序一致性检验。

模糊综合评分法用于评价指标无法用统一的量纲进行定量分析的场合，用无量纲的分数进行综合评价。评价时先分别按不同指标的评价标准对各评价指标进行模糊评分，然后采用加权相加，求得总分。基本步骤为：确定评价项目→制定出评价等级和标准（先制定出各项评价指标统一的评价等级或分值范围，然后制定出每项评价指标每个等级的标准）→制定评分表→根据指标和等级评出分数值→数据处理和评价。

层次分析法在本章中主要用来确立人文旅游资源的评价体系，并对各评价层的指标进行专家打分，根据数学模型得出各评价指标的综合权重。而模糊综合评分法在本章中的运用主要是在层次分析法的基础上，结合人文旅游资源单体，对评价指标给定模糊评分区间及等级区间，再一次运用专家打分法对具体的人文旅游资源单体进行打分。单个旅游资源单体的最终得分由层次分析法求得的各评价指标的综合权重乘以各评价指标专家打分平均值得出。层次分析法和模糊综合评分法的结合使用，可以使定性与定量方法相结合，使结果更客观、科学，降低最终评价结果的误差。具体人文旅游资源评价方法的运用步骤如下：

第一步，建立旅游资源综合评价模型；

第二步，运用层析分析法和专家咨询法求出各评价层评价指标的综合权重；

第二步，运用模糊评分法和专家咨询法对各人文旅游资源单体进行各评价指标的评价赋分；

第四步，各资源单体的单项最后得分由各评价指标的权重乘以专家给出的人文旅游资源单体的各评价指标的得分，并最终加总求出。

1. 层次分析法构建评价指标

(1) 我国经典评价指标体系述评

我国旅游资源的指标体系构建已经从单因子评价(关注旅游资源本身)发展到综合因子评价(关注与旅游资源相联系的因素及环境)。具体指标选取有以下类型：

① 国家标准(GB/T 189722—2003)模型(简称"国标")。由国家标法制定的旅游资源评价分体体系明显突出了实用性和普适性，在充分考虑前期各专家学者的研究成果和广泛实践的基础上，制定了参考标准，建立了全国或者区域可以比较的五级旅游资源分级体系。国标中把评价项目分为资源要素价值、资源影响力、附加值三项，8项评价因子(表5-1)。国标法的优点是比较全面地考虑旅游资源评价的因素；缺点是该评价方法中资源和市场相互矛盾，也忽略了旅游资源整体与资源组合对评价的影响。因为资源禀赋好的区域如果没有市场，也很难开发出好的旅游商品。

表5-1 国标法旅游评价体系模型

评价项目	评 价 因 子		
资源要素价值	观赏游憩使用价值		历史文化科学艺术价值
	珍稀奇特程度	规模丰度与几率	完整性
资源影响力	知名度与影响力		适游期或使用范围
附加值	环境保护与环境安全		

② 保继刚模型。保继刚模型(表5-2)是早期典型的关注旅游资源本身所建立的模型。旅游资源评价是一项复杂的、涉及很多层面的综合性的工作，不仅涉及旅游资源本身的价值，还涉及旅游地区域条件、社会环境、市场因素的影响。如果只考虑旅游资源本身就会造成评价结果具有片面性，不能准确的反映旅游资源的价值。保继刚在选取指标时，提炼了3个一级评价指标(观赏特征、科学价值、文化价值)，8个二级评价指标，基本上概括了旅游资源自身的属性，值得我们学习借鉴。

表5-2 保继刚旅游资源评价体系模型

一级指标	观赏特征	科学价值	文化价值
二级指标	愉悦度 奇特度 完整度	科学考察 科普教育	历史文化 宗教朝拜 修养娱乐

③ 郭来喜模型。郭来喜模型是为了更好地进行专家打分、权重分配而设计的一套模型。该模型把旅游资源评价体系设计成四个层次，分别为"景型"、"景域"、"景段"和"景元"，把后三项通过专家咨询赋予0.50、0.35、0.15的权重。对其进行处理后，每一层级所得的资源单体得分相加即得"景型"总分值。

④ 楚义芳模型。楚义芳模型(表5-3)采用层次分析法，把评价因子分为三层，结合

专家咨询法对每个因子进行两两比较并赋分,通过数学运算,求得其权重。这是一种定性与定量相结合的方法,其缺点是由于专家的认知各不相同,给打分结果带来很大的主观性,只考虑旅游资源所在区域的影响因素(如旅游地内的区域条件及区位特征),没有考虑旅游者的客源市场,具有一定的片面性;其优点是在一定程度上量化了评价指标。

表5-3 楚义芳旅游资源评价体系模型

一级指标	旅游资源		区域条件	区位特征	
二级指标	质量	规模		可及性	与其他旅游地关系
三级指标	地形 水体 气候 动物 植物 文化古迹 民俗风情	景点容纳量 景点集中程度	自然生态 用地条件 城镇分布 基础设施 旅游设施	连接客源地的交通条件与客源地的距离	与附近旅游资源类型的异同 与附近旅游地间距离

⑤ 傅文伟模型。该模型将旅游资源的价值特征及其旅游资源存在的条件作为评价因子。在资源价值特征下包含三个次级评价因子,在旅游资源存在条件下包含5个评价因子进行综合评价(表5-4)。傅文伟模型的优点是考虑了资源存在的要素,把资源组合度和集中度当做评价因子,可以体现区域旅游资源的丰度和集中度;但其缺点是把旅游资源美学观赏价值放在次级因子中,而旅游资源规模度、特殊度因属于旅游美学观赏价值,造成了层次包含关系的错误,影响了评价的结果。

表5-4 傅文伟旅游资源评价体系模型

一级指标	资源价值特征	资源存在条件
二级指标	美学观赏价值 康乐价值 科学文化价值	资源要素种类 资源规模度 资源特殊度 资源组合度 资源集合度

⑥ 甘枝茂、马耀峰模型。甘枝茂、马耀峰模型认为对区域旅游资源进行评价时,从两个大的方面进行评价,一是对旅游资源价值的评价;二是对旅游开发条件的评价。此模型比较完善的提出了一套旅游资源的评价指标体系(表5-5),但该模型只是从定性分析方面提出应该如何设立旅游资源评价的指标,在对今后旅游资源评价指标的选择方面有一定的借鉴意义。但此模型没有用科学定量的研究方法对旅游资源评价进行实证分析。

(2) 确定人文旅游资源评价指标

根据上述对旅游资源评价体系指标构建模型的述评并结合相关文献中对指标选取的方法,充分运用理论分析法、频度统计法及专家咨询法建立本章的评价指标体系。旅游者

表 5-5　甘枝茂、马耀峰旅游资源评价体系模型

一级指标	旅游资源价值评价层	旅游资源开发条件评价层
指　标	美学观赏性 历史文化性 科学性 奇特性 规模与组合状况 旅游功能 旅游环境容量	区位条件 客源条件 自然环境 经济环境 社会文化条件 经济、社会、环境效益

对人文旅游资源的感受是复杂的,是要通过旅游者亲身参与目的地人文旅游活动,结合自身所学相关知识,来感受古代文明和现代文明。鉴于旅游者对人文旅游资源感受的复杂性,根据人文旅游资源的历史文化、宗教艺术、科普教育等主要价值,并考虑研究区域所在的情况,综合考虑人文旅游资源所涉及的因素,建立评价指标体系。该体系包括目标层、综合评价层、项目评价层、评价因子层四级评价指标,目标层(一级指标)下有 3 个综合评价指标(二级指标),综合评价层下有 9 个项目评价指标(三级指标),项目评价层下有 21 个评价因子(四级指标),如表 5-6 所示。

表 5-6　人文旅游资源评价指标体系

目标层 A	综合评价层 B	项目评价层 C	评价因子层 D
人文旅游资源评价指标体系（A）	资源要素价值 B_1	历史文化价值 C_1	年代的久远性 D_1 与历史人物、事件关联度 D_2 民俗文化、宗教文化 D_3
		艺术审美价值 C_2	珍稀奇特度 D_4 完整度与规模度 D_5 美感度与感染力 D_6
		科学价值 C_3	社会科普价值 D_7 社会考古价值 D_8
	资源影响力及潜力 B_2	资源影响力 C_4	知名度与影响度 D_9 美誉度 D_{10}
		资源潜力 C_5	组合度与聚集度 D_{11} 客源市场与市场前景 D_{12} 转换成产品的能力 D_{13}
	资源开发条件 B_3	区位条件 C_6	与周围资源关联度 D_{14} 地理位置 D_{15}
		交通条件 C_7	交通便捷性与可达性 D_{16} 交通费用 D_{17}
		配套设施 C_8	基础设施建设 D_{18} 旅游服务设施建设 D_{19}
		社会条件 C_9	人员素质及态度 D_{20} 治安状况 D_{21}

为了使人文旅游资源评价指标更具有直观性,构建人文旅游资源综合体系模型树(图5-2),并进一步对评价具体指标进行说明(表5-7)。

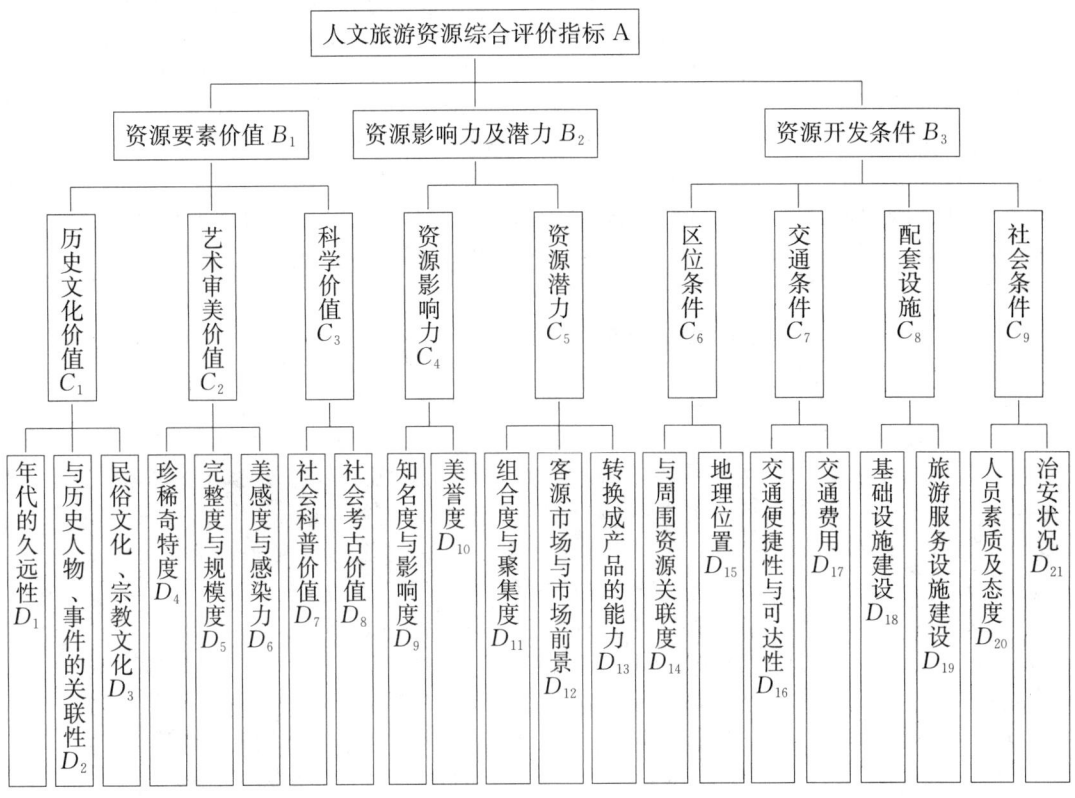

图 5-1 人文旅游资源综合评价体系模型树

表 5-7 具体指标说明

总目标层(A)	
综合评价层指标说明(B)	
资源要素价值 B_1	指人文旅游资源本身所富含的价值
资源影响力及潜力 B_2	指人文旅游资源对社会的影响力及开发的潜力
资源开发条件 B_3	指人文旅游资源开发所涉及的因素
项目评价层指标说明(C)	
历史文化价值 C_1	指人文旅游资源显现的历史性与文化方面的价值
艺术审美价值 C_2	指人文旅游资源体现的内在美和外在美
科学价值 C_3	指人文旅游资源在科学研究及科学普及方面的价值
资源影响力 C_4	指人文旅游资源在历史和当今对社会的影响
资源潜力 C_5	指人文旅游资源发展的前景及转变成旅游商品的能力
区位条件 C_6	指人文旅游资源所在区域的地理位置
交通条件 C_7	指人文旅游资源所在区域的交通便捷性、可达性
配套设施 C_8	指人文旅游资源所在区域基础设施建设和旅游设施建设的情况
社会条件 C_9	指人文旅游资源所在区域社会发展对旅游发展的影响

续表

总目标层(A)	
评价因子层(D)	指标说明
年代的久远性 D_1	指人文旅游资源存在的时间
与历史人物、事件关联度 D_2	指人文旅游资源与历史人物或历史事件的关联程度
民俗文化、宗教文化 D_3	指人文旅游资源所具备的民俗风情、民俗活动、宗教朝拜等方面的价值
珍稀奇特度 D_4	指人文旅游资源与其他区域相比的罕见程度
完整度与规模度 D_5	指人文旅游资源保持自身结构和形态的完整及体量的程度及大小
美感度与感染力 D_6	指人文旅游资源让人产生美的感受及带来的感染程度
社会科普价值 D_7	指人文旅游资源的内涵及教育性价值
社会考古价值 D_8	指人文旅游资源对科学考察的价值
知名度与影响度 D_9	指人文旅游资源被公众了解的程度及社会影响的广度和深度
美誉度 D_{10}	指旅游者对人文旅游资源的赞美程度
组合度与聚集度 D_{11}	指旅游区域内人文旅游资源组合或聚集为旅游资源群的能力
客源市场与市场前景 D_{12}	指人文旅游资源能够吸引游客的范围、客源层次以及今后可预测的市场发展程度等
转换成产品的能力 D_{13}	指人文旅游资源是否能变成旅游产品用于买卖的能力
与周围资源关联度 D_{14}	指所在区域人文旅游资源与周围资源存在关系的程度
地理位置 D_{15}	指人文旅游资源所在区域的空间关系
交通便捷性与可达性 D_{16}	指人文旅游资源所在区域交通便利程度及区域的可进入性
交通费用 D_{17}	指旅游者到人文旅游资源所在区域所花费的交通费用在整个行程中所占的比例
基础设施建设 D_{18}	指开展旅游业所在区域应具备的交通、住宿、水、电、气等设施设备的完善程度
旅游服务设施建设 D_{19}	指旅游区内旅游服务设施,例如旅游厕所、景区指示牌、景区投诉中心等完善程度
人员素质及态度 D_{20}	指旅游区内从业人员的专业程度及当地居民对旅游业的支持态度
治安状况 D_{21}	指旅游区内的治安状况对旅游者的滞留和离开的影响程度

(3) 确定评价指标权重

对旅游资源评价来说,其核心是权重的设定,这将直接影响到旅游资源评价准确与否,对最终产生的结果起决定性作用。要对人文旅游资源进行合理的评价首先就要解决如何确定其各项因素的权重。目前来看,确定权重的方法主要有两大类型:一类是根据层次分析法,通过专家咨询法和问卷调查法,用 1~9 标度法确定评价因子之间两两的重要程度并赋分,再用计算机进行运算得出权重;另一种方法是根据指标属性直接确定权重值,例如主成分分析法、变异系数法、局部变权法等。

第一步:根据本章建立的人文旅游资源评价指标,在美国运筹学家、匹兹堡大学的萨迪(T.L. Saaty)提出的层次分析法的基础上运用分值采用 1~9 标度法,1~9 及其倒数的赋分方法(表 5-8),中间值表示中间的过渡情况,针对综合评价层(B)、项目评价层(C)、评价因子层(D)各因子通过专家咨询法对同一级中的两两因子成对比较,进行打分并构造判断矩阵。例如,针对总目标层(A),综合评价层(B)各评价因子对 B 和 A 的重要性采用两两对比的方式获得,假设 B 要比较的评价因子对有 n 个 $=\{B_1, B_2, B_3, \cdots, B_n\}$,每次取两个因素 b_i 与 b_j,以 b_{ij} 表示 b_i 与 b_j 对目标层 A 的影响之比 (b_i/b_j),以此得到两两比较矩阵 $B_i:B_j=b_{ij}$, $B=(b_{ij})_{n\times n}$, $b_{ij}>0$, $b_{ij}=1/b_{ji}$, b_{ij} 的值越大,则表示要素 B_i 相对

于要素 B_j 的重要性越大。以此类推,如表5-8所示。

表5-8 1~9标度法重要性标度含义表

评价因子序号	标度	含义
1	1	表示两个因子相比,具有同等重要性
2	3	表示两个因子相比,前者比后者稍微重要
3	5	表示两个因子相比,前者比后者明显重要
4	7	表示两个因子相比,前者比后者强烈重要
5	9	表示两个因子相比,前者比后者极端重要
6	2、4、6、8	表示两个因子相比的中间值,分别为1~3、3~5、5~7、7~9
7	各标度的倒数	表示两个因子相比,前者比后者的不重要程度

表5-9 综合评价层(B)3个评价因子的成对比较

综合评价层B	评价因子		
评价因子	B_1	B_2	B_3
B_1	1	b_{12}	b_{13}
B_2	b_{21}	1	b_{23}
B_3	b_{31}	b_{32}	1

注:b_{ij}、c_{ij}、d_{ij} 表示两要素 $B_i:B_j$、$C_i:C_j$、$D_i:D_j$ 比较的相对重要性

表5-10 项目评价层(C)9个评价因子的成对比较

项目评价层(C)	评价因子								
评价因子	C_1	C_2	C_3	C_4	C_5	C_6	C_7	C_8	C_9
C_1	1	c_{12}	c_{13}						
C_2	c_{21}	1	c_{23}						
C_3	c_{31}	c_{32}	1						
C_4				1	c_{45}				
C_5				c_{54}	1				
C_6						1	c_{67}	c_{68}	c_{69}
C_7						c_{76}	1	c_{78}	c_{79}
C_8						c_{86}	c_{87}	1	c_{89}
C_9						c_{96}	c_{97}	c_{98}	1

表5-11 评价因子层(D)21个评价因子的成对比较

评价因子层(D)	评价因子				
评价因子	D_1	…	D_8	…	D_{13}	…	D_{21}
D_1	1	…	d_{18}				
…	…	…	…				
D_8	d_{71}		1				
…			…				

续表

评价因子层(D)	评价因子			
D_{13}	...	1	...	
...	...	...	...	...
D_{21}	...	...	...	1

为了利用数学方法对以下成对比较表中的数据进行处理,把表 5-9～表 5-11 转化为 7 个矩阵:

$$综合评价层(B) = \begin{bmatrix} 1 & a_{12} & a_{13} \\ a_{21} & 1 & a_{23} \\ a_{31} & a_{32} & 1 \end{bmatrix}$$

$$项目评价层(C_1) = \begin{bmatrix} 1 & c_{12} & c_{13} \\ c_{21} & 1 & c_{23} \\ c_{31} & c_{32} & 1 \end{bmatrix}, (C_2) = \begin{bmatrix} 1 & c_{45} \\ c_{54} & 1 \end{bmatrix},$$

$$(C_3) = \begin{bmatrix} 1 & c_{67} & c_{68} & c_{69} \\ c_{76} & 1 & c_{78} & c_{79} \\ c_{86} & c_{87} & 1 & c_{89} \\ c_{96} & c_{97} & c_{98} & 1 \end{bmatrix}$$

$$评价因子层(D_1) = \begin{bmatrix} 1 & d_{12} & \cdots & d_{17} & d_{18} \\ \cdots & \cdots & \cdots & \cdots & \cdots \\ d_{41} & d_{42} & \cdots & d_{47} & d_{48} \\ \cdots & \cdots & \cdots & \cdots & \cdots \\ d_{81} & d_{82} & \cdots & d_{87} & 1 \end{bmatrix}, (D_2) = \begin{bmatrix} 1 & \cdots & d_{913} \\ \cdots & \cdots & \cdots \\ d_{131} & \cdots & 1 \end{bmatrix},$$

$$(D_3) = \begin{bmatrix} 1 & d_{1\,415} & \cdots & d_{1\,420} & d_{1\,421} \\ \cdots & \cdots & \cdots & \cdots & \cdots \\ d_{1\,714} & d_{1\,715} & \cdots & d_{1\,720} & d_{1\,721} \\ \cdots & \cdots & \cdots & \cdots & \cdots \\ d_{2\,114} & d_{2\,115} & \cdots & d_{2\,120} & 1 \end{bmatrix}$$

第二步:通过专家咨询打分,对上述判断矩阵进行运算,并进行归一化处理,计算出每个层次与上一层次中与某评价因子有联系的因子重要性次序的权重值,进而求出所有因子的重要性权重值 w_i,也就是说寻求每一层的单层排序值(分层权系数)。

第三步:计算最大特征根,即 $\lambda_{\max} = \frac{1}{n}\sum_{i=1}^{n}\frac{(Bw)_i}{w_i}$。由于 λ 连续的依赖 b_{ij},因此 λ 比 n 大得越多,B 的不一致性越严重。用最大特征根值对应的特征向量作为被比较因素对上层某因素影响程度的权向量,其不一致性程度越大,引起的判断误差越大,因此可以用 $\lambda - n$ 数值的大小来衡量 B 的不一致程度。

第四步：进行一致性检验，即 $C.I. = \dfrac{\lambda_{max} - n}{n-1}$，$C.R. = \dfrac{C.I.}{R.I.}$。式中，$C.I.$ 为一致性指标；$R.I.$ 为随机一致性指标。对于一致性检验，一般在 $C.R. = 0$ 时，可以称 B 为完全一致性矩阵；$C.R. < 0.1$ 时，称 B 为满意一致性矩阵；$C.R. > 0.1$ 时，称 B 不具有一致性。

基于前文对人文旅游资源评价方法体系的构建，计算出各矩阵的权重 w_i、λ_{max}、$C.R.$（表 5-12 至表 5-14）。

表 5-12　判断矩阵 A—B 层单层排序值、权重与最大特征根

综合评价层 B 评价指标	资源要素价值 B_1	资源影响力及潜力 B_2	资源开发条件 B_3	w_i
资源要素价值 B_1	1.000 0	4.000 0	4.500 0	0.678 9
资源影响力及潜力 B_2	0.250 0	1.000 0	1.200 0	0.173 4
资源开发条件 B_3	0.222 2	0.833 3	1.000 0	0.147 7
人文旅游资源总目标层 A 的权重 $w_i = w(B_1) + w(B_2) + w(B_3) = 1.000\ 0$				
最大特征根 $\lambda_{max} = 3.000\ 5$，一致性比例 $C.R. = 0.000\ 4$，通过一致性检验				

表 5-13　判断矩阵 B—C 层单层排序值、权重与最大特征根

B_1-C 层单层排序值、权重与最大特征根				
资源要素价值 B_1	历史文化价值 C_1	艺术审美价值 C_2	科学价值 C_3	w_i
历史文化价值 C_1	1.000 0	1.200 0	2.300 0	0.443 8
艺术审美价值 C_2	0.833 3	1.000 0	1.700 0	0.355 4
科学价值 C_3	0.434 8	0.588 2	1.000 0	0.200 9
综合评价层评价层 B 评价指标 B_1 的权重 $w(B_1) = w(C_1) + w(C_2) + w(C_3) = 0.678\ 9$				
最大特征根 $\lambda_{max} = 3.001\ 6$，一致性比例 $C.R. = 0.001\ 5$，通过一致性检验				

B_2-C 层单层排序值、权重与最大特征根			
资源影响力及潜力 B_2	资源影响力 C_4	资源潜力 C_5	w_i
资源影响力 C_4	1.000 0	2.700 0	0.729 7
资源潜力 C_5	0.370 4	1.000 0	0.270 3
综合评价层评价层 B 评价指标 B_2 的权重 $w(B_2) = w(C_4) + w(C_5) = 0.173\ 4$			
最大特征根 $\lambda_{max} = 2.000\ 0$，一致性比例 $C.R. = 0.000\ 0$，通过一致性检验			

B_3-C 层单层排序值、权重与最大特征根					
资源开发条件 B_3	区位条件 C_6	交通条件 C_7	配套设施 C_8	社会条件 C_9	w_i
区位条件 C_6	1.000 0	0.250 0	0.760 0	0.250 0	0.094 6
交通条件 C_7	4.000 0	1.000 0	3.000 0	0.500 0	0.314 8
配套设施 C_8	1.315 8	0.333 3	1.000 0	0.250 0	0.114 9
社会条件 C_9	4.000 0	2.000 0	4.000 0	1.000 0	0.475 6
综合评价层评价层 B 评价指标 B_3 的权重 $w(B_3) = w(C_6) + w(C_7) + w(C_8) + w(C_9) = 0.147\ 7$					
最大特征根 $\lambda_{max} = 4.045\ 4$，一致性比例 $C.R. = 0.017\ 0$，通过一致性检验					

表5-14 判断矩阵C—D层单层排序值、权重与最大特征根

C_1 - D 层单层排序值、权重与最大特征根				
历史文化价值 C_1	年代的久远性 D_1	与历史人物、事件的关联性 D_2	民俗文化、宗教文化 D_3	w_i
年代的久远性 D_1	1.000 0	0.800 0	0.700 0	0.272 0
与历史人物、事件的关联性 D_2	1.250 0	1.000 0	0.900 0	0.343 2
民俗文化、宗教文化 D_3	1.428 6	1.111 1	1.000 0	0.384 9

综合评价层评价层 C 评价指标 C_1 的权重 $w(C_1) = w(D_1) + w(D_2) + w(D_3) = 0.301\ 3$

最大特征根 $\lambda_{max} = 3.000\ 1$,一致性比例 $C.R. = 0.000\ 1$,通过一致性检验

C_2 - D 层单层排序值、权重与最大特征根				
艺术审美价值 C_2	珍稀奇特度 D_4	完整度与规模度 D_5	美感度与感染力 D_6	w_i
珍稀奇特度 D_4	1.000 0	2.000 0	3.000 0	0.541 7
完整度与规模度 D_5	0.500 0	1.000 0	1.800 0	0.288 1
美感度与感染力 D_6	0.333 3	0.555 6	1.000 0	0.170 2

综合评价层评价层 C 评价指标 C_2 的权重 $w(C_2) = w(D_4) + w(D_5) + w(D_6) = 0.241\ 2$

最大特征根 $\lambda_{max} = 3.003\ 7$,一致性比例 $C.R. = 0.003\ 6$,通过一致性检验

C_3 - D 层单层排序值、权重与最大特征根			
科学价值 C_3	社会科普价值 D_7	社会考古价值 D_8	w_i
社会科普价值 D_7	1.000 0	1.000 0	0.500 0
社会考古价值 D_8	1.000 0	1.000 0	0.500 0

综合评价层评价层 C 评价指标 C_3 的权重 $w(C_7) + w(D_8) = 0.136\ 4$

最大特征根 $\lambda_{max} = 2.000\ 0$,一致性比例 $C.R. = 0.000\ 0$,通过一致性检验

C_4 - D 层单层排序值、权重与最大特征根			
资源影响力 C_4	知名度与影响度 D_9	美誉度 D_{10}	w_i
知名度与影响度 D_9	1.000 0	3.000 0	0.750 0
美誉度 D_{10}	0.333 3	1.000 0	0.250 0

综合评价层评价层 C 评价指标 C_4 的权重 $w(C_9) + w(D_{10}) = 0.126\ 6$

最大特征根 $\lambda_{max} = 2.000\ 0$,一致性比例 $C.R. = 0.000\ 0$,通过一致性检验

C_5 - D 层单层排序值、权重与最大特征根				
资源潜力 C_5	组合度与聚集度 D_{11}	客源市场与市场前景 D_{12}	转换成产品的能力 D_{13}	w_i
组合度与聚集度 D_{11}	1.000 0	0.900 0	0.500 0	0.248 8
客源市场与市场前景 D_{12}	1.111 1	1.000 0	0.800 0	0.311 9
转换成产品的能力 D_{13}	2.000 0	1.250 0	1.000 0	0.439 4

综合评价层评价层 C 评价指标 C_5 的权重 $w(C_{11}) + w(D_{14}) + w(D_{13}) = 0.046\ 9$

最大特征根 $\lambda_{max} = 3.014\ 8$,一致性比例 $C.R. = 0.014\ 2$,通过一致性检验

续表

C_6 - D 层单层排序值、权重与最大特征根			
区位条件 C_6	与周围资源关联度 D_{14}	地理位置 D_{15}	w_i
与周围资源关联度 D_{14}	1.000 0	0.430 0	0.300 7
地理位置 D_{15}	2.325 6	1.000 0	0.699 3

综合评价层评价层 C 评价指标 C_6 的权重 $w(C_{14})+w(D_{15})=0.014\ 0$

最大特征根 $\lambda_{\max}=2.000\ 0$,一致性比例 $C.R.=0.000\ 0$,通过一致性检验

C_7 - D 层单层排序值、权重与最大特征根			
交通条件 C_7	交通便捷性与可达性 D_{16}	交通费用 D_{17}	w_i
交通便捷性与可达性 D_{16}	1.000 0	3.900 0	0.795 9
交通费用 D_{17}	0.256 4	1.000 0	0.204 1

综合评价层评价层 C 评价指标 C_7 的权重 $w(C_{16})+w(D_{17})=0.046\ 5$

最大特征根 $\lambda_{\max}=2.000\ 0$,一致性比例 $C.R.=0.000\ 0$,通过一致性检验

C_8 - D 层单层排序值、权重与最大特征根			
配套设施 C_8	基础设施建设 D_{18}	旅游服务设施建设 D_{19}	w_i
基础设施建设 D_{18}	1.000 0	2.700 0	0.729 7
旅游服务设施建设 D_{19}	0.370 4	1.000 0	0.270 3

综合评价层评价层 C 评价指标 C_8 的权重 $w(C_{18})+w(D_{19})=0.017\ 0$

最大特征根 $\lambda_{\max}=2.000\ 0$,一致性比例 $C.R.=0.000\ 0$,通过一致性检验

C_9 - D 层单层排序值、权重与最大特征根			
社会条件 C_9	人员素质及态度 D_{20}	治安状况 D_{21}	w_i
人员素质及态度 D_{20}	1.000 0	0.700 0	0.411 8
治安状况 D_{21}	1.428 6	1.000 0	0.588 2

综合评价层评价层 C 评价指标 C_9 的权重 $w(C_{20})+w(D_{21})=0.070\ 2$

最大特征根 $\lambda_{\max}=2.000\ 0$,一致性比例 $C.R.=0.000\ 0$,通过一致性检验

第五步:确定各指标的综合权重,寻求总排序(综合权系数)。确定指标权重的方法是将各层次单层排序权重值分别乘以上一层级的相对权重,权重的计算采用自上而下依次计算的方法,层层计算,从而得到各指标的权重值。依据上述步骤,最终得到人文旅游资源评价体系各级评价指标的权重值,如表 5-15 所示。

表 5-15 人文旅游资源评价体系各级评价指标的综合权重

人文旅游资源评价体系总目标层 A			
评价指标		A	
权重 w_i		1.000 0	
人文旅游资源评价体系综合评价层 B			
评价指标	B_1	B_2	B_3
权重 w_i	0.678 7	0.173 4	0.147 7

续表

人文旅游资源评价体系项目评价层 C

评价指标	C_1	C_2	C_3	C_4	C_5	C_6	C_7	C_8	C_9
权重 w_i	0.3012	0.2412	0.1364	0.1262	0.0469	0.0140	0.3148	0.0465	0.0702

人文旅游资源评价体系评价因子层 D

评价指标	D_1	D_2	D_3	D_4	D_5	D_6	D_7
权重 w_i	0.0819	0.1034	0.1051	0.1307	0.0695	0.0411	0.0682
评价指标	D_8	D_9	D_{10}	D_{11}	D_{12}	D_{13}	D_{14}
权重 w_i	0.0682	0.0947	0.0316	0.0117	0.0146	0.0206	0.0042
评价指标	D_{15}	D_{16}	D_{17}	D_{18}	D_{19}	D_{20}	D_{21}
权重 w_i	0.0098	0.0553	0.0643	0.0339	0.0126	0.0289	0.0413

(4) 模糊综合评分法确定评分标准

首先,根据人文旅游资源综合评价指标的特点,结合丝绸之路甘肃段人文旅游资源的特征,运用模糊评分法,采用模糊数学百分制记分法,把人文旅游资源评价体系中的评价因子层分为由高到低的五个等级,确定各评价指标的评分标准(表 5-16)。

表 5-16 人文旅游资源评价模糊评分标准

评价指标		模糊评价等级划分及评分标准				
项目评价层 C	评价因子层 D	一级 [100, 80]	二级 (80, 60]	三级 (60, 40]	四级 (40, 20]	五级 (20, 0]
历史文化价值 C_1	年代的久远性 D_1	非常久远	很久远	比较久远	一般久远	不太久远
	与历史人物、事件关联度 D_2	非常大	很大	比较大	一般	比较小
	民俗文化、宗教文化 D_3	价值非常大	价值很大	价值比较大	价值一般	价值不大
艺术审美价值 C_2	珍稀奇特 D_4	珍稀资源非常多,奇特度非常罕见	珍稀资源很多,奇特度很罕见	珍稀资源比较多,奇特度比较罕见	珍稀资源数量一般,罕见度一般	珍稀资源数量比较少,比较常见
	完整度与规模度 D_5	结构非常完整、规模非常大	结构有很小变化、规模很大	结构有少量变化、规模比较大	结构有明显变化、规模一般	结构有重大变化、规模比较小
	美感度与感染力 D_6	美感度非常高、感染度非常强	美感度很高、感染度很强	美感度比较高、感染度比较强	美感度、感染度一般	美感度、感染度比较差
科学价值 C_3	社会科普价值 D_7	非常大	很大	比较大	一般	不大
	社会考古价值 D_8	非常大	很大	比较大	一般	不大
资源影响力 C_4	知名度与影响度 D_9	非常高(世界级)	很高(国家级)	比较高(省级)	一般(地区)	比较低(市县级)
	美誉度 D_{10}	非常高	很高	比较高	一般	比较低

续表

评价指标		模糊评价等级划分及评分标准				
资源潜力 C_5	组合度与聚集度 D_{11}	非常高	很高	比较高	一般	比较低
	客源市场与市场前景 D_{12}	客源市场非常多,市场前景非常好	客源市场很多,市场前景很好	客源市场比较多,市场前景比较好	客源市场数量一般,市场前景一般	客源市场数量比较少,市场前景不太乐观
	转换成产品的能力 D_{13}	非常高	很高	比较高	一般	比较低
区位条件 C_6	与周围资源关联度 D_{14}	非常高	很高	比较高	一般	比较低
	地理位置 D_{15}	非常好	很好	比较好	一般	比较差
交通条件 C_7	交通便捷性与可达性 D_{16}	交通非常便捷,可达性非常好	交通很便捷,可达性很好	交通比较便捷,可达性比较好	交通便捷度一般,可达性一般	交通不太便利,可达性较差
	交通费用 D_{17}	花费非常少	花费很少	花费比较少	花费正常	花费比较多
配套设施 C_8	基础设施建设 D_{18}	需求在极大程度上被满足	需求在很大程度上被满足	需求基本被满足	基础设施需要扩建	基础设施需要大规模扩建
	旅游服务设施建设 D_{19}	非常完善	很完善	比较完善	建设一般	比较匮乏
社会条件 C_9	人员素质及态度 D_{20}	素质非常高,态度非常好	素质很高,态度很好	素质比较高,态度比较好	素质一般,态度一般	素质比较差,态度比较差
	治安状况 D_{21}	非常安全	很安全	比较安全	一般安全	比较不安全

其次,根据上述的模糊评分标准,利用专家咨询法对丝绸之路甘肃段人文旅游资源进行模糊评分,最终的单项评价因子模糊得分＝每位专家对单项评价因子评分之和/专家人数,再使其权重与模糊得分相乘得到评价指标的综合得分。计算公式为:$A_{ij} = w_{ij} \cdot s_{ij}$,$A_j = \sum_{i=1}^{n} A_{ij}$。式中,$A$ 是指人文旅游资源的总和得分;s 是指单项评价因子的模糊得分;w_i 是指单项评价因子的权重;i 是指第 i 项评价因子;j 是指第 j 个评价层。

(5)确定人文旅游资源等级层次

运用综合评价法对人文旅游资源进行评价以后,对人文旅游资源进行等级划分。总共划分为四个等级,如表 5-17 所示。

表 5-17 人文旅游资源等级划分

人文旅游资源综合评价值	80～100	60～79	40～59	0～39
人文旅游资源等级	第Ⅰ级	第Ⅱ级	第Ⅲ级	第Ⅳ级

第Ⅰ级人文旅游资源综合得分为 80～100 分,在此级别中的人文旅游资源旅游自身要素价值极高,影响力及潜力极大,开发条件非常完善,开发水平非常成熟,为特优级人文旅游资源。

第Ⅱ级人文旅游资源综合得分为 60～79 分,在此级别中的人文旅游资源旅游自身要素价值很高,影响力及潜力很大,开发条件很完善,开发水平很成熟,为优级人文旅游资源。

第Ⅲ级人文旅游资源综合得分为40~59分,在此级别中的人文旅游资源旅游自身要素价值比较高,影响力及潜力比较大,开发条件比较完善,开发水平比较成熟,为优良级人文旅游资源。

第Ⅳ级人文旅游资源综合得分为0~39分,在此级别中的人文旅游资源旅游自身要素价值一般,影响力及潜力不大,开发条件有待进一步提高,开发水平一般,为普通级人文旅游资源。

综上所述,本章先利用层次分析法(AHP)求得各评价因子的权重,其次运用层次分析法和模糊打分法相结合的办法来对人文旅游资源进行评价,最终分等定级。最终建立了一套人文旅游资源综合评价体系模型,如图5-2所示。

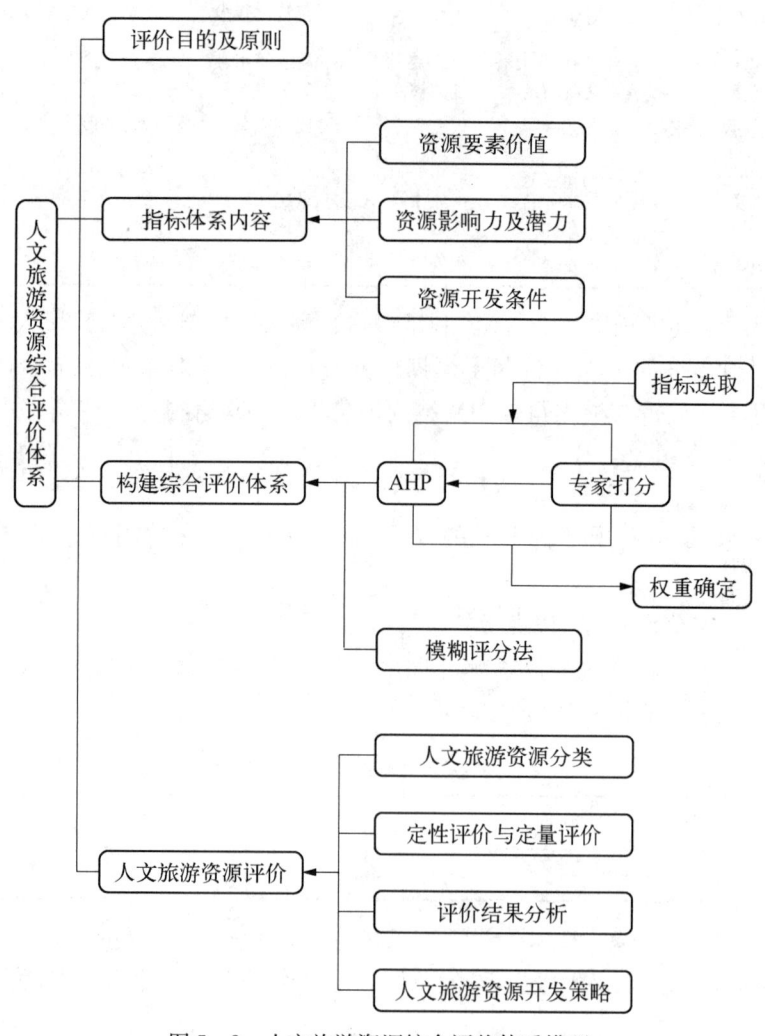

图5-2 人文旅游资源综合评价体系模型

二、人文旅游资源综合评价

(一) 丝绸之路甘肃段人文旅游资源概况

随着2014年"丝绸之路"申遗成功,丝绸之路再显蓬勃生机。丝绸之路自汉代兴起之后,随着环境的变化以及战乱频繁发生使古丝绸之路上的很多国家消失,最终导致了丝绸之路的衰落。丝绸之路甘肃段见证了丝路衰落、古城消亡、宗教传播,其人文资源遗存十分丰富。丝绸之路甘肃段是指其节点城市,包括平凉市、天水市、永靖县、兰州市、武威市、张掖市、嘉峪关市、敦煌市8个地区。

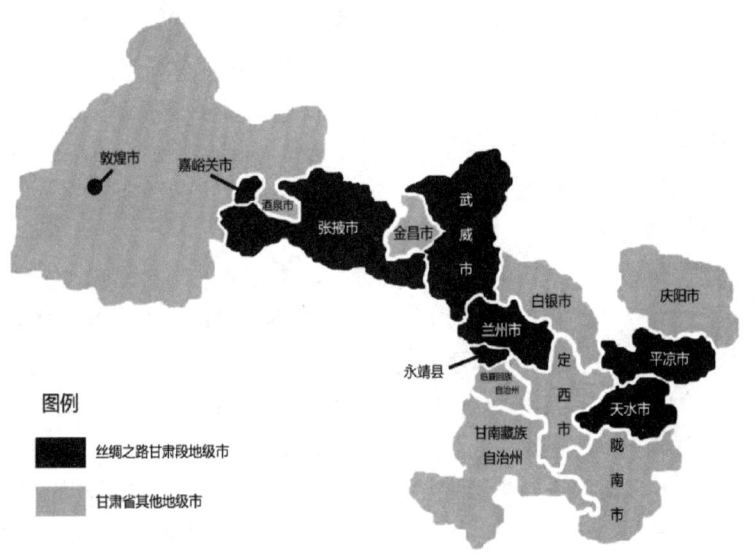

图 5-3 甘肃省行政区划图

丝绸之路甘肃段人文旅游资源数量较多。由于甘肃省是人类文化发祥地之一,在漫长的历史中,生活在这一地域内的各民族互相往来、交流、融合,留下了很多原始聚落,例如天水市秦安县大地湾文化遗址,由于佛教的传入留下了大量的石窟遗迹和宗教与祭祀场所;再如敦煌莫高窟、天水伏羲庙、武威白塔寺、张掖大佛寺等。由于甘肃自古以来属于边塞地区,还留下了大量的长城遗址、废城与聚落遗址,例如嘉峪关明代长城、悬臂长城、敦煌汉长城、敦煌玉门关、居延遗址等。由此可见,丝绸之路甘肃段人文旅游资源丰富,类型比较多样。

1. 人文旅游资源形成的条件

甘肃深居我国西北内陆,地理位置相对偏远,自古以来就是中原地区通往新疆、西藏地区、内蒙古、宁夏少数民族聚居区的重要咽喉通道,也是古丝绸之路的战略要道,是第二条欧亚大陆桥的重要组成部分。甘肃是人类文化发祥地之一,各民族在甘肃生活,带有文化过渡性质的农耕民族和游牧民族在本区的进退及进行政治、军事、经济等方面的活动,推动了历史的前进。甘肃还是东亚与中亚的结合部,是我国中东部腹地通往西北地区的走廊与过渡地带,是古老的华夏文明与两河流域文明、古印度文明、地中海文明等的汇流之地,这些古代文明留下了很多遗迹。作为发祥地之一的秦安大地湾遗址向人们展示了远古时代中华祖先在甘肃大地创造的辉煌灿烂的文明历史,并将人类文明向前推进了三千多年,它的发掘引起了考古界和史学界的轰动。这些形成了甘肃的始祖文化,使这种人文资源优势突出,开发潜力巨大。

甘肃的文化历史积淀非常深厚,古丝绸之路时期东西方文化在此交汇并在漫长的历史中,自古就是周人、秦人、匈奴人、鲜卑人、吐谷浑人、吐蕃人、汉人等多民族共同生活的地方,各民族迁徙、交流、融合,铸就了甘肃辉煌灿烂的人文旅游资源,有很多具有代表性的高品位的人文旅游资源单体。在古丝绸之路时,东西方政治、文化、经济、商贸有广泛而深入的交流与碰撞,尤其是从西域流传并在甘肃发扬光大的佛教文化,使敦煌莫高窟成为世界文化遗产,与甘肃其他石窟艺术(如天水麦积山石窟、永靖县炳灵寺石窟等)共同造就了辉煌的石窟艺术。丝绸之路的开辟也为甘肃留下了珍贵的艺术宝藏。武威雷台汉墓出土的东汉时期的铜奔马,以其精美绝伦的铸造工艺成为中国旅游标志,也成为我国珍贵的文物;张掖的大佛寺的卧佛像,被誉为国内卧佛之冠;东晋墓壁画、魏晋墓砖画,以精湛的绘画技艺、巧妙的构思和对当时生活的生动写照著称于世。这些在历史长河中璀璨的文化形成了甘肃的丝绸之路文化。

2. 人文旅游资源分类

任何分类都是根据分类事物的相同点或者异同点把几种相似的事物归类并形成系统的过程。旅游资源的分类就是根据旅游资源的某些属性异同对其进行集合成类并系统化,划分出具有一定从属关系的不同等级类别。

旅游资源评价依据的主要资料是旅游资源的基本类型。对旅游资源的分类目前在全世界都没有一个绝对统一的标准[①]。分类方法有主要有以下几种:第一种为"两分法",把旅游资源按形式分为人文旅游资源和自然旅游资源,或者社会学家在"两分法"的基础上划分出社会旅游资源,形成"三分法",这是在两分法的基础上演变过来的;第二种方法是根据旅游资源的存在形式划分为可消耗性资源和永久性旅游资源;第三种是按旅游者的动机不同划分为精神类、心理类、健身类旅游资源。本章采用的是"两分法"。

(1) 人文旅游资源分类的原则

为保证人文旅游资源分类具有一定的可操作性、系统性和科学性,对人文旅游资源进行分类时要遵循一定的原则。主要原则有以下几点。

① 同异性原则。同异性原则是人文旅游资源分类的基础,相同类型的人文旅游资源必须具有相同的属性,不同类型的人文旅游资源必然有其相对的差异性,这是人文旅游资源分类的基础。

② 系统性原则。人文旅游资源分类系统归属于旅游资源分类系统,都属于一个完整的并在内部具有一定联系的系统,我们在对人文旅游资源进行分类时,不能打破其原有的系统性,不能让各种类型互相叠加,使每种类型都具有独立性但又包含在整个系统之内。

③ 可操作性原则。人文旅游资源分类是进行人文旅游资源调查、评价、后续开发管理的基础,这就决定了人文旅游资源分类要具有很强的实践性。在分类时要准确把握资

---

① 郭来喜,吴必虎,刘峰,等.中国旅游资源分类体系与类型评价[J].地理学报,2000,55(3):294-300.

源的属性,要考虑是否能指导旅游资源地调查与开发,然后进行资源分类。

(2) 人文旅游资源分类体系述评

我国的旅游资源分类体系一般有两种类型:第一种是1997年制定的《中国旅游资源普查规范》(修订方案)中的分类方案;第二种是国家制定的《资源分类、调查与评价》(GB/T 18972—2003)标准的旅游资源分类方案。但是前面两种资源分类类型都有自身的缺陷。

① 根据国家制定的《中国旅游资源普查规范》(修订方案),其把人文旅游资源作为一个大的景系,并划分为四大景类,又细分为52个景型,分别为:历史遗产景类(24景型)、现代人文吸引物景类(21景型)、抽象人文吸引物景类(7景型)、其他人文景类(1景型)。在这种分类中,虽然剔除了很多媒介物的因素,但还是将购物品(这是一个非准确的概念)视为旅游资源保留了下来。

② 根据国家制定的《资源分类、调查与评价》(GB/T 18972—2003)标准,人文旅游资源包括4个主类、14个亚类、84个基本类型,并根据董建辉、何叶编写的《旅游资源评价与开发》一书中对人文旅游资源具体景观类项的划分,得到人文旅游资源分类表(表5-18),和前一种人文旅游资源分类一样,这种分类的方法也包括了旅游商品,有明显的不足之处。

表5-18 国标法人文旅游资源分类表

主类	亚类	基 本 类 型
遗址遗迹类	史前人类活动场所	人类活动遗址、文化层、文化散落物、原始聚落
	社会经济文化活动遗址	历史事件发生地、军事遗址与古战场、废弃寺庙、废弃生产地、交通遗址、废城与聚落遗迹、长城遗迹、烽燧
建筑与设施类	综合人文旅游地	教学实验场所、康体游乐休闲度假旅游地、宗教与祭祀活动场所、园林游憩区域、文化活动场所、建设工程与生产地、社会与商贸活动场所、动物与植物展示地、军事观光地、边境口岸、景观欣赏物
	单体活动场馆	聚会接待厅堂、祭拜场馆、展示演示场馆、体育健身场馆、歌舞娱乐场馆
	景观建筑与附属型建筑	佛塔、塔形建筑物、楼阁、石窟、长城段落、城(堡)、摩崖字画、碑碣(林)、广场、人工洞穴、建筑小品
	居住地与社区	传统与乡土建筑、特色街巷、特色社区、名人故居与历史纪念建筑、书院、会馆、特色店铺、特色市场
	归葬地	陵区陵园、墓(群)、悬棺
	交通建筑	桥、车站、港口渡口与码头、航空港、栈道
	水工建筑	水库观光游憩区段、水井、运河与渠道段落、堤坝段落、灌区、提水设施
旅游商品类	地方旅游商品	菜品饮食、农林畜产品与制品、水产品与制品、中草药材及制品、传统手工产品与工艺品、日用工业品、其他物品
人文活动类	人事记录	人物、事件
	艺术	文艺团体、文学艺术作品
	民间习俗	地方风俗与民间礼仪、民间节庆、民间演艺、民间健身活动与赛事、宗教活动、庙会与民间集会、饮食习俗、特色服饰
	现代节庆	旅游节、文化节、商贸农事节、体育节

③ 谢彦君的人文旅游资源分类标准。谢彦君根据自己在《基础旅游学》中对旅游资源的定义,认为旅游资源是先于旅游发展而存在的,所有能够脱离地域和环境独立存在、

能通过各种运输方式而被运往市场所在地的产品,就不能将它视为旅游资源这一观点,对人文旅游资源进行了分类,总共分为五大类:遗址遗迹类、建筑与居落类、陵墓类、园林类、社会风情类(表5-19)。

表5-19 谢彦君的人文旅游资源分类标准

类型	旅游景观
遗址遗迹类	古人类遗址;古战场遗址;古城遗址;古冶窑遗址;石窟、碑碣、壁画、造像;名人故居;近现代遗址遗迹
建筑与居落类	宫殿、庙坛、寺院;长城、关隘;亭、台、楼、阁;厅、堂、榭、舫、廊;桥、堰、堤、塘;坊、表、阙、经幢;古塔;城镇、村落、民居
陵墓类	帝王陵墓、纪念性陵墓、风俗性墓葬
园林类	帝王苑囿、私家园林、公园
社会风情类	生养婚嫁、饮食起居、服饰冠履、岁时节令、游艺竞技、宗教信仰、文化艺术

3. 人文旅游资源分类

本章对丝绸之路甘肃段人文旅游资源分类参考国标法与谢彦君对人文旅游资源的分类标准,认为人文旅游资源中应去除旅游商品这一类。采用国标法对人文旅游资源的分类,分为遗址遗迹类、建筑与设施类、人文活动类3个基本类型,以及其包含的13个亚类及亚类所包含的77个基本类型。

由于丝绸之路甘肃段上的人文旅游资源数目庞大,无法一一列举,将采用选取代表性的人文旅游资源进行二次评价的方式对其进行评价。筛选及分类依据是中国科学院地理科学与资源研究所编写的《甘肃省旅游业发展规划》一书中对甘肃省旅游资源的普查,重点筛选此书中用国标法评选的三级以上人文旅游资源,并用本章中所提出的评价模型进行分类(表5-20)及二次评价。

表5-20 人文旅游资源分类表

主类	亚类	基本类型	单体名称	地市名称
E遗址遗迹类	EA 史前人类活动场所	EAA 史前人类活动场所	红大坡坪茅道领马家窑、马厂遗址	兰州市
			马家坬马家窑、马厂、半山、齐家文化遗址	
			寺山上仰韶、齐家、周文化遗址	平凉市
			齐家岭仰韶、齐家、周文化遗址	
			大地湾碳化黍和油菜子	天水市
			东旱坪遗址(新石器时代—明)	
		EAB 文化层	黄娘娘台遗址齐家文化	武威市
		EAD 原始聚落	大地湾一期文化遗址(新石器时代)	天水市
			大地湾二期文化遗址(新石器时代)	
	EB 社会经济文化活动遗址遗迹	EBA 历史事件发生地	白塔寺遗址(元)	武威市
		EBB 军事遗址与古战场	木门道	天水市
		EBD 废弃生产地	铜场沟铜矿址(宋—明)	平凉市
			安口瓷窑址(元—明)	
		EBE 交通遗迹	青石津古渡遗址	兰州市
		EBF 废城与聚落遗址	悬泉置汉—魏、晋遗址	敦煌市

续表

主类	亚类	基本类型	单体名称	地市名称
E 遗址遗迹类	EB 社会经济文化活动遗址遗迹	EBF 废城与聚落遗址	玉门关(大、小方盘城)	敦煌市
			阳关	
			仿宋沙州古城旅游区	
			成纪古城(汉)	平凉市
			汉长城城障	武威市
			骆驼城遗址(汉—唐)	张掖市
			黑水国遗址(汉—魏、晋)	
			黑水国北城址(汉—唐)	
		EBH 烽燧	万里长城第一墩	嘉峪关市
			嘉峪关关城四周25座烽火台	
		EBG 长城遗址	高台、临泽、甘州和山丹战国秦、汉、明长城及沿线城障烽燧	张掖市
F 建筑与设施类	FA 综合人文旅游地	FAA 教学科研实验场所	石岗墩高新农业国家旅游示范点	武威市
		FAB 康体游乐休闲度假地	嘉峪关国家滑翔基地	嘉峪关
			嘉峪关汽车、摩托车赛场地	
			白马塔旅游区	敦煌市
			兰州水车博览园	兰州市
			兴隆山滑雪场	
			兰州市仁寿山公园	
			青龙山森林公园	
			紫荆山公园	平凉市
			柳湖公园	
			马跑泉公园	天水市
			卦台山游乐休闲度假地	
			南郭寺公园	
			黑河森林公园	张掖市
			甘泉公园	
			张掖森林公园	
			大湖湾旅游风景区游乐休闲度假地	
			海牙沟生态旅游区游乐休闲地	
		FAC 宗教与祭祀活动场所	白塔山公园白塔寺	兰州市
			五泉山公园浚源寺	
			五泉山公园卧佛寺	
			西王母宫	平凉市
			龙泉寺	
			静宁县"成纪文化城"	
			龙园	天水市
			玉泉观	
			兴国寺	
			南郭寺宗教	
			仙人崖宗教活动场所	

续表

主类	亚类	基本类型	单体名称	地市名称
F建筑与设施类	FA综合人文旅游地	FAC宗教与祭祀活动场所	伏羲庙祭祀活动场所	
			武威文庙孔庙	武威市
			武威文庙文昌宫	
			白塔寺	
			海藏寺	
			山丹大佛寺	张掖市
		FAD园林游憩区域	迎宾湖旅游园区	嘉峪关市
			东湖公园	
			白塔上公园	兰州市
			兰山公园(皋兰山)园林游憩区	
			十里桃园	
			崆峒山弹筝湖公园	平凉市
			雷台旅游区	武威市
		FAF建设工程与生产地	酒泉钢铁公司工业旅游示范园区	嘉峪关市
			刘家峡电站	永靖县
			田家沟水土保持风景区沟壑地	平凉市
			庄浪百万亩梯田	
			石羊河流域现代综合节水工程体系	武威市
			武威市万亩高新技术示范区	
			武威市循环经济示范园	
			张掖中国北方第一个节水型社会试点观光点	张掖市
		FAH动物与植物展示地	和平牡丹园	兰州市
			兰州市动物园葡萄基地观光园庭园	
			甘肃濒危野生动物繁育中心	武威市
			苏武山葡萄产业开发观光旅游庄园	
			二坝高效节水农业示范区	
			钱学森沙产业中心实验室基地	
			黄羊河生态农业观光区莫高庄园葡萄酒基地	
			高台葡萄基地	张掖市
			六坝农业高科技园植物展示地	
			扁都口10万亩菜花基地	
			西部草业示范园	
		FAI军事观光地	山丹军马场军事观光地	张掖市
		FAK景物欣赏点	天下第一墩悬臂观赏台	嘉峪关市
	FB单体活动场所	FBB祭拜场馆	嘉峪关关城关帝庙	嘉峪关市
			西王母回屋	平凉市
			武康王庙(明、清)	
			神州祭灵第一台——周文王伐密所筑古灵台	
			秦、汉皇帝祭祀炎、黄二帝的华亭莲花台	
			玉泉观三清殿	天水市

续表

主类	亚类	基本类型	单体名称	地市名称
F 建筑与设施类	FB 单体活动场所	FBB 祭拜场馆	玉泉观北斗台	天水市
			雷台雷祖殿	武威市
			雷台三星斗姆殿	
		FBC 博物馆	西路军烈士陵园纪念堂	张掖市
			嘉峪关长城博物馆	嘉峪关市
			敦煌博物馆	敦煌市
			敦煌藏经洞陈列馆	
			敦煌电影城	
			兴隆山成吉思汗陈列馆	兰州市
			兰州黄河国际展览中心	
			甘肃省博物馆	
			大地湾史前博物馆	天水市
			兴国寺秦安文物	
			白塔寺博物馆	武威市
			武威博物馆	
			西夏博物馆	
			武威文庙石刻陈列大殿	
			天梯山北魏—唐石窟博物馆	
			艾黎—何柯博物馆	张掖市
			甘州区博物馆	
		FBD 体育健身场馆	沙漠运动场	敦煌市
	FC 景观建筑与附属型建筑	FCA 佛塔	白塔寺白塔（明）	兰州市
			崆峒山凌空塔	平凉市
			明—清代圆通寺塔	张掖市
			张掖木塔	
		FCB 塔形建筑物	华林坪革命烈士纪念塔	兰州市
		FCC 楼阁	嘉峪关关城戏楼	嘉峪关市
			嘉峪关柔远楼	
			嘉峪关光化楼	
			嘉峪关关城后堂	
			莫高窟九层阁	敦煌市
			西王母宫西王母大殿	平凉市
			大像山大佛殿	天水市
			兴国寺波若殿	
			伏羲庙太昊殿	
			大佛寺藏经殿	张掖市
			大佛寺大佛殿	
			大佛寺书画殿	
		FCD 石窟	莫高窟西千佛洞	敦煌市
			莫高窟藏经洞	
			莫高窟 323、428、427、061、328、090、130、148 号	

续表

主类	亚类	基本类型	单体名称	地市名称
F 建筑与设施类	FC 景观建筑与附属型建筑	FCD 石窟	炳灵寺169号石窟	永靖县
			炳灵寺西魏、北周和隋石窟	
			炳灵寺初唐石窟	
			炳灵寺北朝二期、三期石窟	
			炳灵寺中晚唐石窟	
			炳灵寺宋元明石窟	
			南石窟寺	天水市
			西王母宫石窟	
			南石窟寺之碑(北魏)	
			水帘洞——大像山石窟(北魏—唐)	
			麦积山石窟37、13、9、3、4、133、191石窟	
			麦积山石窟(北魏—明)其他石窟群	
			天梯山石窟(北魏—唐)	张掖市
			马蹄寺千佛洞清代石窟	
			马蹄寺藏传佛教殿石窟	
			马蹄寺萨瓦尔王殿石窟	
			马蹄寺马蹄殿石窟	
			马蹄寺33天石窟	
			文殊山北朝—西夏石窟	
		FCE 长城段落	悬臂长城	嘉峪关市
			嘉峪关明代长城	
			敦煌汉长城	敦煌市
		FCF 城(堡)	"天下第一雄关"嘉峪关楼	嘉峪关市
			嘉峪关外城	
			嘉峪关瓮城	
			嘉峪关罗成	
			嘉峪关城壕	
			金城关	兰州市
		FCG 摩崖字画	黑山岩画	嘉峪关市
		FCH 碑碣(林)	千字龙碑	兰州市
			西夏博物馆西夏碑	武威市
		FCI 广场	东方红广场	兰州市
		FCK 建筑小品	黄河母亲雕塑	兰州市
			龙源立体书法雕塑	
			崆峒山上天梯	平凉市
			伏羲庙礼仪门	天水市
			伏羲雕塑	
			雷台汉墓铜奔马雕塑	武威市
			高台烈士陵园雕像	张掖市
	FD 居住地与社区	FDA 传统与乡土建筑	高总兵宅院	张掖市
		FDB 特色街巷	张掖路步行街	兰州市

续表

主类	亚类	基本类型	单体名称	地市名称
F 建筑与设施类	FD 居住地与社区	FDD 名人故居与历史纪念建筑	嘉峪关游击将军府	嘉峪关市
			八路军兰州办事处	兰州市
			五泉山公园中山纪念堂	
			鲁土司衙门	
			青城古民居	
			界石铺红军长征胜利纪念馆	平凉市
			胡氏民居等明、清古民居建筑群	天水市
			张庆麟宅院(明、清)	
		FDE 书院	武威文庙儒学院	武威市
	FE 归葬地	FEB 墓(群)	新城魏晋古墓群	嘉峪关
			雷台汉墓	武威市
			许三湾城汉—唐墓群	张掖市
			骆驼城汉—唐古墓群	
			高台烈士陵园	
			现代艾黎—何柯陵园	
			西路军烈士陵园	
	FF 交通建筑	FFA 桥	黄河第一铁桥(中山桥)	兰州市
			兴隆山国家森林公园沃桥	
			崆峒山聚仙桥	平凉市
			武威文庙状元桥	武威市
	FG 水工建筑	FGA 水库观光游憩区段	崆峒山月湖	平凉市
			仙人湖	天水市
			黄羊水库国家级水利风景区水库观光游憩区	武威市
			红崖山水库	
			双泉湖水库	张掖市
		FGC 运河与渠道段落	明代红沙渠故址	张掖市
		FGD 堤坝段落	刘家峡水库大坝	永靖县
H 人文活动类	HA 人事记录	HAA 人物	针灸医学鼻祖皇甫谧	平凉市
			萨班	武威市
		HAB 事件	西藏归属中国版图历史见证	武威市
	HB 艺术	HBB 文学艺术作品	《读者》	兰州市
			长篇小说《大漠祭》	武威市
	HC 民间习俗	HCA 地方风俗与民间礼仪	完颜氏族文化	平凉市
		HCB 民间节庆	西王母民俗	平凉市
		HCC 民间演艺	四坝攻鼓子	武威市
			裕固族歌舞	张掖市
		HCE 宗教活动	伏羲庙民间祭祀	天水市
	HD 现代节庆	HDA 旅游节	嘉峪关国家滑翔节	嘉峪关市
			兰州中国水车节	兰州市
			平凉崆峒武术节	平凉市
			天水伏羲文化旅游节	天水市

续表

主类	亚类	基本类型	单体名称	地市名称
H 人文活动类	HD 现代节庆	HDA 旅游节	甘肃武威"天马"文化旅游节	武威市
			金张掖马蹄寺旅游观光节	张掖市
		HDB 文化节	兰州投资贸易洽谈会	兰州市
		HDC 商贸农事节	武威"天马"旅游节	武威市
		HDD 体育节	中国·甘肃·嘉峪关铁人三项国际积分赛	嘉峪关市

(二)人文旅游资源评价

1. 丝绸之路甘肃段文旅游资源定性评价

(1) 石窟旅游资源十分丰富且品位极高

丝绸之路甘肃段石窟旅游资源在全国具有独特的地位，石窟数量众多、品位极高，时空跨度很大，形成了中国乃至世界上独一无二的高品位的石窟艺术走廊。典型的石窟艺术旅游资源有敦煌莫高窟、天水麦积山石窟、永靖炳灵寺石窟、武威天梯山石窟、张掖马蹄寺石窟等，有1处世界文化遗产、10处全国重点文物保护单位以及15处省级保护单位石窟群等，造就了丝绸之路甘肃段上璀璨夺目的石窟旅游资源。

(2) 古城、长城遗址数量多且品质高

丝绸之路甘肃段自古以来就是丝绸之路上的重要地带，也是重要的边塞地区。当时为了抗击外界的侵略，修筑长城，建立防御体系，形成了独树一帜的边塞文化。丝绸之路甘肃段古城遗址众多，列入国家和省级保护的就有87处，其中有9处国家级古城遗址。长城遗址20处，其中嘉峪关及其城障早已是世界文化遗产；随着丝绸之路申遗成功，玉门关遗址、锁阳城遗址也成了世界文化遗产。丝绸之路甘肃段战国秦长城、汉长城、明长城共存，规模大，数量多，保存较为完整，为中国边塞文化提供了良好的载体。

(3) 宗教文化旅游资源数量大且多元化

丝绸之路甘肃段自古以来就是多民族融合地区，佛教、伊斯兰教以及中国本土的道教文化在这里汇合，并发扬光大。丰富的石窟文化体现了佛教文化在丝绸之路甘肃段上的传播；道教文化主要赋存于平凉的崆峒山（中国道教圣地第一山）、西王母诞生地泾川王母宫等著名旅游胜地；平凉、天水、永靖县所在的临夏等地，信仰伊斯兰教的人数非常众多。由于各种宗教文化在这里聚集，所以丝绸之路甘肃段上宗教文化旅游资源数量大并且呈现多元化的局面。

(4) 古墓葬旅游资源丰富且品位高

从先秦到明清，丝绸之路甘肃段留下了丰富多样的古墓葬资源，尤其是在魏晋时期的古墓群数量众多，规模为全国之最。赋存其上的文化内涵凝重、深厚，在全国古墓葬旅游资源和甘肃省旅游资源中占有独特地位。例如武威雷台汉墓出土的铜奔马，其造型逼真奇特反映了当时的制造水平，现已成为中国旅游的标志；骆驼城墓群、许三湾城及墓群等再现了当时的生态环境和社会经济发展历史状况，具有极高的历史文化品位和良好的鉴赏价值。

2. 人文旅游资源定量评价

根据区域的不同,请 20 位不同区域的专家学者进行咨询打分,并平均人文旅游资源的指标得分。各人文旅游资源单体的综合得分就等于每个评价指标的平均值乘以每个评价指标所对应的权重的和。具体操作步骤为:$S = \sum_{i=1}^{n} A_i \cdot w_i$。式中,$S$ 为人文旅游资源单体的综合得分;A_i 为人文旅游资源单体模糊综合打分的每一项评价指标的平均值;w_i 为每一项评价指标的综合权重。最终根据丝绸之路甘肃段人文旅游资源单体的综合得分进行分等定级。

对丝绸之路甘肃段人文旅游资源在 AHP 基础上利用模糊综合评分法求出各人文旅游资源单体的综合得分,用莫高窟九层阁来进行举例计算(表 5-21)。

表 5-21 莫高窟九层阁综合得分及等级

评价指标	模糊综合评分得分	权重	单项指标综合得分
年代的久远性 D_1	95	0.0819	7.7805
与历史人物、事件关联度 D_2	84	0.1034	8.6865
民俗文化、宗教文化 D_3	88	0.1051	9.2488
珍稀奇特 D_4	93	0.1307	12.1551
完整度与规模度 D_5	87	0.0695	6.0465
美感度与感染力 D_6	90	0.0411	3.6990
社会科普价值 D_7	80	0.0682	5.4560
社会考古价值 D_8	76	0.0682	5.1832
知名度与影响度 D_9	92	0.0947	8.7124
美誉度 D_{10}	93	0.0316	2.9388
组合度与聚集度 D_{11}	86	0.0117	1.0062
客源市场与市场前景 D_{12}	95	0.0146	1.3870
转换成产品的能力 D_{13}	89	0.0206	1.8334
与周围资源关联度 D_{14}	83	0.0042	0.3486
地理位置 D_{15}	66	0.0098	0.6468
交通便捷性与可达性 D_{16}	70	0.0553	3.8710
交通费用 D_{17}	18	0.0643	1.1574
基础设施建设 D_{18}	76	0.0339	4.8868
旅游服务设施建设 D_{19}	77	0.0126	0.9702
人员素质及态度 D_{20}	79	0.0289	2.2831
治安状况 D_{21}	74	0.0413	3.0562

该资源单体最终综合得分为:$S = \sum_{i=1}^{21} A_i \cdot w_i = 91.3526$,为特优级人文旅游资源

由此步骤来计算其他丝绸之路甘肃段人文旅游资源单体的综合得分,最终得到丝绸之路甘肃段人文旅游资源的具体评价结果(表 5-22)。

表 5-22 丝绸之路甘肃段人文旅游资源评价结果

单体名称	综合得分值	等级	地市名称
红大坡坪茅道领马家窑、马厂遗址	31.2652	IV	兰州市
马家坬马家窑、马厂、半山、齐家文化遗址	30.2278	IV	
寺山上仰韶、齐家、周文化遗址	30.9955	IV	平凉市
齐家岭仰韶、齐家、周文化遗址	31.2296	IV	
大地湾碳化黍和油菜子	41.2212	III	天水市
黄娘娘台遗址齐家文化	38.9920	IV	武威市
大地湾一期文化遗址(新石器时代)	78.2208	II	天水市
大地湾二期文化遗址(新石器时代)	77.3396	II	
白塔寺遗址(元)	66.6647	II	武威市
木门道	31.2287	IV	天水市
铜场沟铜矿址(宋—明)	29.3217	IV	平凉市
安口瓷窑址(元—明)	28.4402	IV	
青石津古渡遗址	42.3369	III	兰州市
悬泉置汉—魏、晋遗址	58.1158	III	
玉门关(大、小方盘城)	81.2377	I	敦煌市
阳关	85.6697	I	
仿宋沙州古城旅游区	38.2254	IV	
成纪古城(汉)	45.9157	III	平凉市
汉长城城障	42.1109	III	武威市
骆驼城遗址(汉—唐)	58.4152	III	
黑水国遗址(汉—魏、晋)	54.3399	III	张掖市
黑水国北城址(汉—唐)	55.6147	III	
万里长城第一墩	70.4236	II	嘉峪关市
嘉峪关城四周25座烽火台	65.0221	II	
高台、临泽、甘州和山丹战国、秦、汉、明长城及沿线城障烽燧	44.8520	III	张掖市
嘉峪关国家滑翔基地	61.0014	II	嘉峪关
嘉峪关汽车、摩托车赛场地	58.0926	III	
白马塔旅游区	51.2247	III	敦煌市
兰州水车博览园	58.7725	III	
兴隆山滑雪场	31.2258	IV	兰州市
兰州市仁寿山公园	43.2783	III	
青龙山森林公园	38.2217	IV	
紫荆山公园	24.0046	IV	平凉市
柳湖公园	35.9982	IV	
马跑泉公园	40.8886	III	
卦台山游乐休闲度假地	37.2214	IV	天水市
南郭寺公园	41.7531	III	
黑河森林公园	22.1123	IV	张掖市
甘泉公园	40.0003	III	

续表

单体名称	综合得分值	等级	地市名称
张掖森林公园	29.3362	IV	
大湖湾旅游风景区游乐休闲度假地	30.0089	IV	张掖市
海牙沟生态旅游区游乐休闲地	30.0147	IV	
白塔山公园白塔寺	51.7456	III	
五泉山公园浚源寺	49.3552	III	兰州市
五泉山公园卧佛寺	47.8965	III	
西王母宫	52.0047	III	
龙泉寺	50.2746	III	平凉市
静宁县"成纪文化城"	41.2873	III	
龙园	32.2184	IV	
玉泉观	51.2689	III	
兴国寺	63.6688	II	
南郭寺宗教活动场所	44.2280	III	天水市
仙人崖宗教活动场所	45.3691	III	
伏羲庙祭祀活动场所	74.1982	II	
武威文庙孔庙	72.5489	II	
武威文庙文昌宫	75.3320	II	武威市
白塔寺	57.8861	III	
海藏寺	49.6686	III	
山丹大佛寺	52.3248	III	张掖市
迎宾湖旅游园区	35.0843	IV	嘉峪关市
东湖公园	38.0254	IV	
白塔山公园	61.5548	II	
兰山公园(皋兰山)园林游憩区	31.2328	IV	兰州市
十里桃园	41.9967	III	
崆峒山弹筝湖公园	40.3396	III	平凉市
雷台旅游区	60.0088	II	武威市
酒泉钢铁公司工业旅游示范园区	43.2365	III	嘉峪关市
刘家峡电站	66.3981	II	永靖县
田家沟水土保持风景区沟壑地	21.2151	IV	平凉市
庄浪百万亩梯田	22.3367	IV	
石羊河流域现代综合节水工程体系	64.4450	II	
武威市万亩高新技术示范区	30.2206	IV	武威市
武威市循环经济示范园	31.2984	IV	
张掖中国北方第一个节水型社会试点观光点	41.5698	III	张掖市
和平牡丹园	31.9543	IV	
兰州市动物园	32.7631	IV	兰州市
葡萄基地观光区庭园	29.3389	IV	
甘肃濒危野生动物繁育中心	55.5520	III	武威市
苏武山葡萄产业开发观光旅游庄园	31.1541	IV	

续表

单 体 名 称	综合得分值	等 级	地市名称
二坝高效节水农业示范区	30.221 5	IV	
钱学森沙产业中心实验室基地	55.327 8	III	武威市
黄羊河生态农业观光区莫高庄园葡萄酒基地	44.448 3	III	
高台葡萄基地	30.648 3	IV	
六坝农业高科技园植物展示地	25.556 3	IV	张掖市
扁都口10万亩菜花基地	23.621 37	IV	
西部草业示范园	29.112 8	IV	
山丹军马场军事观光地	58.774 1	III	张掖市
天下第一墩悬臂观赏台	58.328 9	III	嘉峪关市
嘉峪关关城关帝庙	57.327 4	III	嘉峪关市
西王母回屋	46.598 3	III	
武康王庙(明、清)	40.112 1	III	平凉市
神州祭灵第一台——周文王伐密所筑古灵台	41.231 4	III	
秦、汉皇帝祭祀炎、黄二帝的华亭莲花台	46.398 7	III	
玉泉观三清殿	42.331 0	III	天水市
玉泉观北斗台	40.008 4	III	
雷台雷祖殿	45.552 9	III	武威市
雷台三星斗姆殿	46.337 8	III	
西路军烈士陵园纪念堂	42.225 6	III	张掖市
嘉峪关长城博物馆	71.002 3	II	嘉峪关市
敦煌博物馆	57.550 1	III	
敦煌藏经洞陈列馆	56.331 5	III	敦煌市
敦煌电影城	38.778 1	IV	
兴隆山成吉思汗陈列馆	36.712 9	IV	
兰州黄河国际展览中心	41.223 7	III	兰州市
甘肃省博物馆	80.557 3	I	
大地湾史前博物馆	78.665 0	II	天水市
兴国寺秦安文物	48.112 0	III	
白塔寺博物馆	54.698 2	III	
武威博物馆	51.227 6	III	
西夏博物馆	50.334 0	III	武威市
武威文庙石刻陈列大殿	49.658 9	III	
天梯山北魏—唐石窟博物馆	53.009 3	III	
艾黎—何柯博物馆	40.000 9	III	张掖市
甘州区博物馆	43.698 1	III	
沙漠运动场	37.110 5	IV	敦煌市
白塔寺白塔(明)	61.589 8	II	兰州市
崆峒山凌空塔	72.845 1	II	平凉市
明—清代圆通寺塔	38.335 6	IV	张掖市
张掖木塔	37.210 2	IV	

续表

单体名称	综合得分值	等级	地市名称
华林坪革命烈士纪念塔	23.669 1	IV	兰州市
嘉峪关关城戏楼	55.274 6	III	
嘉峪关柔远楼	81.232 5	I	嘉峪关市
嘉峪关光化楼	82.332 6	I	
嘉峪关关城后堂	54.841 9	III	
莫高窟九层阁	91.352 6	I	敦煌市
西王母宫西王母大殿	44.342 9	III	平凉市
大像山大佛殿	41.448 6	III	
兴国寺波若殿	61.258 3	II	天水市
伏羲庙太昊殿	72.317 6	II	
大佛寺藏经殿	72.775 0	II	
大佛寺大佛殿	81.996 4	I	张掖市
大佛寺书画殿	49.888 3	III	
莫高窟西千佛洞	83.665 2	I	
莫高窟藏经洞	82.338 4	I	敦煌市
莫高窟323、428、427、061、328、090、130、148窟	93.128 9	I	
炳灵寺169号石窟	77.225 6	II	
炳灵寺西魏、北周和隋石窟	52.369 1	III	
炳灵寺初唐石窟	51.228 7	III	永靖县
炳灵寺北朝二期、三期石窟	49.216 3	III	
炳灵寺中晚唐石窟	50.009 9	III	
炳灵寺宋元明石窟	53.226 4	III	
南石窟寺	75.332 0	II	
西王母宫石窟	69.335 4	II	平凉市
南石窟寺之碑(北魏)	40.009 6	III	
水帘洞—大像山石窟(北魏—唐)	69.998 0	II	
麦积山石窟37、13、9、3、4、133、191石窟	91.386 4	I	天水市
麦积山石窟(北魏—明)其他石窟群	74.662 8	II	
天梯山石窟(北魏—唐)	73.298 1	II	武威市
马蹄寺千佛洞清代石窟	51.547 9	III	
马蹄寺藏传佛教殿石窟	51.362 4	III	
马蹄寺萨瓦尔工殿石窟	50.444 6	III	张掖市
马蹄寺马蹄殿石窟	60.239 5	II	
马蹄寺33天石窟	61.325 8	II	
文殊山北朝—西夏石窟	50.111 3	III	
悬臂长城	61.489 7	II	嘉峪关市
嘉峪关明代长城	84.268 9	I	
敦煌汉长城	42.336 9	III	敦煌市
"天下第一雄关"嘉峪关楼	90.002 3	I	嘉峪关市
嘉峪关外城	83.654 5	I	

续表

单 体 名 称	综合得分值	等 级	地市名称
嘉峪关瓮城	71.248 3	II	
嘉峪关罗城	73.004 9	II	嘉峪关市
嘉峪关城壕	80.002 6	I	
金城关	42.337 2	III	兰州市
黑山岩画	53.211 7	III	嘉峪关市
千字龙碑	42.398 2	III	兰州市
西夏博物馆西夏碑	45.553 7	III	武威市
东方红广场	40.002 1	III	兰州市
黄河母亲雕塑	67.845 9	II	兰州市
龙源立体书法雕塑	45.669 6	III	
崆峒山上天梯	45.398 0	III	平凉市
伏羲庙礼仪门	54.332 1	III	天水市
伏羲雕塑	41.756 2	III	
雷台汉墓铜奔马雕塑	45.296 1	III	武威市
高台烈士陵园雕像	29.364 1	IV	张掖市
高总兵宅院	40.999 4	III	张掖市
张掖路步行街	47.559 0	III	兰州市
嘉峪关游击将军府	38.265 5	IV	嘉峪关市
八路军兰州办事处	50.228 9	III	
五泉山公园中山纪念堂	51.325 7	III	兰州市
鲁土司衙门	60.238 9	II	
青城古民居	64.598 2	II	
界石铺红军长征胜利纪念馆	49.778 3	III	平凉市
胡氏民居等明、清古民居建筑群	80.223 3	I	天水市
张庆麟宅院(明、清)	56.332 1	III	
武威文庙儒学院	38.999 8	IV	武威市
新城魏晋古墓群	56.008 7	III	嘉峪关
雷台汉墓	87.225 2	I	武威市
许三湾城汉—唐墓群	53.339 6	III	
骆驼城汉—唐古墓群	58.441 7	III	
高台烈士陵园	40.223 8	III	张掖市
现代艾黎—何柯陵园	29.365 2	IV	
西路军烈士陵园	45.558 3	III	
黄河第一铁桥(中山桥)	81.765 4	I	兰州市
兴隆山国家森林公园卧桥	29.875 6	IV	
崆峒山聚仙桥	45.612 8	III	平凉市
武威文庙状元桥	42.222 1	III	武威市
崆峒山月湖	42.448 7	III	平凉市
黄羊水库国家级水利风景区水库观光游憩区	62.336 9	II	武威市
红崖山水库	63.785 1	II	

第五章　西北民族地区人文旅游资源评价

续表

单体名称	综合得分值	等级	地市名称
双泉湖水库	24.4453	Ⅳ	张掖市
明代红沙渠故址	26.3128	Ⅳ	张掖市
刘家峡水库大坝	58.3320	Ⅲ	永靖县
针灸医学鼻祖皇甫谧	47.1680	Ⅲ	平凉市
萨班	29.7772	Ⅳ	武威市
西藏归属中国版图历史见证	31.8543	Ⅳ	武威市
《读者》	78.1236	Ⅱ	兰州市
长篇小说《大漠祭》	41.3648	Ⅲ	武威市
完颜氏族文化	58.6975	Ⅲ	平凉市
西王母民俗	58.6641	Ⅲ	平凉市
四坝攻鼓子	21.3396	Ⅳ	武威市
裕固族歌舞	55.3338	Ⅲ	张掖市
伏羲庙民间祭祀	55.5650	Ⅲ	天水市
嘉峪关国家滑翔节	65.8868	Ⅱ	嘉峪关市
兰州中国水车节	53.6941	Ⅲ	兰州市
平凉崆峒武术节	64.3175	Ⅱ	平凉市
天水伏羲文化旅游节	65.2283	Ⅱ	天水市
甘肃武威"天马"文化旅游节	44.2657	Ⅲ	武威市
金张掖马蹄寺旅游观光节	47.2684	Ⅲ	张掖市
兰州投资贸易洽谈会	58.6972	Ⅲ	兰州市
武威"天马"旅游节	31.2985	Ⅳ	武威市
中国·甘肃·嘉峪关铁人三项国际积分赛	52.3886	Ⅲ	嘉峪关市

为了更好地对丝绸之路甘肃段人文旅游资源进行评价与开发,本章分别统计出各地市不同级别的人文旅游资源(表5-23)。

表5-23　甘肃各地市不同级别人文旅游资源

甘肃各地市不同级别人文旅游资源	
兰　州　市	
Ⅰ(特优级)	甘肃省博物馆,黄河第一铁桥(中山桥)
Ⅱ(优级)	白塔山公园,白塔寺白塔(明),黄河母亲雕塑,青城古民居
Ⅲ(优良级)	青石津古渡遗址,兰州水车博览园,兰州市仁寿山公园,白塔山公园白塔寺五泉山公园浚源寺,金城关,五泉山公园卧佛寺,十里桃园,兰州黄河国际展览中心,千字龙碑,东方红广场,龙源立体书法雕塑,张掖路步行街,八路军兰州办事处,五泉山公园中山纪念堂,《读者》,兰州中国水车节,兰州投资贸易洽谈会
Ⅳ(普通级)	红大坪茅道领马家窑,马厂遗址,马家坬马家窑,马厂、半山、齐家文化遗址,兴隆山滑雪场,青龙山森林公园,兰山公园(皋兰山)园林游憩区,和平牡丹园,兰州市动物园,葡萄基地观光区庭园,兴隆山成吉思汗陈列馆,华林坪革命烈士纪念塔,兴隆山国家森林公园卧桥
嘉　峪　关　市	
Ⅰ(特优级)	嘉峪关柔远楼,嘉峪关光化楼,嘉峪关明代长城,"天下第一雄关"嘉峪关楼,嘉峪关外城,嘉峪关城壕

续表

甘肃各地市不同级别人文旅游资源

嘉 峪 关 市

Ⅱ(优级)	万里长城第一墩,嘉峪关关城四周25座烽火台,高台、临泽、甘州和山丹战国、秦、汉、明长城及沿线,嘉峪关长城博物馆,悬臂长城,嘉峪关瓮城,嘉峪关罗城,嘉峪关国家滑翔节
Ⅲ(优良级)	嘉峪关汽车、摩托车赛场地,酒泉钢铁公司工业旅游示范园区,天下第一墩悬臂观赏台,嘉峪关关城关帝庙,敦煌博物馆,敦煌藏经洞陈列馆,嘉峪关关城戏楼,嘉峪关关城后堂,黑山岩画,新城魏晋古墓群,中国·甘肃·嘉峪关铁人三项国际积分赛
Ⅳ(普通级)	迎宾湖旅游区园,东湖公园,敦煌电影城,嘉峪关游击将军府

敦 煌 市

Ⅰ(特优级)	玉门关(大、小方盘城),阳关,莫高窟九层阁,莫高窟西千佛洞,莫高窟藏经洞,莫高窟323、428、427、061、328、090、130、148窟
Ⅱ(优级)	无
Ⅲ(优良级)	悬泉置汉—魏、晋遗址,白马塔旅游区,敦煌汉长城
Ⅳ(普通级)	仿宋沙州古城旅游区

天 水 市

Ⅰ(特优级)	麦积山石窟37、13、9、3、4、133、191石窟,胡氏民居等明、清古民居建筑群
Ⅱ(优级)	大地湾碳化黍和油菜子,大地湾一期文化遗址(新石器时代),大地湾二期文化遗址(新石器时代),兴国寺、伏羲庙祭祀活动场所,大地湾史前博物馆,兴国寺波若殿,伏羲庙太昊殿,水帘洞—大像山石窟(北魏—唐),麦积山石窟(北魏—明)其他石窟群,天水伏羲文化旅游节
Ⅲ(优良级)	马跑泉公园,南郭寺公园,玉泉观,南郭寺宗教活动场所,仙人崖宗教活动场所,玉泉观三清殿,玉泉观北斗台,兴国寺秦安文物,大像山大佛殿,伏羲庙礼仪门,伏羲雕塑,张庆麟宅院(明、清),伏羲庙民间祭祀
Ⅳ(普通级)	木门道,卦台山游乐休闲度假地,龙园

平 凉 市

Ⅰ(特优级)	无
Ⅱ(优级)	崆峒山凌空塔,南石窟寺,平凉崆峒武术节,西王母宫石窟
Ⅲ(优良级)	成纪古城(汉),西王母宫,龙泉寺,静宁县"成纪文化城",崆峒山弹筝湖公园,西王母回屋,武康王庙(明、清),神州祭灵第一台——周文王伐密所筑古灵台,秦、汉皇帝祭祀炎、黄二帝的华亭莲花台,西王母宫西王母大殿,南石窟寺之碑(北魏),崆峒山上天梯,界石铺红军长征胜利纪念馆,崆峒山聚仙桥,崆峒山月湖,针灸医学鼻祖皇甫谧,完颜氏族文化,西王母民俗
Ⅳ(普通级)	寺山上仰韶、齐家、周文化遗址,齐家岭仰韶、齐家、周文化遗址,铜场沟铜矿址(宋—明),安口瓷窑址(元—明),紫荆山公园,柳湖公园,田家沟水土保持风景区沟壑地,庄浪百万亩梯田

武 威 市

Ⅰ(特优级)	雷台汉墓
Ⅱ(优级)	白塔寺遗址(元),武威文庙孔庙,武威文庙文昌宫,雷台旅游区,石羊河流域现代综合节水工程体系,天梯山石窟(北魏—唐),黄羊水库国家级水利风景区水库观光憩区,红崖山水库
Ⅲ(优良级)	汉长城城障,白塔寺,海藏寺,甘肃濒危野生动物繁育中心,钱学森沙产业中心实验室基地,黄羊河生态农业观光区莫高庄园葡萄酒基地,雷台雷祖殿,雷台三星斗姆殿,白塔寺博物馆,武威博物馆,西夏博物馆,武威文庙石刻陈列大殿,天梯山北魏—唐石窟博物馆,西夏博物馆西夏碑,雷台汉墓铜奔马雕塑,武威文庙状元桥,长篇小说《大漠祭》,甘肃武威"天马"文化旅游节
Ⅳ(普通级)	黄娘娘台遗址齐家文化,武威市万亩高新技术示范区,武威市循环经济示范区,苏武山葡萄产业开发观光旅游庄园,二坝高效节水农业示范区,武威文庙儒学院,萨班,西藏归属中国版图历史见证,四坝攻鼓子,武威"天马"旅游节

续表

甘肃各地市不同级别人文旅游资源

张 掖 市

Ⅰ(特优级)	大佛寺大佛殿
Ⅱ(优级)	大佛寺藏经殿,马蹄寺马蹄殿石窟,马蹄寺 33 天石窟
Ⅲ(优良级)	骆驼城遗址(汉—唐),黑水国遗址(汉—魏、晋),黑水国北城址(汉—唐),高台、临泽、甘州和山丹战国、秦、汉、明长城及沿线,甘泉公园,山丹大佛寺,张掖中国北方第一个节水型社会试点观光点,山丹军马场军事观光地,西路军烈士陵园纪念堂,艾黎—何柯博物馆,甘州区博物馆,大佛寺书画殿,马蹄寺千佛洞清代石窟,马蹄寺藏佛教殿石窟,马蹄寺萨瓦尔王殿石窟,文殊山北朝—西夏石窟,高总兵宅院,许三湾城汉—唐墓群,骆驼城汉—唐古墓群,高台烈士陵园,西路军烈士陵园,金张掖马蹄寺旅游观光节
Ⅳ(普通级)	黑河森林公园,张掖森林公园,大湖湾旅游风景区游乐休闲度假地,海牙沟生态旅游区游乐休闲地,高台葡萄基地,六坝农业高科技园植物展示地,扁都口 10 万亩菜花基地,西部草业示范园,沙漠运动场,明—清代圆通寺塔,张掖木塔,高台烈士陵园雕像,现代艾黎—何柯陵园,双泉湖水库,明代红沙渠故址,裕固族歌舞

永 靖 县

Ⅰ(特优级)	炳灵寺 169 号石窟
Ⅱ(优级)	刘家峡电站,炳灵寺西魏、北周和隋石窟,炳灵寺初唐石窟,炳灵寺北朝二期、三期石窟,炳灵寺中晚唐石窟,炳灵寺宋元明石窟
Ⅲ(优良级)	刘家峡水库大坝
Ⅳ(普通级)	无

(三) 人文旅游资源评价结果分析

1. 经典人文旅游资源品位较高

在本章对丝绸之路甘肃段人文旅游资源的分等定级过程中,Ⅰ级(特优级)人文旅游资源单体共有 31 处。其中兰州市有 2 处、嘉峪关市有 6 处、敦煌市有 13 处、天水市有 8 处、武威市有 1 处、张掖市有 1 处、永靖县有 1 处。

Ⅱ级(优级)人文旅游资源单体共有 47 处。其中兰州市有 4 处、嘉峪关市有 10 处、天水市有 11 处、平凉市有 4 处、武威市有 8 处、张掖市有 3 处、永靖县有 7 处。

Ⅲ级(优良级)人文旅游资源单体共有 110 处。其中兰州市有 19 处、嘉峪关市有 12 处、敦煌市有 4 处、天水市有 13 处、平凉市有 19 处、武威市有 18 处、张掖市有 24 处、永靖县有 1 处。

Ⅳ级(普通级)人文旅游资源单体共有 55 处。其中兰州市有 13 处、嘉峪关市有 4 处、敦煌市有 1 处、天水市有 3 处、平凉市有 8 处、武威市有 10 处、张掖市有 16 处。

丝绸之路甘肃段人文旅游资源不仅数量非常多,其品味也普遍较高,有半数以上属于优良级或特优级旅游资源(图 5-4)。其中最代表性的有原始聚落——天水市秦安县大地湾文化遗址;石窟——莫高窟藏经洞和 8 个洞窟,麦积山石窟的 6 个洞窟以及永靖县炳灵寺;宗教与祭祀活动场——天水伏羲庙、武威白塔寺、张掖大佛寺;废城与聚落遗址有敦煌玉门关、阳关、甘州黑水国遗址等优良级或特优级人文旅游资源单体。随着"丝绸之路:长安——天山廊道的路网"被列入《世界遗产名录》,丝绸之路甘肃段现有世界文化遗产增

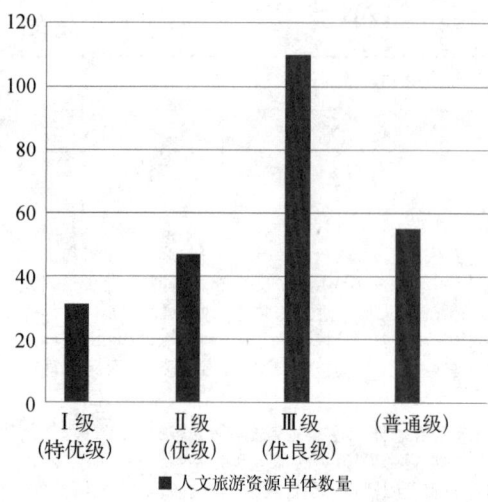

图 5-4 人文旅游资源单体级别数量

至 7 处，分别为莫高窟、嘉峪关长城、麦积山石窟、炳灵寺石窟、锁阳城遗址、悬泉置遗址和玉门关遗址，显著提升了丝绸之路甘肃段人文旅游资源的品位。

2. 人文旅游资源群居特征明显

使用 Arcgis 软件对丝绸之路甘肃段人文旅游资源进行简单的分布描点（图 5-5），可以看出，丝绸之路甘肃段人文旅游资源在总体上呈现群居程度较高的特点。嘉峪关、兰州、平凉、天水、武威、张掖、敦煌等市优良级及以上人文旅游资源单体数量较多，反映在地图上，则能明显看出丝绸之路甘肃段人文旅游资源集聚程度高，这就为单个旅游区域人文旅游资源的开发与规划提供了有利条件。

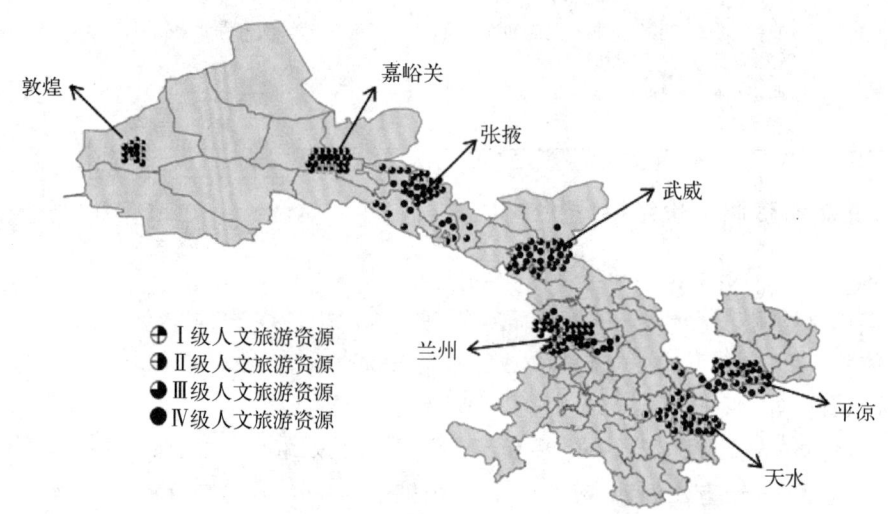

图 5-5 人文旅游资源分布示意图

由于丝绸之路甘肃段人文旅游资源之间的主要问题是点疏线长、交通不畅，从一个区域到另一个区域面临着交通不畅以及时间花费过多的不利因素。丝绸之路甘肃段人文旅游资源的群居特征明显，就会使旅游者在一区域游览时欣赏体验到更多的人文旅游资源，有助于各区域人文旅游资源的开发以及客源市场的扩大，也可以在一定程度上加速人文旅游资源产品的转化，适时抓住发展时机，可以走"点—线—面"的发展模式，最终实现丝绸之路甘肃段乃至甘肃省的区域旅游全面科学的发展。

3. 主体人文旅游资源同质性严重

进一步分析丝绸之路甘肃段人文旅游资源，本章共对 229 个人文旅游资源单体进行了定量评价，其中遗址遗迹类旅游资源单体 26 处，建筑与设施类旅游资源单体 184 处，人文活动类旅游资源单体 19 处（表 5-24、图 5-6）。建筑与设施类在丝绸之路甘肃段人文

表 5-24　资源单体统计表

遗址遗迹类旅游资源单体共 26 处	
史前人类活动场共 9 处	其中史前人类活动场所 6 处,文化层 1 处,原始聚落 2 处
社会经济文化活动遗址遗迹共 17 处	其中历史事件发生地 1 处,军事遗址与古战场 1 处,废弃生产地 2 处,交通遗迹 1 处,废城与聚落遗址 9 处,烽燧 2 处,城遗址 1 处
建筑与设施类旅游资源单体 184 处	
综合人文旅游地共 63 处	其中教学科研试验场所 1 处,康体游乐休闲度假地 17 处,宗教与祭祀活动场所 17 处,园林休憩区域 7 处,建设工程与生产地 8 处,动物与植物展示地 11 处,军事观光地 1 处,景物欣赏点 1 处
单体活动场所共 23 处	其中祭拜场馆 10 处,展示演示场馆 12 处,体育健身场馆 1 处
景观建筑与附属型建筑共 70 处	其中佛塔 4 处,塔形建筑物 1 处,楼阁 12 处,石窟 33 处,长城段落 3 处,城(堡)6 处,摩崖字画 1 处,碑碣(林)2 处,广场 1 处,建筑小品 7 处
居住地与社区共有 10 处	其中传统与乡土建筑 1 处,特色街巷 1 处,名人故居与历史纪念建筑 7 处,书院 1 处
归葬地共 7 处	其中墓群 7 处
交通建筑 4 处	其中桥 4 处
水工建筑 7 处	其中水库观光游憩区段 5 处,运河与渠道段落 1 处,堤坝段落 1 处
人文活动类旅游资源单体 19 处	
人事记录总共有 3 处	其中人物 2 处,事件 1 处
艺术 2 处	其中文学艺术作品 2 处
民间习俗 5 处	其中地方风俗与民间礼仪 1 处,民间节庆 1 处,民间演艺 2 处,宗教活动 1 处
现代节庆共有 9 处	其中旅游节有 6 处,文化节 1 处,商贸农事节 1 处,体育节 1 处

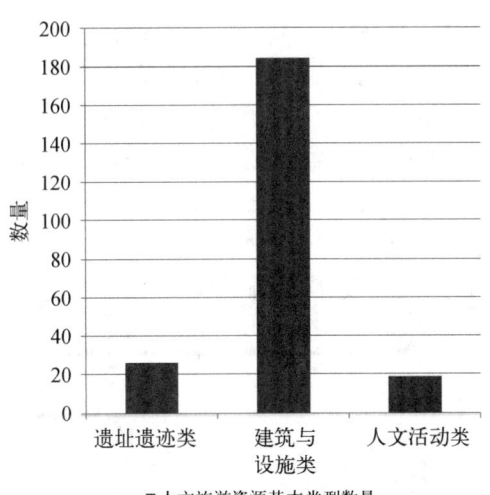

图 5-6　甘肃省人文旅游资源基本类型数量比较

旅游资源单体中所占的比重最大,其中景观建筑与附属型建筑资源单体 70 处、综合人文旅游地资源单体 63 处,所占的比例最大。首先,在景观建筑与附属型建筑资源单体中,石窟类资源单体33处,这33处资源单体基本都为Ⅰ级(特优级)人文旅游资源单体,是丝绸之路甘肃段人文旅游资源的精华部分,但也恰恰是这一点造成了区域资源同质化现象严重的后果。其次,优良级人文旅游资源单体中康体游乐休闲度假地、废城与聚落遗迹、宗教与祭祀场所、名人故居与历史纪念建筑、展示演示场馆5个基本类型数量丰富,优良级比例也比较大,同质性强,容易产生雷同感或先入为主的印象,形成"晕轮效应",在一定程度上制约了其他同质优良级旅游资源的开发。以石窟为例,如果旅游者游览观赏完敦煌莫高窟或麦积山石窟,对其他石窟的游览意愿就会减弱。

三、本章小结

第一,对国内外旅游资源评价的研究分析上,了解旅游资源评价的进展并在此基础上分析了我国各旅游资源评价模型的优劣,选择定性和定量评价相结合的方法对丝绸之路甘肃段的人文旅游资源进行评价。首先利用直观的、宏观的角度定性的对丝绸之路甘肃段的人文旅游资源进行评价,其次利用层次分析法(AHP)构建四级评价指标,分别为总目标层、综合评价层、项目评价层、评价因子层,用专家咨询打分法并用计算机求得每一项评价指标的权重,再利用模糊综合评分法,最终对丝绸之路甘肃段人文旅游资源进行综合评价并分等定级。

第二,通过对丝绸之路甘肃段人文旅游资源的筛选,对具有代表性的人文旅游资源进行定量评价,将丝绸之路甘肃段的人文旅游资源分为四个等级。对评价结果进行进一步分析判断,得出丝绸之路甘肃段Ⅰ级(特优级)人文旅游资源单体共有31处;Ⅱ级(优级)人文旅游资源单体共有47处;Ⅲ级(优良级)人文旅游资源单体共有109处。丝绸之路甘肃段人文旅游资源具有经典人文旅游资源品位高、人文旅游资源的群居特征明显等特点。在优良级以上的人文旅游资源单体中康体游乐休闲度假地、废城与聚落遗迹、宗教与祭祀场所、名人故居与历史纪念建筑、展示演示场馆5个基本类型数量丰富,优良级比例也比较大,同质性强、有替代效应,阻碍了旅游资源的深度开发。

第三,根据对丝绸之路甘肃段人文旅游资源的评价结果,提出丝绸之路甘肃段人文旅游资源的开发策略。认为应在经典人文旅游资源的基础上构建人文旅游产品品牌体系,应对人文旅游资源进行点轴式开发,增强区域旅游竞争力,应对同质性人文旅游资源与周边资源进行联动开发,降低因人文旅游资源同质性过强的替代效应。

区域研究篇

第六章 区域旅游产业发展战略研究的基本框架

一、旅游产业发展战略研究述评

(一) 战略管理的概念及其缘起

"战略管理"概念及战略研究的基本理论与探索最早由美国学者巴纳德在探讨企业管理中的战略与战略框架时提出[1]。著名的组织战略管理学家波特(1997)则系统提出并概括了在组织这一微观单元之中为高效率地实现组织发展目标而须遵循并实施的系统战略框架[2],这一战略框架的主要内容是:① 由一系列价值目标、成本目标、利润目标、品牌目标、市场目标等组成的目标体系;② 战略实施的环境分析,包括以自然、政治、经济、技术、社会、文化为内容的宏观环境分析和由顾客、竞争者、替代品生产商、要素供应商、政府与中介组织所组成的微观环境分析,波特认为组织战略目标的实现与战略内容的实施必须是给定环境支持系统的产物,是环境的函数;③ 由目标与环境参数所决定的,包括基本战略姿态、成长战略(核心能力组织内外成长的战略)、收缩战略在内的战略模式选择;④ 战略实施过程控制与绩效的评价与反馈。20世纪60年代以后,战略管理框架及其方法被广泛运用于经济、社会、文化等领域,由此,战略管理上升到了中观和宏观国民经济与社会发展层面,成为一国或区域进行国民经济与社会发展总体规划的新的视角与框架。

(二) 我国旅游产业发展战略研究回顾

20世纪70年代以后,战略管理框架逐渐被引入到了包括旅游产业在内的广义服务产业的发展研究和管理中,旅游经济研究中有关战略研究的专著和论文大量涌现,如Olson(1994)[3]、Auliana Poon(1993)[4]以及San-dra Carey 和 Y. Gountas(1997)[5]等,从旅游产业成长、运行和发展的内在规律性和特征入手,阐述了旅游产业战略研究的基本思路和分析框架,提出了旅游产业战略管理理论、旅游产业可持续发展战略理论和旅游产业战

---

[1] 张晓兰.巴纳德组织结构思想及对行政改革的启示[J].西南农业大学学报(社会科学版),2008,6(1):47-52.
[2] 迈克尔·波特.竞争战略[M].北京:华夏出版社,1997(1):65.
[3] Olsen, Tze, West. Strategic management for the hospitality industry [M]. Paris: Van Nostrand Reinhold, 1994:89.
[4] Auliana Poon. Tourism, technology and competitive strategies [M]. C.A. B International, 1993:96.
[5] Sandra Carey, Y Gountas. Tour operators and destination sustainablity [J]. Tourism Management, 1997, 18(7):65.

略模式理论等。我国学者对旅游作为一种经济现象和产业运行的本质的认知和研究始于20世纪80年代(伍宇峰[①],1981)。在20世纪90年代中期以前,学者们大多将旅游产业视为一种脱胎于计划经济体制时期的、政治与外交领域的新型行业来探讨其发展的意义和价值,并就一些传统旅游区、旅游城市和景区适应于行业成长、具有市场特征的需要的开发和建设进行了广泛的探讨,研究的角度和领域主要停留在资源开发与规划、旅游产业成长与管理、旅游产品开发与市场营销、旅游市场的成长与形成、旅游政策、旅游文化及旅游经济运行系统等方面。从战略管理高度看,真正意义上的产业战略研究开始于20世纪90年代以后,一开始也仅仅是对区域旅游产业发展模式的研究;2000年以后,旅游经济研究逐渐趋于成熟和理性,伴随着旅游产业的飞速发展和许多省区将旅游产业定位为区域发展的支柱产业、优先发展产业或龙头产业,对旅游作为一个产业的战略研究才开始成为旅游经济研究的一个重要领域,云南、四川、贵州、海南、陕西、北京等省市和一大批地级行政区域(如桂林、杭州、井冈山地区、都江堰地区等)都进行了本地区旅游产业发展战略研究,产生了一批高质量的旅游经济研究成果,成为区域旅游产业发展战略的理论依据、政策理论背景与行动指南。

(三) 简要述评

肇始于20世纪90年代的战略研究无疑是我国旅游经济研究水平和档次不断提升的一个重要标志,在某种意义上也是我国旅游产业飞速发展的产业推力的必然结果。从区域经济的宏观层面和产业层面上进行战略研究与制定,无疑具有深刻的意义和价值——它标志着我国旅游产业从80年代的自发与经验层面发展向成熟与理性发展阶段的过渡;标志着旅游产业从某种具有初级性质的萌芽模式向与现代市场经济运行规律相适应的政府主导加市场推力相结合的新型模式的过渡;标志着旅游产业发展从无政府干预的无序状态向有政府推动的有序状态的过渡;标志着旅游产业从某种特定"产业现象"向区域经济发展的独立产业甚至龙头或支柱产业的过渡。但这一阶段旅游产业发展战略研究也存在如下一些缺陷:首先,作为旅游产业战略研究,缺乏较为规范和被普遍认可的一种标准范式,从学理层面上缺乏从"组织战略—产业战略—旅游产业战略"的研究思路与框架的廓清,旅游产业战略研究的基本体系、框架、基本概念及范畴不甚清晰;其次,这一阶段旅游产业发展战略研究与旅游产业发展实践的适应不够,理论研究给定的区域旅游产业发展的思路、模式、路径、步骤和方式与特定区域旅游产业发展实践之间缺乏应有的、高度的"呼应",对实践的指导力不够,这也与学者们的研究基础、宏观视野、对实践的认知和信息水平有关;再次,一般地看,我国区域旅游产业模式从20世纪90年代初以前的自发模式到我国社会主义市场经济体制运行基本规范后的新模式的选择带有强烈的政府推动色彩,即政府主导型旅游产业模式,这就要求旅游产业发展战略研究应该对区域国民经济发展战略和区域旅游政策的制定产生高度的影响,实现区域旅游发展战略研究向旅游产业政策的转化,这也是理论尤其是应用经济理论研究的本质使命。但这一阶段的研究就其对产业政策制定的影响力还是有限的,缺乏战略研究结论与政策制定在理性和规律层面

[①] 伍宇峰,荆子玉,刘国平.旅游经济[M].北京:北京出版社,1982:210.

上的对接;最后,一部分区域旅游发展战略研究的基本结构尚不完整和不尽合理,譬如:将单一的资源开发与产品创新及线路安排方面的研究视为战略研究;将旅游产业发展模式研究视为战略研究的框架;或将战略研究定位为组织战略、市场战略、营销或推销战略的某一方面,鲜见从宏观和产业视角对区域旅游产业发展战略进行整体、科学、合理和全方位的探索。

二、区域旅游产业发展战略的基本体系和框架

(一)区域旅游产业发展战略的概念及研究框架

战略泛指重大的、带全面性的、规律性的或决定全局的谋划,旅游产业发展战略(developmental strategy of tourist industry)则特指建立在对旅游产业发展基本规律认识基础上的一个相对独立的经济体(国民经济或区域经济)关于旅游产业发展的目标体系、产业定位、资源分析、环境支持、产品设计与安排、市场形成与成长、产业形象与产品推广、战略实施效应预测与反馈、战略评价等的产业发展总体步骤、程序、路径与方式的总和。如图6-1所示,旅游产业发展战略的基本框架应包括:目标体系的确立;建立在密切关联的更大区域内竞争性环境分析和区域内产业发展环境分析基础之上的资源分析、分类和整合;给定资源和环境约束条件下的产品线路设计与组合;建立在区域产业形象定位和产品销售推广基础上的市场规模的形成与成长;各类旅游微观企业组织和消费者的收益实现和宏观经济社会收益实现的评价;战略结果及其评价对目标体系等各战略步骤的反馈。

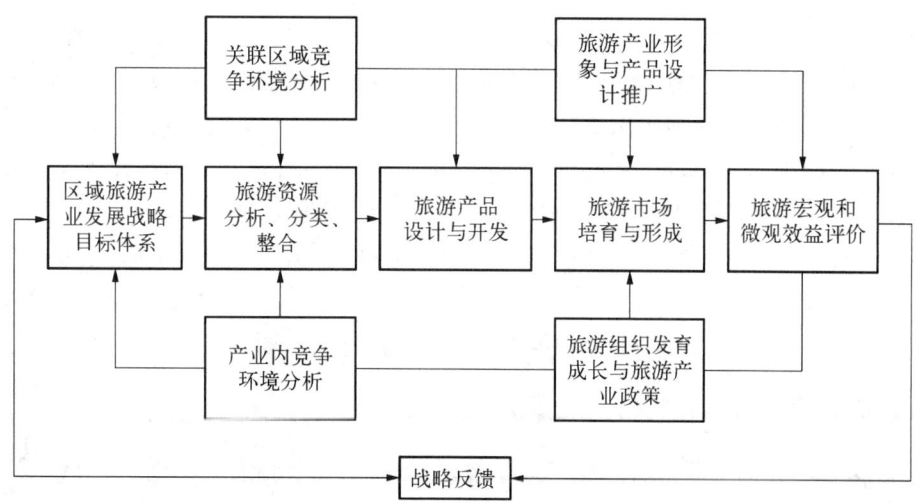

图6-1 区域旅游产业发展战略的研究框架

(二)区域旅游产业发展战略目标体系

任何一个区域旅游产业发展都应建立包含一个或若干个核心目标和系列扩展目标在内的目标体系,其核心目标一般为产业发展目标和实现产业在区域经济中作用和地位的

贡献率目标(即静态价值贡献,static value contributions, SVC)。产业发展目标由区域旅游产业的消费集中度和离散度(即市场规模及其维系水平和扩延水平)、旅游生产供给的专业化水平、旅游经济运行的规范化程度以及区域旅游产业的可持续性等指标来衡量;贡献率目标则指动态的旅游产业产值在区域 GDP 中的比重和增长率,以及决定这两个指标的可预测区域旅游产业发展潜力(PDPRTI)。另外,核心目标还应涵盖区域经济中旅游产业对国民经济的动态发展贡献(DDC),即投资乘数、需求乘数、就业乘数与国民收入乘数的水平,据此可以判断区域旅游产业在区域经济中和区域经济运行周期各阶段中的性质、地位与作用;同时,核心目标中也应涵盖区域旅游产业发展对区域经济结构高度化和经济发展的贡献率[①]。一般而言,旅游产业发展必然带动结构优化,它并不仅指由于旅游产业的三次产业属性必然在产业结构既定状态下绝对加大三次产业的比重,而且旅游产业发展也必然带动产业结构内部一、二次产业就业、产值比重的下降以及三次产业比重的相对上升。区域旅游产业发展的扩展目标包括文明发展、价值发展、社会结构发展和社会环境发展的社会发展目标,包括文化资源价值的外显与市场发展、民族文化个性的国际认同等内容在内的文化发展目标,也包括由于区域旅游产业的发展重建人与自然、现在的人与未来的人、现在的环境与未来的环境共存共荣的可持续发展目标。

(三) 区域旅游产业发展战略环境分析

区域旅游产业发展战略目标的实现首先有赖于对区域旅游产业发展战略实施的关联区域竞争环境分析(analysis on competitive environment in interrelated regions, ACEIR),即在时间空间、区际地缘关系上尤其是旅游吸引物存在高度替代性的相关地区的旅游产业发展环境分析,这一分析的主要目标是认识相关地区与本地区存在高度产业替代的情况下本区域产业发展的竞争力、比较优势与比较成本,以及消费者对旅游效价比(tourists ratio of utility and price, TRUP)的可能判断及决策;其次,要进行"区域内产业环境分析"(analysis on industrial environment in an individual region, AIEIR),这一分析的主要目标是认识本区域基础设施建设水平——包括与旅游产业高度相关的其他组织的发育水平、其他行业和组织与旅游产业的协同效应(coordinated effects)、关于旅游产业发展的制度安排及其支持力、其他关联产业与组织的服务水平以及旅游消费者受以上条件决定的在本区域的旅游交易效率(tourists transaction efficiency, TEE)[②]。

(四) 区域旅游产业发展战略中的资源认知

资源认知即资源的分析、分类、整合以及资源的潜价值分析,是旅游产品设计和生产的前提。资源认知应分解为原生性的资源认知与再生性的资源认知。资源认知的基本原

[①] 在发展经济学的视野里,经济增长是一国(或区域)国民生产总值在上一年度基础上的增加比率,核心是一国生产能力的提高,一般特指发展中国家的发展;而经济发展则是发达国家建立经济增长基础上的发展,有时也指一国在经济增长基础上的结构优化,有时又泛指现代化。

[②] 旅游交易效率(TEE)是非常重要的区域旅游产业发展环境指数,决定旅游消费者 TTE 高低的主要因素是旅游消费活动中额外支付的交易成本。因而,低效率的环境消费者的交易成本高而 TTE 低,高效率的环境消费者的交易成本低而 TTE 高。

则：一是资源的替代性分析，即资源的相对垄断程度是否具有较高的影子价格(reference price)；二是进行资源开发成本与收益分析，通过资源开发规划，预测市场化后的资源生命周期(resources life cycle)各阶段的效益与资源开发的固定成本与变动成本之和的比较，预知资源的经济价值；三是需将资源认知过程置于区域经济、社会、自然大背景下考证其间的配置效率与发展的可持续性；此外，必须进行资源开发的外部性分析，其中的关键是要寻求将外部性内部化的有效途径与补偿方式。

(五) 区域旅游产业发展战略中的产品设计与生产

产品设计与生产阶段应是区域旅游产业发展战略实施的关键。首先，应该探讨资源价值向产品价值转型的可能性，具有潜在资源价值未必一定具有现实的产品价值，产品价值要求考虑其满足消费市场需求的可能性与愿望，前者决定了产品的供给价格可以满足消费者的支付能力，后者决定了消费者有一定强度和可持续的需求偏好，从而决定了潜在的市场规模。其次，要着力打造产品的核心价值，核心价值决定了产品的竞争力与市场相对垄断程度，从而也就决定了产业的竞争力和相对垄断程度，同时也要考虑旅游产品的中间价值与扩展价值，这是由消费的整体效应决定的，尤其在旅游消费中更为明显，旅游产品的核心价值、中间价值和扩展价值的相互关联程度比一般物质产品要高得多，因此产品设计和生产一定要考虑到消费者旅游消费活动的外部性、交易成本以及由此决定的旅游效价比①，要进行消费者的旅游效价比模拟分析和预测，这也是决定产品和产业竞争力的重要因素。再次，旅游产品的设计、生产与空间布局要有效地考虑到外部性的规避和交易成本的节约，消费者在特定区域内旅游消费时间的延长和时间价值的提升，要求各类旅游产品、白天和晚间旅游产品、旅游和休整等结构的安排合理。最后，以上合理性有在一个区域内产业发展的纵向和横向协同效应，前者反映了政府提供的基础设施建设等公共产品的支持度，后者反映了由旅游产业的产业关联性决定的其他产业和产品的配套程度。

(六) 区域旅游产业发展战略实施的市场形成

在区域旅游产业发展战略研究框架中，关于市场发育、形成和成长的机制和方式的研究应是核心内容。首先，产业规模决定市场规模，要根据现有的产业与产品设计供给能力及增长幅度预测区域旅游产业总的市场容量及增长幅度，依据各阶段的均衡市场价格水平预测区域旅游产业的总收益水平(即旅游产值)；其次，要根据产业内产品结构及类别特征进行市场细分，确定几个规模可控及有发展潜力的目标市场，目标市场必须是有效市场，是否有效则要根据旅游客源国(地)旅游消费总量进行衡量②。应该指出，旅游产业及其产品的市场结构具有强烈的垄断竞争特质，当区域旅游产业及产品结构和总量与市场

---

① 旅游消费活动中的外部性是普遍的，尤其是负的外部性，如果消费者在消费活动中付出了应支付价款中的额外费用或支付了应支付价款后减少了消费效用，都视为存在负的外部性。交易费用是旅游消费者额外支付的心理成本、时间成本等的总和，它们都降低了旅游消费者旅游效价比，从而抑制了对特定旅游产品的需求偏好，进而影响到市场总规模。不同区域旅游产业运行中的外部性水平和交易成本水平是决定区域旅游产业竞争力的重要因素。

② 一般而言，反映旅游消费总量的指标有入境旅游人次、旅游者消费总额、旅游者人均消费额、旅游者停留天数、旅游者入境率、旅游重游率或旅游频度、旅游开支率或旅游消费率等。

规模在经济技术层面上相互适应后,现实市场的形成与区域旅游产业目标的实现便取决于区域旅游产业推广与产品形象的推广,取决于这一形象与客源国(地)目标市场或顾客的信息对称水平。作为垄断竞争性质的旅游产品具有很高的广告弹性,所以区域产业形象推广和产品营销推广是非常重要的市场培育和开拓环节。旅游产业形象是政府和微观企业组织及其消费者的共享资源,具有强烈的产权与消费的非排他性,是公共产品,当区域将旅游产业作为优先发展产业甚至支柱产业或龙头产业予以扶持时,应该以政府为主体进行区域旅游产业的整体形象的包装设计与推广,财政支出中应有合理比例(并保持合理年度增长)用于区域旅游产业形象推广。一般而言,区域旅游产业形象推广的主体是双重的,在政府的产业形象推广中也涵盖了核心的产品推广,但由于区域旅游产业形象的整体性质,它不可能涵盖所有的区域旅游产品,所以区域旅游产品营销的另一主体应是微观企业组织。微观企业组织的广告模式创新应是区域旅游产业发展战略中的重要内容,在广告行为存在负外部性、旅游产品无品牌的条件下,微观企业组织一般只发布信息性广告,但更重要的广告类型应是品牌树立和推广性质的广告,它是造就差异性消费市场和垄断竞争市场结构的重要基础,是区域旅游企业战略目标实现的重要推力。

(七)区域旅游产业发展战略的绩效细分

区域旅游产业发展战略的绩效结构涵盖了消费者效用的实现、微观企业组织效益地实现与政府宏观经济效益的实现。消费者效用的实现是微观企业组织效益实现的基础,而微观企业组织效益地实现又是政府宏观经济效益实现的基础。消费者效用实现的程度决定着市场规模的维系水平和扩展水平,决定着区域旅游产业和产品的外部形象及其需求弹性,整体上决定着区域旅游消费总量和总收益,进而决定着微观企业组织的平均效益与利润水平。在市场化条件下,政府的财政、税收、就业、创汇、结构优化等目标实现的基本载体是微观企业组织,其效益和利润水平与政府的旅游产业发展战略绩效成正比。反映和测定消费者效用的重要指标应是旅游交易效率(TEE)、效用折扣率(utility discount)及旅游效价比(TRUP),以及由此决定的消费者重游率、旅游频度、入境人数(次)增长率及旅游总收益增长率(即广义的市场规模扩展水平);反映微观企业组织效益的重要指标应是企业组织静态物质技术意义上的投入产出效率,动态的、经济意义上的成本与收益水平、组织规模经济和范围经济水平、品牌价值和与此关联的市场占有率及相对市场垄断程度。在区域旅游产业发展战略绩效的评价中,虽然微观经济主体效益的实现是宏观经济效益的基础,但重点还在于对宏观经济效益或旅游产业经济效益的评价。旅游产业经济效益的评价体系与前述的区域旅游产业发展战略目标体系是一致的,故在此不再赘述。

(八)区域旅游产业发展战略的绩效反馈

从区域经济发展和旅游产业发展的规律看,旅游经济运行周期与国民经济运行周期是一致的,都以年度进行测算。因此,区域旅游产业发展战略必须包涵战略绩效评价与反馈。战略绩效评价应测算上一年度旅游产业经济运行绩效与预测的目标绩效之间的目标差,如果目标差太大,则意味着战略目标体系的制定有缺陷,或战略目标实施过程中存在问题①，在区域旅游产业运行的下一周期则必须予以修正，使目标差≥0。战略实施评价应建立一系列自然的、经济的、社会的、伦理的、环境的、可持续的评价指标与原则，这一系列评价指标与原则一般与战略目标体系是吻合的，限于篇幅，这一问题留待后续研究。

三、区域旅游产业发展战略研究和实施的意义与价值

区域旅游产业发展战略研究有着重要的学术价值与理论意义，它将区域旅游产业发展战略研究框架嵌入了整体宏观旅游经济分析的框架中，使之更加完善。在我国现行的旅游经济学体系中，一般只分析区域旅游产业发展模式及其选择，学者按不同分类标准进行区域旅游产业发展模式的分类和不同产业模式选择原则的探讨，因此关于战略框架的探讨就显得尤为迫切和必要。

区域旅游产业发展战略的研究丰富了区域经济学和产业经济学的学术体系和内容。区域经济学研究涉及区域经济发展的理论基础（如产业布局、规模经济、地域生产综合分析、梯度推移、经济区划等理论）、区域特征分析、目标系统与政策手段、产业结构演进、区域国土规划、比例关系等，但区域发展战略研究却一直未进入区域经济研究的理论视野。产业经济学成熟的理论体系由5个模块组成：增长理论、增长方式、产业结构、产业组织与产业运行机制。本章认为，产业发展战略研究也应当成为产业经济理论的重要组成部分。区域旅游产业发展战略的研究开辟了一条理解区域经济、产业经济和区域产业经济发展规律的新路径，将发展战略研究引入区域产业发展的理论研究体系中，无疑使区域经济学和产业经济学对区域产业发展规律和方式的认知更加全面。"经济学的本质在于认识世界"，但经济学也应当给予"改造世界"的人一个理性的知识体系和框架，这也是经济学的责任。经过多年的发展，区域经济学、产业经济学和旅游经济学使我们得以全面地把握区域经济发展和产业经济运行的规律，但在对"规律"的理性认知基础上，我们通过"战略"这一跳板更进一步地接近现实世界，会使我们更加深刻地理解现实世界并为更好地"改造世界"奠定学理基础。

区域旅游产业发展战略研究具有重要的实践意义。我国区域旅游产业经过改革开放以来20多年的发展，在旅游基础设施建设、旅游市场规模、旅游产业规模、旅游产业化水平、对国民经济的贡献率水平以及旅游产业带动区域社会发展和现代化进程中都有了很大的进步，在经过20世纪80年代的初步发展和90年代的高速发展，21世纪的前10年是我国区域旅游产业发展的内涵式、集约式、生态式和可持续的发展阶段，这一阶段及后续的区域旅游产业发展与前两个阶段发展的不同在于区域旅游产业发展是遵循区域经济发展和旅游产业发展规律的科学发展；是旅游产业经过20年的发展后产业自身成熟度日趋提升的理性发展；是区域旅游产业被认定为区域经济中的优先发展产业、重点产业、龙头产业或支柱产业后的主动发展；是在科学发展观和可持续发展理念支配下充分考虑与社会、文化、伦理、生态环境良性互动的可持续发展。这种新的发展观和发展模式都要求制

---

① 战略目标实施中的主要问题是环境机遇的利用、环境威胁的排解、ACEIR和AIE-IR分析的合理性、产品设计、产业形象和产品推广的性质与时空状态、组织成长、市场发育与产业政策的匹配程度等。

定一个建立在以上认识基础上的全面、完整、科学、长远和有序的战略规划,以便正确引领和科学指导区域旅游产业的发展,实现区域旅游产业发展目标和区域经济社会宏观发展目标。

四、本章小结

本章回顾与反思了我国近年来区域旅游产业发展战略研究的进程,并对我国区域旅游产业发展战略研究进行了系统的分析与评价,提出了区域旅游产业发展战略研究的基本框架、定义、界定,廓清了区域旅游产业发展战略研究的基本体系、概念和范畴,探讨了进行研究的可能范式,认为这一研究对丰富和完善我国旅游经济和区域旅游产业经济研究、推动我国旅游经济健康、稳定和可持续发展具有十分重要的意义和价值。

第七章　区域旅游产业竞争力研究

城市旅游是旅游业的重要组成部分,旅游业的国家竞争和区域竞争是通过城市竞争来实现的。对一个国家或地区来说,城市旅游是否具有竞争力,能够在一定程度上决定其旅游业的生存与发展。因此,城市旅游竞争力的研究不可忽视[1]。研究城市旅游竞争力对于评价城市旅游的现状和潜力,构建某一区域范围内部的旅游地域系统,防止同构的无序竞争,优化资源资金人力配置,避免出现不必要的重复建设都有重要意义[2]。城市旅游竞争力是在研究一个旅游接待地相对于另外一个旅游接待地,吸引游客(而不是输出游客)为游客提供旅游产品和服务,从而获得回报,提高当地居民生活质量的能力[3]。

由于实践的需要,国内外兴起了研究城市旅游的热潮,而对于城市旅游竞争力的研究是其焦点。国外学者对于城市旅游竞争力的研究开始于 20 世纪 80 年代,比如:Deasy 等以美国宾夕法尼亚州为研究案例,提出了提高区域旅游竞争力的策略[4];Loed 指出,旅游地之间的相对价格差异是影响旅游地旅游市场的首要因子,通过降低通货膨胀水平可增强旅游竞争力[5];Coeldner 提出旅游产品竞争的信息指向概念。国内学者对城市旅游竞争力的研究开始于 20 世纪 90 年代,黄耀丽等对珠江三角洲城市旅游竞争力的空间结构体系进行了探讨[6];潘丽丽和保继刚讨论了长江三角洲城市旅游地之间的竞争关系[7];董锁成等对城市群旅游竞争力评价指标体系与测度方法进行了探讨[8]。国内学者研究的核心在于界定城市旅游竞争力的概念和构建评价模型,研究方法大多偏定性研究,定量研究方法大多用的是层次分析法和赋权法。这两种方法都具有操作性差和主观性强的缺点。

本章以甘肃省 14 个地级市为西北民族地区旅游竞争力研究的代表样本,构建了评价城市旅游竞争力的评价指标,采用因子分析法,对各个城市旅游竞争力做出了综合评价,以便找出导致不同城市旅游竞争力产生差异化的原因,并在此基础上提出针对不同城

---

[1] 徐喆,刘吉平,梁雨华.吉林省城市旅游竞争力定量评价比较研究[J].干旱区资源与环境,2010,24(10):191-196.

[2] 王淑华.河南省城市旅游竞争力空间分布格局[J].地域研究与开发,2010,29(3):88-92.

[3] 曹宁,郭舒.城市旅游竞争力研究的理论和方法[J].社会科学家,2004,18(3):85-88.

[4] Deasy G, Griess P. Impact of A Tourist Facility on Its Hinterland [J]. Annals of the Association of American Geographers, 1966, 56(1): 295-306.

[5] Loeb P D. International Travel to the US An Economoc Evaluation [J]. Annals of Tourism Research, 1982, 9(1): 7-20.

[6] 黄耀丽,李凡,郑坚强,等.珠江三角洲城市旅游竞争力空间结构体系初探[J].地理研究,2006,25(4):730-740.

[7] 潘丽丽,保继刚.长江三角洲城市旅游地竞争关系[J].经济地理,2008,28(1):152-157.

[8] 董锁成,李雪,张广海,等.城市群旅游竞争力评价指标体系与测度方法探讨[J].旅游学刊,2009,24(2):30-36.

市旅游竞争力类型的发展策略,从而整合甘肃省旅游资源,提升甘肃旅游业的综合竞争力。

一、数据来源与研究方法

(一)研究区域概况

甘肃省是华夏文明的发源地和多元文化的交汇地,区内旅游资源种类齐全、品质较高,截至 2016 年末,甘肃省拥有 7 个世界文化遗产、4 个 5A 级景区。2015 年,全省共接待旅游人数 15 638.4 万人次,其中国内旅游人数 15 632.9 万人次,比上年增长 23.5%;入境旅游人数 5.5 万人次,比上年增长 11.8%;实现旅游总收入 975.42 亿元,其中国内旅游收入 975 亿元,增长 25.0%;旅游外汇收入 1 418.1 万美元,比上年增长 39.4%,旅游发展态势十分强劲。但是,目前甘肃省的旅游业发展水平在全国还处于初级水平,2015 年甘肃省旅游业收入占全国的比重仅为 2.36%,旅游总人数占全国的比重也仅为 3.8%;同时,甘肃与国内旅游发达省份在旅游各项经济指标上都存在着显著的差异(表 7-1)。

表 7-1 2015 年甘肃省与国内主要旅游省份的旅游经济指标对比

省 市	国内旅游人数(万人次)	国内旅游收入(亿元)	入境旅游人数(万人次)	入境旅游收入(亿美元)	旅游收入占GDP 的比重/%
江 苏	62 239	9 050	305	35.3	12.91%
广 东	84 817	10 365	10 517.16	178.85	14.24%
浙 江	53 500	7 139.14	1 012	67.9	16.65%
山 东	66 000	7 063	424.4	28.9	11.21%
辽 宁	32 950	5 900	264	16.4	20.56%
上 海	28 370	3 500	800.16	59.6	14.02%
北 京	27 600	4 616	420	46	20.10%
甘 肃	15 632	974.5	5.5	0.148	14.36%

数据来源:2016 年各省市国民经济与社会发展统计公报。

因此,如何把旅游资源优势转化为旅游经济优势,进而全面提升甘肃省的旅游综合竞争力,是当前甘肃省发展旅游业亟待解决的问题。

(二)数据来源

数据来源的可靠性、真实性和时效性,往往决定了研究结果的可信度。基于此,本章研究的数据都以官方公布数据为准。选取甘肃省 14 个地级市作为基本的研究单元,数据主要来源于 2011 年《甘肃省统计年鉴》、各市州的 2011 年国民经济和社会发展统计公报,以及甘肃省旅游局最新公布的数据。

(三)研究方法

本章中主要借助于 SPSS16.0 软件中的因子分析法对甘肃 14 个地级市的旅游竞争

力进行评价。因子分析法是研究如何以最少的信息丢失将众多原有变量浓缩成少数几个因子，这样可以大大减少数据建模的变量个数。因子分析法主要涉及四个步骤：因子分析检验、因子提取、命名公因子、因子得分计算。相较于国内学者在研究城市旅游竞争力运用最多的层次分析法和赋值法，因子分析的结果更加客观、可信度更高，因为它克服了人为确定指标权重的主观性。

（四）评价指标

选择有效的评价指标，构建一套比较合理、完整的指标体系，是正确评价城市旅游竞争力的前提和基础[①]。为了正确认识和评价甘肃省14个地级市的旅游竞争力现状和发展潜力，从而从总体上提升甘肃省的旅游竞争力。依据科学性原则、系统性原则、目的性原则和可操作性原则，在参考相关文献基础的上，结合笔者自己的思考，构建了评价城市竞争力的指标体系（表7-2）。该指标体系包括旅游资源竞争力、旅游接待能力、旅游产业竞争力、旅游社会支持力4个一级指标和相关的20个二级指标。

表7-2　城市旅游竞争力评价指标

一级指标	二级指标	编号
旅游资源竞争力	世界自然或文化遗产（个）	X_1
	国家5A级景区（个）	X_2
	国家4A级景区（个）	X_3
	国家重点文物保护单位（个）	X_4
旅游接待能力	五星级饭店（个）	X_5
	四星级饭店（个）	X_6
	三星级饭店（个）	X_7
	旅行社总数（个）	X_8
	国际旅行社（个）	X_9
旅游产业竞争力	旅游接待总人数（万人次）	X_{10}
	旅游总收入（亿元）	X_{11}
	旅游总收入占GDP的比（%）	X_{12}
	入境旅游人数（万人次）	X_{13}
	旅游外汇收入（万美元）	X_{14}
	国内旅游人数（万人次）	X_{15}
	国内旅游收入（亿元）	X_{16}
旅游社会支持力	GDP总值（亿元）	X_{17}
	第三产业增加值（亿元）	X_{18}
	固定资产投资额（亿元）	X_{19}
	客运周转量（亿人千米）	X_{20}

---

① 张洪,夏明.安徽省旅游空间结构研究——基于旅游中心度与旅游经济联系度的视角[J].经济地理,2011,31(12):2116-2121.

二、研究结果与分析

(一) 城市旅游竞争力测定的因子分析

借助数据处理软件 SPSS16.0,采用因子分析法,以 2011 年数据为例,对甘肃省 14 个地级市旅游竞争力进行因子测定。具体操作如下。

1. 因子提取

将原有变量提取成少数几个因子是因子分析的核心内容,一般采用主成分分析法。主因子一般要求特征值大于 1,累计方差贡献率大于 85%(表 7-3)。由表 7-3 可知,对原有 20 个指标变量进行降维之后,得到 4 个公因子,其特征值均大于 1,并且累计方差贡献率达到 91.015%。所以,原有变量之间的信息丢失较少,因子分析十分理想。

表 7-3 主因子提取和因子旋转结果

因子	旋转前			旋转后		
	特征值	方差贡献率(%)	累计方差贡献率(%)	特征值	方差贡献率(%)	累计方差贡献率(%)
F_1	12.359	61.797	61.797	9.989	49.944	49.944
F_2	2.796	13.981	75.778	4.197	20.985	70.929
F_3	1.808	9.038	84.816	2.290	11.451	82.380
F_4	1.240	6.199	91.015	1.727	8.635	91.015

注:提取方法为主成分分析法。

2. 计算因子得分

因子得分是因子分析的最终体现。SPSS 软件一般采取的是回归法计算得出因子得分系数矩阵(表 7-4)。根据表 7-4,可以得到因子得分函数为

$$F_1 = -0.141X_1 + 0.021X_2 - 0.012X_3 + \cdots + 0.141X_{20}$$
$$F_2 = 0.344X_1 + 0.044X_2 - 0.087X_3 + \cdots - 0.070X_{20}$$
$$F_3 = -0.016X_1 + 0.055X_2 + 0.190X_3 + \cdots - 0.102X_{20}$$
$$F_4 = 0.049X_1 - 0.567X_2 + 0.492X_3 + \cdots - 0.028X_{20}$$

式中,因子得分函数中变量 $X_1 \sim X_{20}$ 是原指标数据经过标准化去量纲处理后的值。

表 7-4 因子得分系数矩阵

编号	主因子			
	F_1	F_2	F_3	F_4
X_1	0.141	0.344	-0.016	0.049
X_2	0.021	0.044	0.055	-0.567
X_3	-0.012	-0.087	0.190	0.492
X_4	-0.059	-0.022	0.341	0.088

续表

编号	主因子			
	F_1	F_2	F_3	F_4
X_5	−0.063	0.294	−0.053	−0.075
X_6	−0.028	0.232	−0.018	−0.122
X_7	0.032	−0.003	0.193	0.079
X_8	0.100	0.009	−0.079	0.029
X_9	0.143	−0.096	−0.082	0.039
X_{10}	0.106	−0.101	0.162	−0.068
X_{11}	0.087	−0.021	0.078	−0.037
X_{12}	−0.019	−0.133	0.491	−0.016
X_{13}	0.008	0.230	−0.167	−0.058
X_{14}	−0.006	0.224	−0.112	0.019
X_{15}	0.107	−0.102	0.162	−0.068
X_{16}	0.088	−0.025	0.081	−0.033
X_{17}	0.114	0.002	−0.121	−0.003
X_{18}	0.125	−0.074	−0.026	0.055
X_{19}	0.068	0.049	−0.085	0.052
X_{20}	0.141	−0.070	−0.102	−0.028

3. 主因子综合得分函数

通过主因子综合得分函数，可以计算出各城市旅游竞争力的综合得分，在此基础上就可以对各城市的旅游竞争力进行排序。

借助于因子得分系数矩阵及各个公因子的方差贡献率，可知主因子综合得分函数为：$F=0.49944F_1+0.20985F_2+0.11451F_3+0.08635F_4$。据此，得到甘肃省各地级市旅游竞争力的综合得分及排序（表7-5）。

表7-5 甘肃省各地级市旅游竞争力综合得分及排序

旅游城市	F_1（旅游资源竞争力）	F_2（旅游接待能力）	F_3（旅游产业竞争力）	F_4（旅游社会支持力）	综合得分	排序
兰 州	−0.286 67	4.108 02	4.317 44	3.499 37	1.515 45	1
酒 泉	1.173 22	1.222 10	0.802 68	0.452 11	0.973 37	2
天 水	0.371 32	0.784 98	2.103 72	−1.624 29	0.450 82	3
平 凉	0.306 70	0.359 99	0.272 03	−1.785 59	0.105 69	4
陇 南	−0.238 33	−0.531 86	0.463 68	0.804 24	−0.108 10	5
张 掖	−0.351 90	−0.393 43	0.844 36	0.537 48	−0.115 22	6
武 威	−0.285 90	−0.374 67	−0.199 88	1.104 66	−0.148 92	7
白 银	−0.191 54	−0.237 06	−0.683 18	0.369 54	−0.191 73	8
庆 阳	−0.176 17	0.028 53	−1.233 49	−0.054 31	−0.227 94	9
甘 南	−0.176 17	0.028 53	−1.233 49	−0.054 31	−0.227 94	10
定 西	−0.345 67	−0.420 87	−0.365 61	0.316 07	−0.275 53	11

续表

旅游城市	F_1(旅游资源竞争力)	F_2(旅游接待能力)	F_3(旅游产业竞争力)	F_1(旅游社会支持力)	综合得分	排序
嘉峪关	-0.186 92	0.386 38	-1.190 80	-1.759 55	-0.300 57	12
临 夏	-0.436 85	-0.503 43	0.078 06	0.095 93	-0.306 60	13
金 昌	-0.527 05	-0.057 20	-1.529 46	-0.143 47	-0.462 76	14

(二)甘肃省14城市旅游竞争力的比较分析

为了更好地对甘肃省14个城市的旅游竞争力进行一个全面的比较,以明确各自发展旅游的优势与劣势。笔者根据甘肃省14个城市旅游竞争力的综合得分,将甘肃省14个城市分为三个层次,分别是旅游竞争力优势型,即综合得分大于1;旅游竞争力潜力型,即综合得分大于0的城市;旅游竞争力劣势型,即综合得分小于0的城市。

1. 旅游竞争力优势型

兰州的旅游竞争力综合得分远远高于省内的其他城市,属于旅游竞争力的第一层次,旅游竞争力优势型。虽然在旅游资源竞争力的因子中,兰州的因子得分为负值,但是作为甘肃省的省会城市,兰州的旅游接待能力、旅游产业竞争力、旅游社会支持力相比于其他的城市,处于明显的优势地位。从表7-6中,我们可以看到,兰州是甘肃省城市旅游竞争力具有绝对优势的城市。随着兰州新区的开发,必将带动兰州市以及整个甘肃省旅游的发展。兰州作为甘肃省的省会城市,省内唯一的特大城市,中国西部的重要城市,区位优势十分的明显。所以,可以推断,兰州是甘肃省旅游业发展的重要增长极,未来必将带动甘肃省旅游的全面发展。

表7-6 2011年兰州旅游相关指标占全省的比重

	星级饭店(个)	旅行社总数(个)	旅游总人数(万人次)	旅游收入(亿元)	GDP产值(亿元)	固定资产投资(亿元)
兰 州	51	219	1 407.40	102.40	1 360.03	950.57
甘 肃	338	481	5 835.59	333.27	5 020	4 180.24
占全省比重	15.09%	45.53%	24.12%	30.73%	27.09%	22.74%

数据来源:2011年省市国民经济与社会发展统计公报。

2. 旅游竞争力潜力型

主要包括酒泉、天水、平凉,这3个城市旅游竞争力的综合得分大于0,表现出比较强的竞争力,属于甘肃省城市旅游竞争力的第二层次。从表7-5中可以看到,这3个城市的旅游资源竞争力都大于0,并且高于旅游竞争力优势型城市兰州,说明这3个城市有着丰富的旅游资源,所以未来旅游业的发展有着巨大的潜力,因此称之为旅游竞争力潜力型。天水和平凉都各有一个5A级景区,占全省5A级景区的50%,酒泉有着甘肃省唯一一个世界文化遗产;在旅游接待能力方面,这3个城市均大于0,有着比较强的旅游接待能力,这3个城市的星级饭店个数、旅行社总数占全省的比重分别为34.02%、25.99%;在旅游产业竞争力上,这3个城市在全省占有绝对优势,2011年这3个城市旅游接待人数、旅游总收入占全省的比重为34.16%、36.96%。未来随着国家西部大开发战略的进一步实施深化,这3个城市拥有着丰富的旅游资源,以后旅游发展还有着很大的成长潜力。所以,甘肃省要想成为旅游大省和旅游强省,必须协调发展旅游竞争潜力型城市。

3. 旅游竞争力劣势型

主要包括庆阳、金昌、陇南、定西等10个城市,其综合得分小于0,远远低于前面的4个城市。这10个城市在各个指标上的得分都偏低,整体上明显落后一个层次。这些城市旅游竞争力属于劣势型,有些城市缺乏知名度较高的景点,旅游资源竞争力偏低,如定西、金昌、甘南、临夏;有些城市基础设施比较落后,旅游接待能力偏差,如陇南、张掖、武威。整体而言,这10个城市在旅游市场上的竞争不容乐观,2011年这10个城市的旅行社总数占全省总数的比重不到30%,固定资产投资和旅游总人数还没有占到全省的一半。所以,这10个城市未来在发展旅游业的时候,一定要扬长补短,突出本城市的特色。那样,才能够在未来激烈的旅游竞争市场中取得适当的发展。

三、本章小结

本章构建了4个一级指标以及20个二级指标,运用因子分析法对甘肃省14个地级市的旅游竞争力进行了定量评价。测评结果显示,甘肃省14个地级市的旅游竞争力水平之间存在显著的梯度差异,而且不同层次城市旅游竞争力具有不同的特点。然而,对不同城市旅游竞争力进行测评,并不是为了简单的反映竞争力的结果,而是为了寻找导致城市旅游竞争力产生差异化的深层原因,进而能够为各城市旅游竞争力的提升提出相应的策略。

我们可以发现,各个城市在旅游资源竞争力、旅游接待能力、旅游产业竞争力和旅游社会支持力方面的差异,是导致甘肃省14个地级市城市旅游竞争力产生梯度差异的本质原因。这四个原因,在我国目前旅游发展过程中比较具有普遍性,因此对其他地区也有一定的借鉴意义。

① 旅游资源竞争力的差异。旅游资源是形成旅游吸引力的基础。在以资源为基础的旅游目的地竞争环境下,旅游资源竞争力的大小部分地决定了区域旅游竞争力的大小[1]。因此,不同城市旅游资源竞争力的差异,必然表现为城市旅游竞争力的差异化。甘肃省14个地级市,属于旅游竞争力潜力型的3个城市酒泉、天水、平凉,拥有一批丰富的、吸引力强的旅游资源,在旅游资源竞争力上的得分很高,所以城市旅游竞争力排名都比较靠前;相比而言,属于旅游竞争力劣势型的10个城市,缺乏具有核心竞争力的旅游资源,在旅游资源竞争力上的得分过低,因而城市旅游竞争力的排名偏后;省会兰州虽然旅游资源竞争力得分偏低,但因其他各方面竞争力都遥遥领先于其他城市,弥补了不足,属于旅游竞争力优势型。

② 旅游接待能力的差异。旅游业作为一个综合性很强的产业部门,其发展离不开强有力的旅游接待的支撑。旅游接待能力属于旅游供给的一部分,如果仅有旅游需求而没

---

① 马勇,肖智磊.区域旅游竞争力的形成机制研究[J].旅游科学,2008,22(05):7-11.

有相应的旅游供给显然是不能吸引游客的。从表7-6中可以看到,兰州的星级饭店占全省总数的15.09%,旅行社占全省总数的45.53%,这种占绝对优势的旅游接待能力是兰州市属于甘肃旅游竞争力优势性的重要原因。相比较而言,不难发现,其他城市的旅游接待能力得分偏低,大多数得分小于0,这就导致旅游竞争力综合得分偏低。因此,旅游接待能力是旅游竞争力的重要保障。

③旅游产业竞争力的差异。产业竞争力,指某国或某一地区的某个特定产业相对于他国或地区同一产业在生产效率、满足市场需求、持续获利等方面所体现的竞争能力。由此可知,不同城市旅游产业竞争力的差异必然表现为城市旅游竞争力的差异。一直以来,兰州市的旅游人数约占全省的1/4,旅游收入约占全省的1/3,表现出很强的旅游产业竞争力,领先于省内其他城市;属于旅游竞争力潜力型的城市,旅游产业竞争力有一定优势,综合得分都大于0;而属于旅游劣势型的10个城市,旅游产业竞争力综合得分普遍偏低,大部分得分小于0。因此,旅游产业竞争力的差异,也是城市旅游竞争力差异的一个重要原因。

④旅游社会支持力的差异。坚实的经济基础可以促进地区产业规模的扩大,形成集聚效应并最终对旅游业产生积极的影响[①]。经济发达的地区,可以给旅游的发展提供强有力的社会支持力。一般而言,经济发展水平是与旅游竞争力成正相关的关系。2011年,兰州的GDP占到全省的27.09%,固定资产投资占到全省的22.74%。所以,旅游社会支持力的差异也是导致甘肃省城市旅游竞争力产生差异的重要因素。属于旅游竞争力劣势型的10个城市,就是因为没有强有力的社会支持力去支撑旅游业的发展,才导致城市旅游竞争力不强。

通过以上分析,可得到如下结论。

① 通过对甘肃省14个地级市的城市旅游竞争力进行的因子分析,我们可以发现比较明显的特征,甘肃省城市旅游竞争力的总体水平偏低,大部分城市的旅游竞争力综合得分小于0;省会城市兰州的城市旅游竞争力遥遥领先于省内其他城市,综合得分与位于第二位的酒泉差距为0.542 06,与位于最后一位的金昌相差1.978 21。总体而言,甘肃省14个地级市的旅游竞争力存在着显著的梯度差异。

② 依据甘肃省14个地级城市旅游竞争力的综合得分,可以将甘肃省城市旅游竞争力划分为三个层次,依次为旅游竞争力优势型、旅游竞争力潜力型、旅游竞争力劣势型。

③ 甘肃省14个地级旅游竞争力存在明显的梯度差异,主要有四个方面的原因:旅游资源竞争力的差异、旅游接待竞争力的差异、旅游产业竞争力的差异、旅游社会支持力的差异。

甘肃省的旅游综合竞争力的提升,需要促进区域旅游经济的协调有序发展,缩小区域之间的差异化。主要有两个途径:一方面有赖于不同层次的城市旅游竞争力的提高,而不同层次旅游竞争力的提高,需要从产生差异化的四个原因着手,发挥各自的优势,弥补不足。旅游竞争力优势型的兰州,应该要着力开发一批具有竞争力的、有品位的旅游资

---

① 吴冰,马耀峰,高楠.基于Theil指数的陕西入境旅游经济区域时空差异研究[J].干旱区资源与环境,2013,27(07):186-191.

源;旅游竞争力潜力型的城市,应该要制定出因地制宜的发展战略,努力提高城市旅游的接待能力、旅游产业竞争力和旅游社会支持力;旅游竞争力劣势型的城市,则需要针对本地区的地理位置、资源特色和客源市场的特点,开发出具有本地特色的、有吸引力的旅游资源,同时也必须大力提高本地区的旅游综合形象,改善旅游环境,提升旅游企业的经营管理水平。另一方面,必须要树立区域旅游合作意识,加强甘肃省14个城市的旅游协作,实现资源共享、优势互补、互利共赢。只有各个城市的旅游竞争力得到了有效的提升,才能够最终提高甘肃省旅游综合竞争力。

第八章 区域旅游业与城镇化协调发展研究

随着当前全球经济与旅游业的发展,旅游活动的商品属性已经逐渐从传统的奢侈品向需求品过渡,旅游活动已经成为人们生活中越来越重要的组成部分,而旅游产业的发展也为我国的经济增长做出了巨大的贡献。城镇作为旅游业最有效的依托,为旅游活动地广泛开展提供了物质和文化基础[1]。另外,由于"十二五"产业结构的调整,目前我国工业化对城镇化的主导作用开始减弱,特别是东部发达地区已进入后工业化时代,第三产业的发展已成为推动城镇化发展的最主要的动力之一,而旅游业作为服务业的龙头,以其强大的综合性和关联性带动其他相关产业的发展[2]。

2006年以来,甘肃省加大了对旅游业发展的扶持力度,提出旅游业"倍增计划"和"三年翻番与质量提升计划"。2009年,甘肃省旅游接待总人数和旅游总收入增幅都居我国西部地区的第一位,分别为36.3%和40.2%。2010年,甘肃省旅游人数达到4 291.4万人次,旅游业总收入237.2亿元,占地区生产总值的5.7%。2012年全省接待国内外游客达到7 834.46万人次,实现旅游综合收入471.08亿元人民币,分别同比增长34.25%、41.17%,旅游综合收入在2007年115.91亿元的基础上实现了五年翻两番,对全省GDP贡献率达到8.46%。2015年,全省共接待国内游客15 633万人次,实现国内旅游收入974.5亿元,分别比上年增长24.07%和25.00%,增速分别高于全国国内旅游人数增速(10.5%)、收入增速(13.1%)14.2和11.9个百分点。

2013年12月12日,在党中央召开的中央城镇化工作会议上第一次将城镇化提高到中央层面战略高度,体现出推进新型城镇化是国家全面建成小康社会和实现可持续现代化的必由之路,是解决农业、农村、农民问题的重要途径,是推动区域协调发展的有力支撑,更是扩大内需和促进产业升级的重要抓手。2014年3月16日,党中央国务院批准实施《国家新型城镇化规划(2014~2020)》,这一规划是按照走中国特色新型城镇化道路、全面提高城镇化质量的新要求,成为指导全国城镇化健康发展的宏观性、战略性、基础性规划。

旅游业和城镇化的发展拥有共同的区位因素、经济基础、社会基础等,如果旅游业的发展以城镇化的发展为基础,旅游资源则具有高的开发程度,旅游活动内容更加丰富,旅游业的发展就更迅速[3]。反过来,旅游业的发展带来了活跃的人流、物流、资金流,带动了相关产业及城镇建设的发展。因此,以旅游业为引擎,可以推动城镇化建设,同时城镇化

---

[1] 董传伟.旅游城镇化模式与动力机制研究[D].长春:东北师范大学,2014(6).
[2] 周建明,岳凤珍.试析城市规划在城市旅游发展中的作用[J].国外城市规划,2000(3):65-70.
[3] 张遵东,杜彪.贵州省旅游业与城镇化互动发展的路径探讨[J].时代金融,2013(8):132-133+145.

的全面发展又可以进一步加速旅游业的进程,两者相互促进才能实现旅游业与城镇化的协调发展[①]。

本章是在当前我国旅游业和城镇化快速发展的背景下,以甘肃省为例,结合甘肃省的实际发展情况,分析旅游业与城镇化的相互作用机制,并且运用实证的方法,以期对甘肃省的旅游业和城镇化发展有一个全面的认识,从而进一步探讨两者之间的关系,为甘肃省旅游业和城镇化协调发展提供有益的政策建议。

一、旅游业与城镇化基本情况概述

(一)旅游业发展情况

1. 旅游业发展阶段

可以将甘肃省旅游业的发展分为以下两个阶段。

① 旅游产业发育期(1978~1990年):这一时期的旅游业还处于计划经济的框架之内,境外需求拉动是其主要的特征。发展旅游业的主要目的是创汇,入境旅游几乎是其经营的主要内容,而在改革开放后的几年,由于甘肃省经济社会发展水平较低,旅游产业主要以观光接待和买方市场为主,对于旅游产品的开发也依赖于原有的资源,旅游产品单一,在管理和经营方面问题较多,旅游业的发展显得较为被动,1990年甘肃省国际旅游外汇收入仅为600万美元。

② 旅游产业成长期(1991年至今):这一时期的旅游业处于市场经济的框架内,旅游业的产业地位得到了进一步明确,旅游业的发展对经济的贡献度也越来越高,并形成了入境旅游、国内旅游和出境旅游共同开发的旅游三大市场。我们可以从经济发展水平与旅游方式两个方面来说明。

如表8-1所示根据人均GDP的水平,我们可以将旅游方式分为观光旅游、休闲旅游和度假旅游。

表8-1 经济发展水平与旅游方式一览

人均GDP(美元)	旅游方式	旅游产品	旅游需求	消费特征
1 000~2 000	观光旅游	景点观光游	追求刺激,期望获得与日常生活完全不同的感受	停留时间短,人均消费低
2 000~3 000	休闲旅游	商务会议游奖励旅游	通过娱乐、度假的方式来打发时间,获得愉悦的心理体验	停留时间1~2周,人均消费高
3 000以上	度假旅游	分时度假游	在固定旅游目的地停留,对住宿与配套设施要求高	停留时间1个月左右,人均消费高

甘肃省2006年人均GDP为1 123.74美元,首次超过1 000美元,甘肃省开始了国内旅游的需求增长期,此时旅游业的发展形态主要是观光旅游。2010年甘肃省人均GDP超过2 000美元,旅游业发展形态开始向休闲旅游转化,出国旅游开始兴起。2013年其人

---

① 钟家雨,柳思维.旅游业与城镇化协同发展的区域差异分析[J].经济地理,2014(2):187-192.

均 GDP 为 3 924 美元，接近 4 000 美元，表明旅游业的发展形态是观光＋休闲＋度假。但由于各地旅游资源不同，经济发展情况不一，各区域具体的发展阶段也会有所不同。

2. 旅游业发展现状

① 发展速度整体较快。近年来，甘肃省加大了对旅游业发展的扶持力度，提出旅游业"倍增计划"和"三年翻番与质量提升计划"。在各种政策的引导下，甘肃省旅游业得到了快速的发展。2013 年甘肃省旅游业总收入达到了 620.14 亿元，接待国内外游客数首次突破 1 亿人次大关，达到了 1.007 8 亿人次，分别比上一年增长 31.65% 和 28.64%。由图 8-1 中 1992～2013 年的数据也可知，甘肃省旅游业发展速度虽没有明显的趋势，但也可以看出甘肃省旅游收入增长率整体上高于全国旅游业收入增长率，且这 22 年间甘肃省旅游业收入年均增长率为 36.3%，明显高于全国 24.7% 的年均增长率。

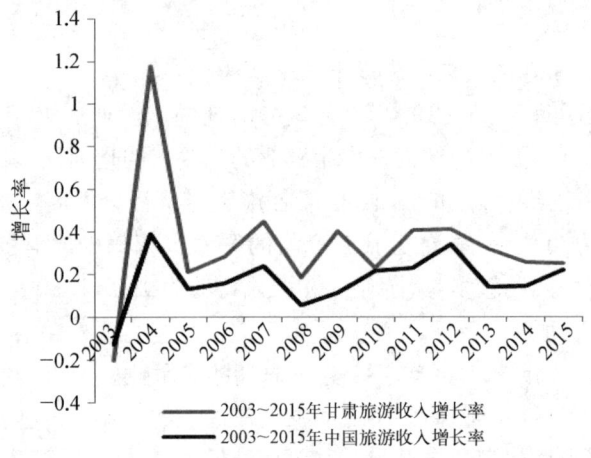

图 8-1 甘肃省旅游业增长率和全国旅游业增长率比较

② 旅游业发展呈现集聚的态势。由表 8-2 我们可以看出，2015 年甘肃省 14 个城市国内旅游接待人数前五位的是兰州、天水、酒泉、张掖和平凉，共接待游客 6 568 万人次，占全省的旅游接待人数的 65.2%，较上年增长 3.7 个百分点。而综合收入排在前五位的是兰州、酒泉、天水、张掖和平凉，共实现收入 448.4 亿元，占全省综合收入的 72.5%，较上年增长 2.5 个百分点。上述五个城市对甘肃省旅游业的贡献率不断提高。

表 8-2 2015 年甘肃省 14 个市州旅游业发展情况

	接待人数（万人次）	综合收入（亿元）
兰 州	4 121.26	334.56
嘉峪关	620.29	39.51
金 昌	163.51	8.23
天 水	1 703	96.5
白 银	743.55	42.5
武 威	786.47	39.89
张 掖	1 505.75	76
平 凉	1 308.6	70.5

续表

	接待人数(万人次)	综合收入(亿元)
酒　泉	1 730.6	151.9
庆　阳	650	29.86
定　西	450	19.83
陇　南	985	48.8
临　夏	174.4	7.79
甘　南	770.02	34.03

注：表中接待人数和综合收入存在重复统计因素，因此分地区指标除表示本地旅游发展情况外，只做全省旅游统计指标测算参考依据，简单合计不能准确代表全省旅游发展情况。

数据来源：甘肃经济信息网。

（二）城镇化发展情况

1. 城镇化发展阶段

受国家经济政策、体制和工业化水平等因素的影响，甘肃省城镇化的发展具有阶段性的特征。根据城镇化发展的四阶段论，即城镇化初期阶段（城镇化水平1%～30%，为起步阶段）、城镇化中期阶段（城镇化水平30%～60%，为成长阶段）、城镇化后期阶段（城镇化水平60%～80%，为成熟阶段）和城镇化终期阶段（城镇化水平80%～100%，为顶级阶段），我们可将其分为以下两个阶段。

（1）城镇化的初期阶段（1991～2004年）

这一阶段城镇化水平较低，1991年甘肃省的城镇化率为22.26%，2004年的城镇化率为28.61%。这一时期农业人口和农业经济占绝对优势，工农生产力水平较低，工业提供的就业机会有限，农业剩余劳动力释放缓慢。

（2）城镇化中期阶段（2005年以来）

2005年甘肃省城镇化水平首次突破30%，2005～2013年的9年时间里城镇化水平从30.02%增长到40.12%，属于城镇化高速发展时期。这一阶段对应于工业化中期阶段经济增长的成长阶段，城镇化发展速度加快，年均增长速度达到3.73%，城市人口和工业经济逐步占主导地位，第一产业产值比重下降，第二、第三产业就业比重不断增加，工业化是城镇化的主要推动力，第三产业的发展成为城镇化的又一推动力。由于工业基础已比较雄厚，经济实力明显增强，农业劳动生产率大大提高，工业具备了吸收大批农业人口的能力。

2. 城镇化发展现状

① 整体城镇化发展水平较低。从图8-2中可以看出，虽然甘肃城镇化水平一直处于上升态势，但与全国相比，城镇化水平较低。2005年甘肃省的城镇化率为30.02%，也是首次进入城镇化的中期发展阶段，2013年的城镇化率为40.12%。而对于全国来讲，1996年（城镇化率30.48%）就进入了城镇化的中期阶段，2013年城镇化率为53.73%。甘肃省城镇化水平与全国相比差距较大。

② 各地城镇化发展水平不均衡。甘肃省幅员辽阔，共有14个地级市，但城镇化发展

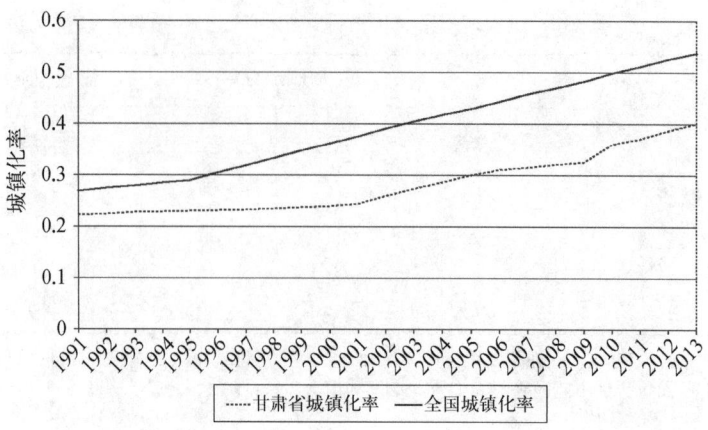

图 8-2　1991～2013 年甘肃省城镇化率与全国城镇化率

水平极其不均衡。根据表 8-3 中数据可知,各地级市分别处于不同的城镇化发展阶段。其中庆阳、定西、陇南、临夏、甘南的城镇化率都低于 30%,表明这 5 个地级市城镇化水平还处于初期阶段;天水、白银、武威、张掖、平凉、酒泉的城镇化都处于 30%～60%,表明这 6 个地级市城镇化水平还处于城镇化中期阶段;兰州、金昌的城镇化率则是处于 60%～80%,这说明这 2 个城市的城镇化水平已处于城镇化的后期阶段;而嘉峪关的城镇化率则处于 80%～100%,这说明它的城镇化水平已发展到城镇化的终期阶段。一个省内 14 个地级市处于四个不同发展阶段,充分表明甘肃省城镇化发展不均衡的状态,而且兰州和河西地区集中了城镇化水平较高的四个市,也呈现出甘肃省城镇化水平西高东低的特点。另外,城镇结构体系的不合理也是一大特点。

表 8-3　2011、2012 年甘肃省各地市城镇化发展水平

	2011 年	2012 年
兰　州	0.77	0.78
嘉峪关	0.93	0.93
金　昌	0.63	0.64
天　水	0.41	0.42
白　银	0.30	0.31
武　威	0.29	0.31
张　掖	0.36	0.37
平　凉	0.30	0.32
酒　泉	0.51	0.52
庆　阳	0.26	0.28
定　西	0.24	0.26
陇　南	0.21	0.23
临　夏	0.25	0.27
甘　南	0.25	0.26

数据来源:甘肃经济信息网。

③ 城镇化的质量较低。从公共服务来讲,甘肃省在城镇化进程中对其投入相对较少,对农民工的培训重视程度不够,义务教育的质量相对较低,整体的社会保障覆盖面偏低。从基础设施来讲,建设水平和使用率低,其中污水处理率、公共供水普及率、生活垃圾无害化处理率、社区综合服务设施覆盖率和家庭宽带接入能力这五个指标与其他城市相比都有很大的差距。从资源环境来讲,人均建设用地偏高但绿色建筑占比较低,而且对于可再生能源的消费比重较低。另外,2013 年甘肃省城镇常住人口中 1 545.95 万人是农业户口,占比 59.87%;而在城镇就业人口中,一次产业、二次产业和三次产业的就业比重分别为 59.26%、16.05% 和 24.69%。与全国相比,甘肃省一次产业高于全国 4.9 个百分点,二次产业低于全国 11.95 个百分点,三次产业低于全国 3.35 个百分点。以上也说明了甘肃省城镇化的发展质量较低。

(三) 旅游业与城镇化协调发展的必要性

旅游可以促进城镇化进程,而城镇化进程又为旅游开发拓展了空间。旅游业和城镇化拥有共同的区位因素、经济因素、环境因素等,所以两者只有协调发展,才能达到共赢的目的。

1. 资金问题

发展旅游业需要大量的建设资金,其中包括景区改造、交通道路修建、旅游新产品开发等。旅游业虽然可以拉动当地经济的快速增长,但这是基于其旅游景区存在的前提下。而城镇化的建设亦是刻不容缓,其中,拆迁安置费和农业人口市民化后的就业问题更是需要大量的建设资金。可以利用当地原有的旅游资源结合城镇化建设来共同发展,改造景区、修建交通道路和其他公共基础设施不仅方便了城镇居民日常的生活,提高了生活品质,同时也为旅游业的快速发展提供了可能。基础设施的改善加大了景区的可进入性,这会极大地促进当地经济的发展,为当地人提供就业岗位并增加当地人的收入。这种互相促进的方式将会使得本地区经济效应实现最大化发展。

2. 用地问题

旅游资源的稀缺性使得在具体的旅游开发过程中,要尽可能地保持其之前已经形成的原始风貌。但是,在城镇化建设过程中,必然会产生诸如侵占山林、良田等现象,使得自然生态环境的绝对面积逐渐减少,并使其经历长时间而形成的原始生态环境在很大程度上发生质的改变。因此,在具体开发的过程中,我们就需要运用新的模式,如旅游小镇、旅游综合体、中心旅游城市、旅游休闲度假区和新农村社区等。即在有限的土地资源的基础上,利用产城融合的方式,既能保留原有旅游资源风貌,同时使得城镇化得到更好的发展,而且会以一种更高效的方式发展。

3. 环境问题

旅游业的发展需要以城镇化来作为依托。为了支持旅游业的发展,在城镇化建设过程中,兴办的旅游服务设施以及与旅游业有关的企业应运而生。在甘肃省旅游业迅速发展和接待能力增长的同时,旅游业对于环境产生了很大的负面影响,诸如空气质量下降、噪声较大、生活垃圾增多、水污染等问题逐步出现。对于一些原始的生态旅游区,为了吸引游客,就会将一些山间的小路、坡地、树林间的空地等开辟成游道或是一些供休闲的场所,给景区内生物的生存环境造成很大的破坏。从长远的角度出发,环境问题将制约旅游业的可持续发展。所以,在城镇化建设过程中,要以当地原始旅游资源的承载力为前提条件,建造低碳环保的设施,为旅游业的可持续发展提供更多可能。

二、旅游业与城镇化相互作用机制

(一)一般机制分析

1. 旅游业与城镇化协调发展系统的结构分析

旅游业和城镇化协调发展是旅游业和城镇化之间的交互作用所形成的良性循环系统,通过两者各要素之间的分工协作构成统一的整体。一方面,协调发展覆盖了旅游业核心企业的产业链条的四个环节,即旅游资源开发环节、旅游产品的设计与营销环节、旅游业接待设施环节和旅游产品消费环节。其中,旅游资源开发环节中含食、住、行、游、购、娱等产品与服务企业,旅游产品的设计与营销环节中既包含了传统的旅游中介也包含了网络销售商等。除了核心产业的企业外还包括旅游业相关产业的企业(其中包含农、林、牧、公共卫生、电力水利、金融等相关企业)和支持旅游业发展的一些其他因素(与旅游业相关的政府部门及制定相关规章制度的组织机构等)。另一方面,旅游业和城镇化的协调发展还覆盖了城镇化发展的外部环境,主要是指直接和间接影响旅游业生存和发展的部分,如城镇所在地的政治环境、经济环境、社会环境和自然环境等。旅游业和城镇化协调发展的系统结构图如8-3所示。

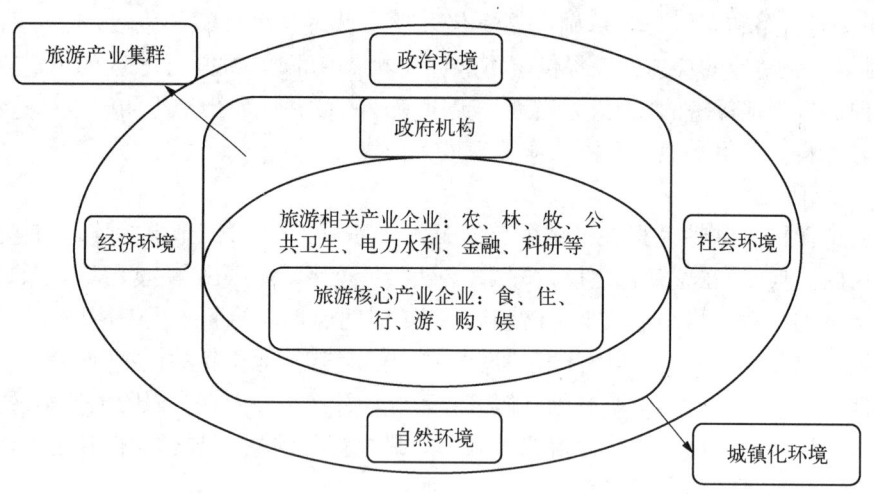

图8-3 旅游业与城镇化协调发展系统结构

2. 旅游业对城镇化的驱动作用

旅游业对城镇化的驱动作用并不是最初就形成的,而是发展到一定阶段才会有效果。旅游业最初的发展是内生的即是自身的发展,此时的旅游业需求大于供给,再加上又没有政府的支持,它自身的发展会显得很缓慢。而随着人们生活水平的提高,对于旅游活动需求的加大以及旅游对经济的带动作用的加强,政府制定了与旅游业相关的制度、规划和约束机制,这会极大地促进旅游业本身的发展。而随着旅游流规模的加大,旅游业也从最初的入境旅游发展到国内旅游再到出境旅游,城镇作为旅游业发展最有效的依托,为了迎合旅游业的发展,必然会促使城镇化的发展。另外,随着旅游业的发展,相关产业也会与其融合发展,如地产行业、文化行业和科技行业等,这会使得旅游业在本身发展的同时也会带动相关产业的发展。而其中旅游地产行业、文化行业等与城镇的发展息息相关,最终会促使城镇本身升级换代。

旅游业的驱动作用主要在于它能带动区域经济和社会的综合发展。一方面,随着旅游业的发展,它能够带动游客集聚、消费集聚和相关产业集聚,而这三者的集聚又能够极大的促使泛旅游产业的集聚,从而推动产业的发展和区域的综合发展,这在一定程度上将会促使城镇化水平进一步提高。另外,区域旅游业的发展也会相应的增加当地人就业机会、增加收入、改善生活环境和提高人的生活质量等。现代旅游业的发展更是以人为出发点注重集约、低碳和环保,这都为城镇化的发展提供了根本的动力。另一方面,旅游业的发展和升级,需要相应的旅游目的地系统(旅游资源、旅游设施、旅游服务)作为保障,这需要政府极大的资金支持,而城镇作为旅游业发展的最重要的依托,通过旅游业和城镇化的协调发展,将会极大的促使城镇化水平的提高。旅游业对城镇化的推动作用效应如图8-4所示。

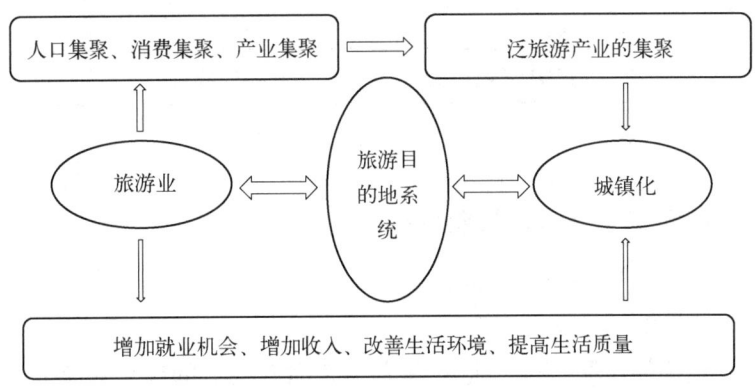

图8-4　旅游业对城镇化的推动作用图

3. 城镇化对旅游业的支撑作用

城镇最初只是简单的原始村落,是建立在农业经济体系之下的,它的作用只是为了给村民居住,这时对旅游业的发展是没有支撑作用的。而随着当地游客的增加,为了给游客提供一定的基础服务,初步的旅游配套设施才会逐渐被建立起来。而正因为相关设施的修建和完善,在城镇化发展的同时又会进一步驱动旅游流的到来,这种螺旋式上升的方式对城镇化和旅游业的发展将会产生积极的作用。另外,在具体城镇化发展过程中,由于政府对城镇的归置作用,与人们生产和生活有关的基础公共服务水平得到很大的提高,这也会促使旅游业结构发生变化,最终吸引更多的旅游流。

城镇化对旅游业的发展具有非常重要的支撑作用。随着城市旅游的发展,我国的城市经历了由单一的功能(主要是旅游目的地)到二元功能(旅游目的地和旅游中转站)到复合功能(旅游目的地、旅游中转站和旅游客源地)的转变,城市成为旅游业发展的重要载体。一方面,城镇化进程加快会促进基础设施、文化娱乐设施的建设和相关综合服务的提高,这就为旅游资源的开发和旅游资源的综合利用提供了物质和技术上的支持,从而会极大地加快旅游业的发展。另外,城镇化的建设会促使生产力水平得到提高,经济会得到发展,为旅游业的发展提供资金支持。居民的收入水平在大幅度提高的同时,也会使得居民的需求层次和消费结构发生变化,需求将会刺激客源市场扩大,最终推动旅游业的发展。另一方面,随着城镇化水平的提高和乡村旅游目的地系统的建设,将会促使村民从事的行业结构进行转型。村民由原来的从事单一的传统农业加入与旅游业相关的服务行业中,如观光农业、农家乐等一系列新型旅游产业,最终使村民的生产和生活方式发生改变。这不仅促使城镇化的水平得到提高,而且为旅游业的发展提供基础。城镇化对旅游业的支撑作用如图8-5所示。

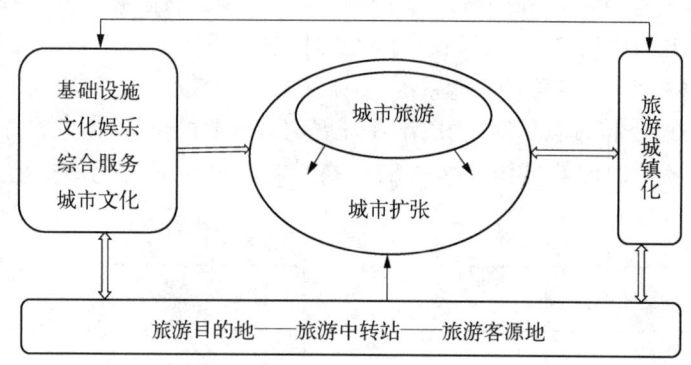

图 8-5 城镇化对旅游业的支撑作用

(二)旅游业与城镇化相互作用机制分析

1. 旅游业对城镇化的驱动作用分析

(1)经济带动效应

消费是拉动经济的三驾"马车"之一,而旅游消费对内需的拉动效应极为显著。旅游业涉及了食、住、行、游、购、娱六方面,而其中的每一方面都可成为拉动当地经济增长的重要组成部分。从全球经济与社会发展的一般规律来看,若一个国家的人均国内生产总值超过1 000美元,那么居民的需求结构就会发生转变,旅游需求也会开始迅速增加。从我国具体的情况来看,2015年我国人均GDP就已达到8 000美元,居民消费结构的改变使得居民对旅游产品的需求也会逐渐增加。另外,根据相关的研究结果我们可知,在工业相对发达的国家,每增加一个单位值的旅游消费支出,国民收入可扩大1.36倍,工业产值可扩大2.71倍,投资可扩大0.25倍。

由图8-6可看出,2002~2015年,甘肃省旅游业总收入、甘肃省GDP和旅游收入占比均呈现上升态势。旅游业作为第三产业中极其重要的部分,其年均增长率远高于GDP的年均增长率,其未来有很大的发展潜力。

城镇化的过程是经济发展水平提高所引发经济结构转变而导致农村向城镇的转型过程,对于现代城镇发展来说,第三产业是加快城镇化进程的重要动力。2012年甘肃第一、

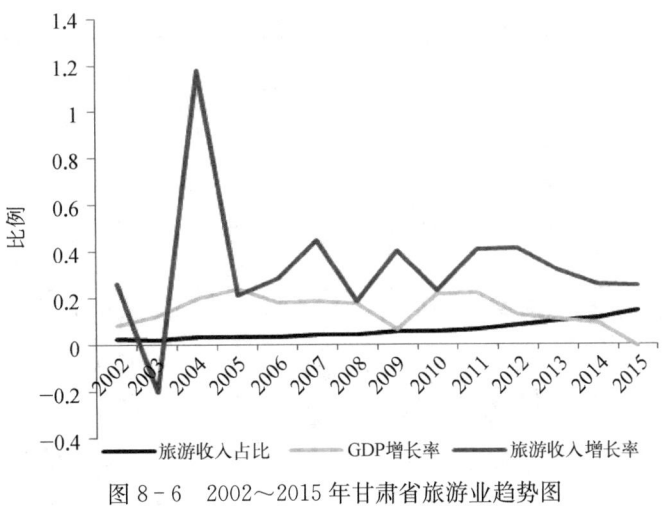

图 8-6 2002～2015 年甘肃省旅游业趋势图

第二产业稳定增长,受旅游业发展速度逐年增长的影响,第三产业生产总值为 2 269.61 亿元,比上年增加了 305.82 亿元,旅游业发展还带动了相关的交通运输、电信、金融、餐饮、商业等第三产业的快速增长。从图 8-7 中也可知,除少数几个年份略有下降外,旅游业总收入占第三产业的比重基本上呈直线的态势攀升。因此从长远看,旅游业的发展对经济增长的作用是持续而稳定的,旅游业是拉动经济持续快速增长的重要力量,而这也为城镇化的建设奠定了一定的经济基础。

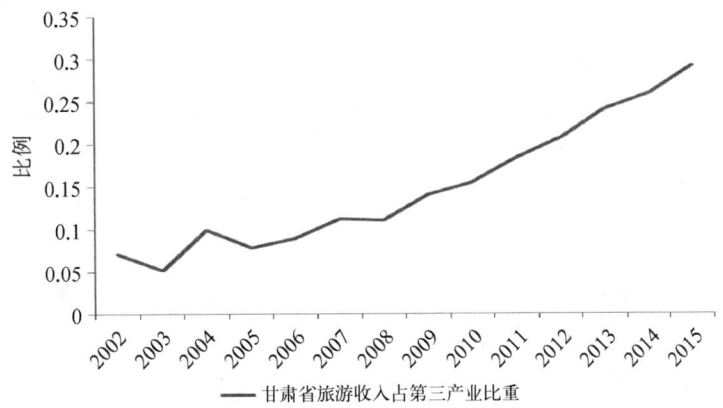

图 8-7 2002～2015 年甘肃省旅游业占第三产业的比重以及对经济的拉动率

(2) 有助于产业结构的调整

现代旅游产业以其强大的综合性不仅能够直接带动第三产业的发展,还能带动一次产业和二次产业内相关产业的发展。由表 8-4 可以看出,旅游业的发展与一次产业、二次产业、工业和三次产业都呈现出较强的正相关性,相关系数分别为 0.958 912、0.965 791、0.962 967 和 0.965 186。

旅游业可以运用旅游目的地原本的设施和资源,并不需进行太多的资金投入就能够在短时间实现旅游投入的回收。在此环境下,在带动与旅游业相关的食、住、行、游、购、娱

表 8-4 相关系数表

	旅游业	第一次产业	第二次产业	工业	第三次产业
旅游业	1	0.958 912	0.965 791	0.962 967	0.965 186
第一次产业	0.958 912	1	0.993 509	0.992 005	0.993 150
第二次产业	0.965 791	0.993 509	1	0.999 653	0.995 203
工业	0.962 967	0.992 005	0.999 653	1	0.993 060
第三次产业	0.965 186	0.993 150	0.995 203	0.993 060	1

数据来源：甘肃经济信息网，国家统计局网站。

等行业发展的同时，还能实现对产业结构的调整。从图 8-8 可知，从 1978~2012 年，甘肃省产业结构从"二、一、三"的结构转变为了"二、三、一"的结构。第一产业产值占比总体呈下降趋势；第二产业产值占比也呈逐渐下降趋势；只有第三产业产值占比呈现波动式上升的趋势。旅游业作为第三产业中重要的部门，将对甘肃省产业结构的升级和高级化起到积极的作用，最终促使甘肃省城镇化水平的提高。

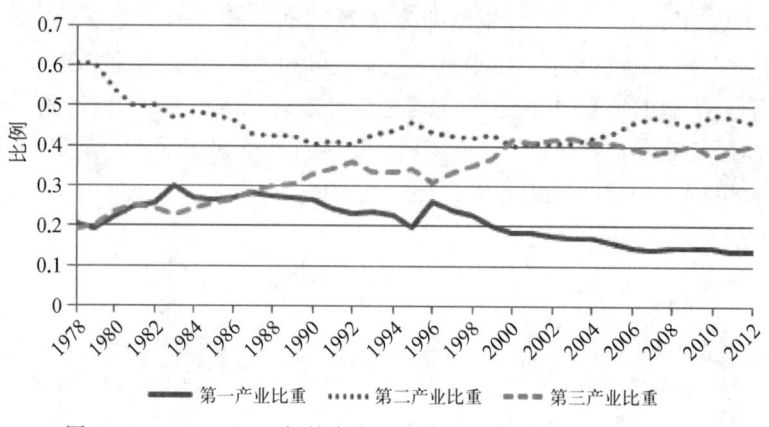

图 8-8 1978~2012 年甘肃省三次产业产值结构的增长和分布

（3）增加就业机会

人口向城市集聚是城镇化最明显的特征，但若只是简单地将人口集聚到城市这并不是真正的城镇化，而让迁移的人能够满足充分就业，这才是我们所关注的主要问题。根据人口迁移理论，只有具有吸引人迁移的系统要素的存在，才能够促使人们迁移。

旅游业是属于典型的劳动密集型产业，就业层次多、涉及面广、市场前景广阔，在对城市人口的吸纳、集聚和消化等方面发挥了重要的作用，也为城镇化的建设奠定了基础，具体表现在：第一，促使农民身份转换。甘肃省的旅游景区大多数都处在乡村，游客在景区的集聚就会形成相应的人群、消费和服务的聚集，那么当地的农民就会成为高收益的非农业人员。第二，促使农村就地城镇化。墨西哥的一项研究表明，若旅游业每投资 8 万美元，就会相应的制造 41 个就业机会。旅游业的聚集为城镇化的建设奠定了一定的基础，旅游服务设施的建设和旅游的消费聚集加快了城镇化的进程。第三，促使当地人生活方式改变。旅游业的发展所带动的泛旅游业产业的发展形成产业融合和产业聚集，当地人的就业结构也从原来的传统农业向农商结合的方式转化，从而促使农村居民向城镇居民转变。

图 8-9 是 1983~2011 年甘肃省三次产业就业结构的增长和分布图,从图中我们可以看出,第一产业的就业人数占比不断地下降;第二产业的就业人数占比呈倒"U"型;第三产业的就业人数占比呈持续上升态势。甘肃省是一个以农业人口为主的省份,在城镇化建设过程中,随着农业活动比重不断下降、非农业活动不断上升及人口从农村向城市转移这一结构性的变化,就业将会成为其棘手的问题。但是甘肃作为一个旅游资源赋存较高的省份,其发展旅游业拥有得天独厚的条件,在发展过程中可充分利用本身所拥有的天然资源和条件,同时加大资本投入,同时为农村剩余劳动力提供了大量的就业岗位。另外,甘肃省地处地域辽阔的西部内陆地区,在推进城镇化建设的同时,乡村旅游将会成为旅游业的一大亮点。

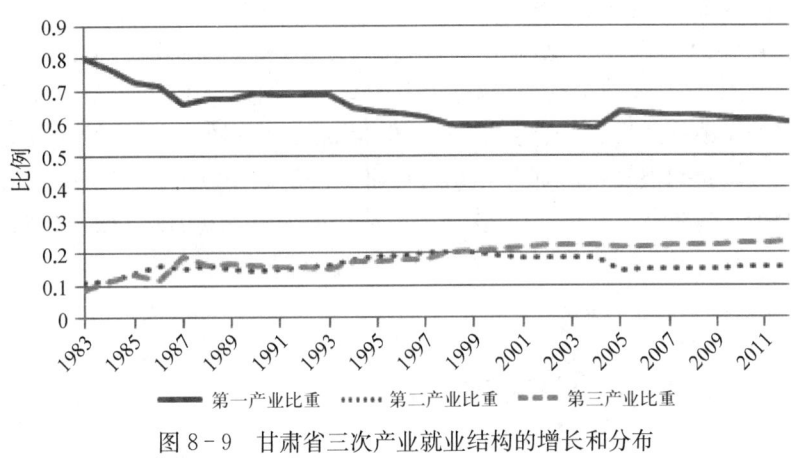

图 8-9 甘肃省三次产业就业结构的增长和分布

(4) 对城市文化产生积极的影响

开展旅游活动本身就是一种宣扬本土文化的过程,虽然旅游业本身并非文化的本体,但它可以通过一种间接的方式来达到其作用。在旅行过程中,外来人了解了当地的文化,而本地人也受到外来人思想的影响。这种异地文化和本土文化相互交汇的过程,更新了人们的思想观念。在向外来人宣扬当地文化的过程中,可以树立起一种民族自豪感。而且,正因为各种文化的交汇提高了人的各项素质,为整个城市的和谐发展提供了一种良好的文化氛围。

2. 城镇化对旅游业的支撑作用分析

(1) 为旅游业的发展提供物质保障

一个地区要实现旅游业的发展,单拥有丰富的旅游资源是不够的,同时还必须具有较为完善的为旅游者服务的接待设施等。旅游活动中的食、住、行、游、购、娱这六大方面,每一方面都与物质紧密联系。其中与之相关的饭店、酒店、旅行社、娱乐设施、旅行工具、独具地方特色的纪念品店是发展旅游业所必须具备的基础设施。这是因为,大多数人在选择旅游目的地时,尽管旅游资源是首要的考虑因素,但若没有相关的住宿设施和必要的交通工具,游客则不会产生相应的旅游行为。而甘肃省的大多数旅游资源,包括敦煌的莫高窟、鸣沙山、月牙泉、平凉崆峒山、白银黄河石林、嘉峪关长城等,都处于较为偏远的地区,而在城镇化发展过程中,若注重与旅游资源整合开发、利用,不仅能够解决旅游业中的食、住、行等问题,也能够解决城镇化中的许多其他问题。

(2) 推动旅游产品开发

城镇化水平的提高,意味着人们的生活水平越来越高。根据恩格尔系数,随着人们收入的增加,居民用在食物上的支出将会越来越少。那么居民的消费结构就会发生变化,由最初的温饱型到享受型再到发展型。由于人们对娱乐和休闲等需求量的加大,就使得城市要不断地开发出新的适合人们放松的娱乐项目,完善相关的娱乐措施,丰富人们的精神需要,这就以一种间接的方式,推动旅游相关产品和资源的开发。就目前来讲,城市中各种各样的主题公园,以及在原有旅游项目的基础上所新建的各种刺激性和具探险精神的项目,都为人们提供了一种释放压力的机会。

(3) 创造良好的环境基础

城镇化的建设不仅是将人口从农村转移到城市,还表现为随着城镇化水平的提高,人们的个人修养和文化素质将会得到提高,以及配套有人们适合生存、发展的基础设施。以个人来说,随着城镇化的发展,人们生活水平的提高,有更多的机会接触新鲜的事物和先进的思想,也能接受到很好的培训等。在这种氛围的影响下使个人自身的素质得到了提高,这为旅游业的发展提供了良好的软环境。从公共服务来讲,因为城镇化的建设,如医院、道路、学校、博物馆、交通工具、休闲娱乐场所等一系列必要的配套公共设施的修建也为旅游业的发展提供了很好的硬环境。

三、旅游业与城镇化协调发展分析

(一) 指标选取与数据处理

旅游业发展水平(LY):本章用甘肃省旅游业总收入占甘肃省 GDP 的比重来表示旅游业发展水平。

城镇化率(CZH):是一个国家或地区经济发展的重要标志,本章用甘肃省城镇常住人口占全部人口的百分比表示,用来反映人口向城市聚集的过程和聚集程度。

本章选取 1991~2013 年甘肃省旅游业发展水平(LY)和甘肃省城镇化率(CZH)作为样本数据,对甘肃省旅游业和城镇化之间的关系做实证分析。指标数据均直接取自或计算整理自中华人民共和国统计局网站、甘肃省经济信息网、中国统计年鉴等。所有的操作均在软件 Eview6.0 上完成。通过对甘肃省的数据进行相关系数的检验可知,两者的相关系数为 0.902 999,这说明旅游业的发展与城镇化水平呈正相关性。

(二) 计量分析

1. 单位根检验

大量的研究表明,若时间序列数据不稳定,根据时间序列做出的许多推断都是不正确的。为避免时间序列数据之间出现"虚假回归"等现象,要先对原序列进行平稳性检验,即检验其均值、方差与协方差是否随着时间的变化而变化。本章所选取的数据是时间序列数据,所以采用 ADF 检验。

为了消除两个时间序列变量可能存在的异方差,于是对这两个时间序列变量取自然对数,新的时间序列变量记为 LNLY、LNCZH。新的时间序列变量,并不会改变原有的时间序列变量间的关系。

本章利用 Eviews6.0 软件分别对各变量的水平值和一阶差分进行 ADF 检验,其中检验过程中滞后项的确定采用 AIC 原则,结果见表 8-5。

表 8-5 各序列的单位根检验过程

变量	ADF 检验值	1%临界值	5%临界值	10%临界值	P 值	检验结果
LNLY	−2.637 573	−4.416 345	−3.622 033	−3.248 592	0.268 6	非平稳
LNCZH	−1.091 822	−4.416 345	−3.622 033	−3.248 592	0.908 6	非平稳
DLNLY	−6.242 690	−4.440 739	−3.632 896	−3.254 671	0.000 2	平稳
DLNCZH	−4.063 932	−4.440 739	−3.632 896	−3.254 671	0.021 5	平稳

表 8-5 结果显示 LNLY 和 LNCZH 两个序列的 ADF 检验值都大于 1%、5%、10%的临界值,属于非平稳序列。对两个序列进行一阶差分,再做 ADF 检验,结果显示 DLNLY 的检验值均小于 1%、5%、10%的临界值。可知,DLNLY 具有一阶单整性,属于平稳序列。而 DLNCZH 只有在 1%的临界值下成立,而在 5%临界值和 10%临界值下不成立。根据上述分析,一阶差分后的序列 DLNLY 和 DLNCZH 是一阶单整变量,符合协整检验的前提条件,可以进行协整分析。

2. 协整检验

由表 8-5 可知,LNLY 和 LNCZH 都是一阶单整的,满足协整检验的前提条件,因此,可以对它进行协整检验,来验证旅游业发展与城镇化水平是不是存在长期的均衡关系。本章采用 EG 两步法对两序列进行协整检验,首先采用 OLS 方法建立回归方程 8-1,即

$$LNLY = 1.816\ 162\ 672\ 18 + 4.382\ 676\ 683\ 69 LNCZH$$
$$(3.118\ 146)(9.858\ 040)$$
$$= 0.815\ 407$$

从协整方程可以看出:1991~2013 年,甘肃省旅游业发展与城镇化水平之间存在稳定的正相关关系,且旅游业发展水平每增长一个百分点,甘肃省城镇化水平会随之扩大 4.382 676 683 69 个百分点。这表明,甘肃省旅游业的发展在长期内极大地推动了城镇化水平的提高。

对回归方程的残差序列进行平稳性检验,以此来判断两个序列间是否存在协整关系。由表 8-6 可知序列 LNLY 和 LNCZH 之间存在协整关系。

表 8-6 残差序列 e 的平稳性检验结果

变量	ADF 检验值	1%临界值	5%临界值	10%临界值	P 值	检验结果
e	−5.545 679	−2.740 613	−1.968 430	−1.604 392	0.000 0	平稳

3. Granger 因果关系检验

协整检验结果证明旅游业发展与城镇化水平的增长之间存在着长期稳定的均衡关系,但这种均衡关系是否构成因果关系还需要进一步验证。本章采用 Granger 和 Sim 提出的格兰杰因果关系检验法对两者之间的关系进行检验,结果如表 8-7。

表 8-7 格兰杰因果检验结果

原假设	F 值	P 值	结论
$LNLY$ 不是 $LNCZH$ 的 Granger 原因	8.697 93	0.015 7	拒绝假设
$LNCZH$ 不是 $LNLY$ 的 Granger 原因	1.735 29	0.208 9	接受假设

由表 8-7 中可知,原假设"$LNLY$ 不是 $LNCZH$ 的 Granger 原因"的 P 值为 0.015 7,小于显著性水平 0.05,拒绝了原假设,说明 $LNLY$ 是引起 $LNCZH$ 的原因,具体表现为随着旅游业水平的提高,刺激了经济的增长,增加了劳动力就业,为城镇化的发展创造了良好的条件,因而提高了城镇化水平。

原假设"$LNCZH$ 不是 $LNLY$ 的 Granger 原因"的 P 值为 0.208 9,大于显著性水平 0.05,接受了原假设,说明 $LNCZH$ 不是 $LNLY$ 的 Granger 的原因,表明城镇化水平的提高并没有引起旅游业的发展,这与甘肃省城镇化所处的阶段有很大的关系。现阶段甘肃省城镇化水平并不高,进入城镇化发展中期阶段的时间并不长,而且现阶段的城镇化只是靠简单地将农村人口变为城镇人口,这不一定会促进旅游业的发展。相反,这种单纯的提速并未提质的城镇化,反而可能会成为经济发展的负担,影响旅游业的发展。

4. 基于 VAR 模型的脉冲响应函数分析

脉冲响应函数可以识别一个变量的扰动是怎样透过模型来影响其他变量,而最终又反馈到变量自身上来的过程。由之前的协整检验和格兰杰因果分析的结果可知,旅游业发展与城镇化水平的提高之间存在着长期的关系,并且这种关系也是比较稳定的。但这只能反映两者之间存在长期均衡的因果关系。为了能从动态的角度更好地深入分析两者间的互动关系,即反映两者间的短期互动关系,本章基于向量自回归模型(VAR),对两者作进一步的脉冲响应分析。

通过检验可知序列 $DLNGDP$ 和 $DLNLY$ 都是平稳的,所以我们可用它们来做脉冲响应分析。图 8-10 中,我们用横坐标表示冲击发生后的间隔时间,即本章中我们考察 23 年的变化;纵坐标表示在这个系统中,当一变量受到冲击后所反应的程度。借助此函数,我们可以来分析旅游业发展水平和城镇化水平之间的短期和长期影响。

(1) 旅游业发展对城镇化水平提高的冲击响应效应

图 8-10(a)表示的是当给旅游业一个正向冲击后,城镇化迅速就做出了增长的回应。在前 2 期,呈现出强劲增长的势头,而从第 3 期开始减速上升,总体表现为上升的态势,这就说明旅游业的发展对城镇化水平的提高具有很大的促进作用。而且直到第 23 期,这种冲击所产生的效应也没有停止,也说明了旅游业的发展对城镇化的促进作用是持久而稳定的。

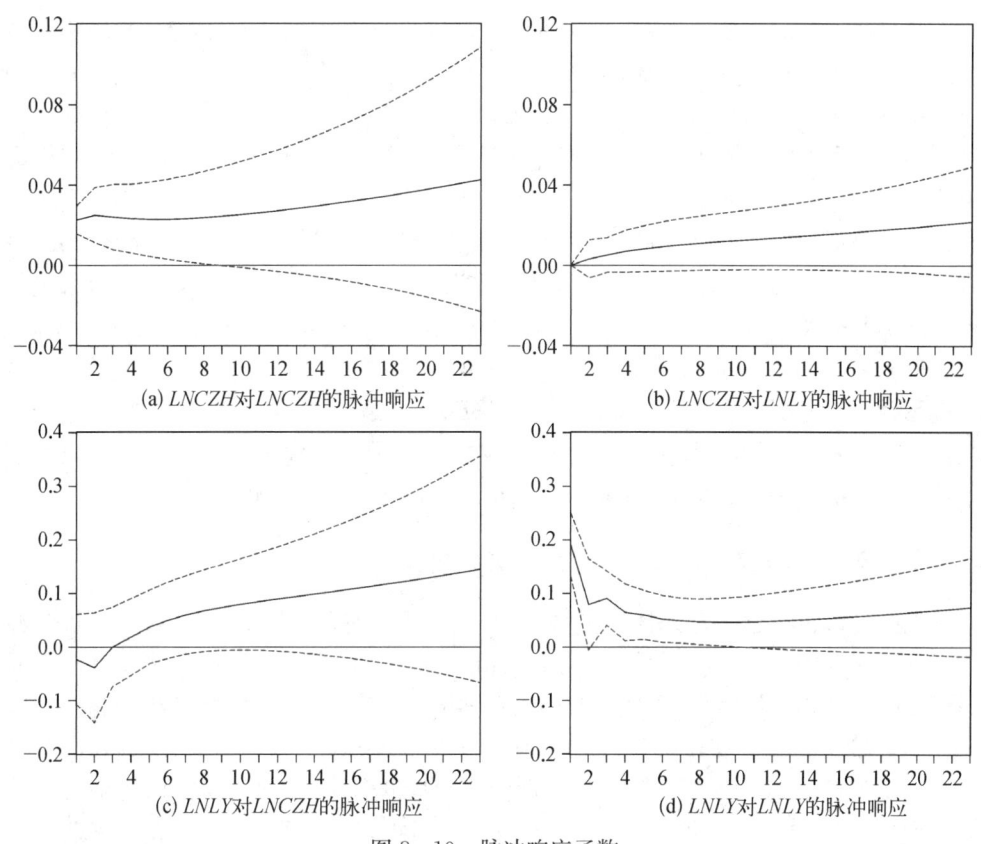

图 8-10 脉冲响应函数

（2）城镇化水平的提高对旅游业发展的冲击响应效应

图 8-10(c)表示的是当给城镇化一个正向冲击后,并没有立刻产生促进作用。在前 3 期该冲击对 LNLY 的增长带来负的影响,在第 2 期达到最低值,直到第 3 期才回归正值并开始逐步增长。也就是说前 3 期一直表现为负效应,直到第 4 期才开始表现为正效应。这意味着城镇化水平的提高对旅游业的推动要经过一个缓慢的过程。这是因为,城镇化水平的提高伴随人口的增加,在短期内,虽然劳动力充足,但由于受结构化因素的影响,并不会立刻对旅游业的发展起到一定的作用。只有在经过一段时间的发展,由于劳动力素质的提高和相应的公共基础设施全面发展后才能对旅游业的发展起到一定的作用,且这种作用是持久而稳定的。

四、旅游业与城镇化协调发展政策建议

基于以上对甘肃省旅游业和城镇化协调发展的机制分析和实证分析,主要从以下几个方面提出政策建议,以此来推动甘肃省旅游业和城镇化的发展。

(一)发挥政府的积极作用

甘肃省旅游资源丰富,大力发展旅游业将会使其经济得到快速发展,而城镇化作为推

动旅游业快速发展的主要动力,其发展质量的高低将会对旅游业产生很大的影响。在具体的发展过程中,政府的基础性作用是必不可少的,应该做好以下几个方面的工作:一是政府要做好整体的发展战略和规划,为未来旅游业和城镇化发展指定方向。在具体的操作过程中,还要根据不同地区的不同情况因地制宜,差异化发展。另外,政府的具体规划还要注意城镇规划与旅游规划并举,这样既能预防双方在具体发展过程中的矛盾还能利用各自的优势促使两者共同发展,达到共赢目的。二是适时提供公共产品的供给。对适宜发展的村镇,在基础设施的建设、制度创新和相关管理方面给予适当倾斜,为城镇化的发展和旅游业的发展提供一定的保障。制度是影响产城融合和城乡一体化的重要因素,通过各种制度的创新,解除城乡一体化的各种束缚,为城乡一体化的建设创造健康、良好的环境,为城乡一体化的顺利实现提供制度保障。三是给各类经济主体提供激励措施。尤其是对刚开始发展的经济主体,政府在税收方面给予一定优惠,制定相关的保险机制,为他们的发展提供一定的保障,同时反过来也会促使旅游业和城镇化的发展。

(二) 完善城镇基础设施,为旅游业发展提供保障

此处的基础设施指为保证社会经济活动、改善生存环境、克服自然障碍、实现资源共享等目的而建立的公共服务设施,是构成城市与区域系统的基础要素,一般包括交通运输、能源、邮电通信等经济性基础设施和教育、科研、医疗卫生等社会性基础设施。完善的基础设施环境是旅游业和城镇化发展的先导和基础。长期以来,甘肃省交通、通信、网络等基础设施不够发达,可进入性差、舒适性低、信息不畅,不但造成了农业、工业等不能够很好的发展,而且制约了旅游者在景区、景点间的转换,最终导致了城镇化发展所必需的人流、物流和资金流的规模化不能够实现。应结合实际情况加大基础设施的建设。一方面,基础设施具有投资大、回报率低、回收期长的特点,这就决定了必须要以政府为主体来加大基础设施建设。基础设施的建设不仅为商品流转和旅客转移提供了方便的通道,还能将原来的城镇单向游变为一系列的食、住、行、游、购、娱结合的系统游,在提升整个城镇旅游容纳能力的同时也有助于提高当地的知名度,吸引游客的再次光临,最终将引导旅游产业部门的集聚从而带动城镇化的发展。另一方面,加快形成以甘肃省河西走廊五市(即武威、张掖、酒泉、嘉峪关、敦煌)为中心城市的经济圈,改造省道干线公路和通往景点的交通设施建设。第三,对于基础设施的建设,要从城市向城镇、农村延伸,公共服务(如网络、通信、物流等)也要覆盖城镇和农村。在具体的操作中,把景区的旅游活动项目与城镇的住宿、餐饮、娱乐、购物等结合起来,做好旅游服务功能,实现景区城镇一体化的格局,尽量满足游客的各种需求。

(三) 通过营造良好的投资环境来吸引外资,拓宽融资渠道

资金短缺是旅游业和城镇化建设中最突出的问题。甘肃省大多地区都是贫困地区,地方政府的财力有限。因此,除了基础设施的建设资金由政府出资外,与旅游业相关的其他专项设施的建设就要依靠外来投资来建设。所以应该运用市场化的方式来主动拓展融资渠道,为当地旅游业和城镇化建设提供强大的支持。一是制定相关的优惠政策,如减免税收、低价转让土地和为相关程序的办理提供绿色通道等。一般来讲,若是一个地区的投

资政策良好,外来投资商就会更愿意到那去投资,这样就可以促进旅游业的快速发展,从而形成产业集群,带动其他相关产业和城镇化的发展。二是发挥市场机制,使投资主体多元化,并运用市场化的经营方式。旅游业是一个综合性和关联性比较强的行业,在具体旅游开发的过程中,应广泛吸纳各方面的资金,通过多渠道投入的方式,利用民间投资、外资、企业投资等共同开发当地的旅游业。另外,在具体的经营中,通过民营、股份合作等不同方式,使得景区向良性方向发展。三是通过构建投资服务体系来维护投资环境。通过网络、报纸、电台等平台,积极提供各项与之相关的服务信息,如政策优惠、人才培训、中介服务等,为吸引外资打好基础。

(四) 依托地域特色,加强小城镇建设

对于甘肃省旅游资源丰富的地区,发展特色旅游村镇,这样既可以满足农民日常生活的需要,又可以发展了当地的旅游业。统计表明,我国市区人口小于20万人的小城市由1990年的291个减少到2010年的162个,承载的市区常住人口由1990年的4 266.7万人降低到2010年的2 430.12万人,对国家城镇化的贡献由1990年的10.72%降低到2010年的3.63%。我国小城镇的数量由1990年的12 084个增加到2011年的19 683个,而小城镇恰恰是未来城市化进程中资源环境承载力相对较大、城市化成本最低、进城门槛最低的地区,小城镇将成为未来我国就地转移农村剩余劳动力和农业人口的首选地。而旅游业作为推动经济发展的重要产业,同时也是展示本省实力的一个重要窗口,具体措施有:一是大力发展文化旅游。甘肃省作为古丝绸之路上的重要通道,历史文化源远流长,充分挖掘和利用本地文化,将其与科技联系在一起,积极探索民族文化产业化道路,提升对外开放水平。二是创新开展新农村社区模式。依托旅游,特别是旅游接待村落,把生活资料转化为生产资料,可以用自己的房屋从事旅游服务产业,从而把农民转化为居民、把农业转化为服务业、把村庄也转化为城镇化的社区。通过旅游进行土地整合、城市基础设施的引入、文化特色的呈现、就业的解决,进行城中村、大城市郊区以及独立村的改造升级,以此推动新农村社区建设。在这个过程中,农民没有离开土地,但是他们的工作方式、生活方式都发生了变化。新农村社区以及大城市郊区旅游化发展,是解决农村就地城镇化的有效途径。

(五) 实施"安全型"提质模式,提高环境承载能力

甘肃省人口城镇化表现为水平滞后型,在未来应该加快人口城镇化速度;而土地城镇化表现为水平超前型,在未来应该控制土地城镇化水平。针对土地城镇化超前于人口城镇化的这种现象,应采取近期控制土地城镇化的发展对策,直至人口城镇化水平与土地城镇化水平相协调。甘肃省城镇化发展质量需提升的第一要务是降低经济发展代价,其次为提高经济效率。而在城镇化发展过程中,往往忽略了对周围环境的保护,长此以往,其结果是将要花费更多的代价来调整。要正确处理城镇化速度与资源环境承载力之间的关系。首先,调整产业结构,城镇化进程中的环境要素主要包括大气环境、水环境、土地环境等方面,当前中国的环境代价主要来源于工业企业的污染及破坏,实施以高效化和能源结构优化为目标的能源战略,调整优化产业结构是减少污染、保护生态环境的最根本途径。

结合以上我国未来的能源发展对策,甘肃省在应用价格等经济杠杆调节能源消费的同时,制定相应的法律、法规,辅以一定的行政手段来促进产业结构及消费结构的战略转换。提高经济生产效率、优化能源消费结构不仅对保障能源供应、提高经济效益、实现经济增长方式的根本转变有直接影响,而且也是保护生态环境,减少污染的根本途径。其次,采用新的城镇化发展模式。根据本省的实际情况,在旅游资源丰富的地区,建立本省特色化小城镇,保护当地的环境,推行可持续的城镇化。健康的城镇化是经济发展水平和城镇化水平相协调的城镇化,是经济社会与资源环境协调发展的城市化,是人居环境改善与居民生活质量提高相结合的城镇化。因此,必须坚持城镇发展与资源环境相协调,以低消耗、低环境代价换取高城镇化质量,以实现社会经济的可持续发展。

五、本章小结

通过对甘肃省旅游业与城镇化关系的研究,我们得出了以下结论:从协整检验看,甘肃省旅游业发展与城镇化水平之间存在着长期稳定的均衡关系;从格兰杰因果关系检验看,旅游业发展与城镇化发展水平存在单向的因果关系,即旅游业的发展是城镇化水平提高的格兰杰原因。但城镇化水平的提高并不是旅游业发展的格兰杰原因。而从基于VAR模型的脉冲响应分析,旅游业的发展自始至终都对城镇化水平的提高起到了正效应,并且当受到冲击后会立即做出反应,呈现出极强的促进作用。另外,城镇化水平的提高对旅游业的发展在短期内并不会立即产生效用,但从长期来看将会起到正的效应,而且这种促进作用是持久而稳定的。由此,也验证了我们上面的结论,说明甘肃省现有的城镇化水平并不高,还有很长的一段路要走。

第九章　区域旅游产业协同发展研究

20世纪后半期,全球旅游产业快速发展,竞争日益激烈,为了避免恶性竞争带来的不必要的损失,各地区纷纷走上区域旅游合作的道路。区域旅游合作成为世界旅游产业发展的一种趋势,如北欧地区、西欧地区、地中海沿岸区域的旅游产业合作,东南亚国家、东北亚国家、美加墨区域、加勒比海区域的旅游产业合作等。区域旅游合作已经成为提高旅游竞争力,改善区域旅游总体形象,实现旅游产业持续、健康、快速发展的重要途径。国内各个区域在旅游产业向纵深层次发展过程中也逐渐认识到,区域内旅游地之间的竞争已不再是一个一方受益一方受损的"零和游戏"(Zero-Sum Game),而是双方获益的"正和游戏"(Positive-Sum Game),即一个旅游地竞争力的提高并不以牺牲另一个旅游地为代价,竞争和效率不是正比关系,只有协同有序发展才能保证整个行业的高效率。国内的区域旅游合作有些是跨省的旅游合作,如粤港澳地区、长江三角洲地区、环渤海地区、西南地区、环北部湾地区、华中地区、三峡地区等地的区域旅游产业合作;也有跨市(县)的旅游合作,如珠江三角洲地区、环太湖地区、浙东地区、闽西南地区等地的区域旅游产业合作。我国区域旅游合作已经构成了一副波澜壮阔的发展大潮,成为我国旅游产业发展的一大主题,并且已经成为应对激烈市场竞争和提高旅游竞争力的有力手段。虽然我国的区域旅游合作在迅猛的开展,也取得了一些成绩,但由于我国现行的行政管理体制的弊端(如行政区划的限制、地方保护主义、条块割据的管理体制等),合作主体以自身利益最大化作为合作导向、区域旅游合作机制不健全(合作机制的非制度化、功能脆弱和手段缺乏)、协作内容不明确(合理竞争和需要协调的领域区分不清)、合作主体及分工不清楚等,导致我国区域旅游合作一直存在着低效率,甚至无效率的问题。区域旅游产业要向纵深方向、向协同方向发展等问题的解决成为当下的关键。

一、区域旅游产业协同发展的理论基础

(一) 基本概念界定

1. 区域

对区域这个概念做出明确的界定和定义,是研究区域问题的基础之一。但区域一词在旅游学研究中却没有得到过明确界定,只是作为一个整体性的概念而处于被应用的地位。学者们对"区域"一词的使用主要从两个方面进行:一是将区域作为标识其研究问题的特性或分析问题的工具,是一个抽象的、观念上的空间概念,没有明确的边界划分,可以是地理意义上的区域,也可以是政治意义上或经济意义上的区域,如"区域旅游资源"、"区

域旅游竞争力"、"区域旅游规划"等;二是用于具体区域的旅游发展研究中,有明确的边界划分,如"长三角区域旅游"、"环太湖旅游带"等。本章所研究的区域,既不是纯自然区域,也不是经济地理区域,而是具有明确人为特征的行政区域,是具有明确的地理界限的旅游活动的空间范围。它是在政府指导下,在市场作用下,以分工、交换、协作等方式形成的、联系相对紧密的旅游要素集聚地。区域之间存在着相互联系、相互影响和相互制约的关系。

2. 区域旅游

由于概念的模糊性较大和实践指导性不足,国内对区域旅游的理论研究一直较为有限、分散,目前还尚未形成得到广泛认同的区域旅游的定义。根据研究的需要,本章采用涂人猛关于区域旅游的定义[①]。

涂人猛对区域旅游理论进行了系统探讨,认为区域旅游是指特定空间存在的旅游活动及其经济关系的总和,并认为资源、市场、发展水平等在区域间的差异性和联系性以及交通联系上的便利性和通达性是区域旅游的形成基础,区域旅游系统内各要素之间发生的共生效应、互补效应、整体效应是区域旅游形成和发展的机制。

3. 区域旅游产业协同发展的内涵

区域旅游产业是一个开放性、复合型的复杂巨系统。根据吴必虎对旅游系统的定义,本章认为,区域旅游系统是由大的、宏观的客源市场系统、出行系统、目的地系统和支持系统四个子系统构成的。相应地,区域内各个旅游地的客源市场系统、出行系统、目的地系统和支持系统又成为下一级子系统。客源市场系统主要是指位于游憩活动谱上各段落的休闲者和旅游者及其活动等因素构成的一个子系统,包括日常游憩及一日游的当地客源、参与一日游及过夜游的国内客源(不包括当地居民)以及一般属于过夜游或度假游的国际客源。出行系统刻画了保证或促使旅游者离家出行、前往目的地的几个基本机制性因素,其中包括运移旅游者的交通设施;主要由旅行社提供的旅游咨询、旅行预定和旅游服务等;由政府、旅游目的地或旅游销售商向旅游者提供的信息服务以及旅游目的地策划和主办的意在激发潜在旅游者出行动机的旅游宣传、营销等子系统。目的地系统主要是指为已经到达出行终点的旅游者提供游览、娱乐、食宿、购物、享受、体验或某些特殊服务等旅游需求的多种因素的综合体,具体来讲,目的地系统是由旅游资源系统、设施系统和服务系统三个子系统组成的。支持系统是由政策、制度、环境、人才、社区等因素组成的子系统。客源市场系统、出行系统和目的地系统共同组成一个结构紧密的内部系统,在其外围是以政府为核心的,并由政策、制度、环境、人才和社区等因素组成的支持系统。

根据以上对区域旅游系统的定义,本章认为区域旅游产业协同发展是指构成区域旅游系统的客源市场系统、出行系统、目的地系统和支持系统等子系统之间相互联系和相互制约,自成一体形成高效和高度有序化整合,实现区域旅游产业"一体化"运作以及相应的交通一体化、市场一体化、制度一体化、生态环境一体化等协同推进的区域旅游一体化发展模式。

---

① 徐人猛.区域旅游理论研究[J].社会科学家,1994,(5):83-88.

(二) 区域旅游产业协同发展主体的界定

区域旅游产业协同发展的主体由三个层面构成，即政府、旅游企业和非政府旅游组织。政府是区域旅游产业协同发展的重要主体，旅游企业和非政府旅游组织同样是不可或缺的。

由于微观协同发展主体的有限理性以及旅游景区的准公共产品的属性，使得现阶段我国区域旅游产业的协同发展应该以政府为主导，政府应对产业协同发展进行有效的干预。一方面，政府应在旅游资源开发、旅游交通建设、旅游市场促销、旅游信息服务以及旅游人才培育方面发挥积极的作用；另一方面政府又是区域经济中最有效的调控主体，政府的决策和调控不仅对本地旅游经济的发展具有重大的影响，而且也直接关系到跨行政区划、跨行政层级的利益协调。政府还是规范旅游市场和竞争秩序的主体，区域性制度障碍的清除、区域性旅游竞争行为的监管、区域性旅游发展环境的改善等均有赖于各地政府的合作和联动。

虽然现阶段我国区域旅游产业发展过程中政府发挥了不可替代的作用，但随着协同发展向更深层次进行，就不能没有旅游企业和非政府旅游组织的积极参与。旅游企业是旅游经济运行的主体，是旅游产品和服务的生产者与提供者，是区域旅游产业发展中不可或缺的重要力量。没有旅游企业的参与，区域旅游产业协同发展只能浮于表面，无法进行实质性的发展。在市场经济条件下，一方面大量旅游企业为适应竞争和追求效益，会不断优化配置自身的资源要素，在细化分工的基础上向专门化、专业化的方面演进；另一方面，一些已具规模的旅游企业，也会逐步在一定领域内形成系列化、集团化的扩张。这两种情况都要求旅游企业突破行政区划的界限，加强相互间的协作，从而在更大的空间范围内形成有机的旅游产业链。

非政府旅游组织同样是影响区域旅游产业协同发展的一种重要力量，它既不同于政府，也不同于旅游企业，是连接政府与企业的桥梁和纽带，是沟通协调各方面关系并提供相关服务的中介组织。在区域旅游产业协同发展的过程中，非政府旅游组织在影响地方法规和政府决策方面，在加强行业自律和协调利益关系方面，在维护行业利益和竞争秩序方面，在促进信息交流和信息共享方面，在开展专业培训和咨询服务方面，在塑造旅游形象和旅游品牌方面，都具有独特的、不容忽视的作用。在区域旅游产业协同发展过程中，政府、旅游企业和非政府旅游组织是有机的组合，三者缺一不可。有人主张政府是协同发展的第一主体，旅游企业是第二主体。有人则认为，必须形成一种市场主导的发展模式，让旅游企业而不是政府成为协同发展的主要推进力量。我们认为，政府和企业是两个不同层面上的主体。政府是规划、协调和规范层面上的主体，他们通过"协调、服务、监督、管理"为区域旅游经济的发展营造良好的竞争秩序和发展环境。旅游企业是经济运行层面上的主体，它们通过资金、技术、人才、品牌等资源要素的区域性组合实现自身利益的最大化。在区域旅游产业发展的不同时点上，两者的地位和作用不尽相同。一般而言，当潜在区域旅游产业协同发展的收益无法在现有的制度安排内实现时，政府层面的协同是最为关键的；反之，则旅游企业层面的协同往往具有更为重要的意义。换言之，当在既定的制度条件下，协同发展的利益难以实现或其帕累托改进难以有效时，政府往往居于主导地位;反之,旅游企业应该成为推动区域旅游产业协同发展的基本力量。

(三) 区域旅游产业协同发展的条件及障碍因素

1. 条件分析

① 区位条件。区位是指事物占有的场所,但也含有"位置、布局、分布、位置关系"等方面的意义。协同发展各单元在地理区位上应具有趋近性。首先,各单元地理位置上的趋近性使之构成一个相对完整的地理区域,在这一地理区域内具有相近的自然条件、社会环境、文化氛围及风俗习惯等,这些特点可以为区域旅游产业创造良好的发展环境。其次,旅游者外出旅游时间一般是限定的,必须考虑旅游时间的经济价值,也就是在有限的旅游时间内,游览更多的旅游景点,以获得心理上最大的满足感。因此,必须地理位置相邻或相近,这样才能实现旅游者边际效用的最大化。除此之外,各单元地理位置上的趋近性有利于特色旅游目的地的建立和鲜明旅游形象的形成。

② 旅游资源条件。作为目的地系统的组成部分之一的旅游资源是区域旅游的吸引源,参与区域旅游产业协同发展的各地区之间旅游资源应具有整体性或互补性。整体性旅游资源在资源结构上具有不可分割性,只有将其作为一个整体进行开发和整合,才有利于充分发挥资源的旅游价值和实现各协同发展单元的旅游经济利益。互补性强的旅游资源通过共同推出系列旅游产品形成集合优势,以此来提升旅游资源的竞争力。同时,互补性强的旅游资源可以避免因为旅游资源同质性而引起的为吸引旅游者眼球的各种形式的恶性竞争,有利于区域旅游产业协同发展的顺利展开。

③ 交通条件。作为出行系统的组成部分之一旅游交通是旅游业的三大要素之一。异地性和流动性是旅游的两个基本特点,而要实现异地性和流动性必须借助一定的交通工具。区域旅游产业协同发展必须具备方便、快捷、舒适的交通条件。首先,要保证旅游者"进得去",即本区域要与主要客源地之间建立起公路、铁路、水路和航空等一体化的发达的交通网络体系。其次,要保证区内旅游者"散得开",即区域内各大景点及重要的旅游城市和中心集散地之间要有完善、发达的交通网络,能够保证旅游者在各景区、景点之间快速移动。

④ 空间尺度条件。在空间尺度上要包含两个县级以上的较大行政单位,如两个以上的州、市等。区域旅游如果没有较大尺度的覆盖空间,"区域"两字就无从谈起,而且足以为区域旅游所利用的高品质景区、景点也无法得到保证。因此,占有较高级别的行政单元,占有较大面积的地域空间对区域旅游来说必不可少。当然,由于不同省、市或州,它们的占地面积各不相同,因此我们很难以其中的某一区域为基础计算出具体的数据作为区域旅游空间尺度的衡量标准。不过,可以根据它们所包含行政单元的级别,把它们划分为跨市(州)的区域旅游、跨省的区域旅游和跨国的区域旅游。

2. 障碍因素

① 地区利益障碍。区域利益的分化及其主要影响主要在于:一是当前区域利益分化的不协调问题。一方面地方政府对地方利益的追求能够使其获得积极发展本区域旅游产业甚至谋求区域间旅游产业协同发展的潜在动机和积极性;另一方面地方政府在追求地区利益最大化的过程中,必然会与其他地方政府发生一系列经济利益上的博弈行为,这种

行为虽然属于正常的理性行为,但却导致了地区利益的扭曲和分化。区域之间利益分化的不合理严重影响利益"流失"地区参与旅游协同发展的积极性。二是区域利益分化不协调所造成的"公用地灾难"。套用美国学者格雷特·哈丁的"公用地灾难"模型来考察我国目前区域旅游产业发展的非均衡性和利益协调的非一致性,我们可以看到,各个地方政府都知道包括其周边地区在内的全国每个地区都在扩张或发展,如果谁先主动停下来,谁就会首先失去目前发展的机会,并且宏观经济发展失控的结果必定人人都有份,都要承担相应的"延滞成本"。在这种情况下,每个理性的地方政府就会不顾一切地追求本地区的最大利益,并且会直接或间接地与其他地方政府开展区域经济利益的博弈,有意识或无意识地把国家宏观经济发展的责任推卸给中央政府。

② 地方利益保护主义带来的不良影响。一是地方保护、封锁与地区市场分割。经济体制改革过程中权力下放的加快以及对权利约束机制的弱化或失效,使得地方政府在主观上更注重地区利益最大化的实现,并制定了各自的旅游产业发展目标和发展战略,而在客观上也存在对地区间本就不发达的市场进行人为封锁和分割的事实。地方保护主义泛滥,使得资源、资本、技术、信息、人才等生产要素在区域间不能正常流动。二是区域的旅游产品结构趋同化。地方保护主义只顾局部利益和短期利益,不认真考虑横向的协同和承担自己的区际分工,各地区竞相发展预期收益丰厚的旅游产品或旅游项目,旅游产品趋同化。比较优势理论在地区保护主义和地区利益为先的环境中已经被忽视,这极大制约了区域旅游产业协同发展。三是对资金、技术、人才的争夺。经济发达地区因其较好的福利待遇、工作环境、发展机会以及较高的市场投资回报率而成为资金、技术、人才大量流入地。相反,落后地区则成为资金、技术、人才的流出地。这种单向的不合理的流动,既激化了经济发达地区与落后地区的利益矛盾,又拉大了地区间旅游产业发展的差距,造成区域内旅游产业非均衡性局面。反过来,日益拉大的产业发展差距,又进一步增强了资金、技术、人才流动的不合理性。

③ 体制及制度障碍。首先,条块分割的行政管理体制是区域旅游产业协同发展的根本性障碍。经济组织内部按官僚体制划分,设置行政级别,行政官员为了体现政绩,急功近利地只顾眼前利益,只顾自己辖区局部利益,不去考虑行政区之间的旅游产业协同发展问题。官僚式的体制结构为寻租提供了"温床",寻租造成的资源浪费和市场低效率更为区域旅游产业协同发展制造了壁垒。其次,地方政府或主管部门的政策法规、规章制度与行政审批也为区域旅游产业协同发展制造了一定的障碍。地方政府为了增加旅游收入和保证地方眼前利益,制定了很多地方性政策法规,例如道路交通设关卡、跨行政区的一些额外收费、限制人才流动等。实质上是人为设置障碍,阻碍了产业构成要素的自由流通,割断了区域互补性旅游资源与生产要素优化整合与获得规模效益和外部效益的实现渠道。除此之外,政府部门的部门规章制度也是区域旅游产业协同发展的障碍之一。各部门各自为政,政策的制定互相独立,甚至会有互相冲突,导致权责不清,难以有序整合与协同发展。

④ 文化与思想观念障碍。不同地域、不同民族及不同发展水平的地区之间文化与观念的差异是客观存在的。这种差异将直接影响不同地区之间的沟通与合作,给区域旅游产业协同发展带来了障碍。宏观领域主要体现在传统观念、价值观、宗教信仰、民族(团

体)优越感、创新或变革精神等方面,微观领域主要体现在经营理念、企业文化、管理模式等方面的差异。在我国,由于幅员辽阔、地域差异性大、民族众多、旅游资源空间赋存差异显著、旅游发展水平层次多、差别大,不同特点的地域交叉分布等原因,文化与观念的地域差异就相当显著,故地区之间的沟通与协同发展存在较为明显的障碍。再加上我国传统文化、传统思想较为保守,而旅游是一种跨文化、跨区域的活动,要求旅游目的地具有一定的开放性,这就更加强化了地区之间沟通与协同发展的障碍。

(四) 区域旅游产业协同发展的内容

前文已经提到,区域旅游产业是一个复杂的系统,它是由客源市场系统、出行系统、目的地系统和支持系统四个子系统构成的。只有实现这四个子系统及其构成要素的全面、有序、协调发展,区域旅游合作才会向着更高层次——区域旅游产业协同发展的方向迈进。下文将重点研究这四个子系统协同发展的内容。

1. 客源市场系统的协同

旅游客源市场是旅游产业得以生存和发展的根本动因,也是区域旅游产业协同发展中必须考虑的一个重要环节。在客源市场系统的协同发展方面,首先,要汇总区域内以往的接待数据,对区域整个旅游客源市场的空间、时间结构和客源市场特征进行研究,从而明确主要的客源市场目标层,制定切实可行的客源市场开发战略。其次,一个区域在开拓客源市场的过程中,区域整体所产生的"合力"要远大于单个目的地对客源市场的作用。因此,区域作为客观存在的空间范围,要实现其吸引力最大化,必须通过人的主观作用,使区域内的旅游单体相互联合,以整体形象面对客源市场,减少旅游者在感知环境上受到的约束,从而得到客源市场(旅游者)的认可。再次,区域内部的各个地区和城市应共享已经掌握的客源市场信息,如旅游产品的需求数量、需求类型等,从而可以大大地降低获取信息的成本,避免重复劳动和不经济行为的发生。最后,区域内部各地区要在互为客源地、互设客源集散点和相互交换区外客源等方面积极努力,展开协同。

2. 出行系统的协同

出行系统的协同发展应包括方便快捷的交通网络的建设、营销宣传系统的完善和旅游咨询中心的设立三个方面的内容。

① 方便快捷的交通网络的建设。旅游交通是为旅游者由客源地到目的地的往返,以及在旅游目的地各处旅游活动而提供的交通设施及服务。就其涉及的空间尺度和旅行过程可以分为三个层次:第一层次是外部交通,它是指从旅游客源地到旅游地所依托的中心城市的交通;第二层次是由旅游中心城市到风景区的交通;第三层次是内部交通,指风景区的内部交通。旅游交通提供给旅游者的也是旅游产品的一部分,就旅游者主体来讲,影响其行为的时间、距离等因素往往通过交通便利程度表现出来,影响着其决策与选择;从旅游目的地来看,旅游交通联系客源地,使旅游地接待旅游者发展旅游经济的愿望得以实现。因此,交通的便利程度,或称可进入性,不仅是开发旅游资源和建设旅游地的必要条件,而且也是衡量旅游产业发达程度的重要标志。在旅游交通网络的建设过程中要注意以下问题:首先,旅游交通的跨区域性和高投资特点决定了旅游交通建设主体的公共性和组织性特征,因此在区域旅游产业发展过程中旅游交通一般应是由地方政府之间、大

型旅游企业之间联合投资、共同建设、合作经营管理。其次,交通网络的建设要以城市为中心,不断完善中心城市内各景区之间的交通衔接,要从线和面上进行拓展,既要完善中心城市与较次一级旅游城市之间的交通系统,又要不断加强城镇体系中的中小城市的交通建设,强化城镇体系中的交通薄弱环节,进一步拓展区域旅游产业的地域范围和旅游经济辐射面。最后,在景区的特种旅游交通建设方面(如索道建设),要本着经济原则和与景观协调原则,做好充分的综合调查、科学论证、方案必选和可行性研究等工作。

② 营销宣传系统的完善。旅游产业及其产品的市场结构具有强烈的垄断竞争性质,当区域旅游产业及产品结构和总量与市场规模在经济技术层面上相互适应后,现实市场的形成与区域旅游产业目标的实现便取决于区域旅游产业的形象推广与产品推广,取决于这一形象与客源国(地)目标市场或顾客的信息对称水平。作为垄断竞争性质的旅游产品具有很高的广告弹性,所以区域产业形象推广和产品推广是非常重要的市场培育和开拓环节。因此,区域要想获得旅游产业协同发展就有必要建立和完善营销宣传系统。营销宣传的内容主要包括:统一搭台参加旅游交易会;相互编印宣传资料,刊登对方旅游宣传资料;双方利用媒体进行旅游形象宣传;联合推广旅游品牌;征集、审定统一的形象标志、宣传口号和吉祥物;联合邀请新闻媒体进行采访;联合组织旅行商社踩线活动;联合组团在目标市场地促销;联合印制区域旅游地图和旅游手册;携手举办旅游节庆活动等。营销宣传系统在建立和完善过程中应注意以下问题:首先,区域旅游产业形象的推广主体是双重的,在政府的产业形象推广中也涵盖了核心产品推广,但由于区域旅游产业形象的整体性质,它不可能涵盖所有的区域旅游产品,所以区域旅游产品的另一营销主体应是微观组织,即旅行社、饭店等旅游企业。其次,在政府和企业的营销过程中应注重广告模式的创新,广告的类型应是旅游产品品牌和推广性质的广告,它是造就差异性消费市场进而造就垄断竞争市场结构的重要基础,它是区域旅游产业战略目标实现的重要推力。再次,政府和微观组织要有预见性地进行宣传营销,使旅游地的生命周期处在不断的上升过程中而不至于过早的进入衰退期。最后,建立必要的行为约束机制,使得区域内各级政府和微观组织对本区域旅游产业形象和产品的宣传营销趋于同步和一致,这样有利于统一的旅游产业形象的建立,有利于加深潜在旅游者对本区域的印象,从而促使其做出出游决策。

③ 旅游咨询中心的设立。旅游咨询中心,是城市中为旅游者(特别是散客)、市民提供的诸如信息咨询、投诉、救援等服务的一种旅游设施,具有较强的公益性质。它与旅游交通、旅游公厕一起,被视作每个旅游城市三大必备旅游设施。旅游咨询中心的设立不仅可以促进旅游产业的发展,增加旅游的创收功能;还可改善城市功能,提升城市的整体形象;同时也能为政府机构制定决策提供有效的依据。它的发展已经成为衡量城市文明程度的标准之一,也是现代城市功能的一种体现。因此,区域旅游产业要实现协同发展,就需要在区域内的旅游中心城市和主要客源地的中心城市设立旅游咨询中心。旅游咨询中心的设立要注意以下问题:首先,旅游咨询中心虽具有较强的公益性质,但其基本功能决定了它的地理空间配置、微观区位以及日常运营都应该符合旅游活动的市场规律,尤其在中心城区应该按照旅游景区景点分布,根据市场的需求选择合适的地点和区位进行布设,而不能机械地为了方便管理而按照行政管理区域实施均衡的空间布局。其次,借鉴欧美

旅游产业发达国家建设旅游咨询中心的实践经验，免费信息提供主体应是政府和旅游行业组织，旅游企业所提供的线路信息应较少出现。最后，旅游信息咨询及其免费信息应以区域整体形象的宣传为主，以旅游部门经济为辅，避免过度商业化。所提供的信息应包括以下内容：区域的综合旅游指南、专题旅游指南、旅游线路产品信息、旅游政策与服务指南以及旅游地图信息。信息的提供要做到准确、充足。

3. 目的地系统的协同

目的地系统协同发展内容主要包括旅游资源的分类整合、旅游产品品牌战略的实施和设施子系统的完善三个方面的内容。

① 旅游资源的分类整合。旅游资源是区域旅游产业存在和发展的基础要素，区域旅游资源的分类整合是区域旅游产业协同发展的重要内容。区域旅游资源的分类整合就是要打破行政区划界限，根据区域内不同区块旅游资源的独特禀赋和市场需求进行恰当的类型定位和重新组合，形成若干个差异明显、互补性强的类型化旅游板块。并在此基础上，通过对各板块旅游资源的深度开发和优化配置，强化各板块的类型特色。旅游资源分类整合以及资源的潜在值分析是旅游产品设计和生产的必要前提。在资源的分类整合的过程中应注意以下关键问题：首先，对区域内的旅游资源进行全面的普查，对资源的特点和类型进行详细的分类和汇总，在认真分析客源市场旅游消费者偏好的情况下，整合旅游资源，划分类型板块；其次，在分类整合的过程中引入区域旅游产业整体发展的理念，避免为了局部利益而盲目开发、重复建设；再次，分类整合的重点是区域旅游产业协同发展的优化整合，是在更大区域范围内进行分类整合，因此要抓住分类整合的重点；最后，区域旅游产业发展中的资源分类整合要考虑重点依托中心城市，城市是旅游产业发展的起点。通过资源的分类整合，达到资源的优化配置，充分发挥区域内旅游资源的整体效应和互补效应；通过资源的分类整合强化区域旅游主题，使得区域旅游形象更加鲜明；通过资源的分类整合增强区域整体实力，提升旅游产业竞争力；通过资源的分类整合约束恶性竞争，优化区域旅游产业发展环境。

② 旅游产品品牌战略的实施。旅游产品是旅游资源经加工后能满足旅游者观赏、休闲、度假、健康、疗养、娱乐、学习等需求的精神消费品，是实现旅游产业综合效益和目标的最终载体。区域旅游产品品牌战略就是在旅游资源分类整合的基础之上，围绕区域旅游产业发展的战略经营目标，制定旅游产品品牌发展目标和战略实施步骤。品牌战略有别于靠宣传推动的品牌推广策略，它能指明旅游产品生产者及其产品的价值方向。区域旅游产品品牌战略的实施需要经过以下三个步骤：首先，站在战略层面上选择要重点建设的旗帜品牌。旗帜品牌是在区域内众多旅游品牌当中选择的具有高度品牌价值、高度品牌美誉度和认可度的优势品牌，其选择受旅游资源的现实和潜在开发条件、资源的相对垄断程度及旅游市场偏好等因素的影响。因此应根据区域的现实情况，选择不但能为旅游者带来较高的旅游效价比，而且能为区域内各级政府和微观企业组织带来良好经济效益的旗帜品牌，如"阳光、沙滩、碧海"所刻画的得天独厚的热带海岛风光特色即为海南省的旗帜品牌。其次，要站在战略层面上将所选定的旗帜品牌扶植并打造成为区域旅游产业的强势品牌。为此，政府在品牌的建设过程中要在资金、政策和技术等方面给予倾斜和支持，如加大品牌建设和宣传的资金投入、支持区域内人才的合理流动以及不断完善品牌发

展过程中所重点依托的基础设施。通过政府和企业的不断努力将旗帜品牌打造成为区域旅游经济发展的增长极。最后,通过旗帜品牌的"扩散效应"不断带动其他品牌的建设和发展,从而促进构成旅游产业的各要素不断向着有利于产业发展的方向流动,达到资源要素的优化配置,最终促进产业的协同发展。

③ 设施子系统的完善。设施子系统包括除交通以外的基础设施(给排水、供电、废物处置、通讯及部分社会设施)、接待设施(宾馆、餐饮)、康体娱乐设施(运动设施、娱乐设施等)和购物设施等四部分。现代的饭店已超越传统的食宿接待设施,而是一种不断现代化、专业化、高标准的商业性综合接待企业,其功能的扩展和服务项目的增多使其日渐成为旅游者及当地社会的重要社交中心。在旅游产业中,饭店是一个国家或地区旅游接待能力的重要标志。旅游目的地饭店的建设,应视当地经济情况和所针对的主要客源市场而定。在经济较为发达的地区,可以高、中档饭店相配套;在经济欠发达地区,则应以中、低档饭店相配套,否则由于成本过高会给饭店业造成巨大损失。如果商务、度假旅游者为其主要的客源市场,可考虑大力发展豪华型饭店;如果主要客源市场为普通旅游者,则要以经济型饭店为主。同时,在政策允许的情况下,经济实力雄厚、发展前景较好的饭店可考虑实现饭店业集团化经营。

4. 支持系统的协同

客源市场系统、出行系统和目的地系统共同组成一个结构紧密的内部系统,在其外围还形成一个由政策、制度、环境、人才、社区等因素组成的支持系统。支持系统是区域旅游产业协同发展中的重要组成部分,是旅游产业可持续发展的必要保障,缺乏一个政策保障、人才教育和培训等支持的区域旅游系统,将会导致旅游发展的影响恶化、资源损毁、服务质量低下、经济衰退等不良后果。区域旅游产业要实现协同发展,在政策方面,重点强调开放市场,包括取消地陪制,允许组团社直接将旅游者送往景区;允许旅行社通过参股、并购以及品牌输出等形式,跨区域设立分支机构和非法人分社;采取相应政策,促进经营网络化的发展;推动区域内有实力的旅游企业以资本为纽带建立风险共担、利益共享的旅游企业集团或旅游企业组织;允许旅游车辆跨区域经营。在区域旅游产业发展环境的建设方面,强调管理协调,包括区域联手整顿市场秩序;建立区域内跨城市的重大旅游投诉处理和联合执法检查机制,联合处理违规、违法旅游经营行为;利用旅游资源优势制定旅游资源招商引资;对各自的旅游线路相互给予优惠政策;对旅游车辆开辟"绿色通道";建立统一服务标准体系;在导游考试和年审培训中,增加区域内其他景区、景点内容;实现旅行社对等待遇;成立相应的组织,负责制定、组织、策划、落实宣言中提出的各项内容。在人力资源建设方面,强调人员的交流和共同培训,包括制定旅游从业人员培训及专题研讨会计划;促进旅游教学及专业交流;相互安排考察、调研;鼓励引导旅游企业之间相互学习管理经验,互派优秀业务骨干做交流学习和培训;互相培训导游;建立共享的旅游人才库。

二、区域旅游产业协同发展的保障机制

我国区域旅游合作虽然进行了很多年,但是由于上述地区利益障碍、体制制度障碍和文化思想观念障碍的存在,使得区域旅游合作向产业协同发展方向迈进时步履维艰。那

么,区域旅游系统之外应存在怎样一个强大有力的保障机制,使错综复杂的子系统达到协同有序的"自组织状态",从而增强系统的整体功能。这就是本章研究的重点。本章从驱动机制、运行机制、利益补偿机制和绩效反馈机制四个方面来进行保障机制的研究。

(一) 驱动机制

对驱动机制进行研究,就是要研究各地区旅游产业主体为什么要协作,为什么要实现区域旅游产业协同发展。利益是区域旅游产业主体走向联合、走向协同的最根本原因。除此之外,区域旅游产业自身发展的需要以及市场需求的变化也是区域旅游产业进行协同发展的重要原因。

1. 利益驱动

区域旅游产业协同发展能够形成的前提是旅游资源优势互补,推动协同关系发展的直接动力是各协同主体能够在协同发展过程中实现利益共赢。前文我们提出,区域旅游产业协同发展的主体是政府和旅游企业,相应地,区域旅游产业协同发展的直接动力主要来自以地方政府为代表的宏观利益驱动和以旅游企业为代表的微观企业利益驱动。

本章从现实旅游产业的现象,抽象出一个模型:假设区域内有相邻的地区1和地区2,两个地区都将旅游产业作为本地区的支柱产业。如果它们各自封闭地发展旅游产业,那么两地的旅游收益都为3;如果实施协同发展,两地通过整合旅游资源,联合开发旅游产品,协同对外营销,共同构建区域品牌等,旅游收益都上升到了4;如果两地中有一个地区采取协同发展的态度,另一个地区不采取协同发展的态度,由于持协同发展态度的地区单方面为不持协同发展态度的地区提供资源、推广产品、构建品牌等,而不持协同发展态度的地区不愿意为持协同发展态度的地区作任何付出,却享受到"免费搭车"的作用,因此,不持协同发展态度的地区的旅游收益上升到5,而持协同发展态度的地区因耗费了部分资源到另一地区却没有得到任何收益,使得其旅游收益下降到2。这就构成了一个区域旅游发展的博弈,两个地区的得益可以用这个"得益矩阵"表示出来(图9-1)。

	地区2	
地区1	不合作	合作
不合作	3, 3	5, 2
合作	2, 5	4, 4

图9-1 地区得益矩阵图

地区1和地区2就是本博弈中的博弈双方,它们各自都有"协同"和"不协同"两种可供选择的策略。两地区的目标都是实现自身旅游收益的最大化,在缺乏旅游产业协同发展的前提下,该博弈的最终结果是双方都不参与协同发展,即纳什均衡为(3,3)。但是我们可以发现,在这个区域旅游发展的博弈中,无论是对两个地区总体来说,还是对它们各自来讲,纳什均衡都不是最好的结果。最好的结果是双方都参与协同,这样两个地区都能实现4的旅游收益。由此可见,无论对于地方政府还是旅游企业,参与区域旅游产业的协同发展才是永远利己的最佳选择。

2. 区域旅游产业自身发展驱动

旅游产业具有关联性高、综合带动性广、辐射性强、乘数效应明显、就业容量大等优势,已成为经济发展最直接、最稳定的推动力。一个国家或地区要发展旅游产业,仅靠自给自足的封闭式发展是不行的,而必须依靠区域内其他行业的发展,同时也离不开与周边地区旅游产业以及其他产业之间的依赖和联系。同时,由于社会生产力具有一种内在的扩张力,当生产力发展到一定程度后,就会超出原有的地域范围,向新的区域转移、扩张和延伸。这种转移、扩张和延伸有助于将不同区域的各种生产要素进行重新组合,从而提高生产要素的利用率。伴随着旅游产业的成长与发展,旅游产业的空间扩张也成为必然。当扩张的规模达到一定的程度,旅游产业在本地区的发展则存在一定的瓶颈,这时仍采用闭关自守的发展模式必然使旅游产业进入停滞期。而打破已有的人为分割和阻断,实行区位、经济、资源的优势互补,模糊、融合区域行政界限,形成"你中有我,我中有你"的格局,则是最佳选择。

3. 市场需求驱动

国内经济的不断发展、人们的收入水平逐步提高以及闲暇时间的增加大大促进了国内旅游市场和国际旅游市场的发展。与此同时,市场上旅游者所表现出来的旅游需求也越来越多样化,观光与度假、观光与商务会议、观光与生态考察、观光与探险、观光与民族风情、观光与休养保健等复合型旅游需求蓬勃发展。而且对于任何一个理性的人来说,都希望在有限的时间和资金约束下,获得更多数量和更好质量的旅行经历和体验,实现旅游边际效用最大化。旅游者对旅游产品的多样化及有限时间和资金条件下获取旅游边际效用最大化的需求,从客观上要求打破行政区划界限,进行区域旅游产业协同发展。2008年的北京奥运会、2010年的上海世博会都给我国的区域旅游产业发展,特别是环渤海和长三角区域旅游产业的发展,带来了新的市场需求驱动。

(二) 运行机制

1. 制度化组织协调机构

在区域旅游产业协同发展过程中,政府间的区域协调机构无法真正解决在协同过程中出现的问题和冲突,建立制度化的组织协调机构就成为必然。制度化的、完善的组织协调机构,不仅可以确保协同发展过程中协调活动更加规范化、制度化,而且还可以提高协同组织的工作效率和敏捷度,降低由于协调困难而导致的诸多风险。关于制度化的组织协调机构的建立,有的学者主张建立跨区域的行政管理部门来实现区域旅游的一体化发展,也有学者主张在国务院旅游行政管理部门(即国家旅游局)成立负责区域旅游空间一体化的综合性权力部门(如长江三角洲旅游综合管理局)来统一规划、协调和实施区域旅游经济的互动。但就目前我国的行政管理体制及旅游产业发展的现状看,这两种主张都不是解决问题的最佳途径。本章认为地方政府作为区域旅游产业协同发展的重要主体,它比其他组织更了解当地实际,能及时了解各相关群体的利益诉求,所提出的制度安排更能满足各方需求。因此,本章提倡以政府为主体,以成立旅游联合发展委员会、定期举办年会或联席会议和设立常设的、企业化运作的区域旅游论坛等形式,建立制度化的组织协调机构。组织协调机构的建立主要包括以下三方面内容。

① 成立旅游联合发展委员会。成立区域旅游联合发展委员会,作为特权机构负责管理和实施关系区域整体发展的重要问题。委员会的设置应借鉴欧盟的经验,采取席位制,既区域内的城市无论大小,一个城市一个席位。在权利的设置上,也要体现平等原则,特别是关系区域旅游产业发展的重大政策措施的出台,必须经过充分的谈判和协调,表决时

城市无论大小都有表决权。这种尊重各主体权利、重视各主体利益的制定政策的方式有利于政策转化为行动,保证政策的顺利实施和区域旅游产业协同发展目标的实现。委员会主要负责规划与管理区域旅游资源,统一规划区域旅游产业布局,重点协调区域旅游基础设施建设和旅游生态环境保护,但绝不干预区域内部事务。区域旅游联合发展委员会应下设常务性办公机构——区域旅游协调办公室,对区域旅游项目开发进行长期的跟踪研究、提供及时准确的综合信息、受理协调事务的申请、督办委员会决策的落实,其工作成效由各省(市)人大、省(市)政府考核。

② 定期举办年会或联席会议。这是多层面、宽领域组织协调机构的龙头,例如合肥旅游经济圈(2003年)建立了联席会议制度,每年召开一次,确定一个主题,解决一些实际问题。区域旅游产业协同发展要充分发挥这一机制的作用,定期举办年会,以一年一次为宜,参会者主要为参与协同发展的各省市负责旅游行政管理事务的省长或市长。在年会上,应确定本年度区域旅游产业协同发展的年度目标、重大方针与原则,对于下一时期的协同发展的方向提出指导性建议;就协同发展的重大问题相互通报信息,研究和确定解决的原则和主要思路。联合向国家的相关机构反映情况及重大问题,就与国家制度建设相关的区域旅游产业协同发展问题提出建议,协商和达成相关的政府间协议。

③ 设立常设的、企业化运作的区域旅游论坛。区域旅游产业协同发展需要有关部门对协同发展的决策和方针加以宣传,以加强国内外对整个区域旅游产业的了解、认识与关注;也需要对协同发展中出现的新情况、新问题加以研讨。为此,建议设立一年一度的区域旅游论坛。区域旅游论坛应立足于本区域,同时吸引国内和国际的专家学者参加,其宗旨是增强与国内其他区域和世界其他国家、地区的对话与联系,为政府、企业和专家学者等提供共商经济与社会诸多领域高层对话和探讨的交流平台。主要任务是就区域旅游资源利用和保护、城市经济发展、重大基础设施建设、旅游产业结构调整、旅游企业发展、发展环境建设、区域旅游一体化制度建设等热点和难点问题加以研讨。论坛宜由相关区域的城市政府发起主办,采用轮流主办制,每年一次,每次确定不同的主题。论坛宜采取企业化运作方式,既保证论坛实现其宣传和研讨的目的,也保证论坛的有效运作。

2. 监督约束机制

除了建立制度化的组织协调机构外,在区域旅游产业协同发展过程中,建立监督约束机制也必不可少。如果不存在监督约束机制,参与协同发展的各理性主体都认为对方不能够绝对信任,经过博弈都不会以充分合作的姿态参加协同发展。那么,在协同过程中,必然存在"搭便车"现象和少数的机会主义者,协同发展将是低效率的。一旦建立监督约束机制,对以非充分合作姿态参加协同发展的主体予以惩罚,那么试图"搭便车"的主体将会权衡"搭便车"为自己带来的收益和因为"搭便车"而招致的惩罚之间的利害关系,如果惩罚力度大,经过博弈,试图"搭便车"的主体将会改变自己的策略,以充分合作的姿态参与协同发展,那么区域旅游产业协同发展将是高效率的。由此可见,监督约束机制的建立是十分必要的。监督约束机制的建立主要包括以下两方面的内容:

① 制定共同遵守的协同发展规则。协同发展规则通常由区域组织协调机构来制定

完善,通常是通过签订具有约束性的双边和多边的法律协定或行政协议来实现。规则要在区域旅游产品品牌建设、市场开拓和交流、基础设施建设、协同发展的思路和制度保障等方面达成一致意见。同时,应对"搭便车"现象和机会主义者做出惩罚,使违规者望而生畏。例如,可通过提高退出壁垒(即如果任一协同方放弃协同发展关系,那么它的某些资产将受到很大的损失,比如客源市场、声誉、旅游产品的整体形象等)来提高机会主义成本。协同发展规则应具有以下三个特点:第一,协同发展规则的形成是地方政府间相互博弈的产物,是在参与者一致同意的情况下制定的;第二,将规则以文字的形式制定下来,具有较强的制度性;第三,规则应有正式的执行机构。

② 信息共享,加强道德约束。在协同发展过程中,有的成员出于自身利益的考虑可能会故意隐瞒或谎报信息,成员就可能采取偷懒行为,即协同发展中存在"道德风险"问题。因此要努力实现区域内信息共享,加强道德约束。主要是政策或决策信息共享,包括各行政区在协商的基础上形成一系列相互支持的政策;减少各个地区的旅游产业发展政策对协同方不利的内容;注重各个地区经济政策内容的变化、透明度的提高。信息经济学认为,达到帕累托最优状态的条件是完全信息市场,区域旅游产业协同发展中各主体的行为决策是否有利于协同发展的展开,同样依赖于信息之间的对称性。各区域之间旅游产业发展政策和相关措施尽可能公开,可使任何一个地区增加协同发展中的可预测性,最大限度地减少由于信息封锁而导致的风险。通过网络、传媒和各种信息渠道定期、规范、详尽地将本区域的旅游产业发展政策信息发布出来,接受其他地区的监督、查询、了解、分析、评价,这样既可以监督具有地方保护主义色彩的地方性"土政策",又可以鼓励促进区域旅游产业协同发展的优质政策的创新。

(三) 利益补偿机制

区域旅游产业协同发展的目标就是实现区域整体利益最大化和各协同主体利益的增加,但在协同过程中,一方面由于人才、资金、技术、信息、资源禀赋的不对称,各个地方的旅游产业收益也不相同,有可能会出现一方的旅游产业收益多,而另一方的收益却不是那么显著的情况;另一方面,一些旅游产业竞争力弱的边缘地区,开放本地市场参与区域的协同发展不仅不会实现本地区旅游经济利益的帕累托改进,而且部分旅游收益还可能被旅游产业发达地区剥夺,那么就会影响其参加区域协同发展的积极性。如前文分析,之所以区域旅游产业要协同发展,就是为了实现区域整体利益最大化,实现区域旅游利益帕累托改进。那么,如何既实现区域旅游利益帕累托改进,又不影响收益不显著或利益受损地区参与协同发展的积极性?具体分析如下。

假设一个区域中只存在 2 个利益经济主体甲和乙,他们都是绝对理性。帕雷托模型如图 9-2,假设每个单元格代表一个单位的收益。弧线 AB 为现有制度条件下的利益可能性边界,OP 为平均利益线,点 Q 为现状利益分布点,由点 Q 到 QCD 中任何一点均为区域利益帕雷托改进轨迹。

区域利益的帕雷托改进对区域内的甲和乙来说都是最好的选择。但是,如果点 Q 向 OEQF 中的任何一点移动,甲和乙的利益都会受损,由于他们都是绝对的理性人,他们是不可能在这个区域内做出选择的。现在我们来分析另外两种情况,如果点 Q 向 ACQE 区

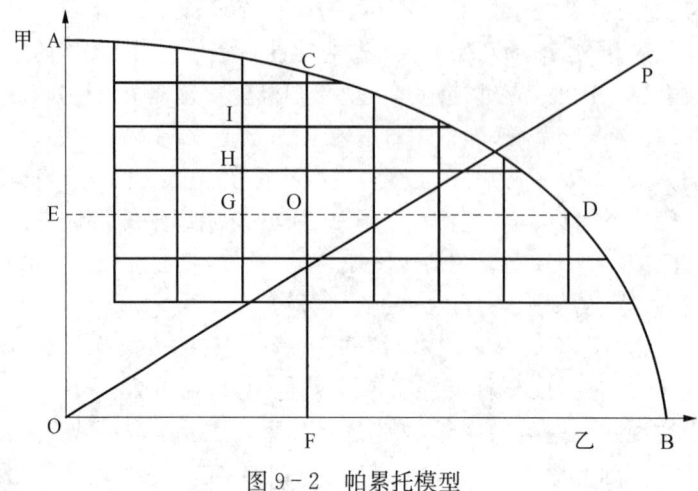

图 9-2 帕累托模型

域内的任何一点移动所带来的甲和乙的利益变化的情况。

①点 Q 移到点 G：乙的收益减少了，少了一个单位的收益；甲的收益增加了，所增加的收益少于一个单位。

②点 Q 移到点 H：乙的收益减少了一个单位；而甲的收益则增加了一个单位。

③点 Q 移到点 I：乙的收益减少了，少了一个单位的收益；甲的收益增加了，增加了两个单位的收益。

可见，上面 3 种情况，甲的收益的增加都是建立在乙的收益减少的前提下的。只是最后所产生的区域利益的结果不同。

① 区域利益减少；

② 区域利益不变；

③ 区域利益增加。

但是，由于乙是理性人，虽然第③种情况会使区域利益增加，他还是不会做出这些选择的。

现在我们假设区域内存在第三个利益经济主体——区域利益主体，它也是理性的，那么它就会倾向于第三种情况的选择，现在问题是，如何使乙愿意做出这个决策呢？因为乙是理性的，那么要使他同意这个决策，就必须使他的收益能够大于原来的收益。应该采取怎么样的措施来使三方利益都增加？我们可以设想，如果甲把多增加的两个单位的收益拿出 1.5 个单位来给乙，那么乙的收益就增加了 0.5 个单位，这时甲的收益也增加了 0.5 个单位，在这种情况下，三方利益都增加了，实现了区域利益的帕雷托改进。因为如果甲不拿出 1.5 个单位的收益出来补偿给乙，那么乙是不可能做出这个选择的，甲也就得不到额外 2 个单位的收益。所以甲从理性角度出发，他就会愿意拿出这 1.5 个单位的利益出来补偿给乙。如果点 Q 移动到 QDBF 区域内的任何一点，我们可以做出同样分析，只不过受益的利益主体变了。

虽然点 Q 向区域 QCD 移动的区域利益帕雷托改进是区域各利益主体的最佳选择，但是在现实的区域旅游协作中，并不总会出现这种令人称心如意的情况，可能有时区域旅游协作的结果会出现点 Q 向区域 ACQE 或区域 QDBF 移动的情况,通过上面的分析可知,如果旅游经济利益主体是理性的,那么受损方就不会同意作出这个选择。这时,只有通过对利益进行重新分配,实现受损方的受损利益得到补偿,使各方所得到的利益都大于区域旅游产业协同发展之前的利益,才能实现区域利益的帕雷托改进。所以,为了使区域旅游协作能够顺利运行,在出现只能使区域利益的帕雷托最优的情况下,政府可以通过设立一个利益补偿机制来解决这个问题。至于如何建立利益补偿机制,我们可以借鉴欧盟旅游一体化的经验。

由于欧盟各成员国之间、成员国各地区之间的贫富程度不一,不同国家的利益影响欧盟集团整体利益的发展,欧盟以"加强经济社会凝聚力"为目标,通过强化资金直接转移方式援助经济发展缓慢的欠发达成员国的贫困地区。"欧洲社会基金"、"欧洲农业保障和指导基金"、"欧洲区域发展基金"、"凝聚基金"等,从不同侧面支持着旅游产业,它们或是用于旅游资源开发,或是用于服务设施建设以及从业人员的培训,以期改善乡村或没落城市的相关观光环境的软硬件条件。例如,由欧洲区域发展基金(ERDF)协助法国没落的蔚蓝海岸城市库罗纳重塑成符合现代休闲观光的城市;借由欧洲社会基金的财源补助将丹麦的伯恩荷姆岛建立成为"信息之岛",除了让前往丹麦旅游的人获得所需资料外,也提升了当地的观光收益。

我国区域旅游协同发展的利益补偿机制可以借鉴欧盟旅游一体化的发展经验,成立区域旅游产业协同发展公用基金。公用基金可以从区域内各个城市每年旅游收入中提留一定比例,按照各个城市旅游业发展程度、人口比例以及地域空间的加权计算各自应缴费用,按年度缴纳,这样符合各地方的利益。对公用基金的使用必须经过区域旅游发展委员会批准,使用公用基金的作用是使得由于区域旅游产业协同发展而利益受损的地区,不要因为暂时的利益损失而放弃区域旅游产业协同发展,从而通过利益补偿的方式,使得各个地方的短期利益也得到补偿,有利于协同发展的持久性。公用基金的使用主要有以下三种方式:资金援助,即直接向利益受损方提供资金的援助;技术援助,即提供旅游产品开发咨询(区域旅游考察、勘探、旅游开发规划)、旅游从业人员培训、旅游服务技能和文献资料;项目援助,即将公用基金直接用于利益受损方的旅游项目建设,一般为旅游基础设施、接待设施和旅游人才培训。

(四) 绩效反馈机制

区域旅游产业协同发展的绩效反馈机制是指在区域旅游产业协同发展过程中,以年度为单位,连续跟踪协同发展的计划、项目和目标的实施和实现情况,通过搜集信息和实地考察等方式,参照区域旅游产业发展战略目标体系,对区域旅游产业总体以及个体进行考核评估,并根据考核评估结果进行绩效反馈的一种机制。它必须始终贯穿于区域旅游产业协同发展的过程当中。其目的是为了更好地实现区域旅游产业协同发展的总体目标,监督参与协同发展的各行为主体,解决区域旅游产业协同发展过程中一直存在的低效率、甚至无效率问题。同时,它有利于区域的宏观决策者扬长避短,对有利于协同发展的措施积极发扬光大,对出现偏差的环节及时进行偏差分析,找出原因,制定纠偏措施。

1. 区域旅游产业发展战略目标体系

区域旅游产业发展战略目标体系由一个或若干个核心目标与系列扩展目标构成。核心目标一般为产业发展目标和实现产业在区域经济中作用和地位的贡献率目标。产业发展目标由区域旅游产业的消费集中度和离散度（即市场规模及其维系水平和扩延水平）、旅游生产供给的专业化水平、旅游经济运行的规范化程度以及区域旅游产业的可持续性等指标来衡量；贡献率目标则指动态的旅游产业产值在区域 GDP 中的比重和贡献率。除此之外，核心目标还应该涵盖区域经济中旅游产业对国民经济的动态发展贡献，即投资乘数、需求乘数、就业乘数与国民收入乘数的水平，据此可以判断区域旅游产业在区域经济中和区域经济运行周期的各阶段中的性质、地位与作用；同时，核心目标中也应涵盖发展对区域经济结构高度化和经济发展的贡献率。区域旅游产业发展的扩展目标包括文明发展、价值发展、社会结构发展和社会环境发展在内的社会发展目标，包括文化资源价值的外显与市场发展、民族文化个性的国际认同等内容在内的社会发展目标，也包括由于区域旅游产业的发展重建人与自然、现在的人与未来的人、现在的环境与未来的环境共存共荣的可持续发展目标。

2. 绩效评估与反馈

从区域经济发展和旅游产业发展的规律看，旅游经济运行和国民经济运行周期是一致的，都以年度为单位进行测算。因此，区域旅游产业协同发展的绩效评估与反馈也应以年度为单位。评估小组的成员应由区域旅游联合发展委员会的成员组成，参照区域旅游产业发展战略目标体系，设定各个目标及其包含内容所占的权重，根据各地区的年度旅游统计及平时定期、不定期的信息搜集和实地考察所获得的资料，对区域旅游产业整体和各地区旅游产业发展的绩效进行打分评估。根据评估结果，如果区域旅游产业的整体经济运行绩效大于各地区单体经济运行绩效之和，且各地区单体经济运行的绩效大于各地区协同前的经济运行绩效，那么可认为区域旅游产业协同发展是有效的。反之，区域旅游产业协同发展是无效的。在无效的情形之下，区域的宏观决策者应将绩效评估结果反馈到产业协同发展的各个环节之上，对出现偏差的环节及时进行偏差分析，找出原因，制定纠偏措施。同时，可根据绩效评估结果对积极参与协同发展的地区进行激励。激励主要有物质激励和非物质激励两种形式。适当的激励有助于各行为主体提供真实的信息，有助于各行为主体为组织目标的实现投入足够的努力。相应地，对那些试图"搭便车"的机会主义者或对协同发展持观望态度的主体，应根据协同发展规则中所制定的惩罚措施进行惩罚。必要的惩罚有助于为参与协同发展的各行为主体提供道德约束，有助于保障区域整体利益的实现。

三、西北地区旅游产业协同发展现状

（一）西北地区旅游资源特色

西北地区拥有丰富的旅游资源，类型全、品位高、特色与垄断性强。截至 2015 年底，西北地区有世界文化与自然遗产 4 处、国家历史文化名城 13 个、国家级重点风景名胜区 10 处（表 9-1、9-2），以及众多的省级、市县级旅游资源。

表 9-1　西北地区世界文化与自然遗产名录

遗产类型	遗产名称	省份	批准年份
文化遗产	万里长城	陕西、甘肃、宁夏	1987
	敦煌莫高窟	甘肃	1987
	西安秦始皇陵及兵马俑	陕西	1987
	丝绸之路中国段	河南、陕西、甘肃、新疆	2014

资料来源：中国国家文物局网站。

表 9-2　西北地区国家历史文化名城

	总数	名称		
		第一批	第二批	第三批
陕西	6	西安、延安	韩城、榆林	咸阳、汉中
甘肃	4		敦煌、张掖、武威	天水
宁夏	1		银川	
青海	1			同仁
新疆	1		喀什	

资料来源：中国国家文物局网站。

自然风光雄美壮观。独特的地理环境，造就了西北地区雄浑壮美的自然风光。这里有中国乃至世界上屈指可数的高山雪峰（如昆仑山、秦岭和乔戈里峰），内陆湖泊（如天山天池、喀纳斯湖和青海湖），现代冰川（如乌鲁木齐天山一号冰川和嘉峪关七一冰川），大漠戈壁（如塔克拉玛干沙漠和腾格里沙漠），雅丹地貌（如新疆乌尔禾和敦煌玉门关风蚀魔鬼城），鸣沙奇观（如敦煌鸣沙山和中卫沙坡头）和充满原始野趣的江河源头；也有沙海绿洲（如吐鲁番葡萄沟和敦煌南湖绿洲），辽阔牧场（如巩乃斯草原和甘南草原），原始森林（如阿尔泰山林区和秦岭林区），稻香鱼跃的塞上江南（主要是宁夏平原）和沟壑纵横的黄土高坡；还有华夏独具的"亚心"（指位处乌鲁木齐西南郊的亚洲大陆地理中心）和世界第二低地（艾丁湖）等特殊地理标志。那种与我国东部迥然不同的恢宏博大、粗犷豪放的气势，每年都吸引着大量海内外旅游者前来探险采风和观光考察。

古文化遗存丰厚深邃。悠久的文明历史，使西北地区积淀了丰厚深邃的古文化遗存。这里是中华民族的主要发祥地之一，由半坡原始村落遗址、轩辕黄帝陵和天水伏羲庙所集中展示的华夏远古文明，感召着无数海内外龙的传人前来寻根祭祖；而2 000多年前那条东起长安城，横贯大西北，在世界文明史上地位显赫的商贸大道——丝绸之路及其沿线保存至今；以世界第八奇迹——秦始皇陵兵马俑，世界佛教艺术宝库——莫高窟，中国旅游标志——东汉铜奔马及其出土地武威雷台汉墓，佛门胜寺——法门寺，万里长城西起点——嘉峪关和吐鲁番，两城遗址——交河、高昌故城为代表的诸多陵墓、石窟、寺庙、关隘、烽燧和古城，以及那悲壮、苍凉而又脍炙人口、堪称千古绝唱的唐代边塞诗，则随着现代丝绸之路——新亚欧大陆桥的开通，正吸引着越来越多的海内外旅游者前来访古探胜。如同一位国际旅游组织专家断言的那样，丝绸之路将是一条永远经久不衰的世界旅游热线！

民族风情绚丽多姿。众多兄弟民族交错居住，长期和睦相处，且又都保持着各自独特的生活习俗和文化特征,使西北地区表现出绚丽多姿的民族风情。作为全国第二大多民族区域(仅次于西南地区),这里除广泛分布的汉族外,还聚居着18个少数民族。我国信奉伊斯兰教的10个少数民族,基本上全都聚居在本区;聚居有13个主要民族的新疆,则与云南一道并称我国的民族博物馆。大西北那古朴淳厚的西域多民族风情以及回族风情、藏族风情、裕固族风情和汉族黄土风情,都令人流连忘返,回味无穷。总之,特色鲜明、丰富无比的旅游资源,为西北旅游产业的协同发展提供了雄厚的物质基础和广阔的地理空间,旅游产业完全有条件发展成为一项新兴的支柱产业,带动整个西北地区的经济发展。

(二)西北地区旅游产业协同发展进程、成绩及与长三角地区比较分析

1. 西北地区旅游产业协同发展的进程

20世纪80年代是西北地区旅游产业协同发展的萌芽阶段。这一时期,随着十一届三中全会的召开,在自上而下的推动下,全国各地出现了旅游协作的潮流,试图把区域旅游协作的构想付诸实践,相继成立了区域旅游协作组织,其中就包括西北旅游协作区。这一时期虽然在区域旅游中提出了协作的理念,但是大部分是在"诸侯经济"格局下,由行政"拉郎配"而组成。这种协作缺乏联合的基础与动力,各地区对开展区域协作的必要性认识不充分,因此各自为政、自给自足、自成体系,闭关自守依然是发展的主旋律,并没有形成真正意义上的协作。但在这一时期,全国旅游产业的发展很大程度上依然是资源导向型发展模式,政府、旅游企业和景区经营者尚未有深度的资源开发、整合以及促销的意识,西北地区的旅游产业凭借其得天独厚的旅游资源优势和自身坚持不懈的努力在这一时期获得了较快的发展。

20世纪90年代是西北旅游产业协同发展的非理性发展阶段。这一时期,地方旅游开始走出地域和行政范围的界限,市场逐渐成为推动地方区域旅游协作的主要动力,对旅游协作的具体运作方式的探讨成为区域旅游协作的重点,同时强调协作中对客源市场的联合开拓、联合促销等问题。这一时期对旅游协作的认识,突破了以往只是从地缘关系来考虑区域旅游联系的限制,开始从资源互补、市场共享、整体销售、规模经济等方面来认识问题。但在这一时期,西北地区由于观念落后,认为资源优势即产业优势,对外宣传力度不够;经济基础薄弱,相关的基础配套设施不够完善;旅游资源开发不力、深度不够等原因,使其旅游产业的发展呈现出产业规模小、市场占有率低和各省区产业发展极不平衡等特点。这一时期,西北地区旅游产业的发展不仅与东部沿海地区无法相提并论,而且与全国平均水平相比也有明显差距,更与自身突出的资源优势极不相称。

2000年至今是西北地区旅游产业协同发展的全新发展阶段。自21世纪以来,在区域经济合作的背景下,各地方清醒地看到当前和未来旅游产业的激烈竞争,认识到旅游协作的重要性。特别是2003年的一场突如其来的"非典"危机,让人们重新开始审视区域旅游协作。西北地区旅游产业受"非典"影响较大,"非典"过后,加强西北五省区的旅游协作成为恢复和振兴本地区旅游产业的必然选择。在这一时期,由陕西、甘肃、宁夏、青海、新疆和新疆生产建设兵团所组成的西北旅游协作区,经过相互间的互信合作,逐渐实现了从形式到内容到机制的全新变化,影响力不断提升。西北旅游协作区年会作为西北旅游协作区战略合作发展的重要高峰会议,定期举行,研究区域旅游协作事项,对推进西北地区旅游

产业的发展起到了积极作用。近年来,区域旅游协作思维不断创新,协作领域更为广泛。五省区协作事项在内容上主要表现为共同参展促销、制作宣传品、推广跨区域的旅游产品;在形式上主要表现为通过召开协作会、研讨会、组织旅行社和媒体跨区域考察踩线、举办跨区域旅游活动等;在保障上主要表现为探索性地建立了西北旅游合作机制以及绿色通道等。

2. 西北地区旅游产业协同发展取得的成绩

21世纪以来,随着西北地区旅游协作轰轰烈烈的展开,西北地区的旅游产业凭借资源优势和政府政策的支持,获得了较快的发展。2015年,全区接待海外旅游者高达477.18万人次,旅游外汇收入26.82亿美元,同比分别增长62.92%和37.52%,旅游产业已成为西北地区重要的非贸易创汇产业。与此同时,全区的国内旅游也得到了蓬勃的发展,旅游产业空间布局初步展开,并呈现出以下两大特点:第一,旅游资源和旅游线路开发以丝绸之路为主轴,依托亚欧大陆桥,初步形成了东西延伸、南北辐射的发展格局。由于东西横贯的古丝绸之路串联了陕、甘、宁、青、新5省区,荟萃了西北旅游资源的主体和精华,在国内外享有很高的知名度和拥有巨大的诱惑力(号称神秘的丝路古道,永远的旅游梦境),且与亚欧大陆桥中国段几乎完全重合,从而把发达的欧洲旅游市场和崛起中的亚太旅游市场有机联系在一起,使其理所当然地成为西北地区旅游资源和旅游线路开发的主轴。近年来,经过国家和5省区的大力开发建设与联合宣传促销,丝绸之路沿线景区景点和配套设施日臻完善,已成为中国诸多旅游产品中较为成熟和极具影响力的主题线路。与此同时,国家和5省区旅游局又依托丝绸之路主轴,精心规划设计和推出了向南北两翼辐射的,诸如陕北"三黄一圣"(即黄土地、黄帝陵、黄河壶口瀑布和延安革命圣地)、甘宁长城之旅和黄河风情、穆斯林风情、青海高原登山狩猎、新疆塔克拉玛干沙漠和罗布泊探险等富有西北地域特色的分支专题旅游线路。由此,丝绸之路沿线成为中国距离最长、形象突出、辐射面宽和吸引力强的一条旅游带。第二,旅游区建设重点突出以西安、兰州、敦煌、乌鲁木齐和喀什为中心,形成关中、黄河干流上游、河西走廊西部、北疆中部和南疆西南部等个功能比较齐全的特色旅游区。上述5个旅游中心城市则已经成为食、住、行、游、购、娱6大要素配套、接待能力初具规模的西北旅游产业发展的增长点,其中又以西安、乌鲁木齐和兰州3个城市的旅游产业实力较强。

3. 西北地区与长三角地区旅游产业协同发展现状比较分析

西北地区的旅游产业经过近几年的长足发展虽然取得了可喜可贺的成绩,但无论在产业协同发展所带来的社会效应、经济效应和生态效应方面,还是在产业协同发展参与的主体、协同发展涉及的内容和协同发展保障机制的建设方面都无法与东部产业协同发展程度较高的地区相提并论,甚至还略低于全国平均发展水平。以下将从产业协同发展参与的主体、协同发展涉及的内容和协同发展保障机制的建设等方面与长三角地区进行比较分析,从而看出西北地区旅游产业协同发展所存在的问题。

① 参与的主体比较分析。目前,长三角地区旅游产业协同发展的支撑主体还是政府,政府在倡导、组织、推动产业协同发展方面起到了十分重要的作用。近年来,区域内政府高层领导多次聚会,共同研究包括旅游在内的区域协作重大问题,不仅创立制度化的区域旅游协作小组来负责协调区域旅游产业发展的重大问题,而且还从宏观层面上明确区域旅游协作的总体思路和战略目标,以及当前及今后区域旅游协作的重点内容和行业领

域。政府间的协作正从局部的、零星的和松散型协作向高层次的、全方位的、紧密型的协作方向发展。一直以来,在西北地区旅游产业协同发展的进程中,政府是最重要的推动力量。无论是"丝绸之路"和"神奇大西北"等品牌旅游产品的建设,"唐蕃古道线"、"青藏线路旅游线"等特色旅游线路的设计,还是国际和国内的旅游交易会联合市场促销,旅游宣传手册的印制,都不乏各级政府活跃的身影,许多活动其实就是通过政府间的安排来进行的。区域内的旅游企业反应远远不如政府积极,许多旅游企业对区域旅游产业协同发展采取一种观望态度,有些旅游企业虽碍于情面或迫于压力参与到活动中来,却往往缺乏自身的积极性、主动性和创造性。就西北旅游产业发展的现状来看,协同发展需要以政府为主导,没有政府的介入和相关政策,协同发展势必就缺乏必要的基础和条件。但政府的某些政策还需要落实到旅游企业的行为上,只有政府的积极性而没有旅游企业的积极性,协同发展是难以深入进行的。

② 协同发展所涉及的内容比较分析。主要从区域旅游系统所包含的客源市场系统、出行系统、目的地系统和支持系统子系统四个方面来分析长三角地区和西北地区协同发展所涉及内容的异同(表9-3)。

表9-3 长三角地区和西北地区旅游产业协同发展所涉及内容的比较分析

子系统		长三角地区	西北地区
客源市场系统	交通	共拓国内和国外旅游市场;区内各城市互为客源市场	共拓国内和国外旅游市场;区内各城市互为客源市场
		长三角的交通建设日新月异:苏嘉杭高速公路南段、甬台温高速公路通车;苏通大桥、崇海大桥"勾连"苏南和苏中的沿江高速公路,形成南北并行互通的高速通道;杭州湾跨海大桥的建设,沟通沪杭和沪甬高速公路,并连接乍嘉苏和甬台温高速公路,使整个长江三角洲形成一个交叉往复的交通网络	全区尚未形成快捷畅通的现代立体交通网络,机场、航线、航班和火车卧铺及高等级公路较少;交通仍为制约西北地区旅游产业发展的一个主要"瓶颈";目前,各省区的旅游协作尚未涉及这方面内容
出行系统	营销宣传	旅游产品的联合营销已经受到了长三角地区旅游部门和旅游企业的重视并逐渐推广,取得了良好的市场效果;2003年联手向海外推出了江浙沪旅游年活动统一标识,举办了多场大型旅游节庆活动;2004年成立"江浙沪旅游市场促进会",建立定期的江浙沪旅游市场开发例会制度,打造江浙沪旅游市场一体化;2005年联手亮相中国国际旅游交易会、国内旅游交易会,打出长三角旅游品牌;建立长三角旅游广播网,播出长三角地区的旅游信息;联手制作中、英、日文光碟;共同组织境内外媒体对三地旅游景区进行考察、采访;参展英国伦敦国际旅游展、巴黎国际旅游展等大型旅游展会,并赴埃及、土耳其、西班牙促销;出版《江浙沪完全旅游手册》和《江浙沪旅游交通图》;编制重点活动节庆的年历;2006年举办江浙沪旅游发展高层论坛,联合在美国举行两场旅游推介会;参加韩国国际旅游展并举办江浙沪旅游推介会	在国内国际旅游交易会及新闻媒体上联合举办"神奇大西北旅游推介会"进行整体宣传推介,并通过各种方式在彼此的旅游市场上开展宣传促销活动;与西北旅游宣传机构合作,编辑出版联合宣传品17种,总印量超过了50万册,其中《神奇大西北》联合导游图已再版3次。共同建设了国西北旅游网,并联合编辑了《西北旅游》DM杂志。2008年,借北京奥运会的契机,五省区及新疆建设兵团旅游局联合举办2008中国西北旅游网上博览会,向国内外宣传推广西北旅游

续表

子系统		长三角地区	西北地区
出行系统	咨询中心	2000年,上海在全国首创旅游咨询中心,分布在各区县最繁华地段的22家咨询中心,以各种文字材料及电脑触摸屏的方式,向旅游者免费提供旅游咨询	目前,各省区的旅游协作尚未涉及这方面内容
目的地系统	旅游资源整合	在传统的沪、苏、锡、杭游线的基础上,联手推出新的华东旅游线路。推出温州进、上海出,或宁波进、上海出的新游线,将浙江的绍兴、台州也融入到这条线路之中,如:上海—杭州—黄山的"名城名湖名山"旅游线路;上海—杭州—苏州的"新天堂之旅"线路。与此同时,开辟两条汽车旅游线路,即:无锡—上海—杭州—金华—衢州—三清山;无锡—上海—杭州—温州—雁荡山	以享誉世界的"丝绸之路"为龙头,带动区域旅游资源整合,设计出多条探险旅游线路和特色旅游线路
	产品品牌建设	共建"长三角旅游品牌"和"都市旅游品牌"	共建"丝绸之路"和"神奇大西北"两个国际旅游品牌
	设施子系统	在基础设施与服务设施领域,长三角区域配套服务设施建设比较发达,设施规划和分工布局体系也比较科学,基本上能满足市场需求,区域内的设施协作机制也较有效,结构也日益优化	由于开发程度低以及资金的匮乏,西北地区的基础设施和住宿接待设施普遍落后,不够完善。相当一部分旅游饭店等设施陈旧,配套设施不完善,严重影响了接待能力。目前,各省区的旅游协作尚未涉及这方面内容
支持系统	政策保障	从"交通一体化"、"产业一体化"、"市场一体化"、"信息一体化"、"制度一体化"、"环境一体化"等六个方面,为长三角无障碍旅游区建设提供具体的政策支持	五省区签署《西北五省区旅游绿色通道管理办法》。主要内容包括:西北旅游协作区各省区之间相互开放旅游市场,允许旅游车辆和人员直接进入对方旅游景区、景点;各省区旅游团队进入对方景区游览,应当由当地旅游中心配备导游或讲解员,进行有偿讲解服务,外省区导游不得进行讲解服务等。在推进市场一体化方面,推行和认同市民待遇和省民待遇,打破属地行政法规和政策对于异地企业法人与自然人在本行政区域经济活动的限制,取消地区保护主义和行政壁垒。允许外地旅行社异地开设分支机构,鼓励区内优秀旅游企业、跨城市的连锁经营
	市场环境	作为全国市场化程度最高的区域,为区域旅游产业协同发展创造了良好的制度环境和政策环境,尤其是各地市旅游管理体制的创新改革和旅游投融资体制的创新,为大量社会资金进入旅游投资领域创造了条件,也为旅游产业发展提供了有效的市场制度环境。而且,市场化运作机制有力地促进了区域旅游产业协同发展空间范围的扩大和保障机制的日益完善,有利于实现区域旅游要素资源的科学合理配置和优化区域旅游产业结构、空间结构	市场化程度较低,不利于区域旅游产业的协同发展
	人才教育	每年定期召开联席会议,加强旅游教育培训部门的工作交流;逐步形成职业培训的统一标准和内容;协同开展各级各类旅游业务培训工作;开展各类旅游业务技能竞赛活动,促进区域内旅游专业人才的柔性流动	为实现无障碍导游,五省区倡议西北旅游协作区旅游部门逐步共同编制导游讲解书籍,帮助导游人员进一步熟悉各省区(团)的主要旅游景点,提高导游人员现场讲解水平和导游技巧能力

从表 9-3 的对比分析可以看出：第一，长三角地区旅游产业协同发展所涉及的内容比较广泛，基本涵盖了四个子系统所包含的各个方面；而西北地区旅游产业协同发展只是涉及了部分内容，交通建设、旅游咨询中心、设施子系统和市场环境建设等方面都没有涉及。第二，即使在两个地区都涉及的内容方面，如营销宣传、旅游资源整合、政策保障和人才教育培训等方面，长三角地区的内容也比西北地区更丰富更全面。

③ 协同发展保障机制的建设比较分析。经过二十余年探索与努力，特别是近年来由于各地区对旅游空间效益的追求、"非典"的催化作用、世博经济的推动等原因，长三角区域旅游协作从舆论引导到达成共识，从项目合作到市场整治，从无障碍旅游区提出到各方自动链接，最后迈向区域旅游一体化，长三角区域旅游的发展目标十分清晰。同时，也形成了由长江三角洲城市经济协调会、沪苏浙经济合作与发展座谈会、江浙沪旅游联席会议等机构和各种根据一定的目标和原则签订的区域协作协议、框架、联合宣言等组成的运行机制。但长三角地区在利益补偿机制和绩效反馈机制的建设方面也有所缺失。而西北地区经过多年的发展，只是将西北旅游协作区年会固定下来，在各种保障机制的建设方面都有待完善。

从以上三方面的分析可以看出，长三角地区旅游产业协同发展的主体更为多元化、内容更为丰富化、保障机制更为完善化，已经真正实现了区域旅游产业协同发展的多层面和综合化。而西北地区由于其主体和内容比较单一，保障机制尚不健全，仍处于区域旅游产业协同发展的单一化试探阶段。

四、西北地区旅游产业协同发展战略及建议

（一）旅游产业协同发展的内容应丰富化

实施以国际旅游绝品和国内旅游精品为重点的旅游产品品牌的非均衡倾斜开发策略，同时构建梯度化的旅游产品体系。联合申报"丝绸之路"中国段，将其建设成为国际旅游绝品。"丝绸之路"是西北地区的传统黄金旅游线路，是一条经久不衰的世界旅游热线。必须赋予其新时代、新产业的特征。该旅游带是西北地区旅游资源的主体和精华，西北五省应以联合申报"丝绸之路"中国段为世界人类文化遗产的契机，发挥各省资源的互补性，联合开发，协调发展，根据比较优势整合各省的旅游资源，形成集聚优势，将"丝绸之路"建设成为国际旅游绝品，使之成为真正意义上的旅游发展之路、文化传播之路、区域协作之路及和谐发展之路。

选择秦始皇陵兵马俑、敦煌莫高窟、陕甘宁万里长城三处世界人类文化遗产作为旗帜品牌，将其建设成为国内旅游精品。秦始皇陵兵马俑、敦煌莫高窟、陕甘宁万里长城在 1987 年同时被评为世界文化遗产，开发时间较早、海内外美誉度和认可度较高、市场垄断程度较强。西北地区各级政府和旅游企业要花大力气对其进行深度开发和联合推介，努力将其扶植和打造成为区域旅游产业发展的支柱和旅游经济的增长级。同时，通过其旗帜品牌的"扩散效应"带动区内其他非优势旅游产品的发展。

构建梯度化的旅游产品体系。梯度化的产品体系主要包括低端、中端与高端 3 个层

面上的产品,而旅游产品的梯度层面主要是由产品的技术含量、产品的功能和产品的市场相应程度来共同决定的。按此标准观光型产品大多属于低端产品,商务会展度假型产品和体验型产品是中端产品,而文化型产品属于高端产品。梯度化产品体系的构建主要包括以下四方面内容:① 观光型产品。西北地区特殊的自然生态适合于开发观光旅游产品。西北地区大多数省区都有自己的特殊自然生态系统,不少是内地和东部地区所缺乏的,如高原、雪山、草原、沙漠、戈壁、绿洲、高山湖泊等。对于国内其他地区的旅游者来说,西北作为一个区域性的概念,本身就带有神秘性和异域色彩。因此,西北地区应适当开发此类旅游产品来满足国内外旅游者求奇的心理需求。② 商务、会展和度假型产品。西安作为与罗马、雅典、开罗齐名的世界四大古都之一,通过近些年的发展,无论是作为硬件的城市基础设施方面还是作为软件的城市形象方面都得到了进一步的提高与完善。从2004年开始每年的春秋都有一些大型的国际会议在西安召开,为西安发展商务旅游和会展旅游奠定了基础。西安在发展商务和会展旅游时,应充分挖掘与北京、上海的差异性,突出西安在世界发展史中的地位,开发高端的、世界性的商务及会展旅游产品。而其他几个中心城市,如兰州、乌鲁木齐等,因为夏季凉爽,气候宜人可以适时开发商务、会展和度假旅游产品。③ 体验型旅游产品:一是开展探险旅游,包括沙漠探险游、山岳探险游、森林探险游和漂流等;二是开展美食旅游,西北各地多个不同民族在美食方面各具特色,可组织旅游者现场品尝和制作,具有很大的开发前景;三是开展体育旅游,随着国际国内体育赛事的火爆,体育旅游骤然升温。西北地区各城市应结合自身的资源现状,积极创造条件承办体育赛事。④ 文化型旅游产品。西北地区拥有我国六大古都之首的西安,可以大规模的发展关中文物古迹游;古丝绸之路上的石窟宗教艺术融汇了中西文化和民族文化的精粹,可开展石窟与宗教文化游;西北地区又是仅次于西南地区的第二个多民族聚居区,各民族区域在建筑、语言、服饰、礼仪、节庆、饮食、舞蹈、乡土工艺等方面都各具特色,可开展民俗文化游。

建设旅游交通网络体系。按照"旅游要发展,交通要先行"的原则,建立科学有效的旅游交通网络是十分必要的。目前西北地区已经初步形成了铁路、公路和航空等多种运输方式,但是与西北地区广阔的地域面积及旅游资源过度分散的特点相比,西北地区的交通网络还是相对落后的。对于未来交通网络的建设要以"增强东联通道,开辟西出干线,形成区内网络"为建设重点,建成西北地区与东中部联系的三条主干运输通道,形成以亚欧大陆桥为主干、南北两侧大通道相辅助的格局。亚欧大陆桥主干通道应强化由陇海、兰新、北疆铁路线和连云港霍尔果斯公路国道主干线组成的亚欧大陆桥通道,适时将铁路向国外延伸。铁路建设要加大既有线路的改造力度,改善列车设施,提升旅游列车的档次;增加夕发朝至列车和通往西北地区主要旅游城市的旅游专列。公路建设要重点建设好进出旅游区的公路(特别是国家级、省级景区和重要旅游资源开发地的出入支线公路)、景区内游览道路、上山公路及景点沿线公路,努力提高公路等级;建立和完善主要旅游区与旅游城市之间的旅游线路配套的公路网络,在省会城市周边,旅游热点之间率先建设高速公路或高等级公路。航空建设要增加西北地区的国际航空口岸个数,积极发展国际航线,把乌鲁木齐建设成西北旅游向西发展的国际口岸枢纽;开通中心城市至日本和欧洲等地的海外航线,实现国内外航线与全国大城市及旅游热点地区的网络化。

实施主题化的品牌营销。相对于其他方面来说,西北地区的联合营销工作做得较为踏实,形式较为多样化,突出了西北地区的整体形象,取得了一定的成绩。在未来的宣传营销中,要继续发扬其原有的优点,同时要突出三大主题:第一个主题是世界性,主要是针对丝绸之路、秦始皇陵兵马俑、敦煌莫高窟、陕甘宁万里长城四个具有世界性垄断地位的旅游产品品牌的营销;第二个主题是神秘性,主要是针对由高原、雪山、草原、沙漠、戈壁、绿洲、高山湖泊等这些西北地区神秘的自然风光所构成的"神秘大西北"旅游产品品牌的营销;第三个主题是文化性,主要是古都文化、宗教文化和民俗文化这类文化旅游产品的营销。

实施人才战略。旅游产业涉及众多行业,旅游活动涉及众多方面,要求旅游产业从业人员具备与之相关的知识。旅游产业人力资源作为旅游产业生产要素之一,它属于高级生产要素,未来旅游产业对旅游人才的竞争将显得越来越明显。西北地区实施旅游人才战略刻不容缓。第一,改变旧的旅游产业人才观。一直以来,旅游产业从业人员被认为知识层次低下,旅游产业不存在人才门槛,这种观点不利于西北旅游产业人才的发现和吸收。第二,形成新的旅游人才竞聘机制。无论是食、住、行、游、购、娱等与旅游活动直接相关的从业人员,还是旅游营销、旅游经济管理、旅游规划等方面的研究人员,都可以通过竞聘的方式择优录取,不埋没人才,不滥用人才。第三,搞好西北旅游院校建设。首先搞好师资队伍的建设,师资队伍中既要有旅游管理的研究人员,又要有经验丰富的旅游行业的实践者。同时,旅游院校要与旅游企业、旅游管理部门联合,通过理论与实践的结合,使学生能迅速适应今后的旅游行业实践。

(二) 产业协同发展的保障机制的完善化

完善运行机制。首先,根据席位制并结合西北地区实际,建立旅游联合发展委员会,确立旅游发展的总体目标及阶段性目标,并处理旅游产业发展过程中的突发事件。其次,西北旅游协作区年会作为西北旅游协作区旅游产业战略发展的重要高峰会议,定期举行,研究区域旅游协作事项,对推进西北地区旅游产业的发展起到了积极作用。西北地区应继续发挥其积极作用。最后,各省市领导在以后的年会上应结合西北地区旅游产业发展的实际共同商谈、签订区域各主体应遵守的发展规则,并用文件的形式固定下来,由旅游联合发展委员会监督实施。

建立利益补偿机制和绩效反馈机制。西北地区由于经济条件及资源条件等原因,使得旅游产业处于极不均衡的发展格局。为了避免因为利益分配不均而带来的不利影响,建立利益补偿机制就势在必行。利益补偿机制可以保证各行为主体从协同发展过程中得到收益,通过援助等手段,缩小区域内差距,推进区域旅游产业的健康发展。绩效反馈机制是为了区域旅游产业协同发展的目标更好的实现,为了达成的协议章程、制定的制度标准得到不折不扣地执行,参照区域旅游产业发展战略目标体系,对区域旅游经济运行的整体绩效和个体绩效进行评估和反馈。目前在西北地区这两种机制缺失,如何结合本章的理论基础,根据当地经济社会和旅游产业发展的实际建立,值得研究探索。

五、本章小结

本章以协同理论为基础,在充分分析已有研究成果的基础上,围绕区域旅游产业协同发展的相关问题,从理论到实证进行了详细的研究和分析,本章的主要结论如下。

① 区域旅游产业协同发展的主体应由政府、旅游企业和非政府旅游组织三个层面构成。政府是区域旅游产业协同发展的重要主体,旅游企业和非政府旅游组织同样是不可或缺的。

② 区域旅游产业是一个开放性、复合型的复杂巨系统,是由大的、宏观的客源市场系统、出行系统、目的地系统和支持系统四个子系统构成的。而区域内各个旅游地的客源市场系统、出行系统、目的地系统和支持系统又成为下一级子系统。只有实现这些纷繁芜杂的子系统之间的协同发展,整个区域旅游产业巨系统才能实现协同发展。

③ 由于现实中区域内各地区利益障碍、体制障碍和文化思想观念障碍的存在,使得区域旅游产业协同发展存在低效率、甚至无效率状况。驱动机制、运行机制、利益补偿机制和绩效反馈机制等保障机制的建立,有利于区域旅游产业向更加健康、有序的方向迈进。

④ 由陕西、甘肃、青海、宁夏和新疆所组成的西北地区在区位、资源和交通等方面都具备旅游产业协同发展的条件,但由于历史和经济等方面的原因,其旅游产业的发展水平不仅远远落后于东部地区,甚至还略低于全国平均发展水平。西北地区今后要充分利用自身的优势条件,认清不同发展阶段旅游产业协同发展的主体,完善协同发展的内容和保障机制建设,加快区域旅游产业的发展。

第十章 区域旅游产业布局优化研究：
以甘肃省河西地区为例

一、布局优化的构成要素

(一) 优化的内涵

区域旅游产业布局优化是指在一定区域空间范围内，对处在不同发展阶段的旅游产业布局进行调整，使之实现产业布局的静态协调与动态均衡。在优化过程中，在对其空间布局现状认真分析的基础上，考虑空间布局的影响因素，对各要素进行合理配置。其目的在于实现区域旅游系统空间地域上的完整性、空间结构和功能结构的协调统一性，从而使区域旅游系统提高总体效益，提高产业素质，最终达到能够合理地利用各生产要素，促进旅游产业发展的目的。旅游产业布局优化过程应当是旅游产业布局合理化与高级化的过程。

旅游产业布局合理化指旅游产业布局要素相互协调能力的加强，旅游产业关联产业水平的提高。通过旅游产业布局合理化的过程，促进旅游产业布局内部要素与外部环境的动态均衡、内部各组成部分间的动态均衡以及促进内部各要素的素质提高。旅游产业高级化是区域旅游系统格局的优化，即实现旅游布局系统从低水平向高水平状态转化，向现代化、规模化、效益化及管理现代化的协调发展。以实现旅游产业系统运行的良性循环。区域旅游产业布局合理化是高级化的前提和基础；高级化是合理化发展的方向和目标。两者相互渗透、相互作用，区域旅游产业布局优化的不同阶段和不同时期，其目标和手段既有一定的区别又有一定的联系。

(二) 优化的必要性

1. 旅游地生命周期发展的必然

加拿大地理学家巴特勒在 1980 年提出了著名的旅游地生命周期理论(product life cycle，PLC)[1]，他认为一个地方的旅游开发不可能始终处于同一个水平，而是随着时间变化不断演变的。并提出旅游地的发展阶段可以分为 6 个不同时期：介入期、探索期、发展期、稳定期、滞胀期和衰弱期，如图 10-1 所示。

旅游地的发展在不同阶段会产生不同矛盾，旅游地的相关管理部门必须根据不断变化的情况对旅游产业的布局进行调整，以适应变化的情况。旅游地布局的本质是旅游地

---

[1] 谢彦君.基础旅游学[M].第三版.北京：中国旅游出版社，2011：142-143.

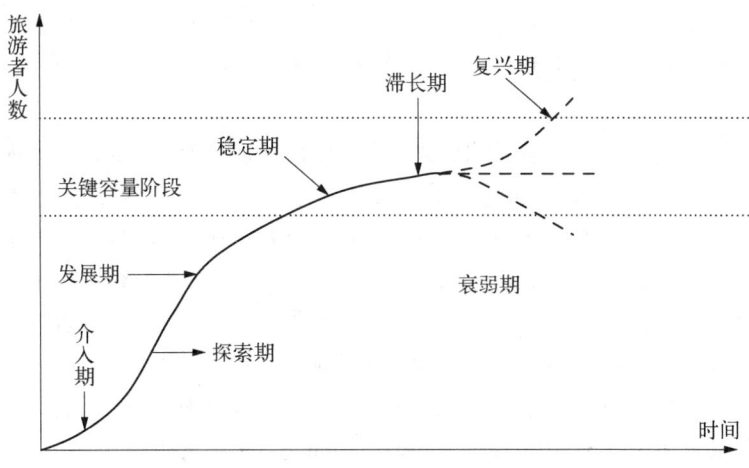

图 10-1 巴特勒的旅游地 PLC 曲线

重获发展机会、复苏生命活力的过程,使其在充满竞争的旅游地中确立自己的特色,提高竞争能力。简而言之,对 PLC 的调整优化不外乎两种基本办法:一是放弃旧产品,重新开发新产品;二是对原有旧产品进行改进,注入新的资金,更新设备,并对产品本身进行更新换代,使 PLC 进入下一轮生长周期。

2. 区域旅游产业非均衡发展的必然

根据新古典经济学的增长理论,经济的增长具有非均衡性。特别是对发展中国家而言,经济增长的非均衡具有普遍性,经济增长的根源来自于多方面,首先是资源的稀缺性与基础的不平衡;其次,竞争与地域分工是造成经济非均衡增长的社会化生产因素;而投资与管理主体的利益趋向性是经营的主体因素。对旅游产业发展而言,旅游资源赋存状况及交通区位条件是区域旅游产业不平衡发展的基本因素。旅游产业的不均衡增长是一种必然的现象,区域旅游产业布局的优化就是通过把有条件进行旅游开发的区域纳入旅游开发的体系中来,由相关区域旅游的开发进行经济联动,通过旅游发达地区的旅游经济的发展推动落后区域的旅游发展。

(三) 优化的要素

区域旅游产业布局由区域内部各种对旅游活动过程产生作用和影响的所有因子共同作用而形成,具有系统和整体性。本章在参考前人对旅游产业布局及其旅游系统空间结构的研究成果上,将旅游产业布局系统空间构成的各要素构成概括为旅游目的地区域、旅游区(旅游景点)、旅游节点、旅游循环路线、入口通道、客源地市场、旅游产业组织和外部市场环境。这八个要素构成旅游产业布局的基本单元,即在目的核心吸引物影响下,游客通过对目的地的认同,从客源地市场经外部交通进入旅游目的地区域,并凭借区域内部旅游路径对不同区域内的旅游节点进行访问,并在外部环境支持保障下,使旅游产业组织得到高强度关联,从而得到区域整体布局优化的效果。

旅游目的地区域。旅游目的地区域的边界与旅游方式和旅游特征紧密相连,旅游目的地区域或大或小,也许会相互重叠,在一个旅游目的地区域,这些区域以不同的规模存在并与行政边界密切配合。旅游目的地规划与设计必须克服及重视旅游目的地各区域之间的边界限制及旅游目的地内的行政区域边界所带来的各种问题,以便进行合理的规划布局。

旅游区(旅游景点)。任一旅游目的地区域都由一些不同旅游主题的旅游节点和旅游范围组成,如果一个范围内有一特定的风格和旅游重点,那么这个范围就称为旅游区。一个旅游区由一个或多个相似的旅游节点组成,旅游区的存在使一旅游目的地区域有可能满足不同类型旅游者的多样性需求和旅游期望。如果能从空间布局角度把一旅游目的地区域内的各旅游进行优化设计,使这些旅游区能加强合作共赢,这一旅游目的地的区域就能产生比各旅游区的吸引力简单相加更强大的区域旅游吸引力。

旅游节点。旅游节点是最基本的旅游布局单元,它是由吸引物聚集体及旅游服务设施组成。吸引聚集体包含旅游者游览或打算游览的任何设施和资源,其包括一个或多个个体吸引物及能产生吸引力的景观和物体等。按照吸引强度的强弱,旅游节点可分为首要节点、次要节点。首要节点是核心旅游吸引物,是旅游者选择某一目的地的最基本的推动力;次要节点是增加区域整体旅游吸引力的重要因素,如旅游地形象标识物,以方便旅游者旅游。吸引物之间的相互补充特性使其所产生的旅游吸引力大于个体吸引物的吸引力简单相加所产生的吸引力。旅游节点的服务设施是指住宿业、各式餐馆、娱乐设施、零售商店或其他任何以旅游者为主要服务目的的服务设施。这些设施是区域旅游产业布局优化的重要影响因素,从服务设施的布局上来讲,服务设施应定位在靠近吸引聚集体上。这样,不仅能方便游客还能产生较大的吸引聚集力。此外,由旅游节点的等级层次性可知,不同层次的住宿设施一般应建设在不同等级的旅游节点上。例如,乡村旅馆应布局于区域的次要节点上,而高档酒店应布局于区域的首要节点上。

旅游线路。旅游线路是由旅游交通、通讯等基础设施组成的路径,是联系交通枢纽和吸引物聚集体之间流动的轨迹。区域旅游线路的设计应考虑各旅游节点之间的通达性、潜在路线的景观质量、旅游者使用的交通工具及旅游地形象标识物的定位等。旅游目的地区域并非所有的旅游节点之间都直接通达,也并非所有的旅游者在返程时都选择同一路径。因此,为了优化区域旅游资源组合及其布局,旅游线路的设计应该是循环路径。

出入口通道。旅游出入口通道是旅游者进入或离开旅游目的地的大门,一般会沿着一条路径集中分布,也许是旅游者由一个目的地进入另一目的地区域的渐进过度点上,虽然有时并未标明,但对旅游者有着重要的生理和心理影响。从旅游布局角度来看,出入口通道预示着一旅游者进入旅游目的区域感知的第一步,也同时表示这一旅程的结束,因此在区域旅游布局整体规划中必须对出入口通道进行关注和考虑。例如,要根据客源地、旅游者特征、季节条件及交通工具的选择等因素来规划和设计,设计出最合适、也最具有吸引力的出入口宣传广告。

客源地市场。旅游客源地市场通常指旅游者及潜在旅游者长期居住的区域。区域旅游的客源市场受多种因素所影响,中国城市居民旅游和休闲出游市场,随距离增加而衰减;80%的出游市场集中在距城市 500 km 以内范围内;由旅游中心城市出发的非本市居民的目的地选择范围主要集中在距城市 250 km 范围内。区域旅游布局把旅游客源地市场纳入考虑范围有助于旅游目的地整体规划布局,有助于旅游目的地出入口通道及旅游形象标识物的规划和设计,从而能够使整体布局达到优化的目的。

旅游产业组织。旅游产业是一个关联性、边缘性极强的第三产业部门,与其他产业相比,在组织结构上具有很强的综合性和开放性。旅游核心产业部门之间以及核心产业部门与关联产业部门之间的强化关联度引导各个旅游行业分工协作的明确关系,其组织的高效高关联度使整个区域旅游产业布局得以调整和优化。

外部市场环境。良好的市场环境是旅游产业布局优化的外部环境要素。目前,我国的消费资料市场已经完全开放,生产资料市场、劳动力市场、资本市场和信息市场虽然也逐步开放,但是相应的市场体系和市场机制尚未建立,严重制约了旅游产业的发展。因此,加快培育市场体系,特别是要开放资本市场,使旅游企业资金能自由流动、相互转化和优化组合,这是建立市场体系的核心环节,也是区域旅游产业布局优化的关键所在。

(四) 优化的方法

1. 注重空间旅游要素的系统性

区域旅游产业布局研究不能仅仅着眼于旅游生产体系,而应当着眼于旅游系统。旅游系统中的要素具有空间属性,即旅游者和旅游企业都位于特定的区位。在微观层面上,一个特定旅游企业的空间区位不可能发生改变,这是因为作为生产要素的旅游资源在空间上是不可转移的。但是,资本和劳动力在空间上是可以流动的,而且每个地区都存在旅游资源。因此,在宏观上层面上,旅游空间结构不取决于旅游资源的空间分布,而是由旅游供求关系决定的,而且这种空间布局会随着供求关系的变化而发生改变。由于供求关系是旅游系统的基本结构,因此对区域旅游空间布局的最终还是对旅游系统的优化。

由于区域旅游系统具有自身的整体性以及开放性,在空间的优化上应该用系统的观点取代孤立、封闭的理念,其具体优化包括三个层次:一是区域旅游要素之间的优化,在分析旅游产业要素的基础上,明确各要素在空间布局上的合理及高级化,在一定的区域范围内达到各要素聚集与分散的适量标准;二是旅游要素与区域空间的优化,从整合区域自身旅游优势出发构建合理的区域旅游空间布局体系,确定不同旅游景点及旅游资源要素的开发方向和旅游功能建设重点;三是区域宏观空间网络组织优化,即从区域竞争和合作的角度,明确区域及区域内旅游要素的发展空间定位,在处理好区域内各要素及要素与区域的基础上,积极拓展空间服务范围,形成利益互动的网络组织优化。

2. 时间上把握旅游周期的动态变化

旅游系统不但有空间横向组织的系统化,而且还有时间纵向组织的层次化,从旅游目的地的生命周期看,早期往往自发地出现一些面向高风险偏好旅游者的替代性产品。随着旅游产业的崛起,伴随着旅游成本迅速下降,大众旅游产品在规模上迅速膨胀;而替代性产品的增长则一直维持在一个相对较小的程度上。基于以上认识,从时间组织出发,区域旅游产业布局优化应注重旅游产品及旅游要素开发的时间差异化和规模化,其优化主要措施应坚持:第一,对于大众旅游产品而言,在近期小范围地集中开发部分景区,确保其快速增长,在中远期扩大开发的空间范围。总体而言,大众旅游产品的开发应不断实现规模化。第二,从近期到远期,替代性旅游产品的开发应由被动性的开发转向既迎合市场需求又保护生态环境的主动性开发,市场的受众面应由高风险偏好的旅游者逐步转向中等风险偏好的旅游者。总体上,替代性旅游产品应不断实现个性化。

3. 引导合理的旅游消费观念

旅游产业布局的调整优化应以适应旅游市场的需求为中心,旅游产品的供给与消费是一个互动的系统,旅游消费可以成为旅游产业布局调整的指针。旅游产业布局优化对旅游产品结构调整应具有超前性,能够引导消费者的消费。因此,在进行旅游产业布局优化之前应对市场的需求有较为透彻的了解,并有前瞻性的眼光,形成对旅游消费的正确与良性的导向。目前,我国旅游业的显著特征之一就是热点太热、热点过于集中,以至于一些热点景区连文化修缮保护的时间都很难找到。如果能够很好的从战略上对消费者予以引导,既有利于热点旅游景区的进一步开发与保护,又有利于相对冷门的旅游资源开发及旅游产业建设的均衡发展,从而为全国旅游业的均衡发展提供条件。

4. 坚持由数量型向数量、质量、效益结合型转变

我国旅游产业发展尚处于初级阶段,在一定时期内追求适当的数量规模是必要的,即采取追求旅游产业规模的扩张为主要的发展模式。但要提高旅游产业发展的经济效益,提高旅游产业的竞争力,必须要实现由传统的数量型向数量、质量、效益结合型发展模式的转变,逐步降低旅游产业对物质旅游资源的依赖程度。如在旅游资源的开发利用上,传统发展模式采取的是掠夺式经营方式,而在数量、质量、效益结合型的发展模式下,则要求旅游产业发展根据旅游市场需求的变化,合理安排旅游资源的开发利用,既注意旅游产业规模的适度扩张,又注意旅游类型的多样化,以满足日益多样化的旅游需求,保证旅游资源的持续利用。

5. 政府适时适度的监测保障

从以上优化手段来看,区域旅游产业布局的优化要着眼于空间的系统性和时间的动态性。在时空变动的前提下旅游产业发展还需要大量资金投入,这些资金投入一方面来自政府,而另一方面依赖于市场对资源的配置作用。因此,如何有效地发挥市场作用,引导资金流进入良性健康的发展,就在于政府积极有效地发挥监测保障机制,引导资金流进入"良性循环"的发展路径。对此,在规划近中期必须充分发挥政府在旅游产业发展路径转变过程中的关键性作用,其主要职能包括:第一,在规划的近中期,政府必须对致力于发展大众旅游的重点地区加强旅游基础设施和旅游接待设施的投入,以形成未来发展的良好预期。尤其重要的是,政府需要改善区域的可进入性,使旅游交通得到畅通便利。第二,加强对目的地的营销力度,确保充分的目的地信息到达主要的客源市场。第三,根据旅游时空的变动,适时引导旅游项目的开发,政府应积极主导一系列旅游规划的编制工作。

二、布局优化的基本标准

(一) 旅游产业组织的高效化

旅游产业组织是一个以市场为导向的旅游产品营销系统工程,其目的是追求旅游产

业的可持续发展及效益的最优化①。旅游产业组织的高效化是实现区域旅游产业布局优化的标准之一。

旅游产业组织高效化就是应用产业组织理论,以旅游产业体系为研究对象,解决旅游产业市场结构、市场行为、市场效果以及产业组织政策等方面的问题,其核心是最大限度地增强和规范旅游产业的市场竞争能力和实力。旅游产业市场结构研究的重点是解决旅游产品的差别化,研究和建立旅游产品支撑体系以及制定适宜的旅游产品销售价格制度。旅游市场行为研究将立足于自身旅游产品基础,通过对目标市场的系统研究,形成科学有效的市场营销与管理机制。跟踪研究市场效果是及时调整旅游产品营销政策的关键,与此同时,还要有合理的旅游产业组织政策与之相配套和衔接,使有限的资源被有效地分配到各核心行业并被充分利用,以达到综合经济效益提高的目的。

(二) 旅游市场资源的优化配置

旅游产业布局优化的根本任务和最主要作用是尽可能地实现旅游资源的优化配置。旅游资源优化配置应该是旅游产业的市场供给与需求基本一致。当供大于求的时候,多余的资源会流出;当供不应求的时候资源则会流入。供求平衡不仅是该产业总量上的平衡,而且应该是产业内部各不同要素间的供求平衡。另外,资源经济学的传统理论认为,经济资源的配置分为两个层次:首先是资源在不同部门、地区和生产单位间的分配,关键是如何最有效地将资源配置于最适宜的使用方面;其次是在前者基础上如何使资源在一个特定部门、地区和生产单位中的组织和利用,关键是如何最有效地利用资源。总结起来,空间、时间、数量和用途是资源配置的四个基本内容。所以,优化的旅游产业布局必须让旅游经营者遵循市场经济规律,自觉地、科学地考虑旅游资源开发和经营中的诸多事宜,如资源开发规模、时序、深度和经营策略等,谋求旅游经济效益的最大化和持续产出。

(三) 旅游产业与关联产业价值链的最优化

旅游产业价值链是指旅游产品从供应到最终消费的一系列传递的过程,它一般由旅游产品供应商、旅游中间商以及旅游消费者组成。旅游价值链传递的过程就是旅游产品被不断增值的过程。通过确定各旅游企业资源的最佳投入,使各旅游企业的价值达到最大,进而实现整条旅游产业价值链的最优价值,是旅游产业布局优化的重要标准之一。旅游产业价值链的最优化应该包括旅游产业内部和旅游关联产业价值链的最优化。

从旅游产业内部价值链来看,无论从旅游者的消费构成,还是从旅游产品的生产角度来考虑旅游产业的内部价值链,其内容均涉及饭店、餐馆、交通、游览、娱乐等多种性质不同、功能各异的行业。交通部门提供运输工具和服务,帮助旅游者进行空间位移;饭店、餐饮行业向旅游者提供休息、补充和调节机体的设施和服务;游览点、娱乐场所向旅游者提供自然与人文吸引物等。没有交通部门的服务,旅游者无法到达目的地。没有饭店餐饮行业的服务,无法保证旅游活动的顺利开展。没有游览点和娱乐场所的服务,旅游者旅游的最终目的得不到实现,也就无旅游活动可言。这些部门和行业虽然有各自的业务范围,

---

① 王庆生.旅游产业组织问题初探——以渑池县为例[J].中州大学学报,2006,23(1):47-50.

各自针对自己的目标市场进行独立的经营活动,但他们的经营方向都围绕着旅游需求的总目标进行。无论哪一部分的发展背离了这个总目标,不仅要影响本行业的经济效益,还要影响其他部门、行业的经营和发展,这是旅游产业构成各部分间内在价值链的体现。

  旅游产业与关联产业之间价值链的优化,不仅有助于旅游业自身的快速、协调发展,而且能够带动相关产业乃至整个国民经济的增长。优化的关联产业价值链,能够解决经济发展中资源配置效率不高的问题,为旅游经济发展创造良好的环境。旅游关联产业价值链最优化即要实现旅游关联行业,如交通业、餐饮业、娱乐业、商业和服务业等产业链条的畅通有效,做到旅游产业以最终产品或核心产品为龙头、环环相扣的产品链条,形成分工协作、关系明确、职能显著,实现各分工单元产生最优化的价值。

(四) 旅游消费者消费效用最大化

  所谓效用,就是人们从某种商品的消费过程中所得到的满足程度,人们旅游消费的目的,就是实现自身精神与物质上的最大满足,亦即实现旅游消费行为的效用最大。由于每个游客的性别、年龄、职业、经历、习俗、心理等诸多因素的差异,同一种旅游活动给不同游客的满足或效用是不同的。这就要根据每个游客通过旅游活动所获得的主观感受进行评价,也就是将游客在旅游消费活动中的感受与其主观愿望相比较。如果两者的差距小,则旅游消费的效用较大;反之,效用则小。旅游消费的效用最大,表现在旅游之前对旅游地选择的最大满足和在旅游消费过程中实际所得与主观愿望的最大相符。

  总之,旅游消费者是主观的经济利益主体,只有实现消费效用最大化才能产生重游率,所以旅游产业布局优化的目的是尽可能做到游客在途时间短、游览时间长、重复线路少、旅游费用低,从而发挥旅游者消费效用的最大化。

(五) 旅游产业有助于社会发展

  旅游产业所具有的主导性作用是各国、地区纷纷倡导大力发展旅游产业,将旅游产业作为一国、地区经济新的增长点的原因或依据之一。然而优化的旅游产业布局及旅游经济活动应该在经济、政治、文化等方面对旅游区域或旅游国都产生相应的发展作用。

  从经济发展的角度来看,国际旅游可将客源国的物质财富转移到接待国,起着对世界社会财富进行再分配的作用;国内旅游可把国内财富从客源地转移到旅游目的地,起到在国内不同地区间进行财富分配的作用。如果把地区作为旅游目的地和客源地单位,那么出区旅游是支出,入区旅游是收入。一般而言,经济发达地区的出区旅游人次较多,经济落后地区的出区旅游人次较少。但经济落后地区往往具有丰富的旅游资源,当这些旅游资源足以吸引经济发达地区的居民前去旅游观光时,就会形成旅客从发达地区向不发达地区的流动,给不发达地区带来可观的经济收入,促进不发达地区的发展,缩小地区差距。

  从社会发展的角度来看,合理优化的旅游产业还应该有助于配合政府的宏观经济政策,实现社会发展的公平性。国民就业率是国家的头等大事,涉及公民的生存发展和社会安定。国家在一定时期存在一些失业人员是正常的,但超过一定限度就会带来严重的社会性问题,成为经济发展不稳定因素。在解决劳动就业问题上,旅游产业比其他行业具有更大的优越性:第一,旅游产业是劳动密集型产业,多数工作需要依靠人力或手工劳动完成,满足旅游者在旅游过程中的多种需求以及提供富有人情味的直接服务都需要大量的员工,与现代化高新技术企业相比,旅游业提供的劳动就业机会应该更多;第二,旅游业的工作岗位层次多,既可以为具有丰富专业知识和技术专长的高层次人才提供就业机会,也可以为不具备技术专长的低层次人员提供就业机会;第三,旅游产业的发展带动了相关产业的发展,也间接地为相关产业的员工提供了大量的就业机会。

从文化发展的角度来看,旅游经济活动的进行,可以使旅游区域居民开阔视野,增长知识,进而起到提高人们素质的作用。现代社会对劳动力的要求越来越高,不仅要具有一定的专业技能,而且要有广博的知识和良好的人品,这些都可以通过旅游活动,在潜移默化中得到培养。另一方面,旅游经济活动的进行也促使旅游区域或旅游国的消费结构更加趋于合理,使人们在精神与物质生活中获得高层次的享受,提高人们的生活质量从而提高人们的总体素质,进而获得劳动力内涵扩大的效果。

三、布局优化的实证分析

(一) 河西旅游产业发展的背景条件

1. 区位环境

甘肃河西地区的地理坐标为 $37°17'\sim42°48'N,92°12'\sim103°48'E$,河西走廊东起乌鞘岭,西至敦煌,南靠祁连山脉,北依走廊北山,形成南北宽数十至百余千米,东南长约一千千米的狭长地带,因形似走廊而得名。行政区划上包括今天的武威、张掖、酒泉三个地区和金昌、嘉峪关两个省辖市所包括的区域,合计 21 个市县,面积约 27.6 万 km^2,人口 482 万,占甘肃省总面积的 60% 以上,占甘肃总人口的 18.42%。

武威古称凉州,地处甘肃省河西走廊东端,是"中国旅游标志之都"、"中国葡萄酒的故乡"、"西藏归属祖国的历史见证地"和"世界白牦牛唯一产地",素有"银武威"之称,现辖凉州区、民勤县、古浪县和天祝藏族自治县。武威地区是典型的大陆性气候,南部祁连山区,气候冷凉,降水丰富,林草丰茂,利于发展林业和畜牧业;中部平原绿洲区,地势平坦,土地肥沃,日照充足,农业发达,是全省和全国重要的粮、油、瓜果、蔬菜生产基地;北部荒漠区,出产沙生动植物及中药材,资源开发前景广阔。

金昌市地处甘肃省河西走廊东段,现辖金川区和永昌县。金昌地势自西南向东北倾斜,地形以山地、平原为主,戈壁、绿洲、大漠东西展开,南北更替,相间排列。

张掖市位于甘肃省河西走廊中部,辖甘州区、临泽县、高台县、山丹县、民乐县、肃南裕固族自治县 6 个县(区)。张掖是丝绸古道之重镇,西北交通之咽喉,自然景色宜人,生产条件优越,是甘肃省商品粮、商品瓜果蔬菜生产基地。

酒泉地区位于甘肃省河西走廊西端,东连甘肃省张掖地区,西邻新疆,南望祁连,北与内蒙古自治区接壤,并与蒙古国交界。辖酒泉、敦煌、玉门三市,安西、苏北、阿克赛、金塔四县。北有北山山地,南有祁连山,中部有河西走廊疏勒河谷地。北山山地风高沙大,形成典型的戈壁景观;中部河西走廊地势平坦、光热充足;南有祁连山终年积雪形成特有的冰川地带。

嘉峪关市位于河西走廊中段,北依马鬃山,南临祁连山,是丝绸之路上的要冲。境内地势平坦,土地类型多样。城市的中西部多为戈壁,是市区和工业企业所在地;东南、东北为绿洲农业区,绿洲被戈壁分割为点、块、条、带状,占总土地面积的1.9%,现已基本形成了以冶金工业为主导、商贸旅游业为支柱、城郊型农业为特色的经济发展格局。

2. 交通条件

河西走廊地处黄河上游的东亚与中亚的接合部,是我国中东部地区通往西北的过渡地带。由于其特殊的地理位置与周边地理环境的特定关系,是历史上曾闻名于世的丝绸之路最重要的干线路段之一,也是当今新亚欧大陆桥的必经区域,兰新高铁、西陇海、兰新铁路和312国道贯穿于走廊全境,其中敦煌、嘉峪关设有民用航空机场、交通方便,可进入性强,通达性好,有发展旅游产业的交通便利性。

3. 经济条件

河西走廊自古便是我国通往中亚、西亚、南亚、北非和欧洲的贸易要道,目前是"丝绸之路"旅游热线中甘肃省的黄金旅游段,是新亚欧大陆桥咽喉要道。区域内冶金、石油、有色金属等矿产资源丰富。历史上是甘肃省重要的重工业基地。截至2015年,河西区域内生产总值约1 749.07亿元,占甘肃省(6 790.32亿元)的26%。三次产业产值中,第一产业295.51亿元,占甘肃省(954.09亿元)的31%;第二产业703.33万元,占甘肃省(2 494.77亿元)的28%;第三产业750.21亿元,占甘肃省(3 341.46亿元)的23%。如表10-1所示,三次产业结构除了嘉峪关和金昌呈"二三一"发展外,其余都呈"三二一"的比例态势,产业结构比例合理,同年人均生产总值突破4万元,超出同期甘肃省平均水平1.96万元。可见河西地区有较好的经济基础,有发展旅游产业的经济基础条件。

表10-1 河西各地市生产总值(2015)

地区	地区生产总值	第一产业	第二产业	第三产业
嘉峪关市(万元)	1 900 442	41 754	1 083 579	775 109
金昌市(万元)	2 245 161	179 786	1 306 969	758 406
武威市(万元)	4 161 873	997 860	1 525 442	1 638 751
张掖市(万元)	3 735 251	950 192	1 098 379	1 686 680
酒泉市(万元)	5 447 962	785 892	2 018 936	2 643 134
甘肃省(亿元)	6 790.32	954.09	2 494.77	3 341.46

资料来源:甘肃发展年鉴(2016)。

4. 文脉环境

文脉是一个地域(国家、城市、风景区)的背景,包括自然条件、文化氛围和文化经脉,以及社会人文背景。准确地把握和分析一个地域文脉的旅游吸引力,从而确定开发主题,再对主体进行深化,挑选适当的项目加以组装,是旅游开发的一条重要思路。河西走廊独特的自然地理环境、复杂的社会历史发展过程、多元化的民族构成、不断变化的区域轮廓、东来西往南北通达的交通形式,使得其区域文化发展呈现出一幅多样化图景。从更广阔的范围来看,河西走廊正好处于蒙古文化圈与青藏文化圈的边缘地带,也是中原汉文化、西域文化乃至波斯、地中海文化有效辐射之区域,各种异质文化在这里碰撞、交流与整合,构成了一幅幅色彩斑斓的文化景观。由于地域开发时序有早晚、文化发展有先后、文化类别又每每不同,因此使河西文化产生了较为明显的地域分异。而草原、绿洲、沙漠戈壁所构成的地域单元组合,又使得区域内部既有相似性又有差异性,具体分述如下。

(1) 以武威绿洲为中心的东部文化区域

本区自成一风俗文化群体,其文化一方面具有汉族知书习礼习俗,另一方面又兼具少数民族尚武之气。与敦煌、张掖等绿洲文化风俗明显不同,文武兼备,淡泊政治,崇尚宗教,不怀旧,不拘泥历史,接受新鲜事物及善于融合、消化、吸收外来文化等,形成独具特色的风俗文化风格。

文化区不论等级高低和范围大小,必须有一个文化中心,作为区域文化的个性代表。武威城作为该区域内唯一的大城市自然是该区域的文化中心。自古以来,武威就是一座多元文化相融共处的开放型城市。近代史学家屠寄在《李云亭先生碑》中曾说:"凉州后负长城,前控雪山,左带皋兰,右出甘、肃,安西以通西域,当回纥、蒙兀、羌、浑错交之处。城广大,楼橹如黄。张轨、吕光、沮渠蒙逊尝先后窃据之,故历代视为河西重镇"。如果从武威的前身"姑臧"城算起,至今至少也已有 2 000 年的历史。北魏时武威是丝绸之路上的繁荣重镇,北魏诗人温子升作有《凉州乐歌》:"远游武威郡,遥望姑苏城。车马相交错,歌吹日纵横"。处于河西走廊东端的武威,是汉文化输入河西的第一站,得中原文化风气之先,形成了深厚的儒家文化板结层,无论是地名、方言、婚丧礼俗及民间祭祀等方面,无不表现出很浓重的儒家礼制因素,而事实上武威也是河西走廊儒家文化传播的策源地和中心地。

(2) 以张掖绿洲为中心的中部文化区域

本区包括黑河中上游地区,计有张掖、高台、临泽等县市。区域内气候温和,河渠纵横,水源充沛,很适宜于人类生存,这里也成为河西稻作文化的集中分布地。正由于这里自然条件优越,草场广布,自古以来就是河西走廊内民族分布最为复杂的区域。

张掖正好位于河西走廊东西南北的交通枢纽,其交通区位极为重要,历史上每每以这里的民族斗争最为激烈,民族起义此起彼伏,南上北下的各民族也无不以占据张掖为首要目标。长期的民族分布也使得其文化深层结构趋于复杂,对外来文化兼容吸收较为明显,形成了开放型的文化心理结构,其民间祭祀、风俗习惯等也较河西其他地方复杂,多重宗教、多重信仰色彩较为浓厚,有别于武威绿洲儒家文化因素和敦煌较为浓厚的佛教因素,显示出明显的地方文化个性。

张掖农业经济的发展也促使了多民族文化之间的同化与融合,使不少的民族由游牧转向农耕,如回鹘族、蒙古族、藏族、裕固族等就是如此,卢水胡更是在两汉时代即已全民族转变为以农业生产为主。因此,多民族的文化交汇成为这一区域文化发展的显著标志。

(3) 以敦煌绿洲为中心的西部文化区域

本区包括敦煌绿洲、安西绿洲、河南湖绿洲三个孤立的绿洲,在行政区划上属于敦煌、安西一市一县范围。敦煌位于河西走廊最西端的地理位置,由此使敦煌成为西域南、中、北三条道路进入河西走廊的汇聚点。自古以来这里的商业文化即很发达,中原商队西出阳关,敦煌是出发点,而西域贡使入内地,敦煌又成为他们进入河西走廊的第一站。

敦煌自古就是一个宗教文化极为发达的地方,宗教色彩浓厚,宗教文化成为这一区域文化的主要组成部分。陈垣先生指出，敦煌"人文极盛，外来宗教极盛，如祆，如景，如摩尼，皆先后集其间"。莫高窟文化是围绕着宗教活动内聚而形成的，历经1 000余年的凝聚、积淀，终于发展成融神话、故事、传说以及壁画、彩塑艺术等于一炉的多民族文化共同参与的文化复合体。尤其是1910年莫高窟藏经洞打开之后，大量古文献的问世，引起了世人的普遍关注，敦煌藏经洞中出土的各不相同的民族文献，为人们重新认识、了解古代东西方民族之间经济文化交流提供了可靠的历史依据。丰富的多民族历史文献的面世，使敦煌国际声望日渐隆起，敦煌学成为国际显学，由此形成了敦煌旅游热，也带动了敦煌商业文化的发展。

(4) 沿祁连山麓分布的游牧文化地域

河西走廊游牧民族文化地域主要集中分布于祁连山北麓及走廊北山的马鬃山地区，呈线壮伸展，空间跨度大，地域条件复杂多变，民族构成不尽相同。尽管从文化类型来说，都属于游牧民族文化地域，但由于地理环境的差异、民族类别的不同，使地域内文化仍然存在差异，大体上一个民族及其分布的地域即为一个文化地域。从东往西，依次为天祝藏族游牧文化地域、肃南裕固族游牧文化地域、肃北蒙古族游牧文化地域和阿克塞哈萨克族游牧文化地域。

(二) 研究切入的背景条件

1. 旅游资源结构比较完整

河西旅游资源呈现自然和人文两大结构特色。首先，河西地区深居内陆，受大气环流与地形的影响，形成了奇异的自然景观，因祁连山横贯其间，地质地貌景观和植物景观的纬度地带性分布十分强烈，主要有沙漠奇观、大漠风情、冰川景观、地貌特征等景观。大漠风情主要有武威沙漠公园、沙生植物园、阳关沙漠森林公园；冰川景观主要有嘉峪关的七一冰川；地质地貌特征景观主要有敦煌雅丹魔鬼城、安息布隆吉雅丹地貌等。此外，还有祁连山、焉支山等原始森林景观、苏南草原等温带草原景观。

人文景观特色鲜明，主要表现为丝路古迹珍品荟萃，以窟、寺、庙、塔、关和遗址为显著特色。窟主要有敦煌的莫高窟、安息榆林窟、苏南马蹄寺石窟、武威的天梯山石窟等；寺主要有张掖大佛寺、木塔寺、山丹大佛寺、武威海藏寺和大云寺、敦煌雷音寺等；庙主要是武威文庙；塔主要有敦煌白马塔、张掖木塔和土塔、武威罗什寺塔等；关主要有嘉峪关关城、阳关、玉门关；遗址主要有嘉峪关悬壁长城、万里长城第一墩、锁阳城遗址、敦煌古城等。

2. 地域历史文化和民族文化深厚

河西走廊作为丝绸之路贯通的主要路段和枢纽地带，东西方文明在这里交融汇聚，河西地区长期吸纳、汲取各类文明，促进了自身经济文化的繁荣，悠久的历史文明在河西走廊积淀了丰富深邃的古文化传奇。张骞、班超、玄奘、左宗棠以及意大利的马可·波罗等中外历史名人都曾跋涉在丝绸古道上，为后人留下了大量的游记、小说、诗篇与轶事。

河西走廊是一个石窟走廊，以敦煌莫高窟为代表的石窟，绵延1 600多年，横跨1 000多km，是中国石窟艺术的精华所在。丝绸之路甘肃段保存着战国、秦、汉、明四代长城，全长4 500 km，长城沿线关隘、城堡、烽燧林立，各种文物、遗物、遗迹相当丰富。河西走廊是一个寺庙走廊，寺庙作为宗教的衍生物，对中国文化产生了不可估量的影响。在中国灿烂的文学、艺术、建筑及民俗领域中,寺庙的影响显而易见。河西走廊也是一个简牍文化走廊,著名的居延汉简、敦煌汉简、武威汉简都出土于河西走廊,并与甲骨文、敦煌遗书、明清档案被学术界称为20世纪东方文明的伟大发现。

河西古朴淳厚的民族风情,如中国特有民族裕固族风情歌舞,蒙古族、哈萨克族歌舞,古老典雅的西凉乐舞,矫健彪悍的唐代胡旋舞等是河西地区特有的民族旅游资源。河西是多民族聚居的地区,生活着汉族、回族、满族、蒙古族、藏族、裕固族、东乡族、哈萨克族等十多个少数民族,尤其裕固族是全国独有的少数民族,他们文化各异,民俗风情独特。众多民族长期和睦相处,又保持各自民族的生活习俗与文化传统,从而表现出绚丽的民族风情。这些少数民族大部分分布于农村,他们热情好客,能歌善舞,绚丽的民族风情独具魅力,多彩的文化样式,乐观幽默的民族性格,在婚姻、丧葬、饮食、服饰、礼节等方面各具特色的习俗,古朴浓郁,充满异趣,极具吸引力。

3. 旅游资源具有垄断性和品牌性

河西旅游资源具有多样性、独特性、原始性、垄断性、地域性等总体特征,其资源优势比较明显。河西走廊的旅游资源在甘肃、西北乃至国内外都具有重要的地位,拥有一批为数可观的世界文化和自然遗产、国家级风景名胜区、国家历史文化名城、国家级自然保护区等优势资源,河西当之无愧的是甘肃乃至西北的旅游资源宝库。河西地区的国家级旅游资源情况详见表10-2。

表10-2 河西与甘肃、西北地区旅游资源对比(2015)

类 型	河西重要旅游资源	占甘肃比例(%)	占西北比例(%)
世界遗产	嘉峪关长城、敦煌莫高窟、锁阳城遗址、悬泉置遗址、玉门关遗址	71	66
全国优秀旅游城市	敦煌市、嘉峪关市、张掖市、武威市、酒泉市	63	18
国家历史文化名城	张掖市、敦煌市、武威市	75	23
国家4A级及以上旅游景区	嘉峪关文物景区、敦煌鸣沙山—月牙泉风景名胜区、敦煌阳关文物景区、敦煌雅丹国家地质公园、西汉酒泉胜迹、武威文庙、武威市擂台公园、张掖大佛寺和肃南马蹄寺风景名胜区、紫轩葡萄酒庄园、焉支山旅游景区、文殊寺石窟群、工农红军西路军纪念馆	39	20
国家自然保护区	祁连山自然保护区、安西极旱荒漠自然保护区、民勤连古城自然保护区、盐池湾野生动物保护区、安南坝野骆驼保护区、敦煌西湖荒漠湿地、敦煌阳关湿地生态系统	41	15
国家地质公园	甘肃敦煌雅丹国家地质公园、张掖丹霞国家地质公园	25	6
全国重点文物保护单位	莫高窟、榆林窟、嘉峪关、西夏碑、玉门关及长城烽隧、骆驼城、锁阳城、张掖大佛寺、武威文庙、马蹄寺石窟群、黑水国、悬泉置、许三湾城及墓群、白塔寺、果园—新城墓群等31处	43	14

资料来源:根据2016年甘肃旅游网站和国家旅游网站整理所得。

河西具有垄断性品牌特色的旅游资源主要有:① 典型的雅丹地貌群——敦煌魔鬼城,已建成国家地质公园;② 亚洲最大的军马场——张掖山丹军马场,现仍为国家牧养着大批军马;③ 特殊的陵寝墓葬类资源,河西地区出土的大量汉简为研究中国秦汉历史提供珍贵资料,武威雷台汉墓和嘉峪关魏晋汉墓是我国墓葬遗址中的璀璨明珠;④ 古长城,区内的汉长城是汉武帝开通西域后为防御匈奴南侵,确保丝绸之路畅通而修建的边防设施,汉称其为"燧烽亭障",它一直沿河西走廊延伸;⑤ 古建筑,有闻名的玉门关、阳关边寨遗址、桥湾古城遗址、武威文庙等建筑等;⑥ 亚洲距离城市最近的大陆冰川——嘉峪关"七一冰川";⑦ 世界室内最大的坐佛——山丹大佛寺;⑧ 新兴的航天城——酒泉航天发射中心;⑨ 民族风情旅游资源。

4. 旅游配套设施的完善

近几年随着旅游产业的发展,与旅游业相配套的饭店业、旅行社业、旅游交通业等均得到较大发展,全区已建有86家星级宾馆饭店业,其中五星级的1家,四星级的12家,以及涉外星级宾馆饭店等一批重要的旅游接待设施,其接待设施和条件可基本满足不同游客的住宿及接待需要。

旅行社建设方面也取得了重要成绩,全区现有旅行社108家,其中经营国际业务的旅行社有6家:敦煌中国国际旅行社、敦煌太阳能国际旅行社、敦煌飞天国际旅行社、敦煌沙洲国际旅行社、嘉峪关国际旅行社、酒泉国际旅行社。另外各类旅游接待车辆及旅游从业人员达到都足以接待国内外游客的标准,对河西地区旅游产业发展提供了巨大的基础保障。

5. 区域旅游合作一体化发展的机遇

区域旅游合作的实质表现为区域旅游资源优化区间的一种扩展。河西地区受周边宁夏、新疆、青海的辐射较大,具有一定的地缘优势,便于空间合作的一体化格局。旅游合作主体之间存在着的利益互补关系是多方面的,存在着资源互补关系、产品互补关系、交通互补关系等,其中决定合作行为的最重要的互补关系是资源的互补。进行区域旅游合作的主要方式是扩大旅游资源配置的区域空间和增强资源配置的优化选择的可能性①。河西地区与周边省区旅游资源既有相似性,也有较强的互补性,其资源价值在国内外都有相当的知名度。从旅游线路设计的角度来看,与周边省区如果整合为统一开放的具有文化内涵的线路,市场竞争力会更强。

国家旅游局将丝绸之路列为"十一五"期间优先规划和建设的12个重点旅游区之一,并且牵头发起《丝绸之路旅游区总体规划》编制工作,这项中长期规划期限为2008年至2020年,规划的范围涉及河南、陕西、甘肃、宁夏、青海、新疆6省区和新疆生产建设兵团,其规划将打破区域界限,突破行政管理障碍,创新旅游区的管理体制和运营机制,构建丝绸之路国际旅游区的经济利益共同体,突出整体化打造与差异化开发的理念,打造丝路之旅整体品牌形象,同时按照历史文化线路和产业类型特色,实现"一(省)区一特色"、"一段一亮点"。"十二五"期间做大做强丝绸之路旅游线是甘肃省构建的3条国家精品线路之一,其思路以提升优化丝绸之路旅游线为中心,以祁连山腹地旅游线开发为重点,努力打造丝绸之路河西环线。深入挖掘丝绸之路文化内涵,充分展示大漠戈壁、丹霞砂林、冰川雪峰、森林草原、丝路文化、民族风情等多彩魅力,建设丝绸之路文化产业带。

这些规划为河西地区旅游产业带来了发展机遇,也为区域旅游之间的合作带来了规

---

① 李树民.区域旅游合作的行为模式与动力机制[J].旅游学刊,2005,20(3):10.

范章程,便于产业资源的优化配置,将有利于突破河西地区与周边其他省区以省界或地界为划分单元、在旅游市场开发和营销中各自为政、缺乏合作机制的困境。

(三) 旅游产业布局存在的主要问题

1. 旅游区域空间发展不均衡,旅游资源开发利用反差较大

河西地区形成了以敦煌为龙头,以丝路文化为主要内容的兰州—敦煌的河西旅游热线,以丝绸之路旅游产品和旅游热线的销售为基础,河西的旅游发展形成了"西热东冷"的区内旅游产业发展很不均衡现象。表10-3显示了河西各城市国际旅游外汇及接待国际旅游人数的基本情况。

表 10-3 甘肃河西各地市旅游外汇及接待国际旅游人数

地 区	国际旅游外汇收入(万美元)		国际旅游人数(人次)	
	2014 年	2015 年	2014 年	2015 年
嘉峪关	95.06	151.86	4 494	7 169
金昌市	8.18	7.63	355	250
武威市	31.34	17.03	1 958	916
张掖市	43.08	69.13	2 640	3 742
酒泉市	531.29	1 796.29	23 583	22 437
全 区	708.95	2 041.94	33 030	34 514

资料来源:甘肃统计年鉴(2016)。

根据表10-3显示,2014年酒泉市的国际旅游外汇收入占全区的75%左右,2015年持续上升,占比达88%左右;2014年酒泉市的国际旅游人数占全区的71%左右,2015年占全区的65%左右。显示了酒泉市绝对的旅游发展优势,嘉峪关次之,张掖和武威起步较晚,而旅游产业发展处于萌芽状态的金昌市无论在国际旅游外汇收入还是国际旅游人数来看,都呈现出绝对的劣势。

另外,区位商是产业经济学、区域经济学中常用的分析区域产业布局和产业优势的指标,它是指一个地区特定部门的产值在该地区总产值中所占的比重与全省(或全国)该部门产值在全省(或全国)总产值中所占比重方面的比率,其表达式为

$$LQ_{ij} = \frac{X_{ij}/\sum X_{ij}}{\sum_i X_{ij}/\sum_i \sum_i X_{ij}}$$

式中,i 表示第 i 个产业;j 表示第 j 个地区;X_{ij} 表示第 j 个地区的第 i 产业的产值指标。当 $LQ_{ij}>1$ 时,表明该地区该产业具有比较优势,一定程度上显示出该产业较强的竞争力;当 $LQ_{ij}=1$ 时,表明该地区该产业处于均势,该产业的优势并不明显;当 $LQ_{ij}<1$ 时,表明该地区该产业处于劣势,竞争力较弱。区位商体系在国内许多学者对产业的实际研究中得到广泛运用,以便明确各部门各产业活动在区域经济发展中的功能差异、重点和薄弱环节所在。

进一步以河西五市以及有代表性的部分二级城市为代表,采用2015年各县统计年鉴

数据和其旅游网公布的旅游数据,利用区位商公式可得到各市县的旅游区位商(表10-4)。

表10-4 河西地区部分市县的旅游区位商(2015)

地 区	旅游总收入(亿元)	国内(地区)生产总值(亿元)	旅游区位商(基数以省计)	旅游区位商(基数以国计)
全国总计	34 195	676 708		1
酒泉市	151.9	544.8	1.94	5.58
瓜州县	26.5	68	2.72	7.794
张掖市	76	373.53	1.42	4
武威市	39.89	416.19	0.67	1.92
敦煌市	63	112	3.9	11.2
嘉峪关市	35.98	190	1.32	3.78
金昌市	14.49	224.52	0.45	1.3
甘肃省	974.47	6 790.32	1	2.87

由表10-4的统计可知,无论以全国旅游产业发展程度作为基数比较,还是以甘肃省旅游产业的发展程度进行比较,两者数值具有耦合近似性。同时说明了河西区域旅游产业空间布局反差较大,发展处于不同阶段:成熟期的敦煌市、酒泉市、张掖市、瓜州县均在省内外具有一定的竞争力;成长期的嘉峪关在全国也具有一定影响力;金昌市、武威市处于旅游资源开发相对薄弱区域。

2. 旅游景点分散分布,旅游出入口通道衔接不畅

河西地形狭长,众多的景点沿古丝绸之路呈线状分布,跨度大,游客的空间移动次数变多,时间较长,各个景点之间缺乏必要的联系,入口通道没有合理的畅通衔接性。目前,来甘肃的主要游客多集中在敦煌,而兰州到敦煌与兰州到北京、昆明的航空里程差不多,均在1 000 km以上,游客无暇顾及沿途的诸多景点,单次游程能游的景点过少,发挥不出旅游资源的整体优势。在旅游资源的地域分布状态下,各景点分属不同的行政管理体系,也缺乏必要的联系,各自为政,再加上人为的条块分割,无论是容人量还是容时量均不能达到最大值,其特点是团队客人在莫高窟、月牙泉、长城等首要旅游节点的平均停留时间均只有半小时,只是走马观光地游览景区景点,极大地限制了旅游消费水平,一方面,这与旅游资源天然分散分布,中间跨度大有关;另一方面,这与旅游节点、旅游线路及旅游区的畅通性不强有关。所以,河西旅游资源品位高,旅游旺季游客虽多,但仅靠高昂的门票难以取得理想的旅游收入。

3. 区域内和区域间的旅游产业合作较弱

由于旅游产业发展缺乏整体发展和区域间协调的运行机制,使得河西各地区的企业间难以形成维护较大区域整体利益的观念,产品分布高度离散,难以形成聚集中心。各地各自推销产品划地为界,虽然每个县都对资源进行了开发利用,也形成了自己的一些优势产品,但并没有系统地融入河西的旅游圈内,没有联合促销。例如,丝绸之路已成为国际旅游热点之一,这是带动河西乃至西北区域旅游产业协同发展的最佳切入点,然而在实践中,各市推出的旅游线路也很少有跨越区域或区际的旅游线路,由于区域内部一些市县和部门往往各行其道,联合开发还处在低水平,使丝绸古道并未发挥资源共享、优势互补、整

体效益的功效。

区域间的旅游产业协作发展也没有互补互利,"大旅游、大产业、大市场"的思想在实践中也没有得到真正贯彻。河西与青海湖、新疆格尔木以及宁夏的沙漠、绿洲之间的合作主要表现在游客的互送,这只是区域旅游合作的一种形式,进一步说只是区域旅游合作的浅层次形式,深层次合作应该体现为各省市区根据旅游需求的变化在旅游资源和旅游产品开发中形成的联合。如果加强与周边省区旅游产品的协作性,同时整合旅游资源,这将会极大地丰富河西现有的旅游产品。

4. 旅游节点过于集中,旅游接待设施布局不合理

河西地区旅游节点众多,可供开发的旅游资源丰富,但从目前河西旅游发展来看,在旅游节点开发上,还存在以下突出问题:一是游客多将敦煌一线作为其主要旅游目的地,使同样具有文化内涵的张掖、武威等市被遗漏,没有形成连线。河西旅游在游客(尤其是外地游客)看来,从空间上被大大缩小化了。二是在旅游旺季,敦煌莫高窟、月牙泉一线游客众多,从而产生"停车难,出行难"等问题,这极大地影响了游客的旅游体验,不利于河西地区旅游的可持续发展,对河西旅游的基质也是一种破坏,而张掖、酒泉、武威、金昌等地的游客较少,因此河西旅游的发展急需空间上的拓展。三是旅游接待设施的布局忽视层次性的问题严重。由旅游节点布局的等级层次性可知,不同层次的住宿设施一般应建设在不同等级的旅游节点上。例如,高档酒店住宿设施布局在城市首要节点上,而低价位的旅馆则布局于城市次要节点上。河西高档酒店多分布在重点旅游节点一带,符合旅游节点的等级层次性,但满足大众旅游需求的低价位的旅馆却很少,没有满足区内以及周边区域大众的旅游消费需求,从而使游客在重点景区分流较大。四是以文化代表的旅游娱乐设施没有有机地融入游客旅游活动的各个细小环节,没有形成一种浓厚的、持久的、内涵丰富的文化艺术气氛,景区内娱乐休闲服务设施缺乏,供游客参与的活动项目少,旅游工艺品、纪念品品种稀少,形式单调,特色不浓,不能有效延长游客滞留时间,增加游客消费,影响了旅游产业整体效益的发挥。

5. 旅游产品结构单一,对历史文化和民族文化的挖掘不够

河西地区旅游产品以观光旅游产品为主,与观光旅游产品相比,度假旅游、会展旅游、商务旅游、科考旅游、宗教朝拜旅游等具有综合性强、停滞时间长、消费水平和重游率相对较高的特点。发展度假旅游有助于优化区域旅游产品结构。河西地区也在大力开发度假旅游产品,但却把开发度假旅游产品简单理解为建度假的旅游设施——度假的山庄、别墅,忽略了度假旅游对娱乐设施要求较高的特点,娱乐的内容单一,服务水平较低。所以,目前高附加值的度假旅游项目开发的很少,只有农家乐性质的度假旅游发展尚可。

同时,由于现阶段区域旅游产业开发方式以及行政管理方式的不协调,区域内传统文化开发较弱,巨大的文化资源只是作为一种静态的资源用于游客的旅游行为中。例如,河西地区宗教、简牍等民族民间文化内涵深刻多元,但各景点在发展过程中各自为战,单个景点往往由于力量的薄弱,而使展现的历史文化景观发生扭曲,难以展示区域文化的宏伟、博大、多元的气势,从而降低旅游的体验。再如,河西地区"酒文化"源远流长,有着丰富的酒文化旅游内容,但目前还只是处于以展示为主的浅层次开发阶段,使游客对这类旅游资源产品缺乏深层次的了解,无形中降低了旅游产品的档次。

6. 相关行业间利益矛盾缺乏协调

旅游产业是一个行业和地域两方面综合性极强的产业,其管理协调就比其他产业有着更高的标准。河西地区旅游业需要协调利益矛盾,首先是一些与旅游活动关联程度较弱的行业,它们本身不具有降低自身利益来配合旅游的义务,甚至忽视旅游业的发展,而客观上又严重制约了旅游产品和旅游目的地整体档次或形象的提高,影响了旅游业的发展,特别是公共辅助服务行业最为突出,例如河西地区的信息媒体行业对旅游产业的有偿和无偿宣传都存在严重不足的问题。其次,尽管旅游的主体产品存在可以无数次重复利用的特点,但具体旅游活动中的消费对象或服务对象是一定的。因此,一定的服务行业与其同行业之间的竞争较为激烈。同时,由于一定行业又分属于不同地域,所以,区内各地域之间的利益矛盾也十分突出,比如运输业,全区各地市之间都存在属地经营的默认约定,这对游客前往旅游目的地造成人为的不便。再次,由于市内景区开发管理存在政府直接管理、政府部门管理、特定机构管理、国有或集体公司管理、民营资本运作等不同体制,这对旅游产业的管理协调增加了难度,又对旅游活动的策划、组织和实施带来了一定的阻力。

(四) 旅游产业布局存在问题的深层原因分析

1. 生态环境问题严重,影响旅游整体布局与可持续发展

河西地区大部分土地是戈壁、沙漠,自然环境十分严酷,水资源短缺、荒漠化威胁是制约本区域发展的重要因素。加之地处青藏高原东北边缘,西靠塔里木盆地,是冷空气入侵的必经之地。因此,灾害较为严重,并有突发性和持久性等特点,地区生态环境十分脆弱。同时,荒漠化程度在本区域逐步加深,沙尘暴等灾害天气逐渐增多,脆弱的生态环境影响游客的可进入性和旅游持久性,游客基本集中在5～9月份,旅游周期短,很大程度上影响了旅游产业的整体布局与可持续发展进程,降低了本区域旅游收入。

2. 旅游市场机制和政府主导没有有机结合

我国旅游产业从一开始就实行政府主导战略,政府在促进旅游产业发展、规范旅游市场方面发挥了重要作用,但在新形势下建立的市场经济体制必须使企业成为产业布局的主体,企业通过市场机制对市场需求进行科学的分析和预测,能够较为独立的选择自己的区位。由于对政府主导战略的认识偏差使河西地区在实施旅游产业布局时,政府取代企业成为布局的主体,政府既是产业布局政策的制定者,同时又是实施者、管理者和监督者。政府不顾产业布局的一般规律,忽略市场对资源配置的基础作用,盲目投资项目,造成区域内以石窟建筑、古文物古建筑为主体的重复建设和旅游产业发展的严重浪费和破坏。

(五) 河西地区旅游产业布局优化的方式

1. 旅游区域空间发展方向的优化

从河西地区旅游产业的综合情况来看,无论是旅游收入还是旅游接待人数来看,其旅游产业发展呈现敦煌市旅游圈单极增长的局面,敦煌在全区的旅游产业发展极化效应较强,发展活力较大,其发展方向是提高旅游产业的集约化程度,对资源进行深加工,延长旅游产品链,充实产品结构等。对于嘉峪关市、张掖市、武威市等旅游资源丰富且与区域间

有很大互补性的地区,政府除了给予必要的资金支持和税收等方面的政策优惠外,还要加大旅游基础设施建设(重点应为区域新的增长级建设),应积极鼓励外来投资,通过区域联合实现优势互补。对旅游产业发展落后的金昌、阿克塞哈萨克族自治县等市县应进行引导投资方向,重点发展有特色、见效快的旅游产品项目。因此,应积极培育新的旅游增长极,新的增长中心的发展除由市场自行调节外,还需政府特殊的旅游产业政策和投资政策支持。

在确立核心增长级,培育新的增长极的前提下,还要积极培育次级旅游节点城市,建设旅游点—轴—线发展的空间网络体系,促进旅游增长中心城市对外的辐射带动,并以旅游增长中心为依托,以交通、通信、能源等综合运输管道干线为骨干,以产业发展为纽带,辐射带动沿线各景点的发展,形成旅游景点、旅游城市和旅游线路进一步科学合理布局的旅游空间网络体系。根据河西地域资源特征,"点"是指敦煌、嘉峪关、张掖、武威等中小城市以及发展级别较高的景点等;"轴"则是指在一定方向上连接若干不同级别的中心地而形成的相对密集的资源和产业带。就河西旅游而言,"丝绸之路"是最为重要的轴线[①]。"点"、"轴"、"线"同步发展必会优化河西旅游产业的整体布局。

2. 重点旅游区的优化

从河西空间区位、旅游资源禀赋特征、旅游功能特征、旅游客源市场特征、相关产业的空间布局以及未来旅游发展趋势等因素综合考虑,河西地区旅游发展应与旅游地旅游形象相统一,把旅游精品巧妙地组织在一起,重点打造四个实力雄厚、竞争力强的一级旅游区。即敦煌"飞天"石窟文化旅游区、嘉峪关—酒泉长城文化、航天城旅游区、张掖裕固族民族风情文化旅游区和武威"天马"文化旅游区。

① 敦煌"飞天"石窟文化旅游区。敦煌属于省际交界旅游区,保存了较多的资源原始信息,以石窟文化为背景的每个旅游景点的景观价值均较高,但因其分属于不同的行政区,旅游业的发展处于一种条块分割的状态,重复建设和无序竞争现象严重,导致力量分散,未能形成"合力"和整体优势,造成区域的"内耗"较大。从敦煌旅游区整体发展的结构层次出发,结合敦煌旅游区旅游业发展的宏观及微观背景以及旅游资源的空间分布特征,敦煌应加大旅游企业之间合作网络的建设,以及敦煌与各县市以及乡镇之间的高速公路建设,培育区域自我发展的能力。

② 嘉峪关—酒泉长城文化旅游区。嘉峪关与酒泉两市在地缘文化上较为接近,相互依托旅游资源优势可形成规模优势,以公路、铁路和机场为通道,以长城古建筑、中国航天城为主题,结合冰川、戈壁、泉湖等自然景观进行综合开发,逐步建成国际、国内旅游同时并重开发,具有综合功能的旅游区,并重点发展嘉峪关国际滑翔体育专项旅游、完善"七一冰川"旅游设施建设、着力宣传"中国的航天中心"这一独特的旅游地位,全力打造"航天游",积极开发和完善石关峡、黑山石刻、魏晋壁画墓、玉门昌马石窟、老君庙等旅游景点。

③ 张掖裕固族风情旅游区。张掖地处河西地区中段,受周边城市及其旅游产业的辐射较大,所以应在分析周边城市旅游形象定位的基础上独辟蹊径,寻求适合自己的旅游形象定位。较河西走廊其他地市而言,张掖并不缺乏特别的人文景观,区内的大佛寺、卧佛

---

① 柳红波.河西地区旅游资源特征及开发对策[J].河西学院学报,2006,22(6):49-51.

尽管在西北地区首屈一指,但由于西北地区具有极大的可替代性同类旅游资源较多,故而其吸引游客的作用较弱,但张掖有别具一格的裕固族风情和迷人的草原风光,因此应在这一旅游特色的基础上不断创新旅游产品,扩大旅游规模。

④ 武威"天马"文化旅游区。全区旅游资源空间分布特点为较为分散,从西南向东北、从高海拔到低海拔依次分布着高山河谷地带、山前绿洲地和沙漠地带三条自然景观带,产生了空间上系列化的丰富自然旅游资源,为旅游产业的发展奠定了良好的基础。同时,本区应突出历史文化名城建设,以"天马"形象为主题,形成以文物博览和草原风光有机结合的旅游区,并重点建设"三峡"民族风情旅游区、武威天梯山石窟旅游景区、武威药王温矿泉疗养山庄,开展濒危野生动物繁育中心游,开发沙漠公园景点。

表 10-5 河西地区旅游区旅游形象与重点旅游景点开发表

地市	旅游形象设计	重点旅游景区
敦煌市	"世界艺术宝库"、"世界艺术画廊"、"东方艺术明珠"、"飞天故里"、历史文化名城	以莫高窟为中心的敦煌艺术观赏区,以鸣沙泉和月牙泉为中心的自然风景与民族风情游览区,以阳光为中心的沙漠绿洲旅游区,以玉门汉长城为中心的边塞古道观光区,以榆林窟、锁阳城、东千佛洞为中心的汉唐文化遗址游览区,以桥湾城、双塔为中心的大漠风情旅游区
酒泉市	中国航天城、"玉泉酒"	以古酒泉遗址为中心的中华民族故土园游览区、以卫星发射基地为中心的航天城旅游区、以哈尔腾国际狩猎场为中心的民族风情旅游和狩猎区
嘉峪关市	"天下第一雄关"、世界文化遗产、西部"钢城"、长城博物馆、国际滑翔基地、中国魅力城市	嘉峪关文化旅游景区、西部电影城新城旅游区、国际滑翔基地旅游区、七一冰川旅游区
张掖市	"金张掖"、历史文化名城、中国优秀旅游城市	张掖文物古迹旅游区、肃南石窟艺术、裕固族民族风情旅游区、山丹古今人文景观旅游区、高台临泽现代旅游区、民乐文物古迹旅游区
金昌市	中国"镍都"、遗失的古罗马军团重现地、西部花城	金昌现代工业景观旅游区、永昌旅游区
武威市	"银武威"、中国旅游标志之都、历史文化名城、白牦牛的古乡、西藏归属版图的历史见证地	天祝"三峡"民族风情旅游区、武威天梯山石窟旅游景区、武威药王温矿泉疗养山庄

3. 旅游产品结构的优化

产品设计与生产阶段是区域旅游产业发展战略实施的关键。具有潜在资源价值未必一定具有现实的产品价值,产品价值要求考虑其满足消费市场需求的可能性与愿望①。河西地区的旅游产品结构不尽合理,长期主打莫高窟——鸣沙泉的单一旅游品牌,市场单一,不利于客源市场的扩大和经济效益的提升,应在产品优化的同时与旅游时空同步,满足游客个性化多样化的旅游需求。另外,根据旅游产品生命周期理论,全区应该在科学的市场分析基础上,把握主打旅游产品的生命周期(初创期、发展期、成熟期、衰老期),更新升级换代产品,提前培育替代产品,并及时推向市场,以便延缓旅游目的地的总体衰退速度。总之,以旅游资源禀赋和区位特征,对各地市旅游业发展提出相应的旅游产品开发方

---

① 把多勋.区域旅游产业发展战略研究论纲[J].旅游科学,2005,19(3):10-15.

向,使河西地区旅游产品形成人文景观与自然景观互补、体验参与与静态参观互补、自然生态与文化生态互补、观光旅游与专题旅游互补的产品结构格局。其重点应开发以下几类产品。

(1) 开发康体类旅游产品

随着旅游经济的飞速发展,旅游需求呈现高级化的发展趋势,旅游需求正从游览观光类向体验娱乐类转变。为适应这种个性化、多层次的需求,河西地区应着力优化创新祁连雪峰、"七一"及"孟轲"冰川的科学探险旅游;腾格里、巴丹吉林沙漠探险游;金昌骊轩古城探秘等一系列具有河西地带特色的多种旅游项目活动。同时,借助河西悠久的历史文化遗产,开展娱乐参与性的体验活动,如酒泉夜光杯厂可以让游客自己去生产夜光杯;敦煌民俗博物馆可以让游客自己去织麻纺布;长城上也可以让游客戴盔披甲,舞刀弄枪,当一次戍边将士;丝绸之路上也可以提供马匹、骆驼,让游客听着驼铃、看着雪山、踏上漫漫征途;天祝草原上也可以开辟场地让游客拉弓射箭。

(2) 开展民俗民风参与性旅游

民风民俗参与性旅游,就是以民风民俗因素作为吸引物和承载体,激发游客兴趣,通过游客的亲身投入成为特定民俗环境中的一员,从而达到旅游主体与客体双向交流,满足旅游休闲、探奇、求知等目的的旅游活动[1]。河西地区地域辽阔,文化内容博大,民俗风情上呈现"十里不同风,百里不同俗"的布局。从东向西,依次为天祝藏族文化地、肃南裕固族文化地、肃北蒙古族文化地和阿克塞哈萨克族文化地。将丰富的民俗资源与游客的好奇体验结合起来,对于增加当地少数民俗牧民收入、调整产业结构、发挥地域优势功能、改善少数牧民生活环境具有重要的现实意义。如在天祝藏族地可以让游客住藏包,体验藏族游牧风情;裕固族人民热情好客、能歌善舞、性格豪爽,要在传统的"歌声不停酒不停"的接待方式上有所发展,如定期举办舞会及特殊节日活动,使游客参与其中,更多地深入到裕固族同胞的日常生活中去,以了解他们的生活习性和民族特点;肃北蒙古地域可搭建蒙古包和帐篷,让游客感受到住帐篷、食奶酪、穿皮革的游牧生活乐趣。

(3) 完善工农业科技与农业观光旅游体系

科技旅游是将科技和旅游有机结合为一体的、高层次的文化旅游类型,其基本形式是以旅游资源中的科学技术要素和成分为基础,利用各种自然和人文景观,进行科技和旅游的科学综合规划,设计集科普、生产、加工、销售、观光、体验、娱乐为一体的旅游活动或产品[2]。科技旅游被人们称为"充满阳光的旅游",其集知识性、趣味性、教育性和休闲性于一体,在旅游活动中,既可学到科技知识,又能开阔科技视野,因而受到越来越多人的青睐,也必将成为旅游产品开发中的一个新的经济增长点。河西地区特殊优越的地理条件赋予了工农业科技旅游的资源基础,玉门油田、玉门风电厂、酒泉夜光杯厂、酒泉卫星发射中心、酒钢公司、金川公司等工业基地和科研单位可以在完善工业科技旅游体系的基础上积极创新科技旅游产品,增加旅游产品文化科技含量,扩大旅游市场,增加旅游收入。

---

[1] 谢雨萍.论民风民俗参与性旅游[J].旅游研究与实践,1999,(4):8—11.
[2] 胡蓉蓉.南京科技旅游资源开发研究[D].南京:南京师范大学,2006.

（4）强化文化遗产专题旅游产品

文化遗产旅游是敦煌旅游圈最具有市场竞争力的专题旅游产品（表10-6）。首先，应在现有基础上加大对莫高窟艺术观赏区，阳关、玉门关、汉长城古关古城观光区，悬泉置旅游区，嘉峪关旅游区，古墓旅游区的规划和建设，对于莫高窟艺术观赏区主要是解决开发利用和文化保护之间的矛盾，修建新的复制洞窟，建设敦煌艺术研究中心、敦煌文物保护研究中心和敦煌丝路国际艺术园。

表10-6 河西各地市旅游产品发展定位

地 市	重点目标市场	旅游产品开放方向	主要开发建议
嘉峪关	海外市场	历史文化旅游、工业旅游、会议商务、康体娱乐游	注重加强参与性项目，加强与酒泉合作
酒泉市	海外市场	石窟文化旅游、沙漠—雅丹观光旅游、科技旅游、科考探险旅游	加强与嘉峪关、张掖合作，构建"大敦煌"旅游圈
张掖市	国内市场	佛教文化游、祁连山观光游、农业观光游、裕固族风情游、红色旅游	开发祁连山自然风光游，创新军马场旅游
金昌市	省内市场	镍都工业游、骊轩文化游、花卉生态休闲游	开发创新骊轩古城，打造花卉基地
武威市	国内市场	历史文化旅游、天祝三峡—藏族风情游、避暑旅游、乡村旅游	扩大"中国旅游标志故乡"的影响

其次，做大宣传专题文化旅游产品，如长城文化、石窟文化、宗教文化、简牍文化和民族民间文化是河西走廊极具开发潜力的文化品牌。对于历史文化底蕴的扩展，可形成石窟文化、长城文化、寺庙文化、古遗址、古墓葬主题系列，使游客探寻丝绸之路昔日的繁荣，感受中西文化交流的盛景，目睹丝绸之路文化迷人的光彩，着力打造天马之都武威、西夏大佛之都张掖、汉简之都酒泉、敦煌学故乡敦煌。在与现代文化的结合点上，开发河西彩陶的沙井文化、火烧沟文化、河西岩画、匈奴文化、羌人文化、汉简文化、五凉文化、盛唐文化、西夏文化、民族文化、民间文化、革命文化、边塞关隘、冰川观光、世界风库，以及国际滑降、中国航天、竞技体育、围猎探险等现代游乐项目，形成五光十色、琳琅满目的文化产业群。

（5）旅游线路的优化

旅游线路实质上是游客在目的地的停留空间和消费空间的选择与组合，这些停留和消费空间即为线路节点。线路节点的选择不仅制约着外来旅游者在区内的消费规模和消费水平，还直接关系到目的地区域的资源开发、线路产品的创新、旅游产业集群的发展和目的地的营销。因此，重视区域旅游线路的节点规划布局，对促进目的地区域旅游业的可持续发展和繁荣具有重要的作用和意义。河西地区旅游线路的设计应根据旅游者的旅游动机和切身利益来设计，但同时应考虑其他一些因素的影响，比如各区域旅游节点之间的直接通达性、潜在路线的景观质量、旅游者使用的交通工具、城市旅游形象标识物的定位及旅游出行规律等的影响。河西地区各旅游区域内并非所有的旅游节点之间都直接通达，也并非所有的旅游者在返程时都选择同一路线，因此河西地区旅游线路设计应采用观光旅游与专项旅游相结合、热点与冷点相结合的策略。河西应开发的重点旅游线路有以下几条。

1) 观光旅游线路

敦煌—阿克塞国际狩猎场—苏干湖—青海鸟岛—塔尔寺。

敦煌—嘉峪关长城—酒泉卫星发射中心—张掖马蹄寺—兰州。

敦煌—哈密—吐鲁番葡萄沟—乌鲁木齐。

敦煌—东风航天城—张掖大佛寺—武威雷台—景泰石林—中卫—银川沙湖。

敦煌—玉门关—河仓城—汉长城—雅丹地貌—楼兰古城—库尔勒。

2) 专项旅游线路

现代城市观光旅游线路镍都金昌—酒泉核工业城—钢都嘉峪关—石油城玉门。

大漠风光民族风情游：天祝藏族民风游—肃南裕固族民风游—苏北蒙古族民风游—阿克塞哈萨克族民风游。

敦煌石窟艺术修学游：敦煌市区—莫高窟—西千佛洞—榆林窟。

摩托车、汽车、自行车拉力赛游：（新疆）—敦煌—嘉峪关—酒泉—张掖—武威—（兰州—天水—西安）。

甘肃丝路全景游：兰州—武威(雷台汉墓—西夏博物馆—文庙)—张掖马蹄寺—木塔寺—镇远楼—嘉峪关—骆驼城遗址—嘉峪关关城—悬壁长城—敦煌市—莫高窟—鸣沙山—月牙泉—敦煌故城遗址—敦煌市—明长城遗址—玉门关—雅丹地质公园—阳关—西千佛洞—敦煌市。

四、本章小结

我国旅游业发展比较晚，从20世纪80年代初开始，我国旅游产业一直处于对产业布局不合理的调整过程中，旅游产业布局要素以及要素与区域之间一直处于不合理的状态中。促进旅游产业布局的优化是推进旅游产业健康发展的必要途径，但在具体实施上，旅游学界至今为止还没有较系统、完善的解决方案，仅仅只是从理论上对其进行探讨。本章以旅游产业布局为起点，以旅游产业布局优化理念为指导，以甘肃旅游产业布局优化为目标，从旅游产业布局要素的几方面分析了河西旅游产业布局的现状、存在的问题以及形成原因，并在此基础上提出了自己的对策建议。本章研究的主要认识可归结以下几点。

① 通过对"产业布局"及"布局优化"的相关概念的界定，提出了区域旅游产业布局优化的概念：区域旅游产业布局优化是在区域空间范围内，对其空间布局现状进行分析的基础上考虑产业布局的影响因素，并对各要素进行合理配置的过程，其目的在于实现旅游产业空间上的一体化及产业布局和功能结构的协调统一性，从而使旅游系统提高总体效益，使整体旅游产业系统不断向前发展。

② 通过对区域旅游产业布局优化的内涵及其布局的组成要素的分析，提出了区域旅游产业布局优化的过程即区域旅游产业布局实现从合理化向高级化转变的过程。优化的要素总结了旅游目的地区域、旅游区（旅游景点）、旅游节点、旅游循环路线、入口通道、客源地市场、旅游产业组织、外部市场环境八大要素。

③ 提出了区域旅游产业布局优化在方法上应注重布局要素在空间组织结构上的系

统化,既实现区域内旅游布局要素之间的系统协调,同时实现布局要素与区域之间的系统协调;其次还要注重旅游产业布局要素在时间纵向的动态均衡性;最后,还要坚持由数量型向数量、质量、效益结合型转变,在这些优化的方法途径中还要加强政府的宏观监测保障机制。

融合研究篇

第十一章　文脉视角下的区域旅游产业可持续发展研究

一、相关概念及理论基础

为保证区域旅游产业的可持续发展,制定正确的旅游开发主题是关键,而对文脉(the civil context)的准确把握又关系到主题的确定以及市场的分析与定位。可以说,文脉是支持区域旅游产业可持续发展的一个重要因素。

著名旅游地理学家陈传康最早提出文脉的概念。齐康在其《文脉与特色——城市形态的文化特色》一文中指出,城市形态是社会多系统作用于城市所表现出的物质和精神状态,它不只是城市外部的、内部的形式,有形的表现,而且还包含了更广的文化内涵。一个城市的物理环境(包括地理、气候、城市建筑、城市布局,以及家庭房间的布置、装饰,等等)无不折射出其城市文化特色,而存在的这种文化,反过来又影响着人们的生活方式、性格、思维方式与精神风貌[①]。城市文脉的研究,对于推动区域旅游产业的可持续发展是一个重要的参照因素。在探讨景观文脉整合时,赵荣、郑国首先界定了景观文脉的内涵,景观文脉是指旅游目的地自然景观和人文景观的文化内涵及其有机联系,是区域自然地理背景、文化传统、社会心理沉淀和经济发展水平的四维时空组合[②]。中国现代人的旅游消费行为特征显示,国人出游的主要目的是以观光游览为主,区域旅游产业若要实现强势发展,就必须认知景观文脉。他们指出作为客观实体的自然景观和作为意境景观的人文景观,二者是不可分割的,实体只有蕴涵在其中的文化当中才会显得有魅力,才能形成旅游吸引物。因此对于景观文脉的准确把握与强化,才能使其真正地深入到更多层次的旅游者体验中,形成他们对目的地景观清晰的文脉感知,只有这样才能使旅游产品成功地进行升级,从而促进旅游产业的可持续发展。赵飞羽等人则重点研究了地脉、文脉与旅游开发主题的关系[③]。首先,对文脉的构成要素进行了梳理,有四大类13小类,指出旅游开发主题及项目核心就是"因地制宜"地展示地方独有的特色,这样才能吸引众多的游客,使旅游产业的发展获得成功;其次,分析了文脉与旅游开发主题的关系——吻合、偏离与脱离三层关系,并用例证的方式阐述了这三层关系;最后,提出了旅游开发主题的构思原则和步骤,这对于确定旅游开发主题提供了有益的解决思路。在旅游资源与文脉的关系中,张宏瑞对文脉在文化旅游资源开发中的作用作了探讨,他界定了旅游行为本身就属于文化的

---

① 齐康.文脉与特色——城市形态的文化特色[J].城市与文化,1997,(1):20-24.
② 赵荣,郑国.论区域旅游规划中的景观文脉整合[J].人文地理,2002,(8):89-91.
③ 赵飞羽,范彬,等.地脉、文脉及旅游开发主题[J].云南师范大学学报,2002,(6):83-87.

范畴,文化积淀则是文化旅游发展的决定因素。文脉是区域自然环境与人文环境的升华,由于区域的差异性造就了文脉的独特性,这种独特的本土文脉成为当地文化旅游资源最深层次的内涵和最本质的特征,是区域旅游形象设计的基础和依据,在区域旅游开发中起着举足轻重的作用。

综上所述,近几年来学者在我国旅游产业发展中高度关注到了文脉的重要作用。一般都认为,文脉是旅游地文化的精髓和灵魂,准确把握区域旅游文脉,有助于凸显旅游地形象,构造差异性旅游产品,形成旅游核心竞争力,并在此基础上形成高端旅游消费者,对旅游目的地市场形成强大的支撑力,从而构建合理的旅游客源市场结构,以保证区域旅游产业的可持续发展。从20世纪90年代以来,主要的理论贡献是充分认知和肯定了文脉在旅游产业可持续发展中的重要作用,从不同角度探讨了文脉与城市形态、文脉与景观整合、文脉与地脉、旅游开发主题以及文脉与旅游资源开发之间的关系,但这一时期在研究文脉与旅游产业可持续发展关系时还存在以下一些问题:① 文脉与旅游产业可持续发展诸要素互动关系的内在经济学机制缺失。学者们都认识到了文脉与旅游产业发展的关联关系,但在经济学层面上研究不透彻,以致于使文脉与旅游产业关联关系的研究比较凌乱,结论也缺乏一定的可信度,无法在学理上充分地、完全地、透彻地论述文脉与旅游产业可持续发展的同质共生的关联关系。② 由于我国旅游研究起步较晚,大部分旅游学者进入旅游研究的时间尚短,因此都有各自学术理论研究的特定背景,又加之旅游产业发展的时序性和阶段性特征,以致在研究文脉与旅游产业发展的关系问题上,往往受到学术背景和方法论研究的局限。③ 研究缺乏系统性。许多学者都是从各自研究领域入手,去探讨文脉与旅游产业发展的关系,由于旅游活动具有整体性特征,决定了旅游产业发展的各要素之间的关联度很高,因此不能单一地去理解文脉与旅游产业发展的关系,需要进一步探讨文脉与旅游产业发展之间的内在联系。本章在国内学者和部分国外学者研究基础上,旨在以产业经济学的视角系统地研究文脉与区域旅游产业诸要素之间在经济学理层面的内在关系。

二、文脉与旅游产业可持续发展

(一) 文脉与文化的关系

文脉是文化的脉络,文化是文脉稳定的躯体,文脉决定了文化的个性与特质,文化则以其依托使文脉永生。《现代汉语词典》中对文化的解释是:"人类在社会历史发展过程中所创造的物质财富和精神财富的总和,如文学、艺术、教育、科学等"。文化具有三个层次:表层—器物文化、中层—方式文化与里层—价值文化(图11-1)。

器物是文化的物质载体,一定的器物总是反映了它特定时空中的文化属性,包括建筑、服饰、用具、生产工具、生活工具等。方式文化是一个文化共同体或民族共同体在共同生活中形成的具有特定属性、特定内涵的生产方式和生活方式的总称。如果说从器物文化层面我们能较为充分地感知和甄别不同文化的特质的话,那么方式文化可以使我们更加全面和深入地理解不同文化的差异。文化是动态多变的,随着社会历史的发展,人们的

第十一章　文脉视角下的区域旅游产业可持续发展研究

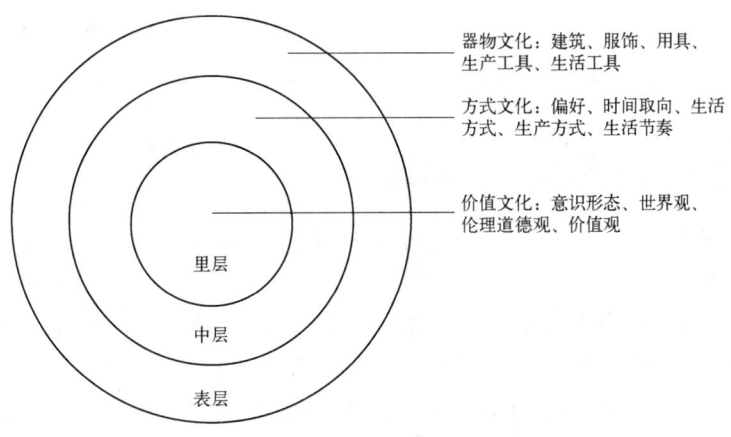

图 11-1　文化的层次结构图

思想、行为、生活方式都处在不断变化的历史演变过程中，其生活结构远远超出了文化的表层范畴，偏好、时间取向、生活节奏、生产方式、生活节奏等都深嵌在文化的中层结构之中；文化是在历史传承的过程中积淀并发展起来的，它的发展是有一定脉络走向的，是遵循一定的时序和逻辑发展规律的，在这个发展过程中，逐渐形成了人们的意识形态、世界观、伦理道德观和价值观，使人们对本民族文化与价值的信任逐渐增强，并最终走向认同和依赖。文化由表层向中层及里层生成、演化、传承的发展脉络即形成了文脉。文化的传承及文脉的延续具有路径依赖（path dependence）特征，即一个文化共同体的人们过去的文化决定了现在的文化，现在的文化又决定了未来的文化，从而使文化生生不息，一脉相承，其根本原因从制度经济学的层面讲，文化是制度规范中的非正式约束体系，它属于制度的范畴，它同以法律为核心的正式约束体系一样，起着共同规约一个文化体的所有主体的行为的作用，为人们从事各种社会活动提供了一套制度化和标准化的行为范式。只不过不同的是，作为正式约束的制度体系，具有强制性和惩罚性的特征，同时由于社会生活的复杂性、多样性和人们与环境在互动中的不确定性，所有的人类行为都不可能由正式约束提供标准和范式，而在正式约束无法或尚未定义人类行为的领域，以文化为非正式约束（除价值观、生活态度、生活方式外还包括意识形态、习惯和习俗等）的因素也在规约着人们的行为。

为什么文化能世代相传、积淀下来，从而成为一个文化共同体的人们共同生活的范式，也为我们充分地认知不同文化特质提供了一系列外显的（器物文化和方式文化）和内隐的（价值文化）信号系统，是因为文化是一个文化共同体的先人们在其所处的特定环境中，成功地与外部世界打交道从而实现自身价值最大化的经验结晶。其后人对这些经验的接纳和身体力行，可以节约他们与世界和环境重复博弈的试错（tries wrong）成本。这种灵魂深处渴望与世界更好地打交道的冲动和降低成本的愿望，是文化得以延续的深层成因，从而也为我们理解文化多元性提供了一种新的思维。

由于文化的复杂多变性，在其发展演变过程中，又融入了不同的文化元素，这就使得区域文化涉及的各种要素的关联度很高，因此要准确把握一个地方的文脉就显得至关重要。文脉是人类文明进化的基因信息及其脉存传承，是地方文化的核心部分，是各种文化信息积淀的汇合。文脉是抽象的,其历史最悠久、延续性最强、内容最丰富、体系最完整、脉络最清晰,它决定了文化的性质与个性,并使得人们在历史进化过程中不断进行着文化的自复制。

(二) 文化与区域旅游产业可持续发展的关系

文化是区域旅游产业可持续发展的灵魂和精神支柱,区域旅游产业是文化赖以存在的产业载体,文化决定了区域旅游产业的性质和个性,而区域旅游产业和其可持续发展则使一个区域或一个共同体的文化获得了永生。如果说文化是一个民族的性格和一个区域的特质,在未被开发利用之前,它只具有产品的潜在状态或准产品性质,同时也会由于特定文化的天然异质性和吸引力造就自发性旅游市场(如中国丝绸之路、青藏高原、中国西南少数民族聚居区等地),在其旅游业未形成之前源自考古、访学、商旅、探亲等性质的旅游活动很早就存在了。但是,这种潜在状态的旅游活动永远不可能使一个区域自发地形成旅游产业,更不可能使这一活动成为区域经济增长和社会发展的新增长点。只有在全面地、科学地、系统地分析、分类以及整合区域文脉、文化的基础上,将一个区域的文脉和文化资源经过产业化、产品化和市场化的打造形成系列旅游产品以后,才能真正地使区域文脉、文化资源实现产业和市场转型,从而成为支撑区域经济、社会发展的新生的、可持续发展的产业集群。有一种流行的观点认为,区域文脉和文化的原生态和延续与旅游产业的发展是矛盾的,但我们恰恰认为,区域文脉和文化需要在一个产业平台上才能得以保持和延续。基于现代市场经济意义上的产业发展可以通过其强大的市场运作,为区域文脉和文化的延续提供强大的物质基础,并在市场化运作中进行关于保持和开发的科学的、有效的调适,并基于可持续发展观和科学发展观合理地、有序地界定保持和开发的关系,使文脉和文化得以延续。可以说,近几年来文脉和文化保持得比较好的区域恰恰是旅游产业也发展得比较好的区域,而不是相反。

随着旅游产业的发展,许多具有相似自然禀赋的旅游目的地,在旅游开发中趋近于雷同,造成较强的替代性,削弱了旅游地的竞争力,同时作为需求方的旅游消费者并不满足于感官享受,他们希望在旅游活动过程中,既能放松身心,又能感受旅游地的文化气息,因此文化应当成为旅游产业的基础,因为文化不仅是旅游产业的精华提取物,传递着区域的文脉信号,也是高级的旅游产品,它是长期积淀的结果,具有很高的潜在经济价值,能够带给游客的印象也是深刻和持久的。旅游区域文化负载着当地的文脉信号,决定了区域旅游产品的深度与广度,能够在更大程度上满足旅游市场的需求,并能再次激发旅游动机,形成合理、有效的旅游发展路径,从而有利于区域旅游产业的持续发展。

(三) 文脉与区域旅游产业可持续发展的关系

1. 文脉与旅游开发主题的关系

文脉是历史的积淀,旅游开发主题就是文脉的产业化。对一个旅游景区的开发,尤其是以人文旅游资源为主的旅游产品的开发,文脉是最深层次的本质的东西,而且就区域旅游产业的整体发展而言,旅游产业的发展、产业性质、产业结构应以文脉为主题和核心,同时开发的物质产品的文化表象又是跟特定的文脉唯一关联的,物质产品透射出相应的文脉,文脉是其基本依据,可以说文脉就是旅游开发主题。准确把握旅游开发主题,就必须深刻了解区域文脉的构成要素。文脉是指一个区域的社会文化氛围和社会文化脉承,即社会人文脉络。除此之外,还应涉及旅游目的地人们的文化取向、价值观念等因素,这是因为这些无形的因素会形成一个庞大的旅游目的地环境,它会深刻影响到旅游主题的开发。

当旅游者进入旅游目的地时,他们会感知这些外界信息,势必会对感知的信息进行诸如加工、推理、评估或综合等心理活动,也就是说旅游者要对外来信息进行加工,以获取对旅游目的地信息的认识。当旅游者加工的信息与旅游目的地的开发主题相契合时,旅游者在很大程度上就会获得旅游满足感与喜悦感。旅游者对目的地的感知是一种积极的深层次的精神和心理活动,旅游者必然要深层次地去体悟目的地的历史成因、历史信息和人文信息,这些信息必须与文脉信息相一致。其次,在旅游规划中旅游主题的确定是很重要的,而以旅游产品(吸引物)为中心的方案设计是以市场和资源的表层、里层研究为理论基础和前提条件的。旅游设施与服务、区域自然与社会经济环境的建设与整合都必须紧紧围绕旅游开发主题,只有这样,区域旅游产业的整体形象才能与旅游开发主题相契合。

2. 文脉与旅游地开发时序的关系

区域旅游目的地文脉的构成是多方面的,同时又是逻辑的。由于已经确定了旅游目的地的文脉,因此在对旅游目的地进行开发时,就会涉及开发时序的问题。一个旅游目的地的开发必须是有时序、有逻辑的开发,但在目前旅游开发实践中有一种误区,就是把最容易进行的、最容易形成市场的、最容易回收资金的项目提上议事日程,却违背了旅游开发的一般规律。就一般旅游要素的开发而言,其开发时序必须是同步完成的,如旅游基础设施的建设,而以文脉为中心的特殊旅游要素的开发,因为要受到资源禀赋、资金、开发周期、市场结构与消费者偏好等因素的制约,不可能同步进行,因此旅游地开发尤其是以人文旅游资源为主的旅游地的开发时序,必须遵循一定的路径选择,即遵循空间顺序、时间顺序和文脉的内在脉络与走向。同时,旅游地文化的特色、优势与价值,是在文化的相互比较鉴别中获得的。区域旅游经济的激烈竞争,直接导致了人们对区域旅游文化资源价值的重新认识,依托区域文脉对旅游目的地进行科学合理的布局,既可以坚持可持续发展的生产方式,最大限度地考虑资源的综合利用和循环利用,尽可能减少生产废物,实现资源的永续利用,又可以使旅游消费者效用结构最优化。因此,文脉的确定有利于形成一个合理的旅游区域结构,并以此指导旅游产业各要素的空间组合关系,即一个多层次、综合性的结构体系与旅游产业的生产力布局。正确认识和分析不同区域旅游的文脉品位、特点,建立合理的旅游产业布局,是确定旅游地开发时序、提高旅游区域布局效益的重要途径。

3. 文脉与旅游产品开发的关系

旅游地营造和旅游产品打造的个性就一般而言决定于综合旅游品质,就其特殊性而言则是文脉的凸显和其蕴涵的历史、人文等信息的彰显,目的是让游客获得感悟冲击与理性体悟。因此,旅游产品的开发应当是具有生命力的,这样才能使旅游产品在旅游市场上保持长久活力,保证区域旅游产业的持续发展。在阐述这一层关系时,首先,由于旅游者消费需求的多元化,趋同和单一的旅游产品对于旅游消费者的持续吸引力总是在不断衰减,旅游企业不可能具有持续的垄断优势,为将旅游产品周期的有限性转化为长期的周期循环,打造相对市场垄断地位,在旅游产品开发的环节中,应更加关注对旅游目的地文脉的挖掘。其次,针对旅游产品而言,旅游产品是文脉的外现,旅游者体悟历史、感受文化的过程与旅游地文脉信息的高度契合是非常重要的。同时每一个具体旅游产品又是与特定的文脉相对称的,即旅游产品线的深度与广度是与文脉的深度与广度高度一致的,这样旅游产品才可以在最大程度上凸现文脉,实现旅游消费者的最大效用。第三,文脉是旅游产品品牌价值的核心,也是旅游产业可持续发展的核心。随着旅游产业的发展,旅游产品会随着市场需求的不断变化而变化,文脉作为旅游地的灵魂,是支撑旅游地可持续发展的重要质量因子,因此在旅游产品的创新过程中必须注重文脉的挖掘,同时保持文脉的持续性,防止造成文脉的断裂。第四,由于旅游产品价格的波动,旅游目的地将会得到利润或发生亏损,而这种相对价格的变动最终将引起资源的重新配置。文脉(文化环境)与客观实体共同打造区域旅游产品,使之与其他替代性旅游产品形成差异性,形成价格优势,才能更好地促进区域旅游产业的长期有效运行。

4. 文脉与市场的关系

哈佛学派的贝恩(Joe Bain)认为,有效竞争就是能够带来有效市场结果或市场绩效的竞争①。它由此进一步扩展的含义还包括市场结构和市场行为模式,这些市场结构和市场行为模式可以引致有效的市场结果或同它密切相关。旅游产业的有效竞争即是指旅游产业有形成垄断的倾向,进一步是指不但具备一定的市场规模,还应具备合理的市场结构。旅游者品质的不同,对市场的支撑力度也不同,即不同旅游消费群体的偏好结构决定了旅游市场规模与结构。以文脉为核心形成的旅游地与有着特定结构的旅游产品线广度与深度形成的旅游产品集群,必然对照着相应的旅游消费主体及消费者群体,为我们合理地进行市场细分和有针对性地进行目标市场定位提供了一种重要的依据。同时我们认为基于文脉的旅游地营造和旅游产品开发进行的市场定位和客户定位必然可以优化这一旅游目的地和旅游产品的市场结构,因为这一目标市场中的旅游消费者一定是市场细分指标意义关照的高端旅游消费者,他们必然存在强劲的旅游消费活动的文化偏好和对以文脉为标志的历史文化信息强烈的感知和体悟的诉求。而且规律显示人们的收入水平一般与文化程度成正比,因此他们必定愿意为以感知文脉为中心的旅游消费支付较高的需求价格,这样就可以在游客规模既定的条件下,增加旅游地的旅游收入,使旅游地、旅游产品与区域旅游产业获得可持续发展。

5. 文脉与旅游目的地营销的关系

伦德博格(Donald E. Lundberg)认为②,旅游目的地营销包括三方面内容:① 确定目的地能够向市场提供的产品及其总体印象(product and its overall imagine);② 确定对该目的地具有出游力的目标市场(target markets);③ 确定能够使目标市场信任并抵达该目的地的最佳途径,即营销(marketing)。其目的在于扩大目标市场区人们的有效需求。在旅游市场需求多元化的今天,旅游企业组织如何借用各种促销手段,使旅游者对本旅游目

---

① 厉建新.旅游产业市场结构目标取向及对策分析[EB/OL].http://www.cttr.cn[2003-06-28].
② 吴必虎.区域旅游规划原理[M].北京:中国旅游出版社,2001:45.

的地的感知与其他具有相似替代品性质的旅游目的地形成显著差异,凸显出本区域的旅游目的地形象,保证区域旅游产业的可持续发展,是一个至关重要的环节。因此,在确定旅游目的地营销策略的时候,应重点考虑目的地以文脉为核心的旅游价值。文脉是旅游产品的质量因子,质量是满足要求的程度的特性,如果一个产品满足消费者的功能太多,就难以在程度上深入,由此导致目标市场的分散,会对目的地营销的微观环境和宏观环境的动态平衡造成冲击,从而在产品战略、价格战略、宣传战略等方面的定位带来偏差,造成宣传交易成本费用的上升。为了杜绝或尽量避免这种情况的发生,旅游企业应该意识到文脉是旅游目的地的核心,而反映在事物外表的旅游目的地形象是派生的,是文脉的外在体现。旅游营销的基础是要分析区域旅游竞争的格局,发掘自身的现实优势与潜在优势,制定未来发展的方向与路径,将旅游目的地的客观实体(区域建筑)与人文环境本身的形象相结合,反映出一种动态风貌,传递出区域旅游地的一种个性魅力——旅游形象。以文脉为核心的旅游产品开发和由此形成的旅游产品集群在进行营销推广时,必然伴随着对应的市场营销细分,以及针对目标消费者所具有的特殊市场细分指标(尤其重要的是受教育程度、职业、消费者偏好与个性特征)的定位,进行涵盖营销目标、营销内容设计、载体选择、营销绩效评价等要素在内的科学的、合理的营销活动,以便扩大这一目标市场规模,并通过营销活动维系、巩固和提升目标市场规模,使旅游地、旅游产品与区域旅游产业的可持续发展获得稳定的、强劲的市场与营销支持。

在图 11-2 中,我们直观地建立了基于文脉分析的文脉与旅游诸要素、旅游诸要素之间关联关系。图的右下角方框中的横向关系是由文脉所决定的区域文化延伸关系,是区域文化子要素及其结构。纵向关系是区域文化子要素在层次上的分解关系,整体上形成了区域文化的结构与谱系;左下角方框中的横向关系是区域旅游产品的产品线广度,纵向关系是区域旅游产品的产品线深度,从而构成了一个完整结构。所以区域文脉(C_1)是区域文化的脉络。区域文化(C_2)的结构和谱系,决定了区域旅游产业开发中的主题(T),而区域旅游产品(P)结构间接地决定于区域文脉和开发主题,直接地决定于区域文化的结构和谱系。理论上讲,区域文化结构中的纵向关系和横向关系及其诸要素决定着旅游产品中的纵向关系和横向关系及其诸要素,它们是高度对应的。同时,旅游产品结构又决定着区域旅游市场(M)的细分和目标市场的定位,如果说旅游市场是特定消费者集群,而这一

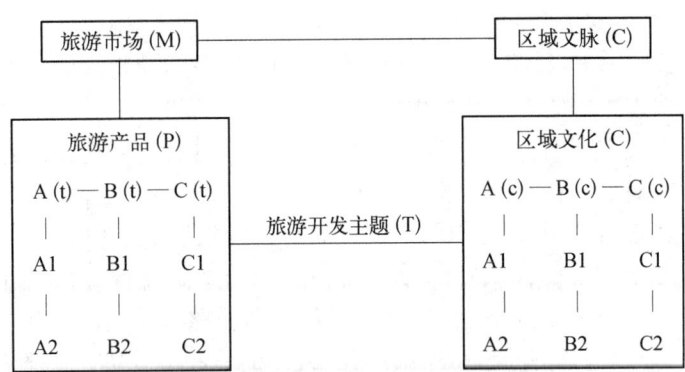

图 11-2 文脉与旅游诸要素关联关系图

特定消费者集群又是以通过区域旅游产品的消费去感知、体悟区域文脉的。换言之,特定的区域文化以及由此决定的旅游产品必须以消费者对区域文脉的充分地、彻底地、完整地感知和体悟为前提,否则,如果在文脉—文化—开发主题—旅游产品的关联关系中缺失了文脉主线的贯穿,尤其在旅游产品开发中丢失了文脉和文化的底蕴,消费者则并不必然从区域旅游产品的消费中获得基于文脉感知为核心的旅游消费效用,导致"旅游效价比"(tourists ratio of utility and price, TRUP)的大幅下降,久而久之,这一区域旅游市场将会大幅萎缩,并导致区域旅游产品甚至旅游产业的停滞乃至倒退,使区域旅游产业不可能获得可持续发展,无法实现区域旅游产业发展的目标。因此,稳定的、持久的和不断扩大的旅游市场规模及其旅游产品的开发,是区域文化和文脉得以存续、传承、传播、升华的重要途径;反过来其又使旅游文化发扬光大,使区域文脉不断延续,使区域文脉和区域文化获得可持续发展。

综上所述,我们在本章建立了文脉与文化、文化与区域旅游产业可持续发展诸要素之间的关联关系,并通过深入研究廓清了基于文脉分析的文脉与文化、文脉与旅游开发主题、文脉与旅游地开发时序、文脉与旅游产品开发、文脉与市场、文脉与旅游目的地营销的内在关联关系,从而科学地认知和把握了文脉与旅游业诸要素的互动机制,为以文脉为主线和核心的旅游地开发和区域旅游产业发展提供了理论基础。

三、案例分析

天水,是古丝绸之路东段的重镇,陇东南政治、经济、文化中心,是中华民族和华夏文明的重要发祥地之一,历史积淀十分丰厚,形成了伏羲本源文化、大地湾考古文化、秦赵本源文化、麦积山石窟文化、三国军事文化五大文化体系。这五大文化体系都从不同历史角度折射出了天水市的文化脉络,而其中又以伏羲文化折射出的区域文脉最强烈。天水在发展旅游产业的过程中,高度关照到了区域文化与文脉对旅游产业的影响力和作用力。伏羲庙是目前我国规模最宏大、保存最完整的纪念上古"三皇"之一伏羲氏的明代建筑群。伏羲庙以器物文化的形式向人们展示了华夏民族人文始祖的功绩——创造了八卦和九针、制嫁娶等,被华夏先民推崇为传说时代的"神人"。伏羲文化体现了中华民族性格中天人合一的特质,是中华民族统一意志的象征性概括;树立起海内外华人共同的人文始祖的大概念;代表着最具内聚力和向心力的中华民族精神。天水市紧扣伏羲文化的发展脉络,举办了天水伏羲文化节,这种借助方式文化体现文脉的形式,使得人们更加真切地感受到了天水在华夏文明进程中的地位和作用。

西安是中国六大古都之首,世界四大文明古都之一,有着丰富的文化底蕴和久远的文明传承,是我国周、秦、汉、唐文化荟萃的地方。西安旅游资源丰富,如何在纷繁复杂的旅游资源中找到其文化内核,并以此作为西安市旅游产业发展的历史文化脉络显得异常重要。为保证西安旅游产业的长久发展,西安市深挖独有的文化资源、彰显历史名城特色,将"古都西安,中华文明源脉"确定为旅游宣传口号。应该看到的是,人们旅游需求变化的多样性与复杂性,依照马斯洛的需求层次理论,人类的自我实现需求处于最高层次,是人在对自身潜质和外部环境认知的基础上建立的一种价值体系,是不断地向人的综合与统一发展的过程。因此单纯提供观光型旅游产品无法满足游客的需求,无法给游客提供高质量的旅游感受,进而无法满足不同层次的市场需求,削弱旅游效用功能,影响有效的市场营销活动,最终无法保证旅游产业的持续、有效发展。基于这种思路,西安市将古都文化贯穿于旅游产业发展的始终,并围绕这一主题文化打造了一系列不同特质的旅游产品,不断拓展古都文化的内涵和外延,使旅游产品与旅游区域文化在广度与深度上保持一致,以适应不同消费者的市场偏好,如他们确定了五大旅游板块:唐都长安旅游区、曲江故址游憩商务区、临潼秦唐文化旅游区、灞城市滨水游憩区和秦岭山地生态旅游区。提出了秦始皇陵国家遗址公园、古都中心旅游区、汉长安城国家遗址公园等 16 大项目。这样不但有助于形成鲜明的旅游主题——西安:具有东方神韵的世界古都,更有利于进行客源市场细分,并在此基础上进行有目标、有层次的旅游宣传,可以使旅游主体在旅游活动中所追寻的求真、审美的乐趣融于一体,可以在很大程度上起到净化并充实旅游主体心灵的作用,实现区域旅游产业的长久发展。

从上面的实证分析我们得出这样的结论:要保持区域旅游产业的长期发展,关键在于合理地、科学地在区域旅游产业发展的基础上正确处理文脉、文化与旅游开发主题、开发时序、市场等的关系,在旅游产业发展中始终贯穿文脉这一重要因素。天水、西安旅游产业的成功之处在于他们准确把握住了区域文脉,从而成为区域旅游产业以文脉开发为主线的成功典范。

四、本章小结

基于文脉分析的区域旅游可持续发展的研究,为我们提供了一个区域旅游产业可持续发展的新视角,它可以很好地理解旅游地营造、旅游产品开发以及区域旅游产业可持续发展的本质,也为我们正确处理旅游经济运行中"文脉—文化—旅游产品—旅游地"的关系和旅游活动中合理的客地关系、供求关系、产品和旅游效用关系以及供给者与消费者关系提供了一种新的思维。只有以文脉为中心,以文脉形成的历史的、人文的、艺术的、社会的、自然的信息逻辑为基础进行顺序的、关联的旅游地营造、旅游产品开发和区域旅游产业发展定位,才能实现区域旅游产业发展目标,保证区域旅游产业的可持续发展。

第十二章 旅游可持续视角下的文化发展研究

一、相关概念及理论基础

(一) 旅游可持续发展是一种要素发展

有一种观点认为,旅游产业可持续发展是这样一种旅游现象,即"旅游可持续发展是减少目的地旅游产业、来访游客、当地耗竭及当地社区之间紧张和摩擦的一种(发展旅游产业的)积极方式。这种方式致力于自然资源和人文资源的长久生存和旅游产业的不断发展"[①]。所以,旅游产业的可持续发展必须考虑到旅游经济活动对资源的外部性(正外部性与负外部性)影响,必须平衡当代人与后代人之间的合理需要,否则将会形成代际成本。这一概念主要涉及的是旅游资源的有序利用与旅游地合理承载力的问题,并没有考虑到旅游产业要保持发展所需要的支撑因子和基础,并不能从根本上有效地解决旅游产业面临的可持续发展问题。

(二) 旅游可持续发展是一种人类活动发展

另外一种观点认为,文化性是旅游主体活动的本质属性。旅游者对于旅游地文化的诉求是旅游活动得以持续的源泉。可持续发展是指"在保持文化的完整性、必不可少的生态进程、生物多样性以及生命支持系统的同时,满足人们的经济、社会以及审美的需求"[②]。这种观点重点强调了旅游主体的活动范围,却没有关照到旅游开发商的不当行为一样可以破坏旅游产业可持续发展的环境。旅游者与旅游开发商的活动都具有明显的外部性效果,而负外部性的根源在于人们有限的理性。因此,强调旅游产业的可持续发展,并不仅仅是考虑资源的永续利用,还要在更大范围内强调旅游活动的可持续性。

(三) 旅游可持续发展是一种产业发展

必须厘清旅游可持续发展与旅游产业可持续发展的关系。我们认为,旅游可持续发展就其本质而言,是一种建立在要素发展和人类活动基础上的产业发展,如果说在旅游产业发展初期更多地表现为要素(或某一要素)发展的话,那么当旅游供给规模、供给结构和

[①] 吕君.旅游可持续发展的本质及其研究意义[J].学术争鸣,2006,(6):40-41.
[②] 克里斯托夫·斯塔德尔.是分歧和冲突,还是一致与和谐——奥地利上陶恩国家公园的自然保护和旅游潜力//国际旅游规划案例分析[M].天津:南开大学出版社,2003.

需求规模、需求结构成长到一定阶段,旅游发展就必然表现为旅游产业的可持续发展了。因为旅游产业的可持续发展涵盖了要素发展(包括文化、自然遗存物、旅游配套设施及服务、信息、组织等旅游软资源)和市场发展(可持续存在的、有稳定增长的、有规模的、结构合理的旅游消费者集群),而不是单一的某要素的发展,单一要素的成长及发展并不能导致旅游可持续发展,只有建立在产业运行层面上的旅游发展才能导致其可持续发展,换言之。旅游可持续发展就是旅游产业发展。

在对旅游可持续发展的本质有了理性的认识和把握以后,旅游产业可持续发展与文化发展的关系的探讨就是有价值的了。文化发展(culture development)作为人类重要的发展指标,在无旅游作为产业依托条件下就已经存在,因为文化就其性质和人类活动属性而言,会存在其自然的传承和积淀,文化的代际传承(inter-generational culture heritage)使文化世世代代相传,甚至可以假以某种特定的社会运行和发展状态使文化内涵、文化结构和文化个性保持原状。但问题是,在现代市场经济体制下,在全球化浪潮中和开放经济社会条件下,自然的代际继承就有可能使文化丧失其原生态和个性,遑论发展?有意义的是,现代旅游产业必然要以文化作为其可持续发展的支撑要素,文化的可持续发展以及其内涵和个性的永续永存成为了旅游产业可持续发展的基本条件,从而使文化在市场化条件下获得了新的产业依托。但旅游产业的发展又是一把双刃剑,这一新型产业的发展无疑具有强大的经济和社会正外部性——投资乘数效应、就业乘数效应、对国民经济和区域经济稳定的贡献率、文化的碰撞、交流和升华等,但随着产业的不断发展和对经济数量指标的过度追求,就有可能使其赖以存在和发展的基础受到某种负面影响和破坏。近几年来,学者们更多关注到了旅游产业发展对生态环境造成的影响,对文化产生的负面效应的关注和研究则是不够的。旅游产业可持续发展得益于文化要素的可持续存在和发展,但其发展对文化的负面影响和破坏也是不争的事实。因此,认知旅游产业可持续发展与文化发展的关系,探讨这一产业高速发展下的文化危机、负外部性及其有效规避,就具有重要的理论价值和实践价值。

二、文化与旅游产业可持续发展

(一) 文化是旅游产业保持可持续发展的引子

文化的基本内涵由物质文化、制度文化和精神文化组成,体现整个社会的文化水准、精神气质和生活层次。社会经济发展的历史告诉我们,文化对社会的发展举足轻重,它决定着人们的人生观、价值观,决定着社会的价值和伦理取向,也是人的行为取向的重要方面,构成人的行为准则。因此,文化系统是发展经济、维护社会秩序稳定的重要变量因素。人类越是进行高度的文化创造,也就越能发展自身生产、劳动的能力,从而不断地改变其社会关系[①]。在现在这个变动不居、关系万重的社会中,人们或许无暇顾及或主动去探寻人类的文化成果,而借助旅游这一活动方式,一方面可以放松身心,愉悦心灵;另一方面,

---

① 佚名.和谐文化和谐社会的精神基础.http://www.670068.com [2006-4-3].

又可以感受悠久的历史文化,开阔视野,交流与沟通。文化赋予旅游活动以无穷尽的生机,在潜意识层面引导着人们的旅游活动。旅游活动导致不同文化发生碰撞、冲突、交融,反过来旅游者对异质文化(包括伦理道德、文化传统、民俗民风、交际语言、行为准则)的诉求,又是构成旅游活动的不竭动力,它为人们提供了认知自然遗存物和历史文化遗存物的平台,旅游消费者通过旅游活动可以感悟旅游地文化,民族自尊心、自信心、自豪感得到强化,获得从文化意义上的民族自立,促进了旅游活动的持续发展。

(二) 文化是旅游产业发展的基础

长期以来人们注意到了文化和谐的特征,却忽视了文化的发展特征,文化被认为是一种静态发展要素。我们认为如果当地文化不与外来异质文化发生冲击、吸纳与嫁接,那么本土有个性的文化将会失去活力、停滞甚至消亡,那么区域旅游产业存在和发展的基础就会不复存在。而作为旅游产业来说,文化不是孤立的,其效益的体现往往是与产业发展紧密相连的。实践证明,在形成旅游产业特色的基础上,不断提高旅游目的地的文化品位,实现产业升级,是促进旅游经济发展从量的扩张向质的提高转变的必由之路。在普遍提升产业品质的同时,文化资源向经济资源获得成功转型,旅游产品被注入了历史、艺术和情感的内涵,使文化产生巨大的经济价值,增加旅游产业的文化附加值。这样,不仅可以满足人民群众不断变化发展的文化消费需求,而且可以极大地提高这些产业的经济效益,增强旅游产业的市场竞争能力,更加增强了人们对外部世界好奇的探索和审美、求知、休闲等精神文化生活的需求力度,反过来又加强了人们对本土文化内涵的挖掘,旅游目的地文化也在与外界的交流当中得到过滤,与时代不相适宜的文化因子遭到淘汰,优秀文化得以升华。文化的发展与建设建立在良性旅游需求的层面上,旅游活动获得了强劲的物质基础和强大的生命力,文化在旅游产业的不断发展与完善中得到张扬和获得永续永存的发展,旅游产业借助文化这一基础也获得了持续发展。

(三) 文化是旅游产业保持可持续发展的因子

可持续发展已成为旅游产业发展的全新模式,几乎得到全球的广泛支持,然而这种观点几乎变成老生常谈。旅游产业要获得持续发展,必须寻求支撑其发展的核心要素(即因子)。随着旅游产业的发展、旅游市场需求的不断变化,文化作为旅游地的灵魂,是支撑旅游地持续发展的因子。因此在旅游产品开发与创新、市场营销的过程中必须注重文化的挖掘,同时保持文化的连续性与个性化,防止造成文化的趋同甚至是扭曲。针对目标消费者所具有的特殊的市场细分指标(尤其重要的是受教育程度、职业、消费者偏好与个性特征)进行涵盖营销目标、营销内容设计、载体选择、营销绩效评价等要素在内的科学的、合理的营销活动,以及扩大这一目标市场规模时必须充分考虑文化的因素,只有这样才能够维系、巩固和提升目标市场规模,使旅游地、旅游产品与区域旅游产业的可持续发展获得稳定的、强劲的市场与营销支持。

(四) 旅游产业可持续发展是文化得以保护和发展的产业载体

异质文化对域外旅游者有着强大的文化吸引力和冲击力,而文化的保护必须在发展中得到保护,通过现代旅游产业发展可以使文化保护和发展获得必需的物质基础,使文化得以张扬和外显,并通过文化的碰撞与交流获得新的发展生机。实践表明旅游产业的发展目标涵盖了文明发展、价值发展、社会结构发展和社会环境发展等社会发展目标,包括文化资源价值的外显与市场发展、民族文化个性的国际认同等内容在内的文化发展目标,也包括由于区域旅游产业的发展重建人与自然、现在的人与未来的人、现在的环境与未来的环境共存共荣的可持续发展目标。旅游产业使文化资源成为发展经济的产业资源,实现文化资源向经济资源的转型,实现文化资源的经济价值。可以说文化在旅游活动中得到了张扬和外显,旅游品质借助文化要素得到了提升,旅游产业可持续发展是文化得以保护和发展的产业载体。

三、可持续旅游产业视角下的文化危机

人类行为虽然具有自我调节功能,但是在市场规模既定或偏好既定的情况下,人们总会去追求自身效用的最大化,自我调节功能与最大化效用相比,总是存在着巨大的心理差距,即前者并不能及时改善人类理性经济行为导致的后果,即便人们认识到这种行为带来的不良后果,但也总是无力去改变,因为这类后果是大量人类行为在长时间的一种累积效果,是隐性的,其后果是我们将会失去人类对自然资源和人文资源的文化心理依存状态。美国经济学家J.E.米德认为:外部性是"这样一种事件,即它给某些单位或某些人带来好处(或造成损害)。而这些单位或这些人却不是直接或间接导致这些事件自决策的完全赞同的一方"[①]。我们可以将旅游产业发展中的文化危机制解为旅游产业发展过程中的文化负外部性。

器物文化、方式文化和价值文化三者互为因果关系,器物文化是方式文化和价值文化外显的依托,而方式文化和价值文化又是器物文化的得以彰显的灵魂;如果方式文化和价值文化失去了原生状态和个性,那么器物文化的外显将是没有生机和活力的;而器物文化的缺失又将导致方式文化和价值文化无法得以展现,因此,我们必须关照这三者之间的负外部性影响。

(一) 器物文化层面上的负外部性

器物文化是一个地区方式文化和价值文化的外显。外埠旅游者对于异质文化的观感,首先来自于器物文化的冲击。随着社会、经济和信息的发展,旅游进入者会将处于高势能的信息蕴含在旅游活动中,影响目的地人们的文化和交际方式,进而影响他们对社会规约、社会期望的心理,而这种影响在一定的时间和空间范围内,具有盲目性、消极性,导致的后果是原有的生产、生活载体有被抛弃的趋势。随着高端或强势文化的猛烈冲击,他们会不假思索地、没有选择性地接受这些外来信息,并采取各种方式来调节或控制自己的文化领域或利益,试图寻求新的文化符号,追求新的文化载体,导致器物文化面临着商品化和庸俗化的威胁,文化物质结构上的完整性和独特性将不复存在,异质文化对于旅游者

---

① 刘兰.外部性问题及其解决办法[J].武汉交通管理干部学院学报,2003,(3):55-59.

的冲击力将会慢慢衰退,旅游消费效用下降,文化意义上的物质载体面临着被同化的危机。

(二) 方式文化层面上的负外部性

方式文化是一个文化共同体或民族共同体在共同生活中形成的具有特定属性、特定内涵的生产方式和生活方式的总称。旅游者在未进入旅游目的地时,囿于信息的不完全,目的地人们的生产和生活方式依然是植根于原有的社会环境与心理环境之中的,他们保持着原有的生产和生活方式。但随着交易活动的广泛进行和旅游活动的不断渗透,其产生的经济效应不断驱动着人们生产和生活方式的转变,这种影响将是全方位的,它们改变了人们的生活途径,也使其失去了特有的文化色彩。在外来信息的影响下,人们会将这种影响与旧有的生产和生活方式进行博弈,其结果是稳定的偏好受到冲击甚至是动摇,人们或许不再坚持传统的生产和生活方式,而是试图适应(accommodation)这种模式,本土文化受到挑战,传统的人际关系被破坏,取而代之的是建立在新型价值观基础上的生产和生活方式,这一趋势导致更为严重的危机在于吸引游客的异质文化、生产方式和生活方式随着旅游者与社区居民的双向博弈,被同化甚至是扭曲。当然这并不是说当地居民必须顽固地恪守当地的生产与生活方式,而是强调在大众生活的层面上,应将展示的基点落在文化层面上,只有这样才能继承原有文化,本土文化的个性才能获得其得以传承的方式基础。

(三) 价值文化层面上的负外部性

价值文化是世界观、价值观和方法论的总和,是保留纯朴的有天性的民族文化个性,是民族文化的结晶,是和人与自然成功打交道的经验总结,它构成底层文化结构,是了解一个民族的文化和性格的重要方面,对交际行为起着支配的作用。旅游这种跨文化交际活动,所遵循的规范可能因主导文化、群体文化、社会关系、情景、地理、地区、地方,乃至个人而异。旅游者负载着出发地的文化信号,以多种视角形式及社会环境和心理环境介入旅游目的地,打破目的地长期形成的价值文化的稳定状态,造成人们在心理上所相信的期望与实际所感觉到的现实之间冲突,将重合和、喜愉悦、注重个人修养的价值文化转向了过度关照消费生活,原有价值文化中处于本位的鲜明特点让位于旅游活动强烈冲击下的文化特征。价值文化是本民族文化的灵魂,如果丧失了这个依存的因子,即使本土文化中的器物文化和方式文化都得以保留,那么它们的展示也是虚假的、虚伪的,忽视了人与自然、人与人之间的关系,缺乏人类在自然承载限度内生存和发展的途径的思考。

四、旅游产业发展中的文化发展

旅游产业发展中的文化发展可以这样界定:"旅游产业的发展首先是一种经济活动,必须保持旅游经济的增长与发展,同时它的发展又必须建立在文化发展的基础之上,即必须保持文化的原生状,保持文化的个性化,保持文化结构的优化与高度化,保持文化价值的外显,同时必须将文化与旅游产业相嫁接,实现文化资源向经济资源的转变,在更大程度上滋生新的文化因子,从而实现可持续旅游的文化发展。"但是在很长时期内,文化是在一种静态模式下发展的,优秀文化成果难以与旅游产业相嫁接与融合,区域旅游产业发展中的文化因素处于被趋同甚至扭曲的困境,面临文化危机,因此必须寻找有效规避文化危机的措施。

① 文化是一个文化共同体的先人们在其所处的特定环境中,成功地与外部世界打交道从而实现自身价值最大化的经验结晶,是与社会、自然进行调试与博弈的总和。其后人对这些经验的接纳和身体力行,可以节约他们与世界和环境重复博弈的试错成本。这种灵魂深处渴望与世界更好地打交道的冲动和降低成本的愿望,是文化得以延续的深层成因,从而也为我们理解文化多元性提供了一种新的思维。本土文化是优秀的、独特的,文化的存在有其合理性。世界本来就是多元的、丰富多彩的,这也是因为文化的多元性而造就了世界文化的异彩纷呈,而这些又是旅游产业得以发展的基础,因此,培养旅游本土文化情结,培育本土文化尊严显得尤为重要。民族的才是世界的,事实证明保持与传承本土优秀文化,有利于培养本民族的自豪感、自信心、自尊心,从而为旅游产业的发展注入不竭动力。

② 长期以来旅游目的地的文化被认为是一种低势能的文化,总有着落后的文化向高势能文化趋同的规律,不可避免地面临着本土文化的扭曲甚至是失真,支撑区域旅游产业发展的根基面临威胁。文化的独特属性决定了保护区域文化的难度。多年以来国内和国际相关组织在器物文化和非物质文化遗产(如口头文学、艺术等)的保护方面出台了许多政策和法律法规,而对于方式文化与价值文化来讲,由于它们属于软实体文化,界定它们的保护范畴带有很大的局限性,因此对于方式文化和价值文化的认知和保护力度是远远不够的。但是它们对于区域旅游经济和社会的和谐发展却又有着相当重要的影响,它们是区域经济、社会生生不息发展的源泉,因此在与国家文物保护的大政方针政策不相抵触的前提下,应在政策和立法上予以足够的重视,加大国际和国内相关组织对本土方式文化、价值文化的保护力度。

③ 加大文物保护力度。早在1982年国家就立法颁布了《中华人民共和国文物保护法》,这一制度安排是我们国家市场化改革以来与旅游产业的发展同步的,它在很大程度上有效地防范了旅游产业发展中的负外部性问题。但是由于我国整体经济和区域经济发展的赶超性质,关于负外部性的检查、认知、监督、控制和惩罚的力度不够,无法实现这笔费用的最优支付,旅游产业发展的负外部性发生频繁,因此国家要加大文物保护的力度,增加关于资源保护方面的投入。要知道制度安排是一回事,制度的实施机制又是另外一回事。另外,由于客观上存在方式文化和价值文化的界定范围、保护方法、激励与约束方面的困难,目前立法对这个层面的文化制度安排基本上是空白。因此,可以在立法上两步走:在一些文化和旅游产业较为发达的区域,地方政府应该出台一些包括对方式文化和价值文化保护的立法;待运行成熟后,再由国家进行方式文化和价值文化的保护立法,以统筹解决立法和法律实施层面上的对文化的有效保护。

④ 培养游客道德与游客自我教育意识,主动提升自我旅游行为的品质,这样才能在根本上保证旅游产业的可持续发展的环境不会遭到破坏,能够使人们逐渐意识到自身旅游行为对目的地的影响不仅是经济的、环境的,还有社会和文化方面的,可以帮助游客在

旅游过程中注重旅游资源的有效与有序利用,在潜移默化中塑造一种和谐的旅游文化氛围,这样不但满足了自身的旅游需求(私人利益),也有助于未来旅游者的旅游活动受到保护,创造一种和谐发展的空间(公共利益)。

⑤ 随着经济的发展,在要素可自由配置的市场化条件下,单纯依靠意识形态感召优秀人才保护、传承本土优秀文化显得苍白无力,关键是要实施区域产业结构转型和大力发展区域旅游产业,有机地吸纳优秀人才居留在本土,成为发展旅游产业的生力军。如果通过区域旅游产业发展获得了与全社会平均的个人收益率相当的个人旅游收益率,那么居留就成为可能。居留的意义在于:首先,是区域旅游产业发展获得了优质的人力资源;另外,本土优秀人才在本土文化的继承、传播和发扬光大方面具有不可替代的优势,这是由文化本身的代际传承性质所决定的。

五、本章小结

旅游产业可持续发展暗含的一般含义是,人类行为不能危害生态系统长期的稳定和人文景观的核心特征。针对旅游产业的可持续发展,我们认为并不能简单地将落脚点置于保护生态环境、维系代际的永续发展的层面上,更为重要的是尊重和保护人类对自然资源和人文资源的依存心理状态,正是自然资源和人文资源的存在,才激发了人们对于真、善、美的追寻,渴望更高层次的精神生活。如果这些资源遭到破坏甚至是消失殆尽,那么人们的心灵是空虚的,无法给予自己的感情。因此,我们必须从更宏观、更广阔、更深刻的角度去认知旅游产业的可持续发展的概念。

第十三章 旅游凝视与民族地区文化变迁研究

一、相关概念及理论基础

(一) 文化与旅游

"文化"是一个经历了几个世纪的发展而成为目前涵义广泛的词语。1871年,人类学家泰勒(Taylor)给出了文化的定义:"文化是一个'复杂的整体,包括知识、信仰、艺术、道德法律、风俗以及作为一个社会成员的人所获得的任何其他的能力和习惯'[1]。"概而言之,文化是人类的聪明才智和民族的智慧潜能外化的方式及其成果,是人类向往光明、追求自由、超越自我、实现自身价值的途径及其结晶[2]。

文化是旅游的灵魂,是旅游资源的魅力所在,是旅游主体的出发点与归宿,是旅游业兴旺发达的源泉;旅游则有利于挖掘文化、丰富文化、优化文化和保护文化[3]。随着中国社会现代化进程的推进、闲暇时间的增多以及人们物质生活水平的不断提升,旅游成为一种日益普及的文化实践活动,旅游是一种包含了复杂的社会文化意义的活动[4]。文化是旅游产业保持可持续发展的基础、引子和因子。厄里认为旅游就是文化自身游历的过程,这个过程就是文化变迁。总而言之,旅游就是一种文化,一种生活方式。

(二) 民族文化与旅游

民族文化是各民族的先民们适应所生息繁衍的自然生态环境的产物,为该民族的大多数成员所普遍接受,共同分享,深层认同,集体维护,世代相传。民族文化有表层和深层的两种存在形式。可以直接观察到的各民族的服饰、饮食、建筑与居住格局、语言与文字、民族工艺与艺术、生产与生活方式,是民族文化外在结构的主要组成部分。民族文化的内在结构蕴含着民族的心理、民族的感情、民族的信念、民族的意志和民族的自尊心,需要细致体察和真切感悟才能领会,在民族意识当中具有至高无上的地位,也最为尊贵和神圣[5]。旅游是什么? 简言之,旅游就是现代社会人们的一种生活方式。它是旅游者通过

---

[1] [英] 阿雷恩·鲍尔德温,布莱恩·朗彻斯特,等.文化研究导论[M].陶东风等译.北京:高等教育出版社,2004:4-6.
[2] 覃德清.中国文化概论[M].桂林:广西师范大学出版社,2002:5.
[3] 尹华光,彭小舟.文化与旅游关系探微[J].中国集体经济(下半月),2007,(10):117-118.
[4] 周宪.现代性与视觉文化中的旅游凝视[J].天津社会科学,2008,27(1):111-118.
[5] 付·吉力根.浅析旅游开发对民族文化变迁的影响[J].学术争鸣,2007,(5):54-55.

离开自己的居住地到一个新的、陌生的地方寻求新、奇、娱乐的旅游凝视与民族地区文化变迁一系列活动,追求视觉、触觉、心理满足的一个与日常生活完全不同体验的过程。民族地区以其优美的原生态自然旅游资源,独有的与旅游者日常生活中的文化完全不同的"异文化"极大地吸引旅游者前来参观游览,它所带来的全新体验是任何其他旅游吸引物都无法比拟的。而此"异文化"是民族地区开展旅游活动的最核心的旅游吸引物,是民族地区旅游发展永恒的招牌所在。概而言之,特色的民族文化是民族地区得以生存和发展的灵魂所在,也是民族地区发展旅游的灵魂所在。

旅游产业在少数民族地区的发展必然会加速民族地区文化变迁的进程,在搞清楚了民族文化与旅游的关系的基础上我们可以看出,从旅游者的角度来研究旅游对少数民族地区文化变迁的影响显得尤为重要。

(三)旅游凝视理论

1992年,以米歇尔·福柯(Michel Foucault)有关"凝视"的著述为基础,英国社会学家约翰·厄里(John Urry)提出"旅游凝视"理论。刘丹萍将旅游凝视理论概括为:"'旅游凝视'是旅游欲求、旅游动机和旅游行为融合并抽象化的结果,是旅游者施加于旅游地的一种作用力,旅游者拍摄旅游地人文事象的摄影行为以及各类旅游广告图片等都是'旅游凝视'的具体化和有形化,旅游地由此在时间上和空间上被社会性地重新构建。"[①]约翰·厄里认为旅游凝视的性质具有以下几点:第一,"反向的生活"性;第二,支配性;第三,变化性;第四,符号性;第五,社会性;第六,不平等性。从中可以看出旅游凝视理论主要强调的是旅游者施加于旅游目的地的一种作用力,凝视的主体是旅游者,对象是以图像、旅游广告等呈现出来的自然文化景观,目的是视觉体验及对旅游目的地进行社会性的重构以达到得到愉悦体验的目的,因此旅游者的凝视必定带有很强的主观色彩。

显然有这种完全主观的凝视注入整个旅游活动的过程中必然会给当地原有的文化产生冲击,由此必然造成外来文化与当地文化之间发生激烈碰撞,碰撞的结果只有两个:第一,消极的结果(旅游凝视理论下旅游目的地文化危机);第二,积极的结果(旅游凝视理论下旅游目的地文化的有效传承更强势的发展)。与此同时这也就对我们分析和理解民族地区旅游目的地文化的变迁提供了两种完全不同的切入点。本章正是基于旅游凝视的这种"作用力"来研究其对民族地区文化变迁的作用关系。

二、民族地区文化变迁

文化变迁,指或由于民族社会内部的发展,或由于不同民族之间的接触,引起一个民族的文化的改变[②]。文化变迁的机制是创新、传播、文化遗失和涵化[③]。涵化主要是指强制性的文化变迁机制,如殖民入侵、种族灭绝等。而现代旅游活动对文化变迁的机制不包

[①] 刘丹萍.旅游凝视:从福柯到厄里[J].旅游学刊,2007,22(6):91-95.
[②] 黄淑娉,龚佩华.文化人类学理论方法研究[M].广州:广东高等教育出版社,1998:209.
[③] [美]威廉·A·哈维兰.文化人类学[M].瞿铁鹏,张钰 译.上海:上海社会科学院出版社,2006:455.

括涵化,因此我们主要是从文化遗失、创新、传播这几个方面来探讨民族地区文化的变迁问题。

(一) 从旅游凝视看民族地区文化遗失

1. 民族文化商品化与旅游凝视

具有丰富而又复杂意义的人文景观,也通过某种转换脱离了它原来的语境,从"他人语言"转变为"我的语言",编码过程就是将多元复杂的意义凝缩为对潜在的旅游者来说最具旅游价值的主题,这就导致了文化的商品化。对于民族地区的旅游业发展同样如此,为了将原有的文化转化为对潜在旅游者最具旅游价值的主题,从而把民族文化标上价格,进行买卖,促使了民族文化的商品化。这其中的关键因素在于"利",旅游业的发展是经济发展的产物,而民族经济的发展又很大程度上依赖于旅游业的成功发展。旅游者旅游的一个最直接的目标就是获得视觉愉悦,然后才能达到心理满足,同时当地居民的直接目标是"利"的满足,怎样能使两个满足完美地结合起来？起点,让旅游者在"看"的过程中得到享受、愉悦;中轴,投旅游者所好以及最具旅游价值主题(民族文化)的创造;归宿,文化的商品化。显而易见,旅游者的凝视过程是源,是作用力,它贯穿于整个文化商品化的过程。以下是关于民族文化商品化的一个例子。

为了满足当地旅游部门举行"旅游节"的安排,把苗族13年才一次,最为神圣而庄严的"牯藏节"提前举行。旅游部门之所以做出这样的安排,其中一个重要的因素就是邀请到了一批欧洲、美国和日本的游客,尤其是其中一个大型的日本旅游团。举行"牯藏节"仪式的时候,按照传统的苗族习俗规定,所有的"牛牯"必须在同一时间宰杀,这一程序包含着与苗族祖先的神圣关系。然而,当祭仪时刻来临的时候(正午的一段时间),那个大型的日本旅游团却尚未到来,在地方旅游行政部门的影响下,祭仪程序不得不往后拖延,这引起了一些当地苗族的极大反响,甚至还发生了一些小的冲突。在拖延了一个小时仍不见日本旅游团身影的情况下,当地旅游部门与苗族头人商议决定,留下一头牛专门等日本团来了再杀,其他的一次性宰杀。之所以如此迁就日本游客,一个重要的原因就是仪式中的一部分牛系日本游客出资买下,"以必须满足他们亲自到场观看为条件"。从这个例子我们可以看出,为了满足游客"看"的体验,在民族地区行政主管部门的干预下,民族文化资源被变成一种交换品和消耗品,这对民族地区文化变迁来说影响是巨大的。

2. 民族文化的同化与旅游凝视

厄里认为旅游凝视具有不平等的性质,社会依据代际、性别和族群等因素呈现分层,这使得到访游客与旅游地居民之间的"凝视"与"被凝视"的关系隐含着一种实际的不平等。旅游者的摄影行为以及他们对目的地的视觉表征驯服和规定了凝视的对象(旅游地居民及其文化),其中包含着权利与知识的关系,最典型的表现之一就是旅游地文化"自我异国情调化",旅游地借此保持永续的旅游吸引力,以满足游客凝视的好奇心。而民族文化同化是指原来的民族文化特征在内部和外部因素的作用下逐渐消失,被异族异地的文化取代。正是由于旅游者的凝视驯服了当地居民才导致"自我异国情调化"的出现,从中可以发现,旅游者凝视的对象是规定的当地居民及其文化,随着旅游者的大量进入,异族、异地文化也大量随之侵入,民族地区原有的独特、古老的文化可能随之淡化,甚至灭亡。

导致这种现象发生的最基本力量显而易见：旅游者的凝视。旅游者通过摄影凝视当地居民及其文化正是民族文化被同化的作用过程。旅游者的凝视所具有的压迫、强势在其整个旅游过程中表现出来，这种压迫和强势在当地居民身上的体现就是改变自身的穿着以与外来旅游者更贴近由此来缓解这种不平等，进而从这种最初的外表改变至深层次的文化底蕴淡化甚至消亡，最终令人"直把杭州作汴州"。

因此，旅游的发展不可避免地会对民族地区文化产生负面影响，而民族地区文化同化的最终作用力在于旅游者的凝视。

3. 民族文化价值观的退化和遗失与旅游凝视

民族文化的核心是民族价值观。虽然各少数民族文化价值观的差异很大，但基本的价值观，如热情好客、忠诚朴实、吃苦耐劳、重义不重利等基本一致，民风十分淳朴。但是，随着民族旅游的深入，一些地区的民族文化价值观出现了明显的退化甚至遗失，到过民族地区的旅游者对当地或多或少的会有民风日下的印象。这种印象的产生我们或许可以从厄里的旅游凝视理论中获得答案。厄里认为旅游凝视具有支配性，视觉支配和决定了旅游体验的范围，他认为凝视是旅游体验的中心。简单的理解就是"看"是旅游者旅游的核心体验。视觉的感受对旅游者起着支配的作用，旅游者看着好的艺术品他们可能就想买，看着好的文化景观他们就想照相留做纪念，凡此种种都为当地民族文化价值观的退化提供了温床。旅游地因旅游者的到访而被消费，其结果就是该地方被社会性的重构，旅游者要消费必然要有消费服务的提供，而这个过程必然伴随着交易的发生，民族旅游对民族特色物品的交易更加频繁，因为旅游者的购买行为取决于其看到了什么，会得到何种满足，当他们看到原生态的、新奇的民族饰品的时候购买行为随之产生，而在旅游者购买欲望及当地居民对"利"的追求的推动下，当地居民传统的优秀伦理道德，交易公平的道德便变得一文不值了，劣质工艺品充斥着旅游商品市场，牟取暴利的行为随处可见。随着经济形态的改变，本民族的优秀传统道德和价值观念也就被抛之脑后。它已经超越了简单的经济范畴，嵌入到旅游的社会关系之中，这一切都应归咎于旅游者"看"的行为，以及当地居民、政府及利益相关者对旅游者这种行为的满足和迎合。

（二）从旅游凝视看民族地区文化的传播、创新与发展

1. 旅游者旅游凝视与民族地区文化创新

创新是一切变迁的终极来源，民族地区文化的创新发展对民族地区文化变迁具有积极的意义。因此民族地区文化创新的动力是我们研究的重点。

厄里认为旅游者的凝视是通过符号建立的，旅游凝视就是某种特定景点意义符号的生产与消费①。美国文化人类学家赫斯科维茨认为："文化"完全是人为了表达"意义"而创造出来的符号，文化是一切人工创造的环境，也就是说，除了自然原生态之外，所有由人添加上去的东西都可称之为文化，也就是象征人类学家所说的"物体、行为、事件、语言"等。而"添加上去的东西"都可视为符号。著名的美国新进化论人类学家 L·A·怀特认

---

① Urry J. The tourist gaze: leisure and travel in contemporary societies [M]. London: SAGE Publications Ltd, 1990.

为"工具＋符号＝文化"。从以上学者对文化的描述中,我们可以看出厄里笔下旅游者的凝视从小的方面讲其实就是通过当地文化的意义符号建立起来的,为了在满足旅游者的喜好的条件下又不对当地文化产生负面的影响,旅游专业人员努力再生产旅游者凝视的新目标。由于旅游者旅游的一个最直接的目标就是获得视觉愉悦,因此在民族地区发展旅游的时候,必然会使得旅游专业人员生产旅游者凝视新目标的过程中,把握自身文化发展的趋势,将本民族文化中最优秀的文化、意义符号展现给外来的游客,让他们在"凝视"的过程中获得最大的满足。这也就从侧面激发了当地文化的创新与发展,使得当地民族文化在各个方面继往开来,推陈出新。也就是说民族地区文化创新的主要动力来源于外来旅游者对当地文化的"看",即凝视。

2. 旅游者的凝视与民族地区文化的传播与交流

不同民族文化的差异,是旅游活动产生的动因之一。旅游者到民族地区旅游,目的之一就是学习和了解当地的民族文化,如民族风情、生活习惯、文学艺术以及历史文化和社会文化等。厄里认为旅游凝视就是一个收集照片、收集符号的过程,旅游者通过摄影这一有形化和具体化的行为对民族地区的文化进行凝视。旅游者将所看到的与自身日常生活完全不同的民族风情、文化习惯、文学艺术等能够彰显出民族地区文化的景观通过摄影保存下来,回到日常生活环境中之后,他们将这些旅游过程中所拍摄的照片展现并介绍给自己的亲朋好友。这个过程是外来旅游者向民族地区借用文化元素的过程,即传播民族地区文化,从而使得民族地区文化得以广泛的传播,这也间接地为民族地区旅游业的发展起到宣传作用。同时,旅游者又将自己本民族的文化带到旅游目的地,并通过自己的言行举止有意无意地传播给当地居民。因此,旅游者的凝视是民族传统文化传播和交流的源动力,旅游者也就成为了民族文化传播使者。这有利于宣传民族文化,消除民族偏见,增进相互了解和理解。

旅游者的旅游凝视是民族文化变迁的源动力。因此我们应该从这个新的视角来研究民族地区文化的传承与发展,由于民族地区文化有着强大的创造力、强烈的生产性,随着旅游者的大量涌入,民族地区文化不仅会在"凝视"外力的作用下向有益的方向变迁,同时也通过其自身强大的创造力、自身强烈的生产性而规范其向更加有益的方向发展。民族地区文化的这种强烈的生产性、创新性不仅为民族地区发展旅游业提供了常新资源,同时也为民族地区文化的可持续发展提供了不竭动力。

三、旅游凝视与文化变迁的作用模型

随着社会经济的发展、民族地区旅游的发展,民族地区文化变迁无时不在。随着旅游者的大量涌入,旅游者对当地社会及其文化的凝视已经逐渐成为民族地区文化变迁的主要源动力,因此本章构建了旅游凝视与民族地区文化变迁的作用力模型。民族地区旅游业的发展必然涌入大量的旅游者,外来游客对感兴趣的民族文化进行"凝视",同时旅游者对当地政府、居民、旅游生产商、市场进行"凝视",从而又促使它们对当地文化的发展产生作用,最终对民族地区文化的变迁产生影响。旅游者凝视与民族地区文化变迁的作用模型如图 13-1 所示。

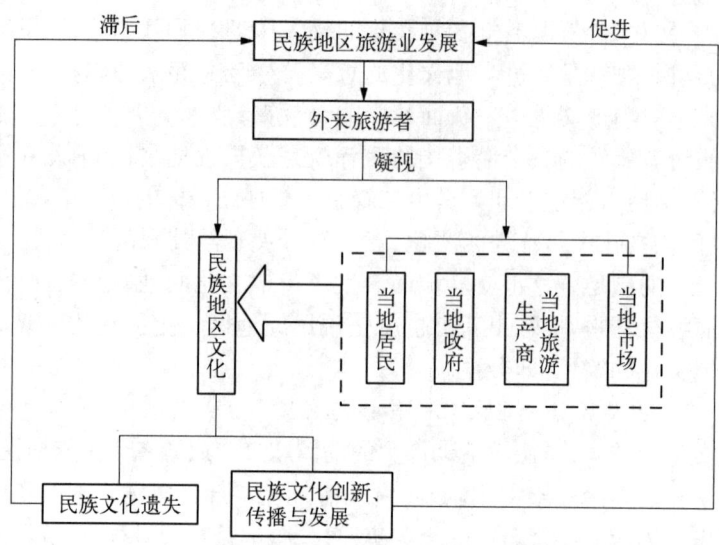

图 13-1 旅游凝视与民族地区文化变迁作用模型

四、本章小结

民族文化是民族地区经济社会发展的重要资源,民族地区文化的传承与保护对民族地区旅游业的发展至关重要。研究民族文化变迁为民族地区文化的传承与可持续发展提供了理论支持,要引导民族文化向积极的方向变迁不仅要从当地政府、居民、旅游企业等文化保护的主体出发,同时更要关注外来旅游者对当地文化变迁的影响,从外来旅游者的凝视角度来分析和探讨民族地区旅游发展过程中的文化变迁及其可持续发展问题,更能有效地反映出民族文化变迁的实质,更能为当地政府、居民、旅游企业加强文化的保护提供新的思路。

第十四章 民族文化保护传承与发展的互动机制研究：以裕固族为例

一、裕固族民族文化的传承现状

(一) 裕固族民族文化的价值

裕固族民族文化凝结着裕固族先民的不懈奋斗和智慧结晶，表现着裕固族的发展历程和生活方式，它的存在本身具有独特的价值。

1. 裕固族民族文化具有深厚的历史价值

裕固族是甘肃省特有的少数民族之一，且历史悠久、文化积淀深厚。裕固族的族源较为复杂，可追溯到公元前的匈奴以及突厥和公元7~8世纪的回鹘，中间经过多次民族迁徙、战争、融合以及多个朝代的更迭交替，形成了裕固族独具特色的民族风情和品质较高、数量浩繁的民族文化遗产。裕固族作为中华民族灿烂文化的亲历者、见证者、创造者，其民族文化的历史价值不可估量。与此同时，探寻裕固族智慧和文明的轨迹，了解其真实的发展历程，有助于我们预测其未来发展的趋势和方向。裕固族民族文化是一座桥梁，它联通了裕固族的过去与现在，同时也将成为从现在走向未来的不懈动力和精神食粮[①]。

2. 裕固族民族文化具有较高的教育价值

文化是精神的载体，一个民族的精神内涵和优秀传统都包含在民族文化之中。每个国家、每个民族都有自己独特的文化传统和精神内涵，这些民族文化和精神内涵往往成为维护国家和民族独立、完整、尊严以及实现复兴的精神支柱，对这个国家、民族的人民具有强大激励作用和教育意义。同样，裕固族民族文化作为本民族传统文化和精神生活的载体，蕴涵着珍贵的文化信息，涵盖了本民族最高的文学、艺术、科技成就，承载了本民族先民的勤劳、勇敢、奋斗和抗争精神，教会人们美好的品质、正确的审美、高雅的情操，激起民族自尊心和自豪感，同时能产生巨大的凝聚力，启迪和教育着一代又一代裕固族族民不断奋斗。

3. 裕固族民族文化具有一定的经济价值

随着社会的发展，少数民族文化除了其本身就有的历史价值、教育价值外，其经济价值也越来越被人们所关注和认可。一般来说，少数民族聚集的地区不仅有很高的文化价值，通常也是自然资源富集、风光独特的地区，自然资源与人文资源形成错落有致、协调统

---

① 黎明.少数民族文化遗产的现代传承与法律保护[D].兰州：兰州大学博士论文，2007.

一的分布格局,从而这种地区往往是吸引力很高的旅游胜地。裕固族长期以来聚居在肃南裕固族自治县,区内人文旅游资源独特、历史积淀深厚,自然旅游资源品质高、品相好、数量繁多,资源优势显著,可利用的旅游资源达 140 多处,自然景观和人文景观相互映衬、珠联璧合,为肃南旅游业的发展奠定了基础,为裕固族民族文化实现其经济价值提供了有利条件。

(二) 裕固族民族文化保护、传承现状

民族文化的自然流失是非常常见的,随着经济社会的发展,少数民族地区的自然生态、生产生活方式、思维习惯等发生了巨大的变化,民族文化随着这些变化的产生而产生。根据前期研究和调查发现在全社会的共同努力下,裕固族民族文化保护取得了较为明显的成效,但当前肃南县民族文化保护和传承仍然面临着许多问题,形势依旧严峻。

1. 裕固族口头文学与语言的流失

裕固语有东、西之分。西部裕固语属突厥语族,东部裕固语则属蒙古语族,裕固族没有自己的文字。从裕固族语言使用和分布的全局看,西部裕固语比东部裕固语消失得快;城镇的裕固语比牧区乡村消失得快;年轻人的裕固语比老年人的裕固语消失得快。现阶段,虽然已出版《东部裕固语话语材料》《西部裕固语汉语词典》《西部裕固语描写研究》等一系列书籍,但不可否认的是当一种语言失去了其使用功能,而成为书本上的文字时,很大程度上也意味着它失去了本身的生命力和意义;学校开展的裕固语课程也因种种原因没能到达预期的效果。因此,裕固族语言的消亡是裕固族民族文化遗产流失中最为严重和严峻的问题。

裕固族自 15~16 世纪东迁至祁连山地区后,曾经使用过的回鹘文和蒙古文均已失传,所以大部分文学都成了口传的歌谣、故事、史诗、颂词和传说。后来受藏传佛教的影响,部分历史文献和文学作品由藏文写就,但由于历史的原因很多已被损坏。现阶段,裕固族民间文学的整理和研究工作取得了一些成果,同时也存在着整理研究发展不平衡、方法不得当、不深入、搜集整理与研究利用脱节等问题。[①]

2. 裕固族民歌、舞蹈的流失

随着历史的发展、社会的进步,裕固族的现代生活方式逐渐被确立,旧的生活、生产方式被废弃。裕固族传统民歌是在劳作中形成和演绎的,一旦原生环境发生变化,裕固族民歌就会失去培育它的土壤。现阶段,裕固族民歌属于国家级非物质文化遗产,但是裕固族传统民歌在传承中出现以下问题:民间传承人年纪越来越大并在逐渐减少,面临失传;传统民歌的收集、保存不够完整;传统民歌传播举步维艰;传统民歌在创新方面无法突破,与社会经济发展脱节等问题[②]。

据研究显示[③],裕固族的舞蹈有可能是新近的,或者是新中国成立后的文化产物。

---

① 李建宗.裕固族文学研究 50 年述评[J].民族文学研究,2008,(4):136-139.
② 周鸿德.裕固族传统民歌传承现状研究[D].兰州:西北民族大学硕士论文,2011.
③ 潘扬弘一.裕固族舞蹈的现状与发展[J].舞蹈,2016,(1):69-70.

裕固族的文献以及裕固族老人的记忆里鲜少出现裕固族舞蹈,很多舞蹈是新中国成立后成立宣传队时根据平时生产劳动生活所创编的,创编时并没有流传下来的舞蹈动作可以借鉴。而如今,裕固族舞蹈受到藏族、蒙古族等特色鲜明的民族舞蹈影响,面临着考验。

3. 裕固族居住文化的流失

裕固族是一个较为古老的游牧民族,由于游牧生活方式的限制,他们常年居住在帐篷里。裕固族帐篷不同于蒙古包,是体现民族特性和民族文化的毛帐篷。1958年以后,肃南县牧区基本上实现了定居,牧民都住进了砖瓦房,毛帐篷逐渐被淘汰。现存毛帐篷的数量很少,仅在个别旅游景区可以看到,会制作毛帐篷的人更是屈指可数。

4. 裕固族民族风俗的流失

裕固族民族风俗独特,其中裕固族服饰以及裕固族婚俗被列入国家级非物质文化遗产名录。现阶段,裕固族服饰习俗和饮食习俗在一定程度上得到了较好的保护和传承。裕固族族民渐渐认识到裕固族民族服饰风俗的重要性,裕固族族民几乎人人都拥有自己的民族服饰,在节日、生日等具有纪念意义的日子穿着民族服饰。裕固族的餐饮习俗没有发生太大变化,喜好传统面食、喜欢饮茶。制作牛羊肉、奶制品的习俗和手艺一直延续着,并在制作方法上进行了改进和创新。但是,在人生礼仪习俗方面的传承程度却参差不齐,流失较为严重①。

5. 裕固族民族文化遗产传承人的断层

少数民族文化遗产需要传承,停留在博物馆里、书本上、光盘里的文化遗产是没有温度的。截至目前,肃南县具有代表性的非物质文化遗产传承人共有国家级传承人4人、省级传承人24人(表14-1),这些传承人大多数在60岁以上,尤其是在裕固族口头文学与语言、人生礼仪、民歌这些需要口耳相传、亲身示范的遗产传承人更为年长。成为传承人,必须有足够的时间、热情,同时还需要经济的支撑,年轻人有热情、有积极性参与到本民族文化遗产的传承中去,但是迫于现实生活的压力,他们没有更多的时间和精力投入其中,裕固族文化遗产传承人断层严重。

表14-1 肃南县第一批、第二批省级非物质文化遗产传承人名录

姓　名	传承项目	出生年份	民　族	批　次	批准时间
安维新	裕固族人生礼仪	1925年	裕固族	第一批	2008.06
钟玉珍	裕固族口头文学与语言	1935年	裕固族	第一批	2008.06
郭玉莲	裕固族口头文学与语言	1935年	裕固族	第一批	2008.06
杜秀英*	裕固族民歌	1940年	裕固族	第一批	2008.06
贺俊山	裕固族民歌	1940年	裕固族	第一批	2008.06
兰志厚	裕固族人生礼仪	1941年	裕固族	第一批	2008.06
杜秀兰*	裕固族民歌	1943年	裕固族	第一批	2008.06

---

① 余吉玲.裕固族非物质文化遗产保护与传承研究[J].西部蒙古论坛,2016,(4):48-52.

续表

姓　名	传承项目	出生年份	民　族	批　次	批准时间
安福成*	裕固族人生礼仪	1943年	裕固族	第一批	2008.06
常福国	裕固族人生礼仪	1944年	裕固族	第一批	2008.06
郭金莲	裕固族民歌	1950年	裕固族	第一批	2008.06
白金花	裕固族民歌	1953年	裕固族	第一批	2008.06
柯璀玲*	裕固族服饰	1960年	裕固族	第二批	2008.12
杨海燕	裕固族服饰	1976年	裕固族	第二批	2008.12
安月英	裕固族服饰	—	裕固族	第二批	2008.12

注：标 * 为国家级非物质文化遗产传承人。

二、裕固族民族文化的传承机制

（一）扎根理论的方法选择

扎根理论（Grounded Theory）由美国社会学家 Glaser 和 Strauss 开创的质性研究领域中较为成熟的、系统的和相对科学的研究方法。扎根理论一经推出，就因其科学性、严谨性、有效性与合法性受到众多学者的追捧并被应用于不同学科领域。扎根理论强调对社会现象的全面、深度的调查和细致的整体刻画，根据调查现象来分析其现实意义并建构理论。所谓的扎根理论就是运用科学严谨的资料搜集方法，对原始资料和研究现象通过总结、提炼、归纳进行逐级概括，深度挖掘和理性分析出概念，并最终验证理论，扎根理论研究流程如图14-1。

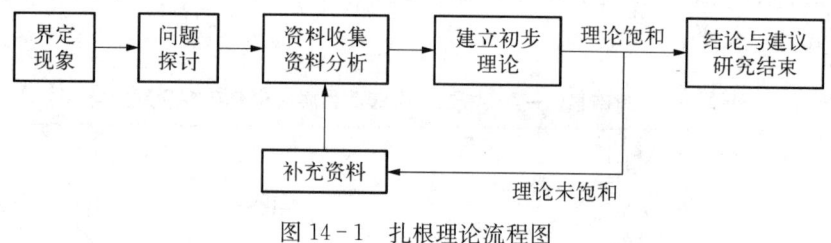

图14-1　扎根理论流程图

不同领域、不同学科背景的学者在扎根理论的使用中出现了分歧和演化，形成了现阶段三种较为重要的扎根理论流派（表14-2）。

Strauss 和 Corbin 的程序化版本，程序化扎根理论是在实践的基础上引入"维度"、"主轴译码"和"典范模型"等新概念。本研究遵循的就是这种程序化的扎根研究。在尽可能不带固有印象并保持中立的角度进行田野调查和资料收集。对收集到的资料进行分解、抽象，在抽象的过程中遵循开放式译码—主轴式译码—选择式译码的三级译码过程并得到研究结论。

表 14-2 扎根理论三大流派的异同比较统计

流派	相同点	不同点			
		认识论	理论视角	资料/数据收集	资料/数据分析
Glaser 和 Strauss 的经典扎根理论	1. 归纳性的质化研究方法；2. 基于收集资料构建理论；3. 研究结果可追溯；4. 研究程序可重复；5. 多用于中层理论构建；6. 强调过程研究	客观主义	实证主义（强调发现理论）	尽可能保持中立	译码过程分为实质性译码和理论性译码两个步骤
Strauss 和 Corbin 的程序化扎根理论		客观主义	后证实主义（趋向于建构主义，分析数据是研究者的一种解释）	尽可能保持中立	采用开放式译码、主轴式译码和选择式译码三级译码程序
Charmaz 的构建主义扎根理论		社会建构主义	解释主义（理论是解释性分析，是构建的）	强调研究者的提问能力，并与被研究者发生互动关系	强调灵活使用，认为译码准则是启发性原则而非公式

（二）资料来源

为全面了解裕固族民族文化遗产保护和传承现状及问题，本研究资料收集的方式较为多样化，其中预访谈、非正式访谈、田野调查、现场观察为深度访谈问题的设计提供了参考，政府官方资料与新媒体资料为深度访谈提供了背景和知识储备，深度访谈为本研究提供了最核心的原始资料。本研究扎根分析的深度访谈来源于 2016 年 7 月对肃南县 23 位居民的有效正式访谈，访谈对象的基本信息如表 14-3，笔者在获得访谈对象同意的情况下对访谈内容进行全程文字记录或录音，在访谈结束之后，研究者根据访谈内容现场撰写访谈小结。在整个调查结束之后，将访谈录音转录成文字，每份录音及访谈小结对应一份电子文档，每份文档同时标注出访谈对象的基本信息，以用于后续分析和研究。

表 14-3 访谈对象构成及基本情况

编号	性别	民族	职业	备注
SNJM1	男	裕固族	KTV 老板	45 岁，长期生活在肃南县，在肃南裕固族自治县经营 KTV 十多年，集餐饮娱乐于一体，现有工作人员 7 名，是当地较大的 KTV，年收入 6 万元
SNJM2	男	裕固族	歌舞团管理人员	35 岁，裕固族歌舞传承中心民族歌舞团管理人员，事业单位编制，歌舞团是肃南裕固族自治县对外宣传的窗口，常年承担各项演出、展演任务
SNJM3	女	裕固族	文化馆专业技术人员	30 岁，肃南裕固族自治县文化馆专业技术人员，群众文艺活动辅导专员，长期组织县城区域群众文艺活动工作
SNJM4	女	裕固族	酒店前台经理	27 岁，西至哈志酒店是肃南裕固族自治县配置最高的酒店，县政府接待指定酒店，酒店整体的外观、大堂设置都充分体现了裕固族的特色，房间内是标准化的建设，现有 42 间房间，酒店服务员会在重要接待或者是节日的时候穿上裕固族的服装，年收入 3 万
SNJM5	男	裕固族	歌舞团实习演员	16 岁，肃南县歌舞团实习演员，中专在读
SNJM6	女	裕固族	歌舞团实习演员	14 岁，肃南县歌舞团实习演员，中专在读

续表

编号	性别	民族	职业	备注
SNJM7	女	裕固族	省级传承人,民族服饰公司总经理	59岁,裕固族服饰省级传承人、裕固族刺绣传承人,裕固族刺绣传承基地负责人。长期从事民族服饰、纪念品、刺绣手工艺品的制作、销售
SNJM8	女	裕固族	省级传承人,民族服饰公司副总经理	36岁,裕固族服饰省级传承人。主要从事民族服饰、纪念品、刺绣手工艺品的设计、开发
SNJM9	女	裕固族	国家级传承人,县政协委员,文化传承公司经理	56岁,裕固服饰国家级传承人,裕固族皮雕省级传承人,投资建设中国裕固族村寨,长期致力于裕固族民族文化挖掘、整理、传承及旅游开发工作
SNJM10	女	裕固族	博物馆工作人员	28岁,肃南裕固族自治县博物馆工作人员
SNJM11	女	裕固族	售货员	34岁,肃南县城某商场售货员
SNJM12	女	裕固族	早餐店工作人员	67岁,肃南县城某民族风味早餐店工作人员
SNJM13	男	裕固族	特产店老板	43岁,肃南县某特产店老板
SNJM14	男	裕固族	康乐乡工作人员	27岁,康乐乡政府工作人员,参与康乐乡第十二届裕固族传统文化旅游艺术节筹备、实施等各项工作
SNJM15	男	裕固族	康乐乡牧民	29岁,康乐乡榆木庄村人,参加康乐乡第十二届裕固族传统文化旅游艺术节裕固族婚俗展示工作
SNJM16	男	裕固族	康乐乡牧民	42岁,康乐乡榆木庄村人,旅游旺季短程旅游包车司机
SNJM17	女	藏族	民族服饰、纪念品店经理	32岁,全家从事文化旅游相关工作,婆婆是裕固族服饰国家级传承人,有多项自己设计的专利产品,手绘、整理了裕固族民族传统图案,经营肃南裕固族自治县较大的民族服饰、纪念品商店多年。年收入50万元左右
SNJM18	女	藏族	民族服饰店老板	33岁,在肃南裕固族自治县生活十多年,从事民族服饰制作工作7年,在中心市场经营民族服饰店,主要经营藏族、裕固族民族服饰的制作、销售,年收入5万元
SNJM19	女	汉族	甜品店老板	34岁,丈夫为裕固族,在肃南裕固族自治县生活十年左右,在肃南县中心市场经营甜品店,年收入3万元左右
SNJM20	女	汉族	宾馆会计	25岁,肃南裕固族自治县某大型宾馆会计,大学毕业后在宾馆工作两年,年收入4万元
SNJM21	男	汉族	酒店经理	41岁,肃南大酒店经理,长期生活在肃南县,从事酒店业十多年,年收入6万元
SNJM22	男	汉族	出租车司机	45岁,长期生活在肃南县,开出租车5年
SNJM23	男	汉族	宾馆老板	46岁,在肃南生活近20年,经营宾馆不到1年,之前在肃南县做工程工作

三、本土居民对民族文化保护传承的认知

本研究通过田野调查、预访谈、文字资料整理对裕固族民族文化保护、传承的现状有了基本的了解,将23份有效深度访谈数据进行集中整理,利用质性分析软件NVivo11对其进行统一分析,提取关键词,以便更全面地、系统地、整体地把握裕固族民族文化保护、传承的现状和问题。

1. 开放式译码

开放式译码是扎根理论的基础,是对收集到的资料进行抽象的过程,开放式译码包括对原始资料进行概念化和范畴化两个步骤。在开放式译码的过程中,需要对收集到的资料按照一定的原则进行分类整理,按照分类结果总结产生新的概念,并将这些概念进行梳理,使得现象更加凸显,概念更加明确,译码示例详见表14-4。

(1) 概念化过程

根据扎根理论的程序化使用步骤,首先笔者对23份原始资料进行分解。通过关键词提炼,对关键词所在的语句进行简要阐释,并得到425个彼此独立的标签,以S_X标注。经此阶段的分析,笔者察觉许多标签指向的是同一个问题和现象,故而笔者对以上标签进行进一步归纳,得到相对应的概念(表14-4中原始资料为其中一人的访谈整理,仅从一人的资料中提取的并不是最终结果,因此以初步概念化命名,以NN_X标注)。通过对23份访谈的分析,对425个标签的整理,共整理出66个有效概念,以N_X标注,以上为概念化的过程。

(2) 范畴化过程

在上述概念化的过程中,对每一个有意义的现象进行辨别和贴标签,并从标识中进行抽象的概念化,继而得到了一个较为庞大的概念群。接下来,对此概念群进行进一步的分析,发现不少概念之间具有一定的内在关联。为了进一步精炼和缩减需要处理的概念,在我们把语义相似和存在内在联系的概念聚拢成一类,形成一个范畴,以F_X进行标注(表14-4原因同上,因此以初步范畴化命名,以FF_X标注),并对含义相近或者相似的概念组进行合并,合并成一个范畴进行取名,用于下一步的研究,这就是范畴化的过程。范畴化的过程中,对上一步骤中得到的66个概念进行提炼,得出了17个范畴(表14-5),这也是本文的副范畴。在此过程中,概念间所形成的关系是不稳定的,需要在下一步主轴译码过程中进一步验证。

表14-4 肃南县居民深度访谈原始数据的开放式译码示例

SNJM3 原始资料	标签	初步概念化	初步范畴化
(SS_1)一个民族文化的保护和传承当然非常重要的,这应该是大家的一个共识吧。对于一个民族来说他们本民族自己的东西,都是千百年来传下来的,都应该继续流传下去。(SS_2)让后代看一看本民族的文化是多么的灿烂和丰富	S_1 裕固族民族文化遗产的传承价值 S_2 民族自豪感	NN_1 裕固族民族文化遗产的价值(S_1) NN_2 裕固族民族文化遗产的意义(S_2)	FF_1 裕固族民族文化传承的价值与作用($NN_1 NN_2$) FF_2 裕固族民族文化流失状况($NN_3 NN_4$)
(SS_3)我觉得现阶段裕固族民族文化保护、传承中最大的问题是语言的传承。因为我们裕固族没有文字嘛,只能靠口儿相传。现在像我们老一辈,整个裕固语都会,我们这一辈就只能说一下日常用语,我们的下一辈,只能说一点皮毛,只会说"你好""请坐"和称呼这些。(SS_4)大量的(文学)作品啊,诗歌啊都不行。我觉得裕固族的语言再不抢救的话,很快就要失传	S_3 裕固族语言传承问题及方式 S_4 裕固语口头文学和语言流失	NN_3 裕固族语言传承的困境(S_3) NN_4 裕固族口头文学和语言流失严重(S_4)	FF_3 政府前期施政效果(NN_8) FF_4 政府职责(NN_7)

续表

SNJM3 原始资料	标 签	初步概念化	初步范畴化
(SS_4)裕固族的服饰、歌舞、手工艺品这些，可以有实体的物质传承，或者可以通过发展、创新产生经济效益。(SS_5)所以民间会有一些人自发的传承，这个相对来说会容易一点。(SS_6)而像语言这些，没有经济效益的，基本上需要靠政府的长期支持才能坚持下来。	S_5服饰、歌舞等文化遗产的经济效益 S_6经济效益驱使自发传承 S_7部分文化传承依靠政府行为	NN_5文化创新发展的经济效益(S_5) NN_6经济效益促使自发传承(S_6)	FF_5裕固族生产生活方式、原生环境变化($NN_9 NN_{10}$) FF_6传承人断层($NN_{11} NN_{13}$)
(SS_7)现在政府倡导，在学校开设裕固语课程。(SS_8)但是我的女儿在幼儿园三年才学习了几句裕固语，老师有时间就教，没时间就不教了，开课效果太差。(SS_9)裕固族的孩子一出生就要受到家庭的影响，父母应该言传身教地去教他们裕固语、裕固族的礼仪，父母应该有意识地承担起这个责任，给孩子教一些	S_8政策制定 S_9政策实施效果不理想 S_9家庭传承的重要性	NN_7政策制定与实施($S_7 S_8 S_{17}$) NN_8政府措施实施效果不理想(S_9)	FF_7群众重视、习得和参与程度(NN_{12}) FF_8人才外流(NN_{14})
(SS_{10})我们县的歌舞剧团，他们是一些专业的演员，他们跳的是创新编排的现代一点的(民族)舞蹈。像传承的原生态的(歌舞)真是太少太少了。因为裕固族的歌舞都是在劳作中(唱跳)的嘛，现在(生活、劳作的)环境变了，也就没人唱了。(SS_{11})现在能唱原生态民歌的还是一些老人了，他们年纪都挺大的了，如果在没有人去学(这些歌曲)，再过几年就真的……	S_{10}原生态歌舞失去生存土壤 S_{11}裕固族民歌的传承人老龄化	NN_9裕固族语言使用环境缺乏($S_3 S_9$) NN_{10}裕固族传统民歌、舞蹈失去原生环境	FF_9文化产业化与经济效益的实现($NN_5 NN_6 NN_{16}$) FF_{10}文化旅游产业的选择($NN_{15} NN_{17}$)
(S_{12})近几年我们组织的(群众文化活动)跳锅庄、跳广场舞，基本上都是年纪大的参与，像年轻人、小孩子都不参与，包括服饰表演这些，也都是老人在参与，年轻人很少。年轻人也不是不愿意参与，就是顾虑太多了。不参加的原因一个是，他们从观念上觉这是老年人参加的活动，他们参加会觉得不光彩。(SS_{13})另外一个是国家的一些规定，广场文化活动越来越少，之前在政策颁布之前，县里面会从各单位抽调一些年轻人来参与到舞蹈的编排和表演之中，年轻人参与的也多，现在规定出台之后，经费减少，没有办法搞活动，年轻人也就不参与了，国家的政策也是有一定的影响	S_{12}裕固族年轻人参与度低 S_{13}国家政策的影响	NN_{11}传承人老龄化(S_{11}) NN_{12}裕固族年轻人参与传承的障碍多($S_{12} S_{13} S_{14}$) NN_{13}裕固族年轻人参与传承的障碍多(S_{16})	FF_{11}对文化旅游产业的态度($NN_{18} NN_{21}$) FF_{12}国家政策(NN_{22}) FF_{13}文化旅游业发展的策略($NN_{19} NN_{20}$)
(SS_{14})因为裕固族是游牧民族嘛，之前就是靠放牧。现在禁牧之后，(SS_{15})只能出去打工了，不然没有钱啊，生存问题总要解决。(SS_{16})现在的年轻人能参与到的裕固族文化保护、传承的(方法)就只是加入微信群，在微信群里每天学说一句裕固语，学唱一首裕固歌，大家用裕固语交流这种简单的。其实年轻人参与的热情还是很高涨的，但是真的没有办法，经济收入还是很重要的，年轻人背负着生活的压力，生活都是问题的，咋传承啊……	S_{14}裕固族牧民的贫困、生存问题。 S_{15}裕固族劳动力(人才)外流。 S_{16}裕固族年轻人参与方式少	NN_{14}裕固族年轻劳动力外流(S_{15}) NN_{15}县域经济转型需要文化旅游业推动($S_{18} S_{22}$) NN_{16}产生经济效益的文化更便于传承($S_{19} S_{20}$)	

续表

SNJM3 原始资料	标签	初步概念化	初步范畴化
(SS$_{17}$)肃南县在文化传承方面做的还是挺好的，像那边的博物馆啊，"非遗中心"啊，包括前几年整理出版的图书、画册这些。"非遗中心"在做老的传承人带新的传承人，国家会给传承人一些拨款，没有拨款的话还是比较困难的，具体情况我也不是很了解	S$_{17}$ 政府工作成效	NN$_{17}$ 裕固族文化吸引力(S$_{21}$) NN$_{18}$ 支持文化旅游业的发展(S$_{21}$)	
而且，(SS$_{18}$)原来肃南的企业都是做矿、石料这些，现在肃南县的传统企业亏损特别大，农牧业也不太好发展，现在就只有大力支持（文化）旅游业的发展	S$_{18}$ 肃南县区域经济转型需要文化旅游产业	NN$_{19}$ 基础设施建设(S$_{24}$)	
(SS$_{19}$)县城在开发(旅游)的过程中，可以建设演艺厅或者成立演艺公司，定期进行一些裕固族歌舞的表演，这样既能推动旅游业的发展，又能增加居民的收入，还能推动裕固族歌舞的传承。歌舞团是县里的(事业)单位，他们承接的多是演出任务，去外面那些(地方)。(SS$_{20}$)演艺公司举行商业活动，可以吸引年轻人参与其中，这样他们既能学到传统(歌舞)又能获得收入。(SS$_{21}$)而且游客也喜欢看到这些	S$_{19}$ 歌舞演艺促进经济效益、文化传承 S$_{20}$ 增加裕固族年轻人参与传承的方式 S$_{21}$ 裕固族歌舞具有吸引力	NN$_{20}$ 全域旅游示范区建设(S$_{25}$) NN$_{21}$ 担忧文化旅游商业化(S$_{26}$S$_{27}$) NN$_{22}$ 国家政策优惠和资金扶持(S$_{28}$)	
(SS$_{22}$)以(文化)旅游业的发展来推动肃南县经济的发展，经济发展好的话，肃南各族群众的收入也会增加。(SS$_{23}$)所以肃南的旅游业发展我是十分支持的，大家业都很支持。(SS$_{24}$)除去景区开发之外，县城也应该加大开发力度。(SS$_{25}$)听说过全域旅游示范区建设，但具体的不太了解	S$_{22}$ (文化)旅游业推动经济 S$_{23}$ 支持发展旅游业 S$_{24}$ 县城与景区开发 S$_{25}$ 全域旅游示范区建设		
(SS$_{26}$)在搞好旅游业发展的时候，既要向游客展示裕固族的文化，又要尽量地保持传统的原汁原味的民族文化。旅游发展商业化太严重了，我们想要保护、传承民族文化不贬值，我们有想法也很难实现。(SS$_{27}$)可能政府出台一些政策和法律、法规去约束监督他会好一点	S$_{26}$ 文化旅游开发与文化原真性 S$_{27}$ 文化原真性保护需要政府监督		
(SS$_{28}$)以后希望国家以后能在医疗、卫生、教育等方面的政策，加大对我们民族地区的扶持，提高工资待遇，让这里的人的工资待遇越来越好。(SS$_{29}$)我们县城人比较少，(SS$_{30}$)高寒地区环境也比较偏，比较艰苦，在这里生意比较难做，很多人就出去打工，希望国家能有多一些资金的支持，让在这里做生意的、居民生活能更好	S$_{28}$ 期盼国家加大政策扶持 S$_{29}$ 肃南县人口少 S$_{30}$ 肃南县地处偏僻、条件艰苦		
……	……		

资料来源：笔者根据访谈编制。

表14-5 肃南县居民深度访谈资料概念化、范畴化译码汇总

标注	概 念 化	标注	范 畴 化
N_1	裕固族民族文化传承的意义	F_1	裕固族民族文化传承的价值与作用
N_2	裕固族民族文化的价值		
N_3	裕固族口头文学与语言流失严重	F_2	裕固族民族文化流失状况
N_4	裕固族居住文化的流失严重		
N_5	裕固族人生礼仪的流失严重		
N_6	裕固族民歌、舞蹈部分流失		
N_7	裕固族服饰、手工艺品的部分流失		
N_8	裕固族生活方式和环境的变化	F_3	裕固族生产生活方式、原生环境变化
N_9	裕固族饮食风俗的变化		
N_{10}	裕固族民歌、舞蹈失去原生环境		
N_{11}	裕固族特色民居(帐篷)失去原生环境		
N_{12}	裕固族语言使用环境少		
N_{13}	国家民族文化保护的政策	F_4	国家政策
N_{14}	国家非物质文化遗产名录		
N_{15}	国家对民族地区的优惠政策和资金支持		
N_{16}	当地政府重视民族文化的保护传承	F_5	政府职责
N_{17}	文化保护写进《自治条例》		
N_{18}	当地政府实施多项政策保护、传承裕固族民族文化		
N_{19}	收集整理裕固族民间文学成册、成光碟	F_6	政府施政成效
N_{20}	歌舞传承中心民族歌舞团建设		
N_{21}	裕固文化中心建设(一馆一寨三中心)		
N_{22}	非物质文化遗产、传承人的申报、管理、培训		
N_{23}	建筑"穿衣戴帽"突显民族特色		
N_{24}	主办文化活动周与旅游文化艺术节		
N_{25}	"文明县城"、"全国非物质文化遗产保护先进集体"等称号		
N_{26}	语言课程实施效果不理想		
N_{27}	文化纸质化、数字化的弊端		
N_{28}	非遗传承培训效果不理想		
N_{29}	主动学习裕固族历史、礼仪,穿裕固族服装	F_7	裕固族民的自觉与责任
N_{30}	个人经营文化传承公司		
N_{31}	个人建设裕固文化博物馆		
N_{32}	传承人出现断层	F_8	传承人断层
N_{33}	传承人选择培育困难		
N_{34}	裕固族年轻人参与传承的积极性高	F_9	重视、习得和参与程度
N_{35}	裕固族年轻人参与传承的方式少		
N_{36}	裕固族年轻人参与传承的障碍多		
N_{37}	裕固族年轻人对民族文化习得程度低		
N_{38}	当地就业机会少	F_{10}	人才外流
N_{39}	裕固族年轻劳动力外流		
N_{40}	裕固族服饰的创新传承与商业化	F_{11}	文化产业化与经济效益的实现

续表

标注	概 念 化	标注	范 畴 化
N_{41}	裕固族手工艺品的创新传承与商业化	F_{11}	文化产业化与经济效益的实现
N_{42}	有实体承载,容易产生经济效益的民族文化遗产便于传承		
N_{43}	文化产业化实现经济效益		
N_{44}	经济效益促使群众自发传承		
N_{45}	县域经济转型需要文化旅游业推动	F_{12}	文化旅游产业的选择
N_{46}	裕固族民族文化对游客具有吸引力		
N_{47}	全国其他少数民族地区旅游业发展的经验借鉴	F_{13}	文化产业化的经验借鉴
N_{48}	肃南县现有文化传承公司的经验		
N_{49}	支持文化旅游业发展	F_{14}	对文化旅游产业发展的态度
N_{50}	担忧裕固族文化庸俗化、表面化		
N_{51}	"山水肃南·裕固家园"品牌	F_{15}	文化旅游业发展现状
N_{52}	裕固风情走廊等多家4A级景区		
N_{53}	全域旅游示范区建设		
N_{54}	政府组织旅游推介会		
N_{55}	当地居民参与程度较低		
N_{56}	居民很难从文化旅游业中获得直接经济效益		
N_{57}	深入挖掘裕固族民族文化的价值	F_{16}	文化旅游业发展的内部策略
N_{58}	提升旅游品牌质量		
N_{59}	旅游产品的整合、开发		
N_{60}	基础设施建设		
N_{61}	提升服务质量		
N_{62}	提升"裕固族"的知名度	F_{17}	文化旅游业发展的外部策略
N_{64}	网站、微信、微博官方平台宣传推广		
N_{65}	对外的展销会、推介会		
N_{66}	少数民族旅游地交流		

资料来源:笔者编制。

通过对原始资料的开放式译码分析,共提炼出17个副范畴。为保证下一步研究主范畴的合理性,需对每一个副范畴的性质、维度进行分析并参照原始资料得出相关位置(结论)。对范畴性质分析主要是对每一个范畴的特征进行分析;维度分析针对的是该范畴的特征,是对该范畴特征变动范围的描述;范畴的位置(结论)与特征都从原始资料中获得。分析过程详见表14-6,此处需要说明的是,本研究使用扎根理论的质性研究方法,在田野调查的过程中无法对采访对象的认识和感受进行量化打分,同时又由于每个采访对象的知识水平、生活经历以及对裕固族民族文化遗产的认识水平不同,因此在语言描述上会呈现一定的差异性,每个采访对象的观念具有一定的主观性。基于此,在提炼范畴的特征和确定位置(结论)时,除了分析访谈记录外,还参阅了前期裕固族相关研究成果、政府工作报告以及笔者田野观察的感受,以保证结论的合理性和科学性,为下一步研究做准备。

表 14-6　肃南县居民深度访谈资料范畴化译码分析

范畴名称	范畴性质	范畴维度	范畴位置（结论）
裕固族民族文化遗产传承的价值与作用	裕固族民族文化遗产的本体价值；裕固族民族文化遗产传承的作用	低—高；被挖掘程度；是否认识到其作用	高；一般；已认识到、民族自豪感增加
裕固族民族文化遗产流失状况	流失程度	严重/一般/不严重	口头文学和语言、人生礼仪、居住文化流失严重，民歌、舞蹈、服饰、手工艺品流失相对不严重
裕固族生产生活方式、原生环境变化	裕固族原有生活环境、生产生活方式改变	如何变化，变化后果	生产、生活方式追逐现代化，传统生活方式难以维系；裕固族文化遗产无法实现自然传承，需要借助外力实现
国家政策	国家政策对民族地区文化遗产传承的重视程度	重视/不重视	重视（出台多项优惠政策和资金扶持）
政府职责	响应国家要求；政策制定	响应效果：良好/无效；是否科学	良好；较科学
政府施政成效	政策实施；实施效果；实施障碍	是否落到实处；是否有效；哪些障碍	基本能落实；基本有效，但也存在问题；群众参与度较低、挖掘难度大、监督体系不完善等问题
裕固族民的自觉与责任	族民自觉；族民的责任	是否自觉；自觉程度；是否意识到责任；何种责任	自觉；开始有意识的参与；意识到责任；在本民族文化遗产传承中的主体作用
重视、习得和参与程度	积极性；实际参与度；参与的障碍	高—低；高—低；少—多	高；低；多（障碍在于难以维持生计）
传承人断层	传承人数；传承人年龄；传承人断层情况；传承人培养、选择的难度	少—多；小—大；乐观—严峻；容易—难	较少；年纪大的居多、年轻的较少；严峻；难（需要有足够的时间、热情，还需要经济支撑）
人才外流	外流现状	严重/不严重；外流原因	严重；本地就业机会少、生存压力、追求现代生活方式
文化遗产产业化与经济效益的实现	文化遗产传承对当地经济的影响；经济效益对文化遗产传承的影响	积极/消极；影响方式；积极/消极；影响方式	积极；文化产业化、文化旅游产业、文化衍生品等；积极；经济效益刺激民族文化传承
文化旅游产业的选择	对文化遗产传承的影响；对当地经济的影响；对当地居民的影响	积极/消极；积极/消极；影响方面、程度	兼有。提供新的方式、机遇和资金支持/可能会使得文化表面化、庸俗化；积极；收入增加、消费观念改变、居住环境优化、生活方式改变等
文化产业化的经验借鉴	成功经验；失败经验	如何借鉴；如何规避	加强学习交流、科学规划；政府加强监管力度、居民参与

续表

范畴名称	范畴性质	范畴维度	范畴位置(结论)
居民对文化旅游产业发展的态度	发展旅游业的态度；对旅游业发展的满意度；旅游业的发展前景；旅游业发展的方向；参与意愿	支持/反对/无所谓；不满意—满意；前景小—大；不明确—明确；愿意—不愿意	非常支持(但也有提出对文化商业化的担忧)；满意度较高；前景大；基本明确以裕固族民族文化为主打,加强景区建设、生态保护和基础设施建设的方向；参与愿望强烈,但很多人不知道如何参与其中
文化旅游业发展现状	景区建设；文化挖掘；政府作用；群众参与	效果；表面/深层；政府是否支持、引导；群众参与积极性、参与程度	具有一定规模、知名度；表面；大力支持、多方向、多渠道引导；积极性高；参与方式少、程度低
文化旅游业发展的内部策略	文化内涵；文化旅游品牌；基础设施建设；旅游产品、衍生品开发；服务质量	层次：浅/深；知名度：低/高；效果：劣/优	深入挖掘；提高知名度；建设提升；从无到有、从有到优；优质服务
文化旅游业发展的外部策略	对外宣传	宣传渠道 宣传方式 宣传力度	报纸等传统媒体、网络新媒体；电影、宣传片、旅游推介会；加强

资料来源：笔者编制。

2．主轴式译码

在研究的上一阶段进行了开放式译码,共提炼出17个范畴,之后根据扎根理论的使用程序,对范畴的性质、维度以及位置(结论)进行分析。但是现有的每个范畴还是独立的现象描述或词汇,并没有体现出彼此之间的联系。因此,本阶段主轴式译码的任务就是对提炼出的范畴进行梳理,厘清各个范畴之间所体现的资料中各部分之间存在的逻辑关系。

在主轴式译码中最常用的是典范模型,这是扎根理论研究方法最常用的分析工具之一,是主轴式译码阶段用于建立各范畴间的联系并进一步挖掘范畴含义的有效手段。典范模型的运用范式是起因—现象—脉络—中介条件—行动/互动策略—结果六个步骤。研究者将开放式译码得出的17个范畴编排到相应的位置,在有必要时会加入某些概念或标签。

通过反复阅读访谈转录文本,对开放式编码阶段获取的概念和范畴进行反复比对,详尽挖掘各范畴之间的关系。运用典范模型对范畴进行更进一步的抽象和归纳,本研究最终得到4个主范畴,分别是：政府管理机制、群众参与机制、产业化发展机制和宣传推广机制。

(1) 主范畴一：政府管理机制

主范畴一：政府管理机制	
因果条件	国家政策、政府职责、群众心声
现　　象	前期成绩、文化流失
脉络分析	政策制定—实施效果—积极引导—监督管理

续表

主范畴一：政府管理机制	
中介条件	行政职权、群众配合
行动策略	制定科学的政策、落实政策实施、多手段引领群众、严格的监督管理
结　果	裕固族民族文化遗产传承中的政府领导机制

现阶段，国家高度重视民族地区发展问题，民族文化传承问题是民族地区发展的一项重要议题，国家出台多项政策关注民族文化传承问题。在前期调研中，肃南县政府积极响应国家号召，制定了多项符合区域发展实际的政策，采取多种措施，积极引导群众参与到裕固族文化遗产的抢救、保护和传承中来，获得了"文明县城"、"全国非物质文化遗产保护先进集体"等称号。虽然，在一些政策和措施的实施上由于执行方式、群众配合度的问题未达到预期，文化流失问题依然存在。但是政府的权利得到了体现、政府的责任得以实施，群众对于政府的工作是满意的。民族文化遗产的传承工作不是一件简单或一蹴而就的工作，其事关少数民族地区政治、经济、社会发展的方方面面，裕固族民族文化的传承需要肃南县政府充分发挥政府的权利和作用，制定科学合理的政策，真正落实政策实施，多方面、多手段引领群众参与，还需对后续工作进行严格的监督管理。裕固族民族文化遗产的传承需要建立政府管理机制。

（2）主范畴二：群众参与机制

主范畴二：群众参与机制	
因果条件	传承价值与作用、裕固族民的自觉与责任
现　象	生产生活方式、原生环境变化、人才外流；认知、习得和传承程度低；传承人断层
脉络分析	文化自觉—经济效益—传承制度
中介条件	传承意识、利益驱使
行动策略	深入挖掘、创新开发、自觉传承
结　果	裕固族民族文化遗产传承中的群众参与机制

少数民族文化的传承，必须是人与人之间的传承，停留在博物馆里的器物、书本上的文字、光盘里的影像，虽然在一定程度上将文化保存下来，但这样的保存是没有温度的传承，裕固族民族文化的保护传承，需要裕固族族民的充分参与，这样的传承才是有温度、有生命力的传承。由于种种现实原因，裕固族族民生存的空间发生了改变，裕固族原有的滋养着裕固族民族文化的生产生活方式逐渐消失，裕固族民族文化失去了其衍生的土壤。又由于现代化进程的加快，裕固族族民不可避免地被卷入现代化的洪流中，裕固族民族文化在这股洪流中失色。现阶段，裕固族族民的文化自豪感和保护本民族文化遗产的意识已经苏醒，他们意识到本民族优秀的文化遗产正在流失，一部分人已经加入到文化遗产的保护和传承中，作出了榜样和很好的示范效果。但是，由于当地经济发展的限制和就业机会有限，更多裕固族族民因在当地很难解决生存问题而选择外出就业，裕固族民族文化传承人的选择和培养问题亟待解决。裕固族民族文化遗产的传承需要加强群众参与机制。

(3) 主范畴三：产业化发展机制

主范畴三：产业化发展机制	
因果条件	经验借鉴、文化旅游产业发展的意义
现　　象	文化遗产传承的差异、对文化旅游产业发展的态度
脉络分析	市场定位—产品设计—品牌推广
中介条件	资源吸引力、政府重视、群众态度、发展前景
行动策略	自我完善、全方位提升、品牌定位准确、规避表面化、庸俗化
结　　果	裕固族民族文化遗产传承中的产业化发展机制

由于民族文化遗产的表现形式不同，保护和传承的方式以及条件也各不一样。目前，裕固族民族文化的传承呈现出不同的效果，其中裕固族服饰、手工艺品、歌舞这些有承载实体且能够产生一定的经济效益的文化遗产流失程度较低；而裕固族口头文学和语言、人生礼仪这些没有实体承载的文化流失较为严重。如今，文化产业化是文化传承的一种重要形式，尤其是文化旅游业的发展，更是一种行之有效的促进文化传承方式。如美国的印第安保留区，新西兰的毛利文化村，以及我国云南、四川、贵州等民族旅游发展较好的地区都为裕固族民族文化遗产的传承、肃南县文化旅游产业的发展提供了较好的经验借鉴。当前，为促使文化旅游产业的发展，肃南县已做了大量的基础性工作，如已建成国家AAAA级景区七个，是全省4A级景区最多的县。现阶段，肃南县需要做好市场定位和旅游产品设计，将裕固族独特的资源优势转化成品牌优势。发展文化旅游产业是当前肃南县经济发展的重要推动力量，同时也是实现裕固族民族文化遗产传承的重要机遇。裕固族民族文化遗产的传承需要依靠产业化发展机制。

(4) 主范畴四：宣传推广机制

主范畴四：宣传推广机制	
因果条件	知名度低
现　　象	旅游业发展状况（起步阶段）
脉络分析	制定宣传策略
中介条件	传统媒体、网络新媒体；旅游推介会
行动策略	多渠道、多方法宣传
结　　果	裕固族民族文化遗产传承中的宣传推广机制

世界经济全球化带动着文化全球化的进程，一个民族的文化遗产早已不仅仅属于一个民族和地区，它是全世界人民的宝贵财富。裕固族民族文化遗产具有独特性，其本身所蕴藏的价值不仅仅对裕固族族民意义重大，对于全国乃至全世界的人民都有着重要作用。当前，裕固族人口约有1.02万人，是一个典型的人口较少的民族，其知名度和文化影响力对于世界、甚至对于我国来说都相对较低。对于肃南旅游知道的也较少。当前，肃南县需要指定适当的宣传策略，多渠道、多方法地将裕固族的文化宣传出去，将"山水肃南·裕固家园"的品牌推广出去，提升裕固族族民的民族自豪感，提升肃南县的旅游知名度和发展水平，因此裕固族民族文化遗产的传承需要完善的宣传推广机制。

3. 选择式译码

选择式译码是本次扎根理论研究中对资料分析过程的最后的一步，也是整个分析过程中最为重要的一步。该阶段的译码工作是要将已经提炼出的范畴向核心演变，使其发展成更具概括性、抽象性和解释能力的核心范畴。同时，还需要在核心范畴和其他范畴之间建立起适当的逻辑关系和理论通道。通过对17个副范畴和4个主范畴进行进一步分析和梳理，同时结合原始资料进行循环比较，最后认为可以用"政府主导、居民广泛参与的产业化运行机制"来概括裕固族民族文化传承机制的构建。

围绕该核心范畴的逻辑线可以概括为：由于生活环境改变、生产生活方式变化以及现代化进程的加快等多方面原因，裕固族民族文化失去了赖以生存的土壤和环境，在现代化进程中逐渐褪色。一部分裕固族精英文化人意识到裕固族民族文化流失严重，开始有意识地对民族文化进行保护和传承工作。与此同时，当地政府也开始重视民族文化的传承工作。随着政府多项措施并重以及裕固族族民民族自豪感的觉醒，使得裕固族民族文化的保护和传承工作取得了一定的成绩和进展。但是，政府的力量有限，加之裕固族年轻人迫于生活困境而外出谋生等原因，裕固族民族文化传承的问题依然严峻。恰在此时，文化旅游产业成为县域经济发展的重要力量，且带来了较好的经济效益，成为县域经济转型的主要推动力和当地经济发展的支柱型产业。在文化旅游发展的过程中，裕固族民族文化成为重要的旅游吸引物，实现其经济价值刺激着裕固族族民开始重视并有回归到本民族的文化迹象（个别情况）。文化旅游业的发展不仅为裕固族文化遗产传承带来了新的机遇和发展方式，同时能够提供更多的就业机会，带来经济效益，促使更多的人参与到文化旅游业的发展和民族文化遗产传承中来。裕固族族民对于发展文化旅游产业表现出极大的热情和支持，并对于参与文化旅游产业表现出极大的兴趣和迫切的愿望，认为当前阶段对内应当明确市场定位、重视对旅游产品的设计和打造，做好"山水肃南·裕固家园"的旅游品牌，深入挖掘裕固族文化资源、提高资源吸引力，同时规避旅游开发中文化表面化、庸俗化的现象；对外，政府应多渠道、多领域、多形式地对裕固族民族文化和肃南旅游进行宣传推广，让更多的人了解裕固族民族文化，了解肃南旅游，以促进当地文化旅游产业的发展和文化的传承。

四、民族文化保护传承与发展的互动机制

通过前文研究发现，裕固族民族文化的保护、传承与当地文化旅游产业发展的关系十分密切。民族文化资源是当地文化旅游业发展的基础，裕固族民族文化的有效传承和推广对当地文化旅游业的发展具有重要意义；同样的，文化旅游业的发展，一定程度上解决了裕固族族民由于贫困等原因无法参与到本民族文化传承中的困境，文化旅游产业的发展促使裕固族民族文化的保护和传承向好的方面发展。裕固族民族文化的保护传承与当地文化旅游产业发展是相辅相成、相互作用的。

(一) 政府作用机制

1. 政府管理机制

在现代市场经济发展条件下，关于政府与市场关系的探讨不绝于耳，从全球经济发展

情况和趋势来看,就政府在市场经济运行和产业经济运行中发挥的作用来说,政府无疑起着至关重要的作用。政府通过市场经济运行的体制,解决特定国家和地区的资源配置和资源利用问题,促进经济增长、结构优化,对经济发展起着不可替代的重要作用。政府在很多特定领域,尤其是就民族文化传承这方面来说,如果只靠市场的运作规律让消费者、经济主体进行自由选择,这个选择最终很可能会落空。对于某种特定文化的保护传承问题,通过各个国家和地区的经验来看,用政府这只"看得见的手"来弥补市场这只"看不见的手"力量的薄弱和调节的无力,是非常必要的。

一方面,在特定市场资源配置、经济主体的自由选择、创新体系的构建过程当中,民族文化的传承和产业化发展,在发展初期并不必然为区域政府或经济主体带来很高的经济收益;另一方面,一个国家和区域政府在选择产业序列时,往往不会将文化保护传承或者经由文化资源转型成为某种特定的产业体系作为首位产业或者优势产业区进行扶持。通常情况下,产业发展的序列就是从一次产业到二次产业再到三次产业,三次产业慢慢纵深发展的过程。只有当经济社会进步和发展到一定高度和阶段之后,人们才会产生以文化为资源的特定的三次产业发展的需要。但是,在民族文化保护和传承的问题上,尤其是我国近几十年经济实现赶超型发展的现状,不能等到那个时候再去保护和传承我们的文化,再不重视民族文化的传承和发展,民族文化将被卷入时代的洪流中而难觅踪影。因此,政府必须发挥作用、有所作为,运用强有力的制度安排,来保障民族文化的传承和延续。

2. 制度安排

在时代的发展过程中,裕固族民族文化的保护与传承经历了三个阶段,这三个阶段中,政府扮演着不同的角色,需要不同的制度安排。

第一阶段为裕固族民族文化的自然发展和自然传承阶段。这一时期,裕固族民聚居区运行的是非市场化的经济体制,与外部社会的沟通和交流不畅通,对于本民族的文化保护、传承仅是一个相对闭塞的区域内部学习机制,而不存在外部的学习机制。裕固族族民被禁锢在土地上,裕固族民族文化无法转化成产业发展的资源,此时,裕固民族文化保护、传承所需的费用必须由政府承担。政府将裕固族民族文化小心翼翼地保存起来,使其文脉得以保存和延续下去。

第二阶段是当市场发生波动,整个区域的产业结构优化、产业结构调整发展到一定时期,需要将裕固族民族文化作为资源来发展文化产业及相关产业。这一时期,政府这只"看得见的手"发挥了更大的作用,需要大力扶持、培育、推动裕固族民族文化在发展中保护和传承。政府在此阶段对于裕固族民族文化的保护和传承意识逐渐势微,更多地看到裕固族民族文化作为资源所产生的经济效益,将文化作为资源来促进产业发展和经济发展的意识要强于对文化的保护和传承的意识,并且更加重视经济和产业的发展。同时,政府采取强制性制度大力发展经济,将文化作为资源来推动经济的发展。

第三阶段人们的认知水平发生质的飞跃,认为文化没有高下之分,维持丰富多彩的多元文化是世界发展之必须。此时,面临全球化、产业化、现代化、信息化的发展,政府需要积极寻求现实条件下裕固族民族文化有效保护和传承的机制和制度安排。此阶段以诱致型制度安排为主,强制型的制度安排与诱致型制度安排并存。强制型制度安排在裕固族民族文化的保护传承中要有底线,对于裕固族民族文化的传承状态和传承情况不能低于这个底线,此种制度安排的设置旨在强制性地保护和传承裕固族民族文化。另外,随着市场经济向纵深层次推进,政府在制定政策和制度安排上要顺应供需双方不同的需要,因势利导地制定政策和制度。

(二)产业运行机制

1. 产业政策机制

就产业机制而言,主要探讨在当前的发展阶段,如何安排产业次序,如何理解产业结构,如何科学、理性地研判产业的比较收益和成本问题,从而在产业经济发展的过程中科学地定义产业、确定产业目标和制定产业政策。从裕固族民族经济发展的历程来看,其最早发展畜牧业经济,以放牧来解决生存问题。第二阶段将采矿、建筑、运输等传统的工业产业作为产业选择中的重点产业,但由于肃南裕固族居住在祁连山麓,生态条件非常脆弱,二次产业的发展给当地环境带来巨大的压力,经济发展处于转型期。肃南裕固族自治县一次产业(畜牧业)虽遵循市场经济发展规律和现实条件,但很难实现较高的经济效益;二次产业发展很难通过知识积累、资本积累、创新来构建二次产业的新型产业发展;因此其经济发展和产业发展的重点,就落在三次产业的发展上来,将文化产业的发展作为推动当地经济社会发展的重要产业选择。

现阶段,肃南裕固族自治县一方面通过生态补偿机制的建设,寻求国家对少数民族地区、生态环境脆弱地区的支持,并通过涵养水分、涵养草原、涵养森林来恢复当地生态环境;另一方面,尝试探索和寻求文化补偿机制,当民族文化的传承出现困境的时候,当地文化产业的发展不能支持文化传承的时候,文化补偿机制的探索显得十分必要;第三,大力寻求文化旅游产业的突破,将"民族文化+旅游"作为发展龙头和方向,配合以"民族文化+节庆"、"民族文化+休闲"、"民族文化+影视"等产业发展形式。通过生态补偿、文化补偿机制,配合民族文化与相关产业的融合发展,逐渐衍生出新的发展业态和发展类型,实现裕固族聚居地区自均衡和自组织发展机制。

2. 市场机制

在裕固族民族文化保护、传承以及文化旅游产业的发展运行机制中,市场机制是联系两者关系的重要环节。这里所讨论的市场机制主要包括供求机制和价格机制两个方面。

(1)供求机制

现阶段,首先需要创造对裕固族民族文化、文化产品和文化服务的持续需求,创造需求的同时要优化需求。其次,通过发展来创造供给、优化供给。

裕固族民族文化需求具有特定性和特殊性,一般地,人们对于纳入现代产业体系和市场经济体系中的民族文化,将其当做可参观、可游览、可消费产品的时候,理解是不够的;通常情况,人们认为只有现代文化才可以消费,原生态的裕固族民族文化很难去消费。然而,"文化+旅游"的方式就是对于原生态民族文化最直接的消费过程,与此同时,对于民族文化保护、传承的过程也蕴藏于消费过程之中。把裕固族民族文化繁育地肃南县当做旅游目的地去营造,通过旅游要素的建设,将肃南县发展和装置起来。传统的旅游要素包括食、住、行、游、购、娱六个方面,王兴斌又将"信息"和"信息公共服务"①两个新型要素引入其中,通过这八大旅游要素的构建,创造新型的旅游目的地。新型旅游目的地的构造使得裕固族民族文化成为产业中的产品和服务,使得人们的消费成为可能。

有需求就要形成有效的供给。就供给角度而言,肃南裕固族自治县对于文化旅游供给的营造应从旅游环境的营造、真正意义上的全域民族旅游目的地建设以及典型旅游景区景点建设等方面入手。肃南裕固族自治县在环境营造上,一方面要做好生态环境的恢复和营造,做好肃南县、祁连山麓的生态环境恢复和原生环境的保存;另一方面是文化恢复和文化氛围的营造。在旅游目的地建设方面,将以民族文化为内容、民族文化旅游为载体的旅游产业做好,取决于全区域、全空间、全要素的全域旅游目的地建设。民族地区旅游与普通的景点旅游不同,民族地区的所有空间和要素都具有旅游价值,抓住肃南县全域旅游示范区建设的契机,建设区域旅游的全系统,服务到位、信息通畅,每一个子系统都成为一个旅游产品,建造真正意义上的全域民族旅游目的地。建设能代表肃南裕固族自治县特色的典型旅游点,满足游客游览、参观、学习、认知、参与、娱乐以及居留等不同需求,科学规划、合理布局,注重不同的功能分区建设。

(2) 价格机制

在连接供给和需求方面,价格体系和价格监管体系的作用不可忽视,形成合理的价格体系非常必要。在文化旅游不同的发展阶段,游客对于肃南裕固族自治县民族文化旅游需求的强度不同,需求价格的弹性就会不同,政府所发挥的作用也不同:在肃南裕固族自治县民族文化旅游发展的初期,市场规模尚未形成,需求弹性较大,需要以较低的价格来促使市场的形成,这一阶段就需要政府对文化旅游从业者进行扶持和补贴;随着发展的深化,较为稳定的市场逐渐形成,需求弹性逐渐变小,价格趋于一个较高水平的稳定状态,政府对于价格的扶持可以逐渐弱化和退出。合理的价格体系的形成,保障了游客的权益,有效地巩固和形成稳定的需求,同时保障了供给者的效益,形成有效的供给。需求和供给形成长期的有效的关系就会形成产业。

(三) 群众参与机制

1. 传承人群体化机制

在民族文化保护、传承的过程中,传承人的作用不言而喻。在通常情况,传承人处于文化传承的中心地位,是文化传承中最重要的群众力量。在裕固族民族文化保护与传承体系中,传承人的培训和管理是一个难题。现阶段,裕固族民族文化传承依然以家庭传承、师徒传承为主要传承模式,由于裕固族传承人稀少,一旦传承人没有合适的家人或者徒弟,此项技艺或文化就面临着失传的危险。为了裕固族民族文化的有效传承,要充分发挥传承人的主导作用,承担起传承人应尽的责任和义务,发挥他们的才能和影响力,通过学校课堂教育、现场专业培训、网络视频课程、商业化推广等多重形式,拓宽传承人的范

---

① 王兴斌.旅游要素"6+2"? 国家局新增2个"规划"[DB/OL]. http://www.lydx.org/portal.php?aid=2136&mod=view [2017-03-10].

围,增加传承人培训的方式,建立传承人群体化机制。

2. 族民精英引领机制

在裕固族民族文化保护传承的群众参与体系中,裕固族文化精英的引领作用不可忽视。民族文化精英在本民族族民心中的地位和号召力不可小觑。裕固族文化精英在参与裕固族民族文化保护和传承以及旅游产业发展的过程中,不仅在社会上获得了较高的知名度和美誉度、在裕固族民心中获得尊重和崇拜,更是实现了自身的价值,同时也获得了可观经济效益。通过资金支持、荣誉奖励、模范树立、事迹宣传等形式来提高民族文化精英在本民族族民心中的地位和影响力,引领和带动更多的裕固族族民认识到本民族文化的价值,参与到裕固族民族文化的保护传承和文化旅游发展中来。

3. 学术界参与机制

长期以来,我国有一大批学者致力于裕固族民族文化研究以及民族文化旅游研究,形成了众多研究深入、颇有见地的成果。学者们往往拥有敏锐的视角,他们擅长从自身研究的领域出发对某一文化现象进行深入剖析。在裕固族民族文化保护、传承以及旅游开发的过程中,学者们可以提供大量的智力支持。例如,学者们在深入挖掘裕固族民族文化内涵方面具有优势;对裕固族民族文化的发展历程、发展脉络和发展方向有着细致的观察和敏锐的预判;可以更全面、更客观地介绍其他国家、其他民族在文化保护和旅游开发方面的经验,并为政府提供相关政策咨询;为传承人、政府工作人员、旅游从业人员等提供相关培训;经过长期对与裕固族民族文化保护传承和旅游开发的状况进行观察,为下一阶段的决策制定和调整给出反馈意见。

(四) 宣传推广机制

1. CIS 识别系统构建

CIS(Corporate Identity System)是为塑造醒目统一的组织形象而策划的识别系统,即组织形象识别系统。城市 CIS 形象识别,不仅包括发展理念识别(MI)、行为识别(BI)以及视觉识别(VI),还应包括城市形象的地缘识别(GI)、人文识别(HI)和政策识别(PI)的概念。"裕固族"文化,是肃南县最具特色的文化品牌;"山水肃南·裕固家园"是肃南县着力打造的旅游品牌,基于当前的发展形势,对肃南裕固族自治县的发展理念、地缘情况、人文资源以及相关政策进行分析研究,现阶段应着力打造这两张王牌名片,这既符合裕固族民族文化传承的要求,也顺应肃南县文化旅游发展的趋势。

2. 宣传推广机制

裕固族民族文化旅游产业的发展,本身就是对其民族文化最直接的宣传和推广。民族全域旅游的发展和新型全域旅游目的地的打造,通过传播和推广,使得肃南地区文化消费的可进入性和可行性更强,与国内、国际旅游客源地对接的同时将肃南裕固族自治县的发展纳入"一带一路"的发展中,使之成为"丝绸之路"上重要的文化旅游节点城市。与此同时,随着全媒体时代的到来,对于民族文化品牌的宣传推广也不应该拘束于传统观念和策略。在裕固族民族文化品牌和旅游品牌的宣传和推广中,媒介选择、宣传内容、推广方式都应更加多样化。

五、本章小结

裕固族是我国众多稀有少数民族中非常重要的一个民族,人口稀少、经济发展相对滞后,但辉煌灿烂的民族文化和蕴含着的厚重文化底蕴使其成为西北地区最具特色的稀有少数民族。在现代化进程中裕固族民族文化面临着文化传承与经济发展的两难困境,遭遇多重挑战。如何在发展中保护和传承裕固族民族文化是本章的基础和起点。本章运用扎根理论,对裕固族民族文化的保护传承现状及困境进行了研究。结果表明,裕固族民族文化原有的保护传承机制与保护传承方法无法适应当前经济社会的发展需求,裕固族民族文化必须置放在一个开放、开发与发展的背景下,并运用新的思维方式、技术方法与手段进行保护与传承。亟须建立新的保护传承机制,同时通过产业的发展使裕固族民族文化活起来,将固化的、潜藏的文化通过以文化为内容、旅游为载体的文化旅游产业形态,变成活态的、具有生命力的文化产品。不断提高裕固族民的文化自觉,加深参与程度,扩展参与范围是裕固族民族文化传承的基础,从而使裕固族文化在保护与传承过程中更具生命力。

模式研究篇

第十五章 民族地区旅游经济发展模式的比较研究

一、民族地区旅游产业发展模式的现状与比较

(一) 民族地区旅游产业发展模式的现状

旅游经济发展模式是指一个国家或地区在某一特定时期旅游发展的总体方式,是对某一类型的旅游经济系统所做的理论概括和理论抽象①。不同的国家或地区,由于国情或地区情况不同,其旅游发展模式可能完全不同。我国是一个多民族的国家,民族地区旅游业的发展不但在调整传统产业结构、发展多元经济以及实现互利多赢等方面潜力巨大,也是实现我国民族团结和社会安定的重要保证。

古典和新古典经济学认为,根据市场配置社会资源的机制和市场化条件下的发展规律,区域发展差距在一定条件下存在自动弥合或自均衡的趋势,但是市场在区域发展自均衡过程中的作用是有限的,政府对资源配置的宏观干预和调控,对不发达区域新的经济增长点的选择和相对优势产业的扶持和培育,有着至关重要的意义。我国民族地区的经济增长及其关联的主导产业的选择必须依据现阶段经济发展周期给定的市场条件和民族地区产业条件来确认,大力发展旅游产业是我国民族地区实现增长和发展的结构转型的重要途径。

我国民族地区产业总体发展水平弱,产业结构化与高度化水平低,民族地区的经济发展受限于其产业结构的发展。具体而言,我国各民族地区旅游产业发展整体上起步较晚,属于后发型产业发展类型。由于民族地区旅游产业发展程度一般差异不大,所以存在发展特征上的共性。与此同时,由于我国各民族地区旅游产业存在着由资源、环境及社会历史发展水平等原因导致的起点、规模和档次的不平衡性,所以我国不同民族地区在旅游发展模式上也具有不同的选择。

(二) 民族地区旅游产业发展模式的比较

我国少数民族主要集中在西南和西北地区,其中西南民族地区主要包括西藏、云南、四川、贵州及重庆等省市区,西北民族地区包括新疆维吾尔自治区和宁夏回族自治区2个民族自治区,甘肃省的临夏回族自治州、甘南藏族自治州,青海省的海南藏族自治州、海北藏族自治州、黄南藏族自治州、玉树藏族自治州、果洛藏族自治州、海西蒙古族藏族自治州

---

① 李天元.旅游学概论[M].天津:南开大学出版社,2000.

8个自治州,甘肃省的天祝藏族自治县、肃南裕固族自治县、肃北蒙古族自治县、阿克塞哈萨克族自治县、张家川回族自治县,青海省的大通回族土族自治县、民和回族土族自治县、互助土族自治县、化隆回族自治县、循化撒拉族自治县10个民族自治县。由于自然条件、交通、经济发展水平等方面的差异,我国民族地区在旅游发展模式上也具有不同的选择。对于我国典型的民族地区——西南民族地区和西北民族地区的旅游经济发展模式,主要从以下几个方面进行比较。

1. 民族地区旅游开发模式

不同民族地区旅游资源开发具有不同的模式,其中影响民族地区旅游开发的因素主要有民族特色与民族知名度、交通条件、区域经济发展水平、客源市场和决策者行为等。民族旅游的开发模式从空间角度可分为原地开发模式和异地开发模式。

(1) 原地开发模式

原地开发模式是在民族文化保留较好的地区或少数民族的居住地直接进行旅游开发。为了便于游客充分了解或体验当地少数民族的文化精髓,地方政府或投资者在少数民族居住地区选取合适地段,建设以当地民族文化为主题的民俗村、文化园等。一些经济比较发达,但少数民族文化特色已经有所淡化的地方,为保留该地区的民族文化传统和便于游客参观等需要,也多采用这种方式进行民族旅游开发。在我国西南和西北民族地区的旅游业发展中,西北民族地区只是利用原生自然式的模式来吸引游客,而在西南民族地区,除了采用原生自然式的开发模式,原地浓缩式也有所运用,如西双版纳州傣族自治州景洪市的民族风情园。这种开发方式的优点是能够使游客在最短的时间内充分了解当地少数民族的特色,人造景观靠近旅游接待中心或交通便利的地方,服务配套设施较好,既方便了游客进出,也有利于投资者的经营管理。

(2) 异地开发模式

指在经济发达,客源市场广大,旅游需求旺盛,交通便利的大中城市郊区,将一定地域范围内的少数民族的建筑、服饰、歌舞等集中于一个主题公园内表现出来。这一模式的优点是可以让游客用最短的时间、最短的路程领略民族文化。目前在我国民族地区,这种开发模式的典型案例是昆明的民族文化村。游客在民族村里,除了能够欣赏迷人的村寨风光,还能看到惊险的傈僳族"上刀杆"、万人欢腾的景颇族"目瑙纵歌"、多姿多彩的民族歌舞、妙趣横生的大象表演等,只要游览了这个村寨,就能大致了解云南一些少数民族的生活方式和风俗习惯。此外,根据旅游市场的发展趋势,并综合考虑云南民族村的开发条件、影响因素等具体实际情况,不断地增强云南民族村的内在吸引力,实现以度假为主、观光与度假相结合的项目集群,形成适应旅游市场不断变化的可持续发展的产业体系。然而,这种开发模式在加工和复制过程中,会损失很多原有的民族文化内涵,甚至会歪曲真正的少数民族文化,所以大部分少数民族地区不适合采取这种开发模式[①]。在我国民族地区的旅游发展中,民族旅游开发应选择符合当地实际、体现当地少数民族文化特色的适当形式,兼顾少数民族的经济效益和社会效益,合理分配所得利益,以保证民族旅游业的

---

① 吴晓萍,何彪.民族地区旅游开发与民族社区的可持续发展[J].贵州民族学院学报(哲学社会科学版),2000,(1):77-84.

长久持续发展。

2. 民族地区旅游业发展的调节机制

从旅游业发展的调节机制出发,旅游经济发展模式可分为市场型发展模式和政府主导型发展模式。市场型发展模式是指主要依靠市场机制来推动旅游业发展的一种发展模式。市场机制对旅游业发展的调节作用主要通过价格、供求和竞争手段来实现,从而实现旅游资源的配置,使旅游供求关系在不均衡—均衡—不均衡和不适应—适应—不适应的矛盾运动中实现。政府主导型发展模式是指由政府有关部门制订各时期的旅游业发展规划或通过相关产业政策来推进其发展的一种发展模式。这种模式一般发生在政府干预和控制经济力度较大的国家或地区,以及需要在短期内推进旅游业快速发展的国家或地区[①]。这两种旅游经济发展模式在民族地区旅游产业发展上具有时间承续性。一般来说,旅游业处在发展初期的民族地区常采用政府主导型模式,通过政府与民众的力量扶持旅游业的发展,如甘肃省的甘南藏族自治州、肃南裕固族自治县以及青海省的互助土族自治县等民族地区旅游业的发展皆属于政府主导型。在这些地区,政府不仅通过制定有关政策和法规对旅游业的发展进行规范,而且还对旅游业的发展规模、发展速度加以控制。因此,在这个阶段,国家产业政策对旅游业发展的影响主要侧重于旅游供给。当旅游业发展进入成熟期或稳定期后,作为产业主导力量的政府将逐渐退出,政府的作用更多体现在旅游业发展的基础设施建设、制度安排制定与实施标准和区域旅游形象一般营销等方向,市场逐渐在民族地区旅游业发展中居于主导地位,如丽江、香格里拉、九寨沟等民族地区的旅游业都已经发展成市场主导型。在这种模式下,旅游业的发展主要依靠"看不见的手"自觉地发挥作用,政府主要是通过一定的市场参数间接调节。在这个阶段,国家政策对旅游产业的影响主要侧重于市场需求。事实上,在我国民族地区旅游产业的发展过程中,这两种模式都普遍存在,只是由于西南和西北民族地区在旅游发展阶段方面和经济发展方面的差异而使它们在存在范围和程度上有所不同。

3. 对民族地区旅游目的地的影响

旅游活动涉及范围十分广泛,包括食、住、行、游、购、娱等多个方面,给旅游目的地带来多方面的影响,从而促进地区旅游经济实现多元发展。旅游活动在对民族地区旅游目的地产生积极影响的同时,必然也会对其产生消极影响。除了对当地经济、社会文化和环境有一定的促进作用之外,也对某些方面的发展造成了阻碍。笔者集中从当地文化和当地居民两个方面来加以论证。

(1) 对民族地区旅游目的地文化的影响

随着旅游活动的开展,旅游者不可避免地会将自己生活地区的文化带到旅游目的地,使得不同文化相互融合、相互影响,引起文化的变迁。传统的民族文化具有传承性,民族旅游的开发可能使这种模仿与习得的过程被中断、扭曲,从而阻碍了民族传统文化的传承。因此,协调好旅游资源开发利用与保护之间的关系是实现旅游资源持续利用的前提。在西南民族地区,东巴文化是丽江独有的高品位世界级旅游资源。它绝大部分属于精神

---

① 高新才,滕堂伟.西北民族地区经济发展差距及其产业经济分析[J].民族研究,2006,(1):21-30.

文化,对其开发利用与保护难度较物质文化及其他的物质性旅游资源更大,也要更为谨慎。近年来,云南省对东巴文化的开发利用与保护已越来越完善,已经根据东巴文化目前的状况与特点制定了可持续发展原则、保护性原则、原真性原则和效益原则。东巴文化作为世界级的精品旅游资源,不但具有强大的吸引力,而且拥有巨大的经济效益、社会效益和环境效益。因此,在对东巴文化进行开发利用和保护的过程中,除了坚持以保护为核心的原则,还必须兼顾经济效益、社会效益和环境效益的统一,做到既有利于东巴文化的保护,又有利于丽江旅游业及社会经济的持续、健康发展。但我国大部分民族地区,特别是西北广大民族地区,尚未形成旅游目的地的文化保护机制,需要在保护的途径和规划中做进一步的工作。

(2) 对民族地区旅游目的地居民的影响

发展旅游是为了人的生存、享受和发展,而首先是基于当地人的生存、享受和发展。也就是说,旅游业只有首先保证当地社区的利益,才能实现可持续发展。对民族地区居民而言,他们需要的不仅仅是旅游开发,更重要的是自身得到发展,从而永久地摆脱贫困。在我国,民族旅游发展所产生的收益在参与利益获得的群体中的分配形式在很多地区是不同的。在我国西南民族地区中,社区参与模式比较成功的是云南泸沽湖摩梭社区中里格村的租赁经营旅游发展模式。该模式主要是以外地经营者向当地村民租地,并由外来投资者出资筹建不同风格的家庭旅社的方式发展里格村的旅游业。这种模式的特点是村民不用承担还款压力,每年都有固定的收入,而当租期满15年后,旅社和地块一并归还村民。这一做法不仅帮助当地脱贫致富,同时通过聘请外村摩梭人还能带动整个摩梭社区的共同致富和有利于旅游业的持续发展,一定程度上增强了村民的经营能力。但是必须要提高村民的教育水平,给村民提供培训机会,让他们更好地参与到社区旅游发展的决策当中;要保护摩梭文化,在不损害当地民族文化、生态环境的基础上加大招商引资的力度,传入与民族文化相适应的先进的管理和经营理念;建立适当的激励机制,从而使当地旅游业往更优的方向发展①。西北民族地区的农牧民参与程度较低,在个别地区,广大农牧民甚至基本上被排斥在旅游产业的发展之外,也有个别地区旅游投资商或企业组织与当地人民群众在旅游业发展问题中存在利益冲突。对于西北民族地区来说,广大农牧民是旅游发展的主体及重要的相关利益者。因此,只有让广大农牧民在旅游发展过程中充分受益,才能使他们自愿合作,对民族文化资源产生保护意识和开发利用的积极性,从而营造出和谐的旅游软环境,提高旅游目的地的好客度,增强游客的体验度和满意度,更好地发展当地旅游经济。

二、民族地区旅游产业发展模式中存在的问题

通过西南、西北民族地区的旅游业发展可见,虽然我国很多民族地区的旅游发展模式正在逐步完善和成熟,发展速度也越来越快,但在很多方面还存在着不足和缺陷。

---

① 颜亚玉,张荔榕.不同经营模式下的"社区参与"机制比较研究——以古村落旅游为[J].人文地理,2008,102(4):89-94.

1. 旅游市场定位不明确

旅游产品开发不考虑环境与社区承载力,对资源进行过度开发的现象在我国民族地区的旅游资源开发中仍然普遍存在。此外,旅游产品开发进展缓慢,产品结构单一,旅游客源市场开发定位仍然比较粗放,客源结构不合理的现象依然比较突出。因此,亟需处理好开发、保护、传承与发展之间的关系,明确民族地区旅游市场的定位,延伸其旅游产业链,更好地使发展与保护并进,坚持走可持续发展之路。

2. 旅游发展的调节机制分工职能混乱

我国民族地区旅游业最初是以政府主导型的方式发展起来的。在我国目前的民族地区旅游发展中,政府是一种垄断组织,而在垄断条件下,任何组织都有可能丧失追求成本最小化与效益最大化的动力。因此,政府决策面临的不完全信息问题可能破坏帕雷托最优的资源配置,影响整个民族地区旅游产业的前进发展。目前,我国正处于经济转型期,地处偏远的西南、西北等民族地区的旅游市场可能会因管理的缺乏和市场的不完善而受限制。政府、市场和企业等在旅游发展中的分工和作用混乱,尚不能根据具体的发展情况和阶段进行合理的分配和布置。

3. 旅游地生态环境管理落后

民族地区多为环境资源区,生态环境较脆弱,加上区域性环境意识相对薄弱和民族文化的特殊性,加强地域旅游的生态管理就显得更加重要。旅游业与传统工业相比是无污染产业,但一旦旅游活动过于频繁,人流量过多,导致废物大量堆积,在超越了当地自然环境的自净能力时,旅游活动的污染性质就会明显地表现出来了。它除了破坏当地自然资源,还会破坏当地的文化资源,从而给当地社会环境带来消极影响,损害游客的利益。

三、本章小结

1. 实行"局部开发,限制游客"的开发模式

如在一些区域,可以对游客完全开放,允许将民族文化内容包装成旅游开发产品;同时设定核心区域发挥文化功能,尽可能保持该空间的独立性和封闭性,限制游客的人数,实施严格的民族文化保护管理模式;在封闭区域和开放区域之间设立缓冲地带,即半开放区域,作为商业文化和原生态文化的过渡区,实行控制性开发,使其基本保持社会生活的原貌。这种模式有效地兼顾了保护与发展两方面,在我国民族地区旅游开发的实践中也初见成效。

2. 实施"政府主导—政府规制—市场主导"的产业发展战略

在产业发展初期,必须借助政府的力量和宏观经济调控职能,进行民族地区旅游发展基础设施条件的建设和改善,协调区域内所有产业和部门,以提供结构合理和完整的旅游服务和产品;当旅游产业发展的各类软硬件条件和设施都基本具备时,就可以充分发挥微观组织配置资源的功能,使企业成为民族地区旅游产业发展的主体;当企业成为旅游产业发展的主体力量时,应辅之以政府的管理,这就是现代市场经济条件下的新型产业运行模式。

3. 应该提倡生态化旅游开发

生态化旅游开发是有别于传统旅游开发的一种可持续开发与发展的理念,追求的是生态、社会和经济综合效益的最大化,其应该成为旅游开发与旅游业发展的主要方向。民族地区的旅游开发具有特定的区域生态特征,其核心问题是旅游环境容量的确定与旅游环境的保护、民族特色与民族文化的弘扬以及注重旅游经济发展过程中旅游业的拉动效应及其依托性之间的关系处理等。把握好这些核心问题,才能准确制定民族地区的旅游发展的方针路线,才能更好地权衡经济与环境间的利益关系,实现我国民族地区的"绿色"产业。

第十六章 民族地区旅游产业发展运行机制研究

一、民族地区旅游产业运行机制的内涵

要真正实现以旅游产业的发展带动民族地区社会经济的发展,确立旅游产业的优先发展地位只是前提,其关键在于推动产业的高效运行。为此,就必须充分依托民族地区的客观实际,探寻民族地区旅游产业的独特运行规律,从而使民族地区旅游产业的发展有章可循。本章采取系统分析和综合归纳的方法,构建了民族地区旅游产业的运行机制模型,认为民族文化旅游资源的产业价值评价、产业比较优势分析、关联区域竞争环境分析三个条件是民族地区旅游产业得以运行的基础和前提,并将之作为民族地区旅游产业运行中准备与支撑机制的主要组成部分;认为市场细分与定位、区域旅游产业发展目标定位、资金等生产要素的供给、微观企业组织的扶持四个条件是民族地区旅游产业得以运行的核心与主体,将之作为民族地区旅游产业运行中启动与运行机制的组成部分;另外考虑到,虽然在我国市场经济体制已经确立,但完全依靠市场调节还存在一定的风险,很难保证旅游产业的发展不会对民族地区经济、社会、文化、环境等方面造成负面影响。因此,民族地区旅游产业的发展必须受到相应的规制,笔者认为政府规制与社会规制是民族地区旅游产业运行的关键与保证,它们共同构成了民族地区旅游产业运行中的控制与保障机制;民族地区旅游产业的发展必须实施"政府主导—政府规制—市场主导"的产业发展战略,将民族地区旅游产业的发展战略划分为三个阶段。然而,不论在哪个阶段,政府的作用都不可或缺,只是在不同阶段扮演的角色不同而已,在第一阶段政府是主导者,第二阶段政府是规制者,第三阶段政府则为服务者。由此可见,政府在民族地区旅游产业的运行中始终扮演着重要角色,具有极为重要的意义,应当将之摆放到民族地区旅游产业运行中的关键位置。

综上所述,民族地区旅游产业的发展运行机制是一个复杂而庞大的体系,涉及众多的内容,归纳起来主要由三部分构成:准备与支撑机制;启动与运行机制;控制与保障机制。准备与支撑机制是基础,启动与运行机制是核心,而控制与保障机制是关键(图16-1)。

有关于政府在经济活动中应当扮演何种角色,一直是经济学界争论的主要焦点之一,以亚当·斯密为代表的经济自由主义者强调,政府不应该过多地干预经济活动,政府的作用及政策的制定,应着眼于如何维护正常的竞争秩序以保证竞争机制的正常运行;而主张政府直接干预经济的凯恩斯主义者强调,政府应当抛弃自由放任的传统政策,必须运用积极的财政与货币政策,以确保足够水平的有效需求,通过增加需求促进经济增长。这两种

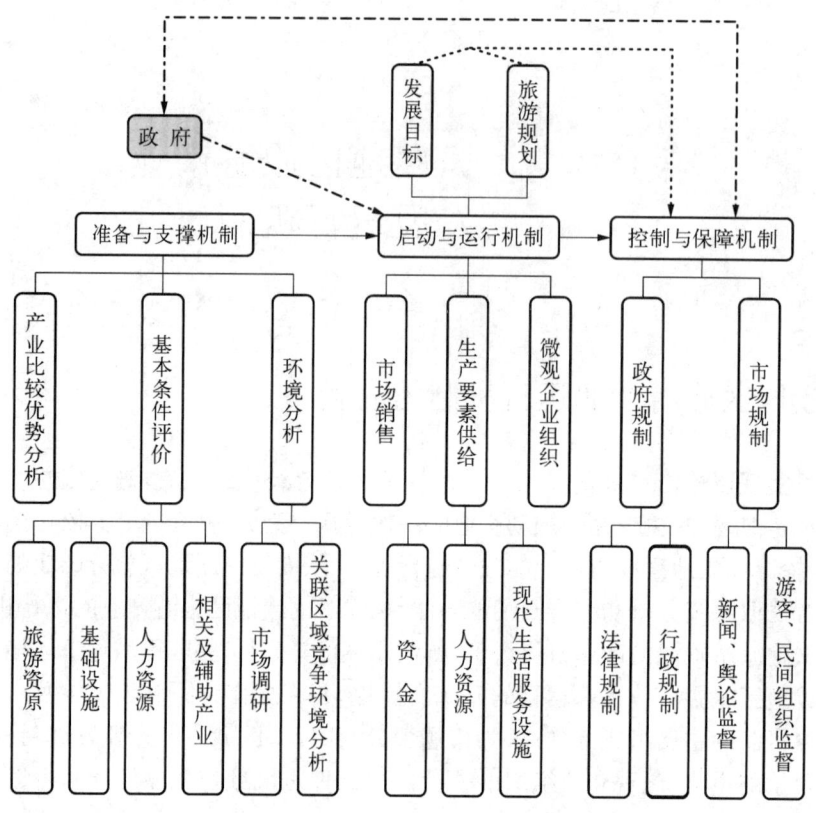

图 16-1 民族地区旅游产业运行机制

不同的经济主张在历史的演进过程中都有碰壁的经历,都存在不足之处,鉴于本章讨论主题所限,暂不赘述。在我国,民族地区的经济发展相对落后,与发达地区的差距有逐步扩大的趋势。民族地区旅游经济在"起飞"初期阶段都会遇到基础设施(交通、电力、通信等)和关联产业(建筑、食品加工、商业等)薄弱的"瓶颈制约"。这些部门的"外部性"较强,他们对整个经济发展具有重大的促进作用,而本身却投资巨大、营利性低、资本回收期长,仅仅依靠市场机制肯定无法在短期内达到经济"起飞"所要求的条件,必须依靠政府力量加以扶持。因此,在产业发展初期,必须借助于政府的力量和宏观经济调控职能,进行基础设施条件的建设和改善,制定正确的产业政策和旅游产业发展战略,制定本地区旅游产业发展规划,招商引资,扶持人力资本和组织的成长,尤其要协调区域内所有产业和部门,以提供结构合理和完整的旅游服务和产品。在第二阶段,当旅游产业发展的各类硬软件条件和设施都基本具备,旅游产业发展的制度、体制、要素和协同等环境发育良好,就可以充分发挥微观组织配置资源的功能,使企业成为民族地区旅游产业发展的主体。在第三阶段,区域经济社会发展水平进一步提高,统一的区域市场已经形成,旅游产业发展的基本条件成熟,微观组织体系基本建立和完善,民族地区旅游产业形象已具有较高的知名度和美誉度,各产业间的协同水平进一步提高,已经形成了自己稳定的、相对垄断的和可持续的市场,民族地区旅游产业的发展就可以进入到第三个阶段,企业成为旅游产业发展的主体力量,辅之以政府的管理和规制,成为现代市场经济条件下的新型的产业运行模式。

旅游业的发展需要凭借民族地区丰富的自然与人文旅游资源,而资源的所有权归属于当地社区,其权益必须受到保护,要保障这部分利益单靠市场经济运行规律是不可能的,必须依靠政府的主导作用;二是资源环境与民族文化的保护问题,受社会经济发展相对滞后的影响,民族地区居民对于资源环境、民族文化的保护意识相对薄弱,部分保护意识相对较强的地区又因为资金短缺等客观条件制约,难以付诸具体的保护措施,在这样的情况之下,只能依靠政府作为社会组织者与管理者的角色来完成保护任务。

在民族地区旅游产业发展运行机制当中,政府同时在准备与支撑机制、启动与运行机制、控制与保障机制中发挥主导作用,使整个民族地区旅游产业运行机制得以正常运行的基础。

二、准备与支撑机制

在准备与支撑机制的运行过程中,政府发挥组织与服务功能,如组织专家学者进行条件评价与环境分析,为评价分析工作提供各种便利等;在启动与运行机制的运行过程中,政府发挥参与与协调功能,如参与旅游发展规划的编制、招商引资、对外宣传、协调配置资源等;在控制与保障机制运行过程中,政府发挥管理与引导功能,如制定产业发展政策、引导产业健康发展、制定环境与社会文化的保护政策等。

(一) 产业比较优势分析

在市场化条件下,区域内经济增长依赖于产业的高度化和结构转换,同时又必须依据产业比较优势合理地安排产业成长与发展的次序,通过发挥政府的宏观经济管理职能对有着显著比较优势的产业进行定位、培育和扶持,使之成为优先发展产业、支柱产业或龙头产业。产业的优势比较与后续的选择并不仅仅是市场行为,规律与经验表明,政府的首要宏观经济职能即在于产业的比较、选择与扶持。民族地区在选择发展旅游产业的过程中,务必首先从产业成长的环境、产业成长的市场规模与结构、产业生命周期与可持续发展、产业的环境发展、产业的社会发展以及产业协同六个方面进行优势比较分析,以此为基础,做出产业选择,并相对应地对产业发展定位、发展方向与发展战略做出统一规划。

(二) 基本条件评价

任何产业的成长、运行都有一定的条件基础,旅游业更是如此,完整的旅游产业链条必须同时具备满足旅游者食、住、行、游、购、娱六大需求的生产要素,民族地区旅游产业要发展,首先要做的就是进行产业发展条件评价,这是开展一切工作的基础,也是避免盲目开发的有效选择。

1. 旅游资源评价

旅游活动的自身特性决定了旅游吸引物是核心,而旅游吸引物的载体即为旅游资源,因此首要的条件就是旅游资源评价。关于旅游资源评价的指标体系有专门的国家标准——《旅游资源分类、调查与评价》(GB/T 18972—2003),这套标准自 2003 年 5 月推出以来,各级旅游部门基本上都以此为依据开展工作。该标准是在 1992 年公布的《中国旅游资源普查规范(试行稿)》基础上,明确界定了旅游资源的类型体系、调查规范和评价方法等实用技术路线;为便于应用,对旅游资源类型的释义也作了简要说明,总体上内容全面,技术规范,便于操作,是一部应用性较强的技术标准[1]。旅游资源评价是一个相对宽泛的概念,并不仅仅局限于就资源本身而进行评价,而是要从旅游产业发展的层面进行资源评价,也就是说,既要评价资源的观赏、科学、历史、文化以及考古等内涵式价值,又要评价资源的区位条件、通达性、距离客源地距离、接待能力等外延式开发价值。

此外,民族地区发展旅游产业还要高度关注民族文化旅游资源的评价问题,作为人文性质的旅游资源,民族文化以其独有的异质文化特性备受域外游客青睐,然而对其进行资源评价时要有别于一般性的人文旅游资源,在构建评价指标体系的过程中,要充分考虑其民族特性。民族特性是指那些能反映出一个民族区别于其他民族特征的各个方面,它一般以民族文化的形式表现[2]。因此,要从展现民族特性程度、进一步发掘民族特性的潜力程度、发扬民族特性的张力程度等多方面进行评价。简言之,就是围绕民族特性进行评价。只有囊括这些因素的评价指标体系才能够从真正意义上反映出民族文化旅游资源的根本价值。

2. 基础设施评价

基础设施评价涉及道路交通设施,供水、供电、供暖设施,基本通信设施等,是发展旅游产业的最基本条件。民族地区基础设施的评价标准不可能与东部、甚至是中部地区相提并论。其关键在于道路交通设施的通达性,这是旅游者实现空间位移的首要条件,要对道路的等级、道路的使用状况、交通线路的布局、交通设施的配备及质量、未来进一步改善的可能性等进行全面的评价,还特别要研究道路交通设施的安全系数。此外,水电供应是否完备、电子通讯是否畅通都是现代人类生活的必需要素,有必要进行客观评价。在北方地区还涉及供暖的问题。在内蒙古的大部分草原旅游区,旅游旺季在十月中旬就基本结束,进入了极为萧条的淡季,其主要原因就在于草原气温过低,在没有供暖设备的情况下,旅游者根本无法在草原过夜。所以,对于供暖方式、供暖设备、供暖时间等都要进行考察,这是未来影响旅游旺季持续时间的重要因素。

3. 旅游人力资源评价

人力资源评价主要进行四个方面的工作:一是现有旅游从业人员的数量考核;二是现有旅游从业人员的质量评价,包括学历水平、专业知识与专业技能水平等;三是现有旅游从业人员的结构评价,包括年龄结构、学历结构、专业结构等;四是现有的旅游从业人员的来源评价,即对旅游从业人员产生来源进行评价。

民族地区旅游人力资源评价还必须对少数民族从业人员进行考察,这是系统考量少数民族居民参与旅游业程度的关键环节,也是与民族地区发展旅游产业的根本目的相一致的。

4. 相关及辅助产业评价

众所周知,旅游产业是关联带动性很强的新兴产业,然而从另一方面理解,则说明旅

---

[1] 何效祖.对国家标准《旅游资源分类、调查与评价》的若干修订意见[J].旅游科学,2006,20(5):62-63.
[2] 吴晓萍.浅析民族地区旅游可持续发展的某些限制性因素[J].旅游学刊,2000,(5):42-44.

游业是一个对其他行业具有很强依赖性的产业。旅游产业同任何其他产业一样,其发展必须要有相关及辅助产业的支撑,这些产业包括建筑业、食品加工业、农业、轻工制品业等。要结合民族地区具体情况,对关联性比较大的产业进行评价,综合评价关联产业的发展现状、存在问题与发展前景等。

(三) 旅游产业运行环境分析

对民族地区旅游产业发展环境进行分析的主要目的在于了解并掌握产业发展所面临的机遇与挑战,以求抓住机遇,克服挑战。

1. 旅游市场调研

不论是现实的,还是潜在的旅游市场,对于民族地区旅游产业的发展都具有至关重要的意义。如果说旅游资源评价是产业运行的基础的话,那么旅游市场调研就是产业运行成功的关键。展开系统而全面的市场调查,就要对包括游客的分布状况、经济状况、文化层次、年龄结构、家庭结构、兴趣爱好和旅游需求等尽可能多的因素进行调查。要对一级、二级,甚至更多级市场分别展开有针对性的调查与预测,要通过调研,对市场最终形成一个全面而可靠的认识。

2. 关联区域旅游产业竞争环境分析

关联区域竞争环境分析的目的就在于系统地了解本区域所面临的竞争挑战。由于民族地区自身条件相对落后,决定了其在发展旅游产业的过程中,必须深入研究周边区域旅游产业的发展状况,及与本区域相比较所具有的竞争优势与劣势,这样可以极大地避免盲目建设与开发,避免资源浪费,同时还有利于民族地区有效地制定有竞争性的发展战略。关联区域旅游产业竞争环境分析,主要针对产业潜在进入区域、产业替代区域、产业供给主体和产业需求主体四个方面进行分析[①]。产业潜在进入区域的威胁是指与本区域旅游资源存在极大相似性关联区域欲进入旅游产业,开发与本区域相似的旅游产品时,对本区域的旅游产业所带来的威胁;产业替代区域是指关联区域与本区域的旅游产品在满足旅游者需求的功能方面存在部分重叠或者完全相同时,对本区域旅游产品构成的替代威胁;产业供给主体主要指的就是作为旅游产业三大支柱的旅行社业、饭店业和旅游交通业的讨价还价能力对本区域构成的威胁;产业需求主体即旅游者,旅游者的影响力越大,旅游产品的交易价格就越低,对于本区域旅游企业获利的威胁也越大。

三、启动与运行机制

(一) 旅游产业发展目标定位

旅游产业发展目标定位是民族地区旅游产业运行开始的首要任务,任何一个区域旅游产业发展都应建立包含一个或若干个核心目标和系列扩展目标在内的目标体系,其核心目标一般为产业发展目标和实现产业在区域经济中作用和地位的贡献率目标,即静态

---

① 把多勋,张欢欢.关联区域旅游产业竞争环境分析[J].甘肃联合大学学报(社会科学版),2006,(7):40-43.

价值贡献;旅游产业发展的扩展目标涵盖文明发展、价值发展、社会结构发展和社会环境发展的社会发展目标。我国民族地区在旅游产业发展中尤其要高度关注产业发展的扩展目标,这是因为扩展目标的实现,既是旅游产业经济目标实现的保证,同时又具有独立的社会、文化和环境价值,是民族地区经济、社会可持续发展的依据。

民族地区旅游产业发展目标定位一经确立,便具有纲领性质,其对于民族地区旅游产业发展具有不可动摇的指导意义,民族地区旅游产业发展的每一环节都将在发展目标的框架内进行。准确而科学的发展目标定位不仅有利于推动民族地区旅游产业的健康发展,而且有利于凝聚少数民族社会各界的力量,形成全民发展旅游业的良好风气。

自1998年旅游业被确定为我国国民经济新增长点以来,全国大部分民族地区将旅游业确定为本省或本地区的支柱产业、先导产业等(表16-1)。

表 16-1　中国民族地区旅游产业"十二五"时期定位和发展目标一览表

地区	产业定位	发展目标	2015年旅游总收入(亿元)	2015年旅游业总收入占GDP的比重(%)
内蒙古	重点产业、重要动力产业、第三产业的先导产业	世界知名的旅游目的地,我国北方重要的旅游热点地区	2 257.10	12.52
新疆	支柱产业	未来中国旅游的重要战略接替区	1 000	10
西藏	重要支柱产业 重要动力产业	国内外旅游者的时尚热点旅游目的地	281.92	27.5
宁夏	第三大特色优势产业	中国西部独具特色的旅游目的地	161	5.18
广西	重要支柱产业	建设广西旅游强省	3 252	10
云南	壮大、提升旅游支柱产业	初步建设成为中国和亚洲地区重要的国际区域性旅游胜地和旅游目的地,建设成为中国通向东南亚、南亚的国际旅游集散中心	3 281.97	6.6
贵州	新的支柱产业	基本树立在国内外的特色旅游品牌,初步建设成为自然风光和民族文化相结合的旅游大省	1 850.51	23
青海	第三产业的龙头、重要的特色产业和支柱产业	国内外知名的高原旅游目的地和避暑旅游地	248.03	10
四川	支柱产业	亚洲地区的重要旅游目的地,成为促进中国由亚洲旅游大国向世界旅游经济强国跨越的重要支撑点,初步建成旅游经济强省	6 210.5	15
重庆	支柱产业	中国旅游强市、国内外知名的旅游目的地和重要的旅游客源地	2 251.31	13
甘肃	国民经济的重要产业	旅游大省	975	6

资料来源:民族地区旅游业发展"十二五"规划纲要资料汇总。

(二) 旅游产业发展规划

旅游产业发展规划是指在旅游产业要素发展现状调查评价的基础上,针对旅游产业的属性、特点和发展规律,并根据社会、经济和文化发展的趋势,以综合协调旅游产业的总布局,制定旅游产业内部要素功能结构优化的战略策划、形成以旅游产业系统与外部系统发展为目的的战略策划和具体实施。民族地区旅游产业发展现状中存在的典型问题就是缺乏产业发展规划,旅游产业的运行完全处于一种混乱的状态,由于宏观层面的规划指导缺失,在微观层面就表现为市场秩序混乱、旅游者投诉不断、自然环境遭受破坏等。所以,民族地区旅游产业要谋求发展,首要的工作便是编制区域旅游产业发展规划,通过规划指导发展。民族地区在编制旅游产业发展规划的过程中,一方面不可以盲目崇拜域外,应从民族地区的客观实际出发形成的规划文本;另一方面,在推进规划的过程中,必须结合本地的旅游资源优势和特点开发多样性的、独具特色的旅游产品。规划的编制是一项系统而复杂的工程,关系到民族地区旅游业发展的成败,也关系到民族地区整体社会经济的发展,必须高度重视,要聘请有责任意识、关注民族地区社会经济发展的旅游规划专家编制发展规划,要明确一个宗旨,那就是民族地区旅游产业发展的根本目的在于为当地少数民族谋福利。

(三)旅游业生产要素供给

生产要素是维系国民经济运行及市场主体生产经营活动所必须具备的基本因素。生产要素,是经济学中的一个基本范畴,现代西方经济学认为生产要素包括劳动力、土地、资本、企业家才能四种。实际上,随着科技的发展和知识产权制度的建立,技术也作为一种相对独立的要素投入生产。旅游业的生产要素囊括的范围非常之广泛,它具体涉及满足旅游者食、住、行、游、购、娱六个方面的众多生产要素,而对于民族地区来讲,最为紧缺的首先是资金;其次为人力资源,即能够从事旅游行业相关工作的专业人才;再次为满足人们现代生活所需的各种要素。

1. 资金

民族地区经济总量相对较小,决定了其在资金要素上供给严重不足,必须借助外来资金要素的投入。如何引进外来资本以推动旅游产业的加速运行是民族地区首要解决的问题。要努力通过各种途径吸引外来投资,例如可以出台旅游投资优惠政策,给予外来投资者税收、贷款等多方面优惠等。吸引外部资金流入的政策应保持一定的弹性,一般来说,吸引外来资金的最重要的因素是市场需求。在市场需求等条件相同时,政策优惠就有吸引力。民族地区旅游业吸引外来资金,面临国内各个地区间的竞争,因此应保持一定的政策弹性,采取类似新加坡的条件面议模式,吸引外来资本投资西部民族地区的旅游业[①]。吸引外来投资要有大眼光,要在国家政策允许的条件下,将招商引资的目光投向国际市场。在引进外来资本的同时,要努力开辟多种渠道实现区域内融资,培育并引导区域内生资本流向旅游产业。对西部民族地区旅游产业来说,产业发展基金是一条重要的资金渠道[②]。要充分利用现代资本市场的筹资功能,拓宽融资渠道,为民族地区旅游产业的发展提供资金保障。利用资本市场进行直接融资的方式主要有以下几点:一是通过旅游企业上市发行股票,这是效率高、额度大、稳定性强的有效融资途径,而且,这对民族地区旅游企业也是一个促进,因为旅游企业要上市,必须要在企业经营管理体制、盈利能力等方面

---

① 王建.西部民族地区旅游业发展问题研究[D].东北师范大学,2004,(5):2-5.
② 刘云.论民族文化旅游中的舞台真实[J].云南财贸学院学报,2007,22(2):71-72.

符合上市企业的要求;二是通过发行债券募集资金,政府有关部门在债券发行上应向民族地区旅游产业倾斜;三是通过项目融资,推出适应旅游产业结构调整、产品升级换代的投资回报高的旅游开发项目,吸引国内外投资者对民族地区旅游开发的投入①。

2. 旅游人力资源

民族地区旅游产业要发展,必须具备充足的符合产业发展要求的人力资源。为此,首先要从本区域发掘旅游专业人才,通过有效途径,如职业培训中心、旅游院校等,培养不同层次的适合不同岗位的专业人员;其次要通过优惠政策,打造展示才华的平台,以吸引区域外的各种旅游专业管理、技术人才不断流入。要加强对本区域少数民族居民的专业培养,提高他们的参与意识与参与热情,帮助他们实现在旅游行业就业。这样做,不但可以节约吸引外域人才的费用,而且兼顾了当地少数民族的利益,有利于提高他们的收入水平,尽早摆脱相对落后的生活状态。民族地区特有的人文性质的旅游资源,如歌舞表演、民族工艺等都离不开少数民族居民的参与,要加强对他们培训与教育,帮助他们树立发展旅游产业与保护民族文化不受侵害的双重观念意识,既要鼓励他们积极参与旅游经济活动,在旅游经济活动中获利,又要告诫他们民族文化本真的可贵,鼓励他们为民族文化的传承与发扬做贡献。

3. 现代生活服务设施及其他要素

旅游者在试图享受精神愉悦,获得完美旅游体验的同时,还要求满足现代生活的便捷与舒适。民族地区在发展旅游产业的过程中,必须充分考虑现代生活服务设施的配备,如银行网点、邮政网点、移动通讯网点等的设立,这些设施的配备情况会直接影响旅游者对旅游目的地的整体感知。在开发过程中,要事先争取有关企业、事业单位的支持,可以通过在选址、房租、税收等方面给以优惠而谋求与其合作。另外,则要根据市场调研情况,有针对性地考虑游客的需求,配备相应的服务要素,比如部分游客可能格外关注时政消息,这样就有必要在特定位置设立报亭;再比如有的游客比较关注自身的身体健康状况,那么就需要根据实际情况配备诊所或者医院等医疗服务设施。总之,民族地区旅游产业的发展如果能在现代生活服务设施的配备上尽量做到完备,遵循一切以人为本的宗旨,那么就有可能在未来的竞争中脱颖而出。

4. 旅游微观企业组织

旅游微观企业组织是旅游产业运行的真正主体,只有微观企业组织的强大,才可能有旅游产业的强大。因此,民族地区旅游产业运行的根本途径在于培育一批具有优势竞争力的微观企业组织。一般来讲,人们把旅行社业、饭店业与旅游交通业并称为旅游产业的三大支柱行业,这些行业中微观企业组织的发育程度标志着一个地区旅游产业的成熟度。民族地区旅游产业运行,首先要有选择地扶植一批有竞争力的微观企业组织,并通过它们的不断壮大带动整个区域旅游产业的不断发展;其次要进一步培育1~2个龙头企业,形成大的企业集团,使之具备较大的抗风险能力,并有实力参与对外竞争。民族地区旅游产业运行之所以要培育大型旅游企业:其一在于,只有大型企业才有意识,也有能力引入先进的管理思想与管理技术;其二在于,大型企业在参与对外竞争的过程中,会逐渐地将更

---

① 唐留雄.现代旅游产业经济学[M].广州:广东旅游出版社,2001,(5):312-313.

为有效的竞争机制引入民族地区,从而诱发民族地区旅游产业不断盘旋上升。

5. 旅游市场营销

在产业组织学中,商品有"先验品"和"后验品"之分。所谓先验品,就是消费者能够通过检查在购买之前确定产品质量,这种商品具有"搜寻性品质",因此先验品也被称为"搜索商品",例如家具、服装以及其他主要性质可通过视觉或触觉检查而确定的商品;所谓后验品,就是消费者必须在消费产品之后才能确定它的质量的商品,这种商品具有"经验性品质",因此也被称为"经验商品",例如加工食品、软件设计和心理治疗。对于不同种类的产品,企业所采取的营销策略是不同的。研究表明,搜寻商品的营销宣传应提供有关产品性质的直接信息,比如实物图像(动态或静态)和相关的文字描述,并且不能包含虚假信息,因为消费者很容易鉴别;对经验商品而言,营销宣传本身就是所要传递的最重要的信息。企业往往不向消费者介绍产品本身,而是通过反复强调企业名称和品牌名称来加深消费者的印象,以提高企业和品牌的知名度为主要目的。研究还发现,如果从数量上加以比较,为经验商品所做的营销宣传远远超过为搜寻商品所做的营销宣传[①]。很显然,旅游商品是比较典型的经验商品,其对营销宣传的依赖程度非常之大。Philip Kotler 指出"市场营销是与市场有关的人类活动。市场营销意味着和市场打交道,为了满足人类需要和欲望,去实现潜在的交换"[②]。市场营销作为一种计划及执行活动,其过程包括对一个产品,一项服务,或一种思想的开发制作、定价、促销和流通等活动,其目的是经由交换及交易的过程达到满足组织或个人的需求目标。旅游市场营销是旅游经济个体(个人和组织)对思想、产品和服务的构思、定价、促销和分销的计划和执行过程,以实现达到经济个体(个人和组织)目标的交换[③]。旅游市场营销的四大因素包括:产品策略、价格策略、渠道策略及促销策略。这四大要素共同决定着营销整体效果的成败,这其中又以促销最受重视。在民族地区旅游产业运行机制中,市场营销起着重要的助推作用,好的营销策划不但可以成功树立民族地区整体旅游形象,而且可以为民族地区旅游产业的发展开拓巨大的现实与潜在市场。民族地区的旅游市场营销要同时关注产品、价格、渠道及促销四大要素:在旅游产品的开发上,要立足本地旅游资源,突出民族特色,以市场需求为导向,开发旅游者喜闻乐见的旅游产品,特别对于富有民族地域特色的文化旅游产品要精心打造,在激发游客参与度上多下功夫;在旅游产品的价格制定上,可以广泛应用心理定价、折扣定价、招徕定价等定价策略,特别对于民族地区的特色手工艺制品,可以尝试心理定价策略中的声望定价策略[④]。要通过价格策略体现民族旅游产品的特色与价值,尝试将民族文化融入产品定价当中,例如蒙古族崇白尚九,以数字九为吉祥,这样在相关的旅游产品定价中就可适当加以运用。在旅游产品销售渠道的设计与安排上,一方面要广泛采用传统的依靠旅行社网络销售旅游产品的策略,并不断根据需要加以改进;一方面要积极应用现代网络手段,实现旅游产品的网上销售。在旅游产品的促销上,必须明确,区域旅游产业

---

① 苏东水.产业经济学[M].北京:高等教育出版社,2000:384-411.
② J. Paul Peter, James H, Donnelly Jr.市场营销管理(第五版)[M].北京:机械工业出版社,1999:1.
③ 赵西萍等.旅游市场营销学[M].北京:高等教育出版社,2002:5-6.
④ 消费者一般都有求名望的心理,根据这种心理行为,企业将有声望的商品制订比市场同类商品价高的价格,即为声望性定价策略。

的综合性和旅游者的感知特性决定了区域旅游产业营销应当采取以政府为主导的整体营销模式,而区域旅游产业的异地性又决定了区域旅游产业营销应以区域整体旅游形象的树立为主线,将品牌营销作为主要的营销手段①。

因此,民族地区旅游产业进行对外宣传促销的主体应该是地方政府,由它们统筹使用相对较少的促销费用,研究确立并对外宣传民族地区的整体旅游形象。民族地区旅游产业形象的定位及树立是其营销工作的核心,而形象定位又是决定成败的关键,要考虑四个方面的问题:形象定位当以市场调查为出发点,通过详细而周密的市场调查、市场分析,深入了解并把握客源市场的消费倾向和旅游偏好,找出定位的切入点;形象定位当立足于区域内的旅游资源特征;形象定位必须考虑本区域的历史文化特征及社区居民的参与互动;形象定位必须考虑本地区的竞争优势,避免与竞争对手重复。在宣传促销的策略选择上,民族地区可以借助特有的民族节日活动,在节日期间展开规模较大的促销活动,还可以依靠其民族地区的特殊身份,申请在国家级、世界级的大型文体活动中展示民族特色文化,达到对外宣传促销的目的等等。

四、控制与保障机制

(一) 政府规制

政府规制是政府为实现某些社会经济目标而对经济中的经济主体作出的各种直接的具有法律约束力的限制、约束、规范以及由此引出的政府为督促经济主体行为符合这些限制、约束、规范而采取的行动和措施。政府规制是政府对市场失灵的治理,目的在于维持正当的市场经济秩序,限制市场势力,提高市场资源配置效率,提升全社会福利,保护大多数社会公众的利益不受少数人的侵犯。政府规制的理由主要体现在两个方面:一方面是经济原因。因为自然垄断、信息不对称、外部性、公共物品、不完全竞争等因素的存在使得市场机制要么根本无法解决,要么成本过高,而政府规制相对而言,具有自己的优势,如权威性、节约交易成本、强制征税等,在市场欠发达的情况下,政府规制是合理的,也是必需的。另外一方面是社会公平和意识形态方面的原因。例如通过对垄断的限制,削弱垄断企业过分强大的经济和政治权力;通过劳动、就业等方面的规制维护机会方面的公平;直接干预收入分配,维护分配方面的公平;规制与社会人文环境有关的市场交易,如毒品交易、色权交易等,完善交易环境;政府严格限制被认为与政治意识形态不协调的组织或市场行为,积极扶持和保护被认为能够加强政治基础的组织或市场行为。

人们早已认识到,过分依赖旅游产业的发展在一定程度上会给民族地区的经济带来负外部性,会降低民族地区经济的抗风险能力,抬升当地物价,引起通货膨胀,致使民族地区产业结构发生不合理转变等。另外,由于对环境依存度较高,旅游产业快速发展不可避免地带来一系列环境问题,如噪声增加、土壤硬化、水质下降、空气污染等②。还会诱发旅

---

① 敏行,游喜喜.区域旅游产业营销的一般模式初探[J].甘肃联合大学学报(社会科学版),2006,(7):44-46.
② 巩劼,陆林.旅游环境影响研究进展与启示[J].自然资源学报,2007,22(4):545-556.

游地居民的传统道德观、价值观念发生改变,社会不良风气的滋生等社会问题[1]。在民族地区发展旅游产业还会面临民族文化被外来文化同化,民族文化庸俗化以及商品化等潜在威胁。因此,为了推动民族地区旅游产业的正常运行,应保证旅游市场秩序的合理与有序,避免由于过分依赖旅游产业而给民族地区带来的经济、社会、文化及环境等方面的消极影响,同时,为了确保少数民族居民的切身利益不受到侵害,应维护民族地区社会稳定与公平,实现民族地区经济与社会的可持续发展,就必须进行政府规制。

1. 法律规制

法律规制,简单地说就是政府在成熟的市场经济条件下全面运用法律手段,依法规制产业经济发展的具有法律意义的限制、约束、规范以及由此引发的政府为督促经济主体活动符合这些限制、约束、规范而采取的行为和措施。旅游立法活动是旅游事业发展的必然产物,其宗旨是制定调整旅游活动关系的一系列法律规范以保证旅游事业健康发展。它的内容不仅包括制定旅游法律、法规,也包括对这些规范性文件的修改或废止,还包括在这一法律规范体系发展到较理想的完善程度时进行法典编纂工作。我国真正意义上的旅游业虽然起步较晚,但在发展的初期就比较重视立法工作。就目前关于旅游市场的法规、条例、规定等已不下 40 余个,还有一些地方性法规,从范围来看,已涉及旅游业的方方面面。这些法规、条例在调整旅游业结构、规范旅游市场、解决旅游纠纷、保护旅游法律关系主体各方权利义务等方面起到了一定的作用,但这并不表明这些法规、条例到现在为止都是适用的、可行的。从实际情况看,由于各种主客观原因的限制,旅游立法活动还存在如下问题:一是各项法规、条例具有明显的暂时性和应急性,许多法规内容已经过时,不适应某一行业或部门的实际情况,如《导游人员管理暂行规定》;二是法规、条例更多的是单方面强调旅游法律关系中的旅游企业,还未将注意力放到旅游者身上;三是旅游业各个行业缺少权威性的专门法律,现有的单项法规大多数不具备行业法规的特点;四是整个旅游业至今没有一个综合性的基本法[2]。中国旅游法律体系应是《中华人民共和国旅游法》居主导地位的完整的法律体系[3]。所以,旅游基本法的立法工作迫在眉睫。此外,中国旅游立法还有一个明显的不足就是,有关政府进行行业管理的纵向法规显著多于有关调节旅游企业与旅游者相互关系的横向法规。通过以上分析可以看出,旅游法规的健全与完善是一个比较漫长的过程。因此,在对民族地区旅游产业运行进行法律规制的过程中,一方面要大力贯彻现有的旅游法规与条例;另一方面要联系民族地区旅游产业发展的客观实际,健全民族地区的旅游法规与条例,如加强有关民族地区文化旅游资源保护的法规,确保民族地区居民利益得到合理保障的法规等。

2. 行政规制

行政规制是国家以其行政权力为规制运作基础,将权力机制移入经济活动过程,规制社会经济活动,促进国民经济协调发展的各种行为和措施。行政规制具有强力性、速效性与直接性三大优点。民族地区旅游产业在运行过程中,不可避免地会发生一些突发性事

---

[1] 陆岚.论旅游业的发展对旅游地社会环境的影响[J].襄樊职业技术学院学报,2007,(5):31-33.
[2] 祁颖.中国旅游立法活动中存在的问题[J].旅游学刊,1997,(6):28-29.
[3] 董红梅.中国旅游立法现状与对策[J].大众标准化,2003,(3):33-34.

件,当这些情况超越了法律的界限,而又必须及时加以妥善处理时,就需要政府规制。例如,当民族地区旅游产业运行中出现严重的局部或全局供给短缺时期,完全开放的市场只会带来严重的不可遏制的通货膨胀,而无法促成供给的迅速大幅度增长和市场均衡的实现。行政价格规制可以有效地避免市场运行的紊乱和居民的恐慌心理,使民族地区经济平稳地向前发展,不至于出现过于严重的动荡。

(二) 社会规制

民族地区旅游产业运行的社会规制是指非执政党和非政府的个体或组织对旅游产业运行所进行的监督与管理活动。社会规制具有影响范围广、规制内容全面等优点。民族地区旅游产业的有序运行单独依靠政府规制无法保证全面与均衡,必须以社会规制为补充。因此,就有必要建立一个系统的社会规制体系,通过该体系发挥规制作用。笔者认为,民族地区旅游产业运行的社会规制体系应该由新闻舆论监督体系、社区居民监督体系、游客监督体系以及旅游民间行业协会监督体系四部分共同构成。具体包括主要新闻媒体中负责旅游宣传报道的记者、民族地区关注旅游产业发展的社区居民、来民族地区旅游参观的游客,以及民间旅游组织成员等,由他们共同担任旅游产业运行的社会监督员。可以广泛应用如数字电视、因特网、移动通信设备等现代技术,以充分发挥社会规制作用。民族地区旅游产业运行的社会规制内容涉及旅游经济、社会、文化、环境等众多方面,通过社会规制可以使旅游产业在更加和谐的环境中运行。

(三) 目标规制与规划控制

民族地区旅游产业的发展目标定位与旅游产业发展规划不仅是启动与运行机制当中的重要组成部分,而且同控制与保障机制有着重要的关联关系。作为在战略层面制定的目标定位与发展规划,其对民族地区旅游产业的发展具有重要的指导意义,不仅为民族地区旅游产业的发展确定了方向,而且提供了实现发展目标的依赖路径。与此同时,两者对民族地区旅游产业的运行还具有强大的规制意义。不论是区域旅游产业发展的总体战略规划还是控制性详细规划,都为民族地区旅游产业的运行描绘了蓝图,要求其在规划划定的范围之内运行。这对于在一定程度上规制民族地区旅游产业的运行,使之不脱离预定的运行轨迹具有重要意义。为此,就需要有计划、有步骤、分阶段地参照目标与规划,对产业的现实运行状况进行考核,以实现规制目的。

五、本章小结

民族地区旅游产业的运行有其自身的运行规律,存在着一个系统而又庞杂的运行机制。只有掌握其运行规律,并围绕运行机制展开各项工作,民族地区的旅游产业发展才会由自发状态转向自觉状态,实现健康、有序发展。因此,本章构建的民族地区旅游产业运行机制就可以作为民族地区审视旅游产业发展现状,发现产业运行问题,提出产业运行对策的重要依据。而要深入把握民族地区旅游产业运行机制,首要的问题就在于理解政府在整个机制运行中的主导作用,民族地区旅游产业的发展必须实施"政府主导——政府规制——市场主导"的产业发展战略,政府在不同的战略阶段相应地扮演着主导者、规制者与服务者的角色,发挥着至关重要的作用,从而在宏观层面督导整个产业的运行。

准备与支撑机制是整个民族地区旅游产业起飞的根本依据,必须系统考量民族地区的旅游产业比较优势、旅游基础条件以及旅游产业发展环境。只要准确、系统地掌握了这些方面的情况,就能够为民族地区旅游产业的发展打下坚实的基础,也可以有效地避免未来的发展走上弯路。启动与运行机制是民族地区旅游产业的真实运行过程,是核心也是主体,确保产业目标定位、产业发展规划、市场营销、要素供给、微观企业组织等众多环节的高效衔接与有序运转是关键中的关键。为此,就需要政府在其中发挥主导作用,担当协调者这一关键角色,政府要站在宏观层面,以战略的眼光审视民族地区旅游产业的运行,灵活应用所掌握的各种行政资源,履行宏观调控的职能。控制与保障机制是民族地区旅游产业实现正常运行的关键和保证,虽然市场经济体制有众多的优点,但却摆脱不了由于信息不对称、外部性、自然垄断、公共物品、不完全竞争等因素的存在而带来的众多无法解决的问题,而民族地区在社会主义中国的特殊地位,又决定了必须充分尊重少数民族的利益,保证他们所生存的社会、经济、文化、自然等环境不受侵害。因此,就有必要对民族地区旅游产业的运行进行以政府规制为主,社会规制为辅的全面控制与保障。

所以,要使民族地区的旅游产业得到充分发展,就必须依照民族地区旅游产业运行机制展开。首先,以民族地区旅游产业运行机制为参照,分别从准备与支撑机制、启动与运行机制、控制与保障机制三方面进行全面、系统地考核,综合评价民族地区旅游产业的运行现状及存在的问题;其次,系统分析存在问题的原因所在;最后,以民族地区旅游产业运行机制原理为指导,提出民族地区旅游产业发展的对策。

第十七章 基于文化发展的民族地区旅游产业模式研究：以甘南藏族自治州为例

西北地区旅游产业的发展呈现出较快的发展态势，各省区均将旅游业作为龙头产业、支柱产业，这为西北民族地区发展旅游业提供了良好的发展环境。旅游业在促进当地国民经济增长和提高人民生活水平等方面所起的作用也日益明显。

甘南藏族自治州因其旅游资源类型全、品位高、存量大、特色浓、发展速度快等特点，成为甘肃省旅游业发展的重点城市之一。2015年，甘南州政府将旅游业作为重点产业来发展，提出"生态立州、旅游强州、绿色兴州"的发展战略，来推动甘南州旅游业，进而推动当地国民经济发展。目前甘南州旅游业的发展虽然取得了一定的成就，但相对于其丰富的旅游资源（表17-1）来说，其旅游产业的发展还有较大提升空间。

表17-1 甘南州旅游资源分布状况（%）

	地文景观	水域景观	生物景观	古迹遗址	节庆活动
合 作	2	0	4	4	4
夏 河	3	2	3	8	4
玛 曲	3	4	3	7	2
碌 曲	1	1	5	2	2
临 潭	5	3	4	9	2
卓 尼	5	2	6	14	1
舟 曲	1	0	0	3	3
迭 部	6	2	2	5	1
合 计	26	14	17	52	19

甘南藏族自治州作为甘肃省著名的少数民族自治州和藏族自治州，以其独特的少数民族文化——藏族文化逐渐受到国内外旅游者的青睐，旅游业开始成为促进甘南州发展的主要因素之一。随着旅游产业的发展，甘南藏族自治州传统文化赖以生存的诸多条件开始或者已经发生着一系列的变化：一方面，目前旅游业的发展使得传统文化不得不发生变化；另一方面，市场的规律对旅游文化产生了深刻的、广泛的影响。旅游业可以使许多民族文化得到复兴，并使它们为世界其他地区的人们所知，但是如果不加以适当引导，旅游会给旅游地的社会文化带来严重的负面影响，国内外许多旅游地的发展经历都已经证明了这一点。为了减少旅游业发展对传统旅游文化造成的损伤与压力，政府、学者、当地民众都应积极投入到传统旅游文化的传承、保护工作中去。从发展的最终目的来看，不管是旅游开发还是旅游文化发展，两者的最终目标都是推进社会的进步和人民生活水平

的提高。因此,基于文化发展视角研究甘南州旅游文化,在当前西北民族地区与甘肃旅游业发展中显得尤为迫切。

一、甘南州旅游文化发展现状

1. 甘南州文化旅游资源特点

① 差异性。"千里不同风,百里不同俗",甘南州地处青藏高原与黄土高原的过渡地带,与其他地区交流较少,当地生活方式、风俗习惯、民族文化与其他地区差异较大,这使得当地旅游文化也表现出较大差异性。旅游从根本上来说是一种文化消费,旅游者旅游除了最基本的观赏自然景观,更重要的是体验各地丰富多彩的旅游文化。旅游文化的差异性是甘南州旅游业发展的一个基本条件,其不仅体现在地域方面,还体现在时间上:甘南州与外界交流较迟,人们的思想观念还不够开放,价值观念与其他地区也有差异,社会风气也比较古朴原始,正是由于这个原因,吸引了大量游客前去体验、感受。

② 民族性。甘南州旅游文化的民族性主要表现为少数民族性。勤劳勇敢的少数民族群众在共同的这里生活,形成了自己的语言、行为方式、制度、礼仪等方面的文化传统,具有不同于其他地区的文化特点。甘南州旅游文化的民族性对旅游主体的旅游活动产生强烈的吸引力,不同民族旅游客源地、旅游主体、旅游客体、旅游中介体、旅游目的地的文化表象和内涵不同,吸引着旅游者前往各地。

③ 层次性。甘南州的旅游文化既包括人民群众在日常生产生活中创造的民俗文化(如甘南州的草原歌曲等),也包括由造诣很深的佛学名师和文人雅士创造的高雅文化(如拉卜楞寺中的百万经卷),因此具有广泛的群众基础。甘南州的旅游文化是具有大众性特点的文化,能满足各个层次旅游者对文化的不同需求,不是只为少数人服务的文化。一方面随着人民生活水平的普遍提高和观念的改变,旅游活动不再只是少数人的特权,也不再是曾经人们认为的吃喝玩乐的活动,越来越多的普通人加入到旅游活动中来;另一方面旅游活动本身也有等级性,满足人们不同层次的旅游需求。与之相应的是如今旅游文化也不再是象牙塔中的文化,而是普遍性的、有广泛群众基础的、能够被不同层次不同等级的人们所欣赏的文化,因而甘南州旅游文化的层次性对各个阶层旅游者具有普遍的吸引力。

④ 服务性。旅游从根本上说是为了满足旅游者对美的追求,为旅游者提供视觉和心理快感的过程,是人类社会发展到一定程度人们对生活品质提出的较高层次的需求。去甘南的人们在旅游活动中体验甘南州旅游文化,如博大精深的佛教文化、粗犷豪放的草原文化等,激起了他们对生活和生命深刻而强烈的热爱和感悟,对生命和生活热烈而敏锐感情和情感,认识到了人作为社会存在的本质力量,以更加积极乐观的态度对待生活与生命。甘南州旅游文化提供给旅游者的这种心理满足感正是旅游者的追求,反过来又极大地推动着旅游者开展更大范围、更高层次的新的一轮旅游活动。

甘南州旅游文化除了具有其他地区旅游文化普遍具有的特点之外,还有其自身特点。
① 原生态性。甘南州地处内陆,与东部发达地区交流较晚,受到其他地方文化影响和冲击较小,因而其文化得以按照其原来的形态完整保留下来,具有显著的藏族特色和甘

南地方特色，因此其具有显著的原生态性。文化的原生态性在旅游产业中的主要表现就是旅游活动或旅游景观的古朴性和原真性。例如在甘南州某些地方人们对转山这种修行很重视，转山是佛教一种比较古老淳朴的修行方式，很多其他地区都已因为诸多原因而废止，但在甘南州却保留了下来，这无疑是文化原生态的一种表现。

② 独创性。甘南州旅游文化最大的特色就是藏族文化和佛教文化。但甘南州的藏族风情又与其他藏区的民族文化之间存在差异，甘南州的藏族文化是基于甘南特殊地域条件，加上人们在日常生活和生产中的总结而形成的，是当地人民自己创造的产物，具体物化表现如卓尼地区特有的86种藏族服饰、甘南州的丧葬风俗等。藏传佛教是佛教在藏族地区的独特表现形式，而本区的藏传佛教又具有自己的特点，相对于其他地区藏传佛教而言，其发展历史更为悠久，内容更为丰富，对佛教的感悟也更加深刻。

③ 多元性。甘南州不仅生活着古老质朴的藏族人民，还有汉族、回族、土族、蒙古族等24个民族，且此地以优美的藏族弹唱闻名于藏区。文化的民族性使得在此繁衍生存的每个民族都有本民族文化的特殊性，而多种特殊的民族文化又共同构成了甘南州旅游文化的多元性特征，汉族、藏族、回族、土族等各族文化共同构成了甘南州旅游文化。

④ 主动性。甘南州旅游文化是对旅游活动中各种文化特性的体现和概括，是对旅游活动中各种文化性原材料的提炼、加工、重组、设计之后形成的一种全新的文化类型。甘南州旅游文化底蕴深厚，内涵丰富。旅游文化是在旅游活动中自发、主动形成的，人们很难创造一种或几种新的旅游文化，但是人们可以引导旅游文化的发展方向，对其去伪存真、去粗取精。随着甘南州旅游业的不断发展，当地旅游文化也与之同步，不断调节和改变自身结构、内容和主要观点，以适应、促进旅游业的发展，满足旅游者的需求。

2. 保持甘南文化旅游资源特色的重要性

随着族际文化交流日益增多，如何保持和发展民族文化原生态性、独创性、多元性在民族文化民族性和开放性矛盾中显现出来。

保护文化的原生态性就是保持甘南旅游业的特色，甘南旅游业持续发展的不竭动力正是甘南古朴、悠远的藏族原生态文化。保护甘南州文化的原生态性要求各级州政府和其他机构规范、健全著作权立法并严格执行，广开渠道，利用现代先进的影视报刊媒体，开办特色栏目，引领文化保护的方向，同时可以邀请更多的专业人士参与保持。保护文化独创性可以为甘南州旅游业带来源源不断的客源，正是因为甘南州旅游文化的独创性才吸引了大量的游客，前来一睹其风彩。同时，保护文化的独创性还可以激发人们创造新文化的热情，促进当地旅游文化的发展。保护文化独创性要在整个社会形成珍视旅游文化独创性的心理，利用先进设备将旅游文化独创性展示出来并保留下去。保护文化多元性，是甘南州旅游产业发展的基础。文化多元性是民族平等和保障民族和谐的前提，只有充分保护各民族的文化，才有可能真正实现民族平等，才有可能构建和谐的民族关系，才能为甘南州旅游活动创造和平稳定的社会环境。要采取措施保护文化多样性和各民族的文化遗产，主要是保护各民族的宗教信仰、风俗习惯、文学艺术、工艺技术等。

二、旅游文化与旅游产业间的关系

(一) 甘南州旅游文化对旅游业发展的影响

① 提高甘南州及其各景点景区的知名度。自古以来中国的帝王政客、文人骚客皆好游,在游览的同时不免留下墨宝,如今各类社会组织对旅游景点的评价和论述,也能为当地旅游产业调高知名度和美誉度。甘南藏族自治州桑科草原由于在《格萨尔王传》里被称为英雄牺牲的地方而美誉四方,2004 年甘南州被中国社会科学院西部发展研究中心评为"西部最具魅力的旅游景区";2005 年被美国最具权威的旅游杂志《视野》《探险》评为"'让生命感受自由'的世界 50 个户外天堂"之一,被《中国国家地理》《时尚旅游》评为"人一生要去的 50 个地方"之一;2007 年被联合国人居环境发展促进会、世界华人联合会评为"中国最具民族特色旅游目的地",吸引了无数旅游者到来。

② 提高甘南州景点的品位。有文化内涵的景点在使游客获得美的体验之外还能增长知识,开阔视野,游客去一个地方旅游不仅希望能够看到与自己的生活区域不同的自然景观,更希望欣赏到由这种不同的自然环境所孕育出的文化氛围和民风民情。甘南州拉卜楞寺寺院汇集了藏族、汉族、蒙古族等人民的智慧,以精湛的建筑艺术和辉煌的宗教文化而著称,寺内藏有各类经卷 6 万余册,成为藏书最多的寺院,该寺还是世界最大的喇嘛教学府,其严格的入学、教学、考试和毕业制度为藏区培养出了大量宗教人才。旅游者去拉卜楞寺不仅是烧香、吃素食,更可以学习佛教文化的博大精深,了解佛教发展的历史进程。

③ 有利于对甘南藏族自治州旅游本质优势的把握。旅游文化是旅游业的灵魂,区域旅游的竞争本质上是区域旅游文化的竞争,旅游文化的因素成为区域旅游经济发展的决定性因素。而文脉是区域自然环境与人文环境的升华,由于区域的差异而造就了文脉的独特性,通过在旅游规划中文脉的整合,可以明确区域发展旅游的优势并突出个性,在旅游规划中体现出旅游地的地方特色,从而明确自己的目标市场,把握旅游目的地的本质优势。例如,甘南州玛曲县利用地方文脉资源,确定了"民族旅游活县"的发展战略目标,将旅游业培育成为玛曲县新的支柱产业,形成 4 个知名文脉品牌和 4 个特色,民族旅游得到飞快发展,逐步开发出"天下黄河第一弯体验游"、"格萨尔文化探访游"、"草原新城观光购物游"、"宗教体验观光游"、"河曲马文化游"等民族旅游产品。玛曲县正是抓住了当地旅游业的本质优势,获得了旅游产业的大发展。

④ 是旅游产品开发的重要依据。旅游产品开发的本质是旅游文化的开发,即只有具有文化内涵的旅游产品才有生命力。旅游景观的文化内涵是决定旅游产品可持续发展的重要因素,只有具有地域性的文化产品才能吸引众多的旅游者。而旅游规划中景观文脉整合可使规划者在旅游产品开发时明确目的地景观文化的深层内涵和其特点。在开发旅游产品时就可以以市场为导向,以目的地的文脉为基础来设计旅游产品,深挖文化底蕴,注入文化内涵,只有这样的产品才会具有地域特色和旺盛的生命力。

⑤ 有利于旅游地整体形象的塑造。旅游地形象是旅游资源(包括人造景观)的本体素质及其媒体条件(服务环节)在旅游者心目中的综合认知印象,这实质上是对旅游地文

化的理性综合。可以认为,旅游文化是旅游地本身第一性的,而反映在事物外表的旅游地形象是派生的,第二性的,是旅游文化的外在体现。因此,甘南州在旅游规划中应将旅游文化贯穿于整个旅游产品中,以文化为线索,用旅游产品来充分展示当地的旅游特色,着重塑造当地少数民族旅游地形象。

⑥ 是旅游业可持续发展的源泉。旅游业的可持续发展要求将生态文化作发展支撑,旅游经济能包容旅游文化的观点已被摒弃,构建旅游文化的呼声日益高涨,实质上社会的发展是以文化作为生产依据的,可持续的社会必然要求可持续的文化——生态文化作为发展的源泉,因而旅游文化的可持续成为旅游业可持续发展的基础。通过开拓旅游资源的文化潜力,提高文化品位,重新审视旅游资源所赋予的文化价值,为旅游主体的自我实现提供新的价值依据,只有这样才能有旅游的持续发展。甘南藏族自治州地处青藏高原,生态环境脆弱,但对中国整个生态环境系统影响巨大,发展甘南州旅游产业更要注重可持续发展。

(二) 甘南州旅游业发展对当地文化的影响

发展旅游业是一把双刃剑,对旅游文化发展的影响既有积极的方面又有消极的方面。旅游产业对于文化的积极影响表现为:首先,发展旅游业有助于甘南州旅游文化的传播和交流。不同民族文化的差异,是旅游活动产生的动因之一。旅游者到甘南州旅游,除了欣赏当地的自然美景之外,主要就是学习和了解甘南当地的旅游文化,如民族风情、生活习惯、文学艺术以及历史文化和社会文化等,通过去当地旅游参观,亲身体验甘南旅游文化的特色,同时将这种文化在自己的周围传播开来。同时,旅游者又将自己本民族的文化带到甘南州,并通过自己的言行举止有意无意地传播给当地居民,使当地居民了解外界的文化、思想和价值,并可能与之发生交流和沟通。因此,旅游能够促进甘南州旅游文化的传播和交流,有利于宣传民族文化,增强民族自信心和自豪感,消除民族偏见,增进相互了解和理解。例如,在甘南旅游业发展的这几年,外界对甘南这片神圣土地的了解从高原寒冷、蛮荒之地、野蛮这些负面印象开始逐渐转变为雪域高原、藏药产地、藏传佛教、藏民、淳朴的正面概念。而甘南州的牧民和喇嘛也逐渐走出高原,与外界进行较多交流和沟通,这些都是旅游文化发展的结果。其次,发展旅游业有助于甘南州旅游文化的保护。一方面,为了发展旅游业使其为当地经济发展服务,政府必然会重视对旅游文化的发掘和保护,对民族文化资源采取切实可行的保护措施,例如甘南州最近几年在保护文物、古迹等立法方面都做出了积极努力,并将文化保护纳入城乡总体建设和系统规划之中,从财政上支持民间工艺品的生产,组织社会力量维护、修复重要的文化遗址,如拉卜楞寺、八角城、俄界会址等。另一方面,一个地区居民生活水平越是依赖于旅游业,群众参与的积极性就越高,也就会自愿和竭力地保护当地旅游文化。事实上,甘南州许多濒临灭绝的民间工艺品、传统食品、戏剧曲艺、民风民俗等就是在这种背景下,才得到重新发掘、整理、更新和提高。同时,旅游业的发展使得对民族文化的保护有了更充足的资金保证。通过发展旅游业,可以将参观游览的门票等旅游收入全部或部分地用于对历史文物古迹的保护工作,从而使得保护工作有了更充足的资金。

旅游产业对于文化的消极影响表现为以下几点。

一是出现了民族文化被同化问题。甘南州旅游文化的同化使原来的民族文化特征在内部和外部因素的作用下逐渐消失,被异族异地的文化取代。甘南藏族自治州由于其独特的边际地理位置,远离经济发达地区,与外部世界交往少,生活相对封闭,受其他地区经济文化影响较小,许多独特的民族文化和民俗风情得以相对完整保留下来。但近些年的西部大开发以及旅游业的发展,异族异地的文化随着旅游者一起大量涌入,给本区旅游文化方面都带来了极大的冲击,导致甘南州原有古老、独特的文化被淡化、同化甚至消亡。例如,随着旅游业的发展,甘南州人民的生活方式和习惯发生了巨大变化,人们也开始使用先进的现代工具,出门坐汽车,在家看电视,穿着轻便的汉族服饰,甚至连平时日常的生活起居方式也有所改变,少数民族地区汉化现象极为严重,已经逐渐失去了其原有的藏族风情。

二是旅游文化商品化的问题。为了满足旅游者对当地旅游文化消费的要求,目前甘南州旅游市场旅游文化商品化严重,以现代艺术形式或先进工艺包装或打造当地文化,将其舞台艺术化、程序化、商品化是当前旅游开发的一个主要手段,但若一味将获得经济效益、满足游客需求作为唯一目标,则会使文化失去了原有的味道,进而对旅游者失去吸引力。为了满足游客参与的心理,在桑科草原会有一些牧民将自家的牦牛打扮一番,牵到景区供游人拍照乘骑,每次10元,既使游人能够参与其中又能使牧民获得收益,一举两得。但是现在的桑科草原景区人们会意外的发现,到处都是这种打扮得花枝招展的宠物牦牛,而作为甘南州主要驮运工具的牦牛或野生牦牛却一只也没有,因而也就无法体验那种牛羊驰骋草原的壮观场面,看到的与旅游者的预期不相符时,便产生了心理落差,而甘南州千年的游牧文化在游客心中也变成了10元一次的骑牦牛过程。

三是旅游文化的庸俗化的问题。甘南州旅游最大卖点就是其旅游文化的民族性和神秘性,对于旅游者而言去民族地区旅游无非是想通过旅游领略、观赏、参与少数民族的奇风异俗,满足其求奇、求异、求新的心理,达到长见识开眼界的目的。然而,由于旅游者层次参差不齐,审美品位不同,旅游目的地的经营者为了吸引大众游客,在发展旅游业的同时把本民族特有文化的各个方面都作为旅游资源进行开发,生搬硬套,标新立异,歪曲、丑化、亵渎某些少数民族习俗等,导致民族文化庸俗化。例如,甘南州的天葬文化,按照藏族传统是不对外开放的,但有些地方为了满足旅游者的猎奇心,在没有得到当地少数民族群众同意的情况下,私自带游客参观,引起了当地群众的极大反感,甚至发生冲突。另一方面由于甘南藏族自治州经济和社会发展较落后,一些迷信的、落后的、丑恶的东西也被保留下来了,当地有些个人或企业利用旅游者的猎奇心理组织开展不合理甚至不合法的旅游活动,以期牟利,妨碍了当地旅游业的正常开展和进行。

四是旅游文化的退化与遗失的问题。甘南州的群众本来保留有许多传统的优秀伦理道德,注重坦诚无欺、公平交易、热情好客、忠诚朴实、吃苦耐劳、豪爽大方、重义轻利,民风十分淳朴,但随着当地旅游的开发,在游客蜂拥而入购买藏族工艺品的刺激及外地商人经商方式的诱导下,经营者在旅游交易活动中不知不觉地抛弃了本民族的优秀传统道德和价值观念,背离本民族的道德规范,一些地区的当地文化价值观出现了明显的退化甚至遗失,给人一种民风日下的恶劣印象。例如,当地部分藏民以藏族特色销售的方式将伪劣工艺品高价出售给游客,这种交易方式在甘南州旅游景点蔚然成风,成为藏族民族旅游的重要购物方式。更有甚者,出现坑蒙拐骗、强买强卖、敲诈勒索、不择手段追逐金钱的事件,这不仅损害了游客的利益,也损害了当地的名声,造成十分恶劣的社会影响,久而久之,这种经济活动中的行为规范会影响到当地居民的社会关系,而优秀的传统道德和价值观念被抛弃和遗失。

五是旅游文化浅表化的问题。旅游业发展需要一定的物质载体,旅游地的旅游设施、旅游景点、旅游景区、旅游商品、旅游活动等便是其载体。目前,甘南州旅游业开发和发展了很多新的旅游项目,但由于挖掘力度不够或文化积淀不深厚导致很多景点景区只浮于表面,旅游经营者和旅游从业人员对该旅游点文化内涵不够了解,在讲解和服务过程中不能使游客了解并理解少数民族地区的文化特色,另一方面大部分景点景区旅游者只能采取观赏游览的方式而不能参与其中,很难深刻理解旅游项目中的文化内涵。

三、旅游文化视角下的旅游产业发展模式

西北民族地区的文化有着区别于汉族文化的特殊之处,因此本章通过在旅游文化发展的相关理论基础上,构建基于文化发展的西北民族地区旅游产业发展模式,为实证研究旅游产业发展模式提供基本框架。

(一)模式的构成因素分析

旅游文化对旅游产业发展的影响是构建文化主导型旅游产业发展模式的基础,也是构建旅游产业发展模式的影响因素。从旅游产业成长的调节机制划分,旅游产业发展模式主要有政府主导型和市场主导型两种类型,本章主要以这两种模式结合旅游文化发展对旅游产业发展的影响,拟构建文化引领的政府主导型旅游产业模式。

1. 地域因素

地域对文化的影响是在文化产生的初期,特定的自然生存条件往往决定一个独立文化体系的最根本性质和前提。甘南州地处青藏高原东北边缘,处于青藏高原和黄土高原过渡地带,地势西北部高,东南部低,境内海拔 1 100～4 800 m,大部分地区在 3 000 m 以上。全州分三个自然类型区,南部为岷迭山区,群峦叠嶂,山大沟深,气候比较温和,森林面积占甘肃省的 30%,蓄积量占甘肃省的 45%;东部为丘陵山地,高寒阴湿,农林牧兼营;西北部为广阔的草甸草原,是全省主要牧区。甘南州 80% 的当地居民信奉佛教,信仰虔诚,佛教在当地盛行,佛教文化气息浓厚,形成了很多当地独有的佛教旅游景观和旅游文化。甘南州自然环境优美,桑科草原春季牛羊满山坡,冬季白雪纷飞;天然艺术大观园——则岔石林、扎尕那石林、赤壁幽谷,象形山石——睡佛望月、黄河母亲石、六字真言石等形态惟妙惟肖,造型美轮美奂。以上奇特的自然风光融入独特的高原气息,编织成许多美丽的神话故事,充满了神奇色彩,成为游人向往的人间净土和乐园。但地域对文化的影响主要在于文化产生,当文化的基本性质已经定型,形成自己的传统,并千年一脉地传承下去时,地域之于文化的意义也就越来越不明显了,尤其是现代社会科技发达,使得全球范围内地域概念变得含混不清,文化交流更加便捷,交流的影响远大于地理环境限制和分隔下自我的成熟,地域因素之于文化新质的生成已是微乎其微了。

2. 政治因素

在一个注重秩序和发展的社会中,文化发展受到政治的影响相对来说会比较大。我

国的旅游文化主要强调积极、健康、向上的游乐文化,反对迷信的、低俗的文化。一方面,甘南州是社会主义领导下的藏族自治州,坚持社会主义文化的同时还继承了本民族文化。甘南州除汉族和藏族之外,还有回族、土族、东乡族及裕固族、保安族等民族,民族成分复杂,民族文化种类繁多,内容丰富,其中既有各民族的文化精髓,也不免有些糟粕被留下,这就要求在旅游产业发展过程中要坚持吸取精华、剔除糟粕的精神。另一方面,甘南藏族自治州政府积极响应中央政府在全国范围内大力发展旅游业的号召,主动把旅游业作为支柱产业来发展,强调旅游对社会发展的促进作用。2003年甘南州州委"1522253"发展战略提出"甘南旅游业实现跨越式发展"目标,随后召开腊子口旅游经济工作会议、颁布《甘南旅游业实施跨越式发展实施意见》,2006年发布《甘南州旅游产业发展总体规划(2006~2025)》和各县市《旅游业发展总体规划》,使得甘南旅游业进入了发展的新阶段。政府对于旅游产业的大力宣传和推动,使当地旅游业和旅游文化都获得了很大发展,发展旅游业的意识已经深入人心,旅游文化已经被普通大众所接受。

3. 历史因素

甘南在夏、商、周以至春秋战国时期属古西羌地,是羌人主要发祥地和活动地区之一,羌人世代生息繁衍于此,留下了大量珍贵的遗迹、遗物。秦穆公37年(公元前623年),秦国拓地千里,今临潭、舟曲等地进入秦国版图,自西晋永嘉末年(313年),甘南为吐谷浑统辖,吐谷浑人开辟的"丝绸南路"成为中原联系西域、西藏、印度的交通要道,增进了各民族的交往。公元7世纪,松赞干布统一西藏高原建立吐蕃王朝后,吐蕃正式占领洮州,统治甘青大部分地方,至公元1073年甘南州境均归吐蕃管辖,这对开发青藏高原,发展汉藏关系贡献很大,有名的唐蕃古道就经过甘南。目前古羌人遗址、古丝绸之路、唐蕃古道等都已成为当今甘南重要的旅游景点,吸引古今中外游人前来旅游。由此可见,甘南虽然经济不发达,但旅游文化却由来已久,底蕴深厚,当地居民至今仍保留了不少古老的习俗和传统,对外来旅游者相当有吸引力。

(二) 基于旅游文化发展的甘南州旅游产业发展模式

根据前面的论述可知,目前甘南州政府主导型的旅游产业发展模式已经不能够满足其发展要求,基于旅游文化发展的甘南州旅游产业发展模式总结为:在各级政府支持下,当地群众积极参与,以当地旅游资源为基础,深度挖掘甘南藏族自治州丰富的民族文化、宗教文化、风土人情、藏医技术等旅游文化,打造自己的特色旅游品牌,开发和生产有本区特色和文化内涵的旅游产品,通过科学的方法和手段、高素质的导游和管理人才来展示本区的旅游产品,以旅游文化发展促进旅游产业发展,文化引领与政府主导兼具的旅游产业发展模式,并最终实现甘南州旅游发展的多元目标(图17-1)。

(三) 模式运行

1. 各级政府、行业组织大力支持

政府要从各个方面全力支持旅游业的发展,优化发展环境,制造发展契机,营造旅游文化氛围,增强旅游文化的感染力。具体来说包括以下几点。

① 充分挖掘本区的旅游文化及其价值。文化渗透到民族地区的方方面面,以甘南藏

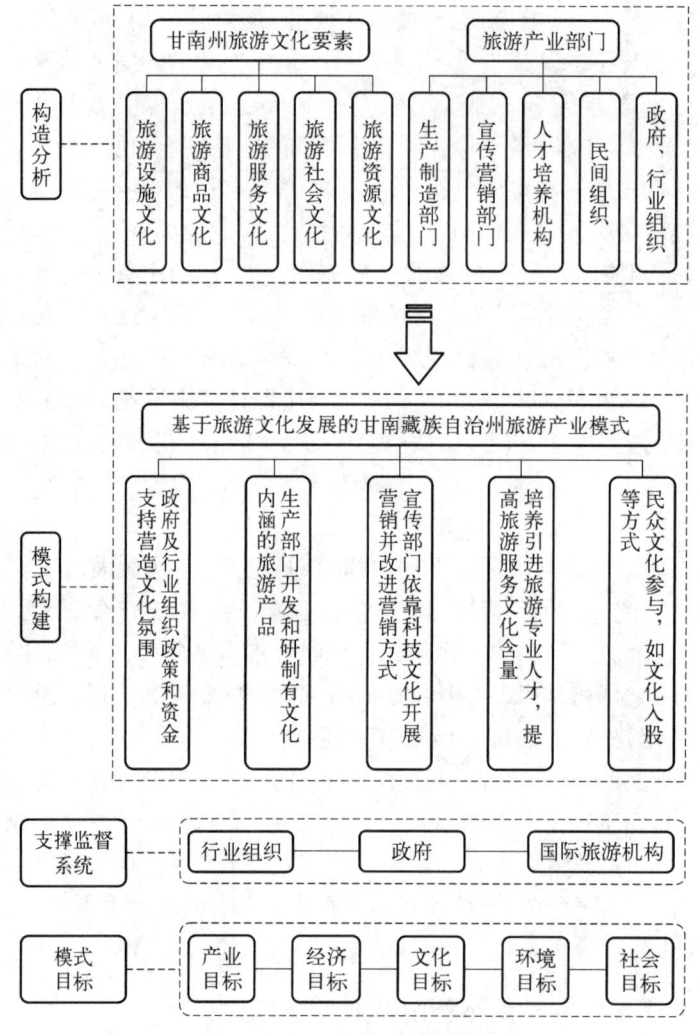

图 17-1 基于旅游文化发展的甘南州旅游产业模式

族自治州为例,当地居民对藏传佛教无比虔诚的信仰,善良热情的民族性格,独特的语言文字,别具一格的民间文学艺术,古朴、简单的民族生活方式和浓郁的民族风情,风格迥异的藏式建筑等都是藏民族文化的具体体现。但是这些对于世世代代生活在其中的藏民来说,早已习以为常,很难看出其中蕴含的旅游价值,这就要求当地政府来有组织有计划的挖掘,并在当地做宣传,使人们认识到旅游文化的价值,并积极组织和鼓励当地企业对旅游文化进行一定的设计包装,进行一系列的商业化运作,进而开展旅游活动,发展旅游产业。

② 在进行城市规划设计时充分考虑旅游文化需求。在甘南州城市规划时考虑城市建筑物与旅游环境的协调,例如在建设一些基础设施和公共设施时可赋予其一定的文化内涵,或对其外形加以特别设计,在对商业街、酒店、民居等改建或新建中,应该突出民族建筑特色。在旅游景区接待设施的建设中更应注意通过建设小木屋、踏板房、藏式帐篷等与生态环境协调又突出民族特色建筑,来营造民族建筑的文化氛围。在城镇宾馆建设时,

从材料的选用、外形设计、内部装饰或融合或自成体系的借鉴民族建筑艺术风格,强化少数民族地区文化特色,使旅游者一进入甘南、一走进甘南各县市,便能感受到浓郁的旅游文化氛围。

③ 多渠道筹集发展资金,拓宽融资渠道。在筹集发展资金方面,要积极争取国家和省级的政策性投资,增加财政拨款、银行贷款。但这并不是筹集发展资金的主要途径,要加强对旅游文化和旅游产业价值的认识,努力将这种文化和价值外显并推介给更多的外界金融机构,鼓励和引导民间和企业投资,并积极争取国际旅游企业和旅游发展机构的支持和开发管理。

④ 以旅游文化为灵魂,创建自己的旅游品牌,塑造旅游形象。旅游文化为旅游的灵魂,尤其是相对封闭的青藏高原独特的藏文化,对国内外游客的吸引力就更加强烈,同时良好的旅游形象是吸引游客的最主要驱动力之一。而目前甘南州旅游经营者对旅游产业的理解,仅为自然资源和一些表层的旅游文化,未能对其进行准确的定位。宣传是旅游文化品牌塑造的重要环节,缺少旅游者认可的品牌,旅游产业很难有效开展。目前甘南州打出的宣传口号也比较多和杂,如小香格里拉、小西藏、香巴拉、美丽甘南等,这些口号或因为容易使旅游者将其与其他旅游区混淆,或因为特色不鲜明而不能给旅游者留下深刻印象,宣传效果也不佳。因此甘南州可以通过在开放本区的旅游资源的同时,深度挖掘其内部深刻的文化内涵,准确为甘南州旅游产业定位,在宣传口号设计上应突出甘南州文化特色,避免空泛和混淆,进而创建一个适合自己的旅游品牌,塑造自己独特的旅游形象。

2. 民众参与旅游产业发展

旅游产业的发展离不开民众的参与和支持,在该模式中民众参与已经不限于以往的发展牧家乐,应更强调民众的文化参与。众所周知,甘南州民众大部分都能歌善舞,热情豪放,因此可以发展一种以农户为主体的股份制旅游经营企业。这种企业农户所入的股份不是资金,而是自己的某种技术或文化,如群众通过自己的某种制造或生产技能入股,然后再表演给旅游者看;亦可以是自己能歌善舞的特性,如会唱歌的农户以自己唱歌的才能入股,会舞蹈的农户以自己的舞蹈天赋入股,能够弹奏的农户以自己演奏乐曲的本领入股,如此等等。民众可以通过组成这样的民间旅游文化企业参与到旅游产业发展中来。

3. 开发和生产有文化内涵的旅游产品

开发特色旅游景点、景区和旅游线路,多层次、多角度挖掘并丰富旅游景观的文化积淀。随着人们对旅游要求的不断提高,如今人们出去旅游已经不满足于只是单纯的欣赏或者游玩,而是想要了解其内涵和文化传承,因此在开发和拓展新的旅游项目时,就要挖掘并丰富旅游景观的文化内涵。充实旅游景观的文化内涵必须从经典构思、旅游景点组合及经营等各方面进行,旅游产品开发和经营者必须有对特定资源文化内涵的深层解读能力,并将其以适当的方式展现在旅游者面前。旅游景观的文化内容丰富,既有外在的直观的表现形式,也有内在的深刻的思想内涵。对旅游者群体而言其文化层次和品味不尽相同,为了使每一位旅游者都能获得自己满意的旅游效果,对旅游景观文化也需要多层次、多角度的开发。以拉卜楞寺的宗教旅游为例,如果能在游览藏传佛教寺院的基础上开发出藏医服务、宗教特色饮食、宗教服饰演出、宗教法器、乐器展、宗教音乐、舞蹈表演等旅游活动内容,形成全方位、多角度的藏传佛教文化的展示平台,这样不仅可以加深旅游者对藏传佛教的理解,而且延长了旅游者在拉卜楞寺停留的时间,拓宽了旅游收入渠道,提高了旅游经济效益。开发不同体验内容的旅游产品,如大力培育黄河首曲观光游、卓格岭地文化游、游牧生活体验游、湿地草原生态游、艰难草地体验游、藏家至纯风情游等旅游产品,强调其文化内涵和品位。

设计生产有地方特色的旅游纪念品。纵观目前甘南州旅游纪念品市场,充斥市场的大部分都是粗制滥造、毫无特色、缺乏文化内涵、其他任何地方都能买到的劣质产品,而实际上甘南州可开发利用的特色旅游纪念品众多。甘南州是我国重要的藏药产地,该区所产的冬虫夏草、黄芪、党参、枸杞、蕨麻等品质好,档次高,这些名贵药材是甘南州独有的品种,可以制成各种保健产品、土特产品等;甘南州民间工艺水平高超,如文明天下的洮砚以其石色碧绿、雅丽珍奇、质坚而细、莹润如玉、叩之无声、呵之可出水珠、发墨快而不损耗、储墨久而不涸、用之得心应手等特点享誉海内外,故有"洮州石贵双赵璧,端州歙砚无此色"之美誉。同时,洮砚在造型上,继承了传统的透雕、浮雕技法,并在此基础上大胆创意和发展,有极高的收藏价值、使用价值和艺术欣赏价值。因此可以着力开发洮砚,提高甘南知名度,增加旅游收入。此外甘南州各式藏族小吃、服饰亦可开发成旅游纪念品。这些旅游纪念品不仅富有特色,文化底蕴亦很深厚,是甘南州旅游业发展不可或缺的部分。

4. 运用先进科学技术提升旅游产业发展品质

采用先进的科学手段和方法展示甘南州旅游资源。甘南州尽管拥有许多品位高、价值大的旅游资源,但是由于没有采用或者缺少现代化的技术和手段,很多旅游文化内涵都没有得到充分展示。旅游者要想在较短的时间内对其获得比较全面的了解,除了现场的参观游览外,还需要有一定的文字和音像资料的辅助。特别是对那些文化价值高、出于对文物保护的考虑对一般旅游者不开放的景点,或是只有在特定的时间举行的隆重宗教仪式和庆典等,最好能够提供影视资料,并开设一个专门的播放场所供旅游者观看。随着旅游促销活动的不断开展,旅游市场的不断开拓,一些旅游景点、景区在海外的影响力不断增强,国际旅游者数量逐渐增多,因此应该注意为海外旅游者提供多种语言的景点、景区的介绍资料,比如中英文对照资料,中、日、中韩文对照资料等。

旅游专业人才的培养和引进。甘南州旅游业起步晚,从业人员素质普遍较低,高层次的旅游管理经营人员严重匮乏。首先,应尽快建立旅游培训基地,为甘南州培训一批既懂旅游专业知识、又了解甘南州本土文化,有一定实际操作技能的旅游人才。对从业人员素质的培训,应从对现有从业人员进行培训开始,并选送一批有培养前途的人员到外地系统学习旅游专业,掌握现代旅游的管理经验和方法,要求导游人员谙熟有关自然史料、人文史料、民风民俗、神话故事、民间传说等,还要具备汉、英、藏三种语言表达能力;其次,应根据旅游项目需要,突破地域限制,不拘一格引进专业技术人才;再次,与高校和科研部门合作,办成旅游教育科研基地,利用高校与科研部门的优势,提高地方从业人员的整体素质,从而增强对旅游资源和旅游景点策划、开发、营销和管理的科学性。

5. 多种营销方式

网络是游客进行旅游认知、获取第一手出游资料的最重要的途径之一,因此对于旅游业发展蒸蒸日上的甘南州来说建设专门的营销网站则显得举足轻重。在专门营销网站中将甘南州旅游资源的概况,自然风光、民族文化风情、宗教信仰、品牌特色旅游资源、精品旅游线路等一一加以介绍,使得游客能及时全面的了解甘南州,从而使其产生出游的兴趣,此外在旅游网站的建设中要将甘南州旅游接待设施(宾馆饭店、旅行社等)的基本情况做详细介绍,以便于游客能够合理的安排自己的行程,同时便于旅游企业为游客提供更优质的服务。

旅游节庆和会展以其巨大的影响力和轰动效应,能引起社会的极大关注,举办旅游节是重要的旅游文化传播手段。通过举办旅游节和相关会展,展示整个甘南州的旅游形象,扩大知名度和美誉度,强化旅游者的认知度。城市以其雄厚的经济实力和巨大的影响力在举办旅游节和会展旅游方面具有巨大的优势,甘南州应根据当地的需要,抓住机遇,适时举办各种旅游节和旅游文化交流会,宣传本地的旅游文化。

(四) 模式运行目标

1. 产业目标

根据政府挖掘到的甘南州旅游产业文化属性,经旅游产品开发部门设计,将生态科考探险旅游、宗教文化旅游、民俗风情旅游作为甘南旅游的三大主题产品;旅游产品的品牌目标定位以"藏民俗文化游"和"生态休闲游"作为核心内容和标志性主题,形成高原生态科考探险旅游、藏传佛教文化旅游、藏民俗风情体验旅游三大旅游精品品牌,使"九色甘南香巴拉"的旅游形象在国内外旅游市场具有较高的知名度和美誉度;将合作市建成"中国优秀旅游城市",夏河县、临潭县分别实现"旅游强县"、"旅游示范县";形成"一心(合作市旅客集散中心)、三轴(宗教文化旅游主干发展轴、民俗风情旅游发展轴、草原峡谷观光旅游发展轴)、四区(藏传佛教区、黄河生态区、民俗风情区、绿色峡谷区)"的旅游空间发展格局;各景区星级宾馆数量有较大提升,服务水平和接待能力进一步增强,使全州旅游综合收入和游客人数较目前发展模式有较大幅度增加,为旅游产业创造更大效益,从而确立旅游业在甘南州国民经济发展中的战略性支柱产业的地位。

2. 经济目标

通过开发新的旅游产品,增加新的旅游线路,通过运用多种现代营销手段提高甘南州旅游产品在全国的知名度与市场份额,在巩固甘肃、青海、四川、陕西、宁夏等近程主导客源市场的基础上,将环渤海、长三角、珠三角等经济发展水平较高的远程市场作为主攻目标,使甘南州成为我国藏区旅游的热点地区,进而不断拓展国际旅游业市场,吸引更多游客,从而增加甘南州旅游综合收入,提高旅游业收入对GDP的贡献率。通过人才的培养,积极发挥旅游业在就业、扶贫和城乡统筹中的重要作用,使全州旅游产业总就业人数有较大水平提高。通过农户文化入股增加农村居民参与旅游业的途径,建立乡村旅游点和旅游扶贫示范区,通过发展旅游业显著提高农民收入,带动乡村走上稳定致富的道路。最终实现整个甘南州经济发展水平提高、人民生活富裕的发展目标。

3. 文化目标

依托政府和当地居民对甘南州旅游文化的挖掘,在全社会营造积极的旅游文化氛围,鼓励群众自觉学习和保护当地旅游文化,开展文化旅游和旅游文化活动,实现旅游文化的传承和创新。以对旅游文化的学习为突破点,让当地人民了解民族文化,增强民族自信心和自尊心,进而开展文化学习,不仅学习理论知识,还要学习实践知识,提高当地居民的文化水平,增强民族自立自强能力。在了解和传承了本地区文化的基础上,在保持当地文化独创性和多元性的基础上,学习和理解、包容其他地方的文化,进而实现甘南州旅游文化层次和社会文化水平的共同提高。

4. 环境目标

环境方面以建设国家级高原特色生态旅游示范区为目标,使全州旅游区(点)的生态环境面貌得到明显改善,确保全州旅游区(点)生态环境质量达标率为100%。在创建国家级生态旅游示范区的基础上,建设若干以旅游项目生态化、旅游设施生态化、旅游服务生态化为特色的高标准生态旅游区(点),进而全面改善甘南州生态环境脆弱的现状。一方面通过大力发展生态旅游,使更多人加入到旅游行业或因为旅游行业新产生的行业中,改变以往的产业结构,实现旅游第三产业的大发展,减少第一、第二产业对环境的破坏。另一方面通过发展旅游业使人们认识到环境保护的重要性,改变人们对环境的传统观念,树立保护环境的意识,在平时生产生活中自觉保护环境。

5. 社会目标

积极发挥旅游业在甘南州经济、文化、环境等方面的作用,实现社会全面发展。旅游业在就业、扶贫中作用重大,通过发展旅游业显著提高当地居民收入,带动乡村走上稳定致富道路。通过城乡旅游业的互动发展改变城乡二元结构,初步形成城乡统筹发展的良好局面。发展旅游文化,增强民族自信心和自尊心,实现全体居民文化水平的提高,依靠本地区的力量推动甘南州社会进步。

这五个目标之间层次是不同的,最低层次的目标是旅游产业发展,最高层次的目标是社会发展。但各个目标却又是同时发展的,产业目标的实现离不开经济、社会、文化目标的实现,文化目标的实现也离不开其他目标的达成。

四、本章小结

本章在前人研究的基础上,阐述了旅游文化的内涵和影响因素,旅游产业的内涵,旅游产业发展模式的内涵、类型和优缺点。以甘肃省甘南藏族自治州为例,对其旅游文化现状以及旅游产业发展现状进行了分析,总结了甘南藏族自治州旅游产业现状形成的原因,并对旅游文化在旅游产业发展中的贡献做出了相应的评价。提出了文化引领与政府主导相结合的旅游产业模式,主要包括模式构造分析层、模式构建层、模式支撑层和模式目标层。在构造分析层,将旅游产业发展部门与旅游文化诸要素相结合;在模式构建层,构建了一个包括政府、行业组织、生产部门、营销部门、人力资源部门、科技部门、民间组织在内的,以旅游文化为灵魂的新型发展模式;在模式支撑层,以行业组织、政府、国际旅游机构为支撑监督系统;在模式目标层,构建旅游业发展、文化进步、经济发展、环境改善、社会进步等多元目标。在此基础上,为甘南州旅游业今后的发展提出相应的建议和具体措施:① 各级政府、行业组织积极支持;② 当地群众以经济方式参与,还可以以文化入股;③ 以当地旅游资源为基础,深度挖掘甘南藏族自治州丰富的民族文化、宗教文化、风土人情、藏医技术等旅游文化;④ 打造自己的特色旅游品牌;⑤ 开发和生产特色鲜明和文化内涵丰富的旅游产品;⑥ 通过科学的方法和手段、高素质的导游和管理人才来开发并展示本区旅游产品。

影响研究篇

第十八章 西北民族地区旅游业发展与经济增长的关系研究

一、模型设定与变量选取

丝绸之路是我国通向欧洲最早的交通大动脉,是一条历经了两千多年的商贸文化交流之路,也是世界上最早且最长的一条陆上通道。它东起西安,经甘肃至新疆,翻越帕米尔高原,贯穿中亚大陆各国之后,一直延伸到欧洲各国。甘肃省位于古丝绸之路的黄金路段,它是境内丝绸之路跨域最长的一个省份,共有约 1 555 km,占总长度的 38%[①]。古丝绸之路的辉煌历史,在甘肃段沿线留下了极其丰富的自然和人文旅游资源。本章以丝绸之路为背景旨在研究甘肃省旅游业发展与经济增长的关系,目前关于旅游业与经济增长关系的研究,国内外众多学者依据自己考察侧重点的不同用不同的评价指标对旅游经济作了各种理论与实践上的探讨。国外相关学者如 Khan 等得出了旅游业发展对整个国民经济增长有正向促进作用的结论[②]。Balaguer(2002)利用西班牙 1975~1997 年数据研究发现旅游业发展与经济增长之间存在着长期均衡关系,并通过 Grange 因果关系检验得出旅游经济发展对总体经济增长具有单向影响的结论,从而支持其提出的旅游主导型经济增长假说[③]。但 Chi-Ok Oh(2005)对 Balaguer 的上述观点提出了质疑,他研究指出韩国的旅游业发展与经济增长之间并不存在长期的均衡关系[④]。在国内,杨敏(2008)基于协整理论研究了新疆地区的旅游业发展与经济增长之间的关系[⑤]。杨勇(2006)在对我国旅游消费支出与经济发展的时间序列数据进行协整检验后却发现,中国旅游消费支出与经济增长之间并不存在长期均衡关系,将滞后期扩展为 4 时,中国国内旅游消费与经济增长之间互为因果关系[⑥]。目前,关于甘肃省旅游业发展与经济增长关系的文献大多基于定性分析,注重了旅游业发展对经济增长的促进作用,而忽视了经济增长对旅游业的刺激效应。因此,正确认识和评价甘肃省旅游业与经济增长的定量关系对丝绸之路所涵盖的其

---

① 赵剑夫.21 世纪甘肃旅游发展战略[M].甘肃:甘肃人民出版社,2000:98.
② Khan R. The multiplier effect:Singapore's hospitality industry [J]. Cornell Hotel and Restaurant Administration Quarterly,1995,(36):64-69.
③ Balaguer J, Cantavella J. Tourism as a long-run economic growth factor:the Spanish casel applied economics,2002,(6):877-884.
④ Chi-Ok Oh. The contribution of tourism development to economic growth in the Korean economy [J]. Tourism Management,2005,(26):39-44.
⑤ 杨敏.新疆旅游业与经济增长关系浅析——基于协整分析和 Granger 因果检验[J]干旱区资源与环境,2009,(4):160-164.
⑥ 杨勇.旅游业与我国经济增长关系的实证分析[J].旅游科学,2006,20(2):41-45.

他区域的旅游业发展具有重要的参考价值。

本章选择向量自回归模型(VAR)进行实证分析,考察甘肃省旅游业发展与经济增长间的动态关系。VAR 模型是非结构化的向量自回归模型,用于多变量时间序列系统的预测和描述随机扰动对变量系统的动态影响,VAR 模型可表示为

$$y_t = A_1 y_{t-1} + \cdots + A_p y_{t-p} + B_1 x_t + \cdots + B_r x_{t-r} + \varepsilon_t \tag{18-1}$$

式中,y_t 是 m 维内生变量向量;x_t 是 d 维外生变量向量;$A_1 \cdots A_p$ 和 $B_1 \cdots B_r$ 是待估参数矩阵,内生变量和外生变量分别有 p 和 r 阶滞后期;ε_t 是随机扰动项。当变量间存在协整关系时,可建立向量误差修正模型(VECM)来研究变量间的因果关系和短期动态均衡关系。本章选取甘肃省旅游总收入(TTR)和地区生产总值(GDP)分别作为甘肃省旅游业发展和经济增长的基本指标。数据来源于 1994～2012 年《甘肃省统计年鉴》,鉴于可比较性,采用 GDP 平减指数作为通胀率对上述指标数据进行处理,以得到它们的实际值。由于对各序列数据取其对数并不改变其动态关系且能消除异方差,所以对以不变价表示的 TTR 和 GDP 分别取自然对数,把对 TTR 和 GDP 关系的研究转换为对 LTTR 和 LGDP 的研究,并以 Eviews7.0 为分析工具。

二、实证分析

(一) 时间序列的平稳性检验

经济分析中所涉及的大多数时间序列数据是非平稳的,若直接对这些数据进行回归分析将产生"伪回归"问题,这样使得回归模型的估计结果没有意义。在做进一步分析前,必须检验时间序列的平稳性,单位根检验是时序平稳性的一种正式检验方法,序列 LTTR 和 LGDP 随时间变化的特征如图 18-1、图 18-2 所示。

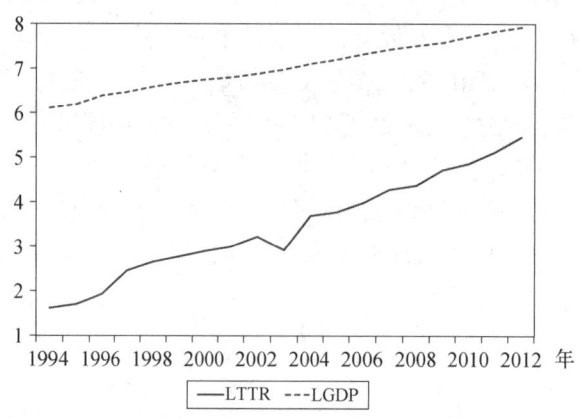

图 18-1 序列 LGDP 和 LTTR 的趋势图

本章运用 Dickey 和 Fuller 的增广单位根(ADF)检验各变量的平稳性,若一个时间序列在 0 均值上下波动,则在检验类型中选择不包含常数项和时间趋势的检验方程;若序列没有时间趋势,且具有非 0 均值,则应选择有常数项的检验方程;若序列随时间变化有上

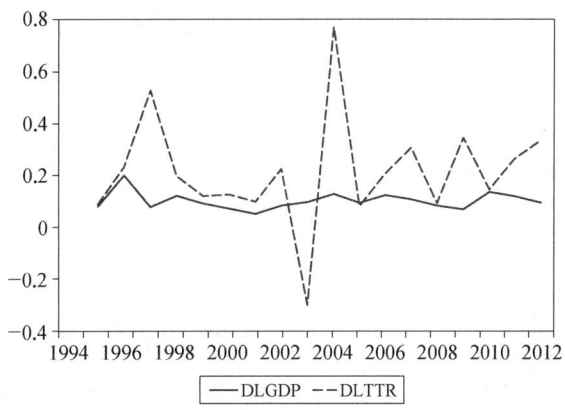

图 18-2　LGDP 和 LTTR 的序列差分趋势

升或下降趋势,那么应选取既包括常数项也包括时间趋势的检验方程。根据上面的 LGDP、LTTR、DLGDP、DLTTR 的时序图,可以确定它们各自的检验类型,甘肃省 GDP 和 TTR 的 ADF 检验结果如表 18-1 所示。

表 18-1　时间序列的 ADF 检验结果

检验对象	检验类型(C T K)	ADF 值	不同显著性水平的临界值			结论
			1%	5%	10%	
LGDP	(1 1 2)	−2.299 9	−4.571 5	−3.690 8	−3.286 9	不平稳
DLGDP	(1 0 2)	−4.532 5	−3.886 7	−3.052 1	−2.666 5	平稳
LTTR	(1 1 2)	−3.122 3	−4.571 5	−3.690 8	−3.286 9	不平稳
DLTTR	(1 0 2)	−6.597 9	−3.886 7	−3.052 1	−2.666 5	平稳

注:变量前加 D 表示一阶差分,检验类型(C T K)中 C 为 0 表示不带有常数项,为 1 表示带有常数项;T 为 0 表示不带有趋势项,为 1 表示带有趋势项;K 值表示滞后阶数。

从表 18-1 的检验结果来看,LGDP 和 LTTR 的 ADF 值均大于显著性水平为 10% 的临界值,表明序列不平稳;对 LGDP 和 LTTR 进行一阶差分,由检验结果可以看出这两个序列经过一阶差分后在 1% 的显著性水平下是平稳的,符合 VAR 模型对序列平稳性的要求。

(二)协整检验

由于 LGDP 和 LTTR 均是单整序列,满足进行协整检验的前提条件,根据 Johansen 迹检验法和最大特征值检验法检验两个变量之间的协整关系,选择趋势假设为有截距、无趋势项,显著性水平为 5%,协整检验的结果如表 18-2 所示。

表 18-2　Johansen 检验结果

协整方程个数假设	特征值	迹统计量(P 值)	特征值	最大特征值统计量(P 值)
0 个协整向量	0.653 272	19.165 84(0.013 3)	0.653 272	19.065 89(0.008 1)
至少 1 个协整向量	0.005 538	0.099 954(0.751 9)	0.005 538	0.005 538(0.751 9)

表 18-2 显示 Johansen 最大特征检验和迹检验结果均表明在 5% 显著水平下两个向量之间存在一个协整关系。经标准化的协整向量(LGDP　LTTR)为:(1.000 00 −

0.479 65），于是得到甘肃省旅游业收入与其经济增长之间的长期均衡方程式

$$LGDP = 0.479\,650 LTTR \quad (18-2)$$

表明甘肃省在 1994~2012 年经济增长与其旅游业总收入之间存在一种长期稳定的均衡关系。由于方程两边取的是对数形式，故它表示在长期中甘肃省经济增长与旅游总收入之间的弹性关系，即甘肃旅游总收入每增加 1 个百分点，其经济增长约 0.48 个百分点。

（三）格兰杰检验

协整检验只是说明了变量之间的长期均衡关系，要证明变量之间是否存在确定性的相互关系还需要通过 Granger 因果检验来判断。下面运用 Granger 因果检验判断甘肃省旅游业总收入与经济增长之间的因果关系，检验结果如表 18-3 所示。

表 18-3 LTTR 与 LGDP 的 Granger 因果关系检验结果

滞后阶数	零假设：H_0	观测值	F 统计量	P 值	结论
1	LTTR does not Granger Cause LGDP	18	0.110 76	0.743 9	接受
	LGDP does not Granger Cause LTTR		27.884 6	9.E-05	拒绝
2	LTTR does not Granger Cause LGDP	17	0.090 88	0.913 7	接受
	LGDP does not Granger Cause LTTR		7.175 73	0.008 9	拒绝
3	LTTR does not Granger Cause LGDP	16	0.733 51	0.557 8	接受
	LGDP does not Granger Cause LTTR		5.938 32	0.016 2	拒绝

由表 18-3 可以看出，当模型滞后阶数取 1、2 和 3 时，根据 F 统计量的伴随概率 P 值可以看出：在 5% 的显著水平下，LGDP 是 LTTR 的 Granger 原因，但 LTTR 不是 LGDP 的 Granger 原因。说明甘肃省经济的增长对其旅游业的发展具有促进作用，而旅游业的发展对经济增长的影响并不显著。

（四）VAR 模型估计

滞后阶数 P 的选取通常可以借助序列间的互相关函数进行，若选取的 P 值过大，模型待估的参数将增多，自由度减少，在没有足够样本观测数目时，可能导致模型参数不能得到正确有效的估计。本章利用 AIC、SC、LR、FPE、HQ 五个指标进行阶数的选取，根据表 18-4 中这五个指标的估计值及检验结果可知，这 5 个指标选取的滞后阶数均为 1。

表 18-4 VAR 模型滞后阶数的选取

Lag	LogL	LR	FPE	AIC	SC	HQ
0	0.705 17	—	0.004 076	0.172 644	0.267 050	0.171 63
1	44.851 2	70.633 7*	1.95e-05*	-5.180 17*	-4.896 95*	-5.183 18*
2	45.028 1	0.235 77	3.39e-05	-4.670 41	-4.198 38	-4.675 44
3	49.391 8	4.654 60	3.58e-05	-4.718 90	-4.058 06	-4.725 94
4	56.364 2	5.577 98	2.99e-05	-5.115 23	-4.265 57	-5.124 28

注：* 表示由相应准则确定的滞后阶数。

所以考虑建立如下两变量 VAR(1)模型：

$$LGDP_t = \beta_{11} LGDP_{t-1} + \beta_{12} LTTR_{t-1} + \varepsilon_{1,t}; \quad (18-3)$$

$$LTTR_t = \beta_{21} LTTR_{t-1} + LGDP_{t-1} + \varepsilon_{2,t}. \quad (18-4)$$

通过对 VAR 模型的平稳性检验,结果显示所有特征多项式的倒数根都小于1,都位于单位圆内,表明 VAR 模型平稳。模型的回归结果如下：

$$LNY_t = \begin{bmatrix} 1.039\,288 & -0.021\,144 \\ 2.674\,236 & -0.283\,772 \end{bmatrix} \times LNY_{t-1} + \begin{bmatrix} -0.102\,635 \\ -14.168\,30 \end{bmatrix} \quad (18-5)$$

其中,$LNY = [LGDP \quad LTTR]^T$。

(五) 脉冲分析

脉冲响应函数是度量 VAR 模型系统中每个内生变量对它自身及所有其他内生变量变化的反应。这个变化是指某个内生变量受到一个干扰或冲击,也就是其误差即信息发生变动,而反应是指误差变动对自身的影响和对其他内生变量的影响,即如何在模型系统内传递。脉冲响应函数可以刻画这些影响的轨迹,显示任意一个变量的扰动是如何通过模型影响所有其他变量的,最终又反馈到本身的过程。

基于式(18-5)建立的 VAR(1)模型,其脉冲响应函数的轨迹可用图18-3、图18-4反映,横轴为选择的最大滞后阶数(设为12),纵轴代表解释变量对因变量的影响程度。

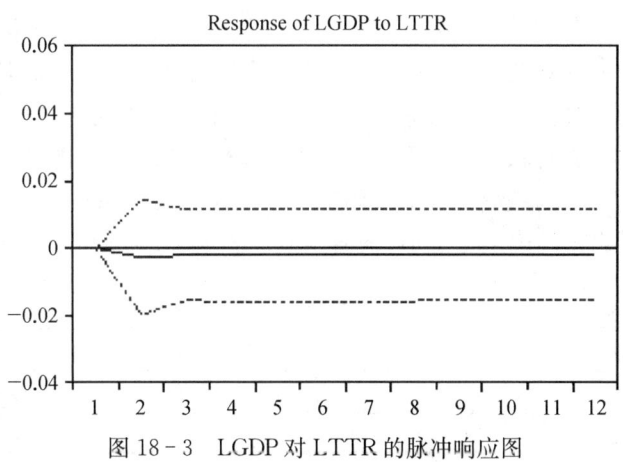

图18-3 LGDP 对 LTTR 的脉冲响应图

图18-3表明甘肃省旅游总收入的一个波动对其生产总值的影响从滞后一期开始几乎没有,随着时间的推移,这种趋势一直存在并趋于平稳。这种结果与一些学者关于东部地区以至于全国的分析结果明显不同,主要原因是甘肃省旅游资源虽然丰富,但旅游业发展程度并不高。因此,要加大对本省旅游业的发展投入,使现有旅游资源的经济效应得到合理的发挥。图18-4表明甘肃省国内生产总值的一个扰动对其旅游总收入有一个较大的正向影响,这种影响从滞后一期开始增大,到滞后两期时达到最大,随后这种影响一直为正,这表明甘肃省旅游总收入与其国内生产总值之间存在长期密切的关系,随着甘肃省

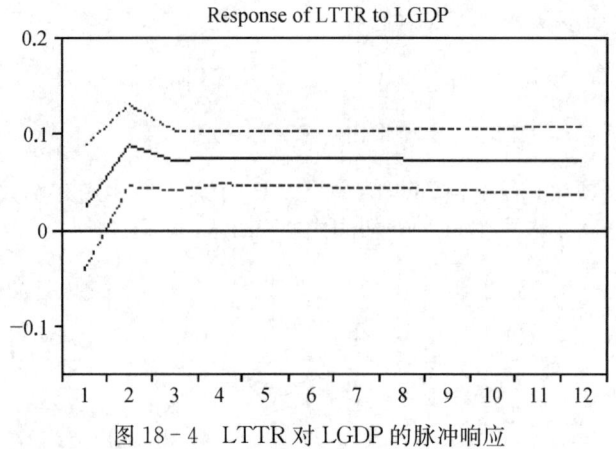

图 18-4 LTTR 对 LGDP 的脉冲响应

国内生产总值的增长,其旅游业总收入上升,即甘肃省经济的发展对其旅游业发展具有稳定的推动作用。

(六) 方差分解

方程差分解是考察与分析预测误差的方差构成,其目的在于研究模型的动态特征,即在预测误差的方差中,把系统中每个内生变量的波动按其成因分解为与各方程信息相关联的多个组成部分,从而了解各信息对模型内生变量的相对重要性。

序列预测误差方差的分解结果见表 18-5,其结果表明:首先,在对甘肃省国内生产总值的预测中,第一期预测值的误差全部来源于其自身,随着时间的延长,来源自身的影响比重只有极少部分的降低,预测误差中来源于其旅游总收入的比重从第二期开始有小幅度的增加,但一直保持在 0.38% 左右。在 LGDP 序列预测误差的方差分解中,只有很少的比例来自甘肃省旅游总收入的影响,说明甘肃省旅游业收入的变动对经济的影响很有限。其次,在对甘肃省旅游总收入的预测中,第一期预测值的误差有 97% 来自旅游总收入,3% 来自于甘肃省国内生产总值,随着预测期的延长,对预测误差方差的影响越来越

表 18-5 各序列预测误差的方差分解

预测期	LGDP 序列预测误差的方差分解			LTTR 序列预测误差的方差分解		
	S.E.	LGDP	LTTR	S.E.	LGDP	LTTR
1	0.035 4	100	0	0.136 7	2.930 4	97.069
2	0.050 9	99.686	0.313 2	0.167 2	29.826	70.173
3	0.062 3	99.672	0.327 8	0.182 1	40.859	59.140
4	0.071 9	99.651	0.348 8	0.197 3	49.498	50.501
5	0.080 3	99.641	0.358 7	0.210 9	55.754	44.245
6	0.087 8	99.634	0.365 7	0.223 7	60.599	39.412
7	0.094 7	99.629	0.370 7	0.235 6	64.442	35.557
8	0.101	99.625	0.374 4	0.246 8	67.568	32.431
9	0.106 9	99.622	0.377 2	0.257 4	70.159	29.84
10	0.112 4	99.62	0.379 5	0.267 5	72.343	27.656

多的来自于甘肃省国内生产总值,其比例从第二期的30%增加到第十期的72%。同时,预测误差的方差越来越少的部分来自于旅游总收入自身,其比重第一期开始下降,到预测10期时,已经下降到了28%左右,由此可见,随着时间的推移甘肃省旅游业的发展对自身的推动作用越来越小,而经济增长的变动对旅游业发展所形成的影响随着时间的推移变得越来越强。

(七) 向量误差修正模型

向量误差修正模型(vector error correction model,VECM)是包含协整约束条件的VAR模型,它应用于具有协整关系的非平稳时间序列建模,基于模型(18-5)建立向量误差修正模型(VECM),其估计结果的矩阵形式如下:

$$\Delta LY_t = \begin{bmatrix} -0.185\,868 & 0.001\,509 \\ 0.384\,358 & 0.068\,754 \end{bmatrix} \times \Delta LY_{t-1} \\ + \begin{bmatrix} 0.632\,34 \\ 2.751\,300 \end{bmatrix} \times \text{vecm}_{t-1} + \begin{bmatrix} 0.120\,841 \\ 0.168\,104 \end{bmatrix} \quad (18-6)$$

其中,$LY = [LGDP \quad LTTR]^T$。该模型反映了甘肃省经济增长与旅游业发展的短期波动与长期均衡关系,协整方程估计结果为

$$\text{vecm}_{t-1} = LGDP_{t-1} - 0.480\,785 LTTR_{t-1} - 5.377\,761 \quad (18-7)$$

序列vecm反映了两个时间变量之间的某种长期均衡关系,对vecm做单位根检验,发现它已经是平稳序列,且取值在0附近上下波动,验证了上面的协整关系是正确的。从vecm系数矩阵$D(LGDP)$的调整系数为0.063 234来看,该误差修正项系数为正,符合正向修正机制,其绝对值的大小反映了对偏离长期均衡时的调整力度,即当甘肃省国内生产总值在短期偏离长期均衡时,那么在下一期系统将以0.63的调整力度使其从非均衡状态回到均衡状态。

三、本章小结

由协整分析可以看出,尽管甘肃省旅游业总收入、经济增长均为非平稳时间序列,但这两者在长期情况下存在着稳定的协整关系,即甘肃省旅游总收入每增长1个百分点,其经济增长约0.48个百分点。因此,在提高甘肃省经济增长的过程中,必须科学制定长远的战略决策与长效机制,避免急功近利,从长远的角度出发,在推动经济发展的同时,要注重对本省旅游资源的整合和对旅游业的合理规划,使经济增长与其旅游业的发展相互适应。

Granger因果检验结果表明,不管是短期还是长期,都存在着甘肃省经济增长到旅游业发展的单向因果关系,即甘肃省经济增长对其旅游业的发展具有推动作用。相反,其旅游业的发展对甘肃经济增长的影响并不明显,说明甘肃省旅游资源虽然丰富,但其旅游业的发展还处在初始阶段。所以,甘肃省在发展其旅游业的过程中需提高旅游资源的开发

水平,加强营销宣传力度,增加交通运输及住宿等基础设施投入,加大对旅游融资、人才培养等方面的扶持力度,将旅游业培育成该省新的经济增长点。

从脉冲响应和方差分解的分析结果来看,甘肃省经济增长对其旅游业发展具有正向效应,但反过来旅游业发展对其经济增长的促进效应尚不明显。所以,甘肃省旅游业的发展应以经济发展为基层,把握经济建设这一中心不动摇,大力推动经济的发展,为旅游业的发展营造良好的物质环境,以保证经济增长对旅游业的发展具有持久的拉动作用。

从向量误差修正模型来看,当甘肃省国内生产总值在某时期偏离长期均衡时,那么在下一期这种偏离将得到 0.63 的修正,使其从非均衡状态回到均衡状态。因而,甘肃省在推动其经济增长与旅游业发展的过程中要注重两者的长期关系,在保证本省经济可持续发展的同时,稳步推进旅游业的发展,实现经济增长与旅游业之间的相互推动、协调发展。

第十九章 西北民族地区社区参与式旅游扶贫机制研究：以甘南藏族自治州为例

中国是世界上最大的发展中国家，目前还有 1.5 亿人生活在贫困线以下，占世界贫困人口的 12%[①]。民族地区，特别是少数民族聚居区，大多位于边疆或西部地区，属于经济欠发达的贫困地区。民族地区的贫困问题不仅关系到农民的生存与发展，而且影响到整个社会的稳定与和谐，关系着现代化事业的成败，是中国经济进一步发展需要迫切解决的问题。中国传统的农村扶贫开发主要涉及农业生产活动，但经过三十多年的发展，农民增收的空间已经十分狭窄，通过发展传统农业减缓或消除贫困的效果已不再明显[②]。这就需要进行新的扶贫（反贫困）方式的探索。

一、社区参与式旅游扶贫优势

从当前贫困地区发展旅游业的实际情况看，一些地方虽然旅游业兴起，整个地区也很富足，但最贫困人口并没有充分享受到旅游开发所带来的利益，经济状况也没有得到根本改善。显然，这种状况与旅游扶贫的初衷相背离。笔者认为，不能把旅游扶贫简单地等同于旅游开发，贫困人口如何在旅游发展中获益和增加发展机会应该是旅游扶贫的核心问题。正如周歆红所强调的那样，"本地参与、真正让利于民"的原则才是旅游扶贫的根本[③]。郑群明、钟林生也认为，贫困地区旅游开发有多种模式可以选择，但注重社区和居民参与的开发模式是最佳选择，也是成功的旅游扶贫模式的核心[④]。可以说，注重社区参与、由倡导扶业向倡导扶人转变的模式是旅游扶贫研究的一大转折点，代表了旅游扶贫未来研究的方向。

旅游扶贫的资源基础是乡村旅游资源。社区参与乡村旅游是指乡村旅游目的地的社区居民以其自有的各种生产要素（经济资源）进入到旅游决策与执行体系，广泛从事各类旅游活动，以此获得利益分配，同时促进环境保护和社区全面发展。社区参与式旅游开发扶贫不是借助于单纯的救济来脱贫的"输血"式扶贫，而是一种"造血"式扶贫，是在更大范围内和更高层次上依赖于贫困地区寻求自我发展的一种扶贫模式。社区参与式旅游开发与传统的乡村旅游开发相比，具有明显的参与性强、适用面广、示范性强、效益的长期性和发展的可持续性强等优势。

[①] 杨华云.中国政府扶贫十年投两千亿[N].新京报,2011-11-17.
[②] 王颖.中国农村贫困地区旅游扶贫 PPT 战略研究[D].上海：上海社会科学院,2006.
[③] 周歆红.关注旅游扶贫的核心问题[J].旅游学刊,2002,17(1)：17-21.
[④] 郑群明,钟林生.参与式乡村旅游开发模式探讨[J].旅游学刊,2004,19(4)：33-37.

二、经济社会贫困与旅游发展现状

为了全面了解甘南藏族自治州贫困社区旅游开发的扶贫效应,2011 年 7 月中旬,笔者对甘南藏族自治州夏河县及临潭冶力关镇的居民进行了实地调研,调查采取问卷与访谈相结合的方式进行。调查涉及甘南藏族自治州著名景区社区居民参与旅游开发的意向及方式、景区周边居民对旅游扶贫效应的感知情况等。此次调查共发放问卷 300 份,收回有效问卷 281 份,有效率为 93.6%。对问卷的相关性分析得出信度为 0.697,达到 0.01 的显著性水平。调查采用随机抽样的方法,保证了分析结论的可靠性。被调查者的人口统计学特征表现为:以男性为主,占被调查者的 65.2%;年龄以 23~47 岁为主,比率为 71%;在受教育程度方面,以高中及以下为主,比率为 61.1%,其中农牧民占 66%。这在一定程度上反映了当地为少数民族聚居区、长期封闭及人口素质偏低的实际状况。

(一) 经济社会贫困现状

1. 自然环境严酷,经济社会发展落后

甘南藏族自治州海拔约为 1 200~4 800 m,气候寒冷、寒流、强降温和冰雪灾害经常发生,牧业基础建设薄弱,经营管理粗放,草场保护建设严重滞后,冰雹、霜冻、干旱、泥石流等自然灾害频繁,生产、生活成本高,因灾致贫问题严重。当地财政主要依靠上级补贴,经济社会发展与甘肃省和全国的平均水平相差较大,而且这种差距一直在拉大。据统计,2015 年,甘南藏族自治州的人均 GDP 为 17 990 元,远远低于甘肃省人均和全国人均水平。

2. 贫困面大,贫困人口多

当前,在甘南藏族自治州所辖的 7 县 1 市中有 4 县 1 市属于国家级重点扶贫对象。新中国成立后,甘南藏族自治州的人口增长过快,1949 年全州人口为 29.69 万,至 2004 年底总人口达到了 67.44 万,2010 年底人口达到了 68 万。全州人口的受教育程度较低,文盲率较高[1]。同全国文盲率的平均水平相比,甘南藏族自治州的文盲率比全国高出 4.2 倍,其中男性文盲率高出 5.06 倍,女性文盲率高出 3.87 倍。截至 2010 年底,全州共有年人均纯收入为 119 元以下的贫困人口 8.6 万户、38.7 万人,占全州农牧总户的 49%,占全州农牧村总人口的 70%。

甘南藏族自治州贫困人口分布呈资源性贫困、区位性贫困、生态性贫困、能力性贫困等相互交织叠加和整体性贫困与个体贫困并存的状况。其贫困是由相互联系和相互作用的人口、资源、环境、经济发展等若干要素之间的恶性循环造成的[2],如图 19-1 所示。

---

[1] 常慧丽.生态经济脆弱区旅游开发扶贫效应感知分析——以甘肃甘南藏族自治州为例[J].干旱区资与环境,2007,21(10):126-130.
[2] 刘金荣,谢晓蓉.河西走廊村镇生态环境与绿化问题及可持续发展对策[J].水土保持学报,2003,17(10):132-134.

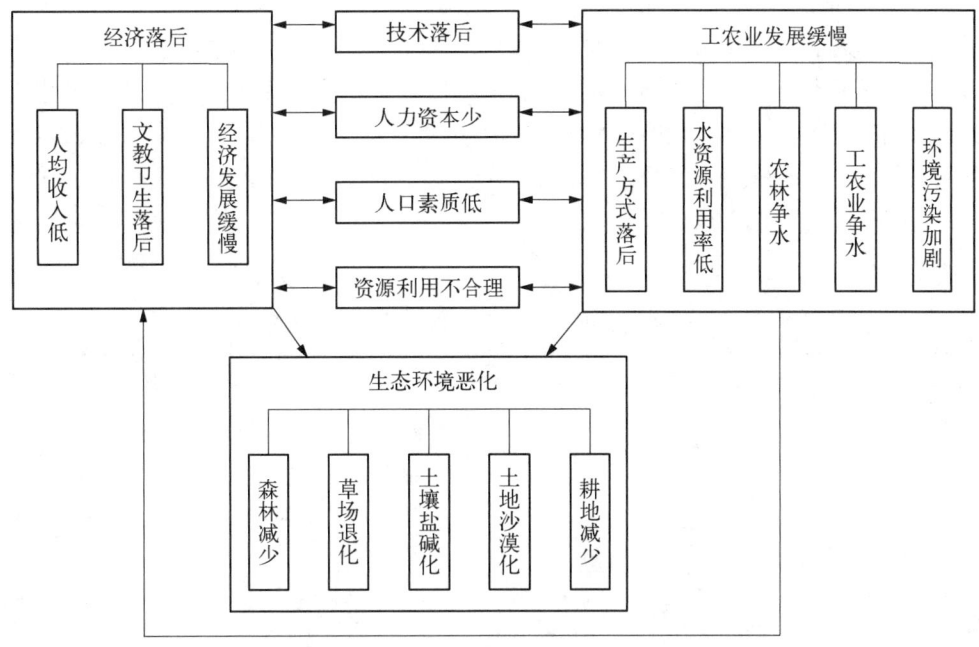

图 19-1 社会贫困若干要素之间的恶性循环示意

(二) 居民对旅游业发展及扶贫效应的感知

1. 旅游资源禀赋及旅游开发现状

旅游产业的特点及其优势表明,在生态脆弱地区发展旅游业,如果规划得当、管理科学,应该是一条可行的生态改良及经济发展的道路。发展旅游业既可以有效保护生态环境,又可以形成旅游发展与社会、生态环境、经济之间的良性循环,进而实现生态环境保护与经济社会协调发展的双赢。甘南藏族自治州辽阔的草场、茂密的森林、充足的水源、多姿的景观是其发展旅游业的优势所在。自然风光独特、风土人情各异、民族特色浓郁,造就了甘南藏族自治州旅游资源类型丰富、体量大、组合好、品质高、独特性强的特点。特殊的地形、地貌,以及佛教文化、伊斯兰文化、农耕文化、游牧文化共存的特点赋予甘南藏族自治州发展旅游业得天独厚的资源禀赋。

目前,甘南藏族自治州初步形成了以临潭冶力关和卓尼大峪沟为中心的生态山水游,以夏河拉卜楞寺和碌曲郎木寺为中心的宗教朝觐游,以玛曲为中心的草原生态湿地游,以迭部腊子口为中心的红色文化游等特色旅游,旅游产品向多元化的方向发展。近些年,甘南藏族自治州的旅游业发展迅猛,旅游知名度和吸引力在国内外有了较大提升,旅游收入不断增长,旅游产业占国内生产总值的比重不断上升。

2. 居民对旅游扶贫效应的感知

本调查问卷分析采用李克特的 5 分制法对旅游扶贫效应感知进行评估。从测定结果看,当地居民对旅游开发活动的积极性感知均值达到了 4.1 以上。如表 19-1 所示,甘南藏族自治州当地居民关于旅游对经济和社会文化正效应的感知明显,认同率均在

75%以上。当地居民认为,旅游者的到来给当地带来了新观念、新信息、新思想和新的生活方式,开阔了当地居民的眼界,使农村对环境的整治变成了自觉行为,提升了生活环境,也提高了当地居民的物质生活和精神文化生活水平。虽然有少部分居民意识到旅游开发对他们的日常生活和景区周边环境带来一定的负面影响,但大多数人对此并无怨言,认为由于旅游业发展而进行的交通等基础设施建设极大地改善了周边居民与外界的物资与信息的交流及其与外界社会的交流条件,增强了当地居民脱贫致富的潜力和能力。

表 19-1 当地居民对旅游开发扶贫效应感知调查(%)

调查项目	均值	结果	认同率	反对率	无所谓
旅游开发促进了本地经济发展	4.26	支持	90.3	3.1	6.6
旅游开发增加了本地居民的就业机会	4.1	支持	75.8	6.2	18
旅游开发增加了本地居民的收入	4.23	支持	82.6	11.2	6.2
旅游开发有助于减少和消除当地贫困	4.01	支持	81.3	11.9	6.8
旅游开发促进了当地基础设施的改善	4.32	支持	86.8	5.5	7.7
旅游开发提高了本地居民的能力和素质	3.9	支持	74.5	4.9	20.6
旅游开发加强了当地与外界的交流	4.4	支持	88.4	1.1	10.5
旅游开发使生态环境遭到破坏	2.76	中立	37.6	48.2	14.2
旅游开发对当地生活习俗有不利影响	2.5	中立	19.7	64.8	15.5
我愿意参与本地旅游规划和开发	4.42	支持	89.2	2.8	8.0

注:认同率为"认同"和"非常认同"所占比例之和;反对率为"反对"和"非常反对"所占比例之和。

3. 居民参与旅游开发的情况

社区居民通过参与当地旅游服务活动而获取的经济收入和工作机会是旅游开发扶贫效应的最主要、最直接体现。调查发现,截至 2008 年底,甘南藏族自治州已有"农家乐"、"林家乐"和"牧家乐"580 多家。其中,仅冶力关景区"农家乐"特色旅游接待点近 360 家,床位 4 000 多张,每户年均总收入在 3 000 元至 10 万元不等。全州景区乘马服务 130 多家,每户年均总收入约 6 000 元。景区的"农家乐"、骑马、游船、餐饮、娱乐、购物、车辆出租为景区居民带来了巨大收益,居民增收途径进一步拓宽,诸多景区内和景区周边的农牧民通过参与旅游开发走上了致富路。但在随机调查的问卷中也发现,关于"家中是否有人从事与旅游相关的工作"的问题,回答"是"的仅有 89 人,占被调查者总人数的 31%,这说明社区居民参与旅游的程度较低,在"家庭收入主要来源"中,有一半以上的家庭表示其收入与旅游行业无关。关于"您所参与的旅游开发服务项目"的调查,排在前几位的是开办农家乐、歌舞民俗表演、小商品经营、餐饮原料供应、景区牵马等,而选择有关景区规划与管理选项的最少。这表明,当地居民因自身能力和知识所限,倾向于参与以当地资源和传统为基础的服务工作,居民自身因缺乏资金、知识和对旅游不够了解,所以对旅游开发活动的参与程度较低,旅游发展对农牧民整体脱贫致富的作用尚不明显,仍有一部分贫困人口并没有充分享受到旅游开发带来的实惠。

三、社区参与式旅游扶贫机制

(一) 贫困人口参与旅游规划决策的咨询机制

长期以来,甘南藏族自治州在旅游发展中采取的是"精英主导"模式,即"政企学媒"直接引导着景区、旅游项目、基础建设等旅游吸引物或旅游设施的直接投资和经营,这种自上而下的旅游决策使当地居民的参与权被排斥在外。一些景区依托型的旅游地,当地居民虽然或多或少地参与了旅游业,但他们的角色只是"旅游业的相关者"。当地社区居民是旅游目的地的真正主人,也是旅游所带来的一切影响的承受者,他们有权利知道旅游开发对本地区的经济及未来生态和社会文化等方面的影响,理应具有旅游规划和旅游发展决策的话语权。政府及专家在重大旅游项目的立项和设计方面,应当充分听取当地社区居民的意见,平衡好各部门之间的关系,把社区居民放到决策规划中的核心位置,才能真正实现"藏富于民",获得当地居民对旅游规划与开发的支持,只有当地居民参与规划与决策,才能真正从旅游业中获利。这首先需要建立起贫困社区与旅游开发管理部门之间的决策咨询机构,广泛听取当地居民的意见和建议,并形成旅游发展与规划等重大事宜的通报制度和协商制度。而且,还可以考虑建立社区论坛,为积极参与社区发展的个人和群体设立会面地点和沟通、协调平台,在此论坛上搜集有关社区发展的建议,协助并不断评估和调整社区发展战略的实施。

(二) 贫困人口参与旅游经营与利益分配的保障机制

要解决旅游业发展中的效率与公平问题,必须遵循"效率优先,兼顾公平"的原则,建立完善的经营及利益保障机制。

首先,引导居民在社区内就业,保证当地居民的经营利益。政府应该制定相关的政策和制度,激发居民参与旅游开发的热情,使社区各主体参与旅游开发的形式更加多样化,如扶持居民开办家庭旅馆、餐馆、旅游小商品商店等,尽可能实现当地居民对直接生产经营活动的参与。但也应认识到,发展旅游业不可能为当地创造所有的直接就业机会,许多居民从事的可能仍然是传统的农牧业生产活动。但正是这些生产活动,营造了该地区原生态的生活场景、乡土风光和民俗风情等旅游景观。所以,政府可以引导当地居民提供初级的旅游消费品和各种原材料,如藏药材、野山珍、畜产品或农产品等,或提供劳动服务、参与旅游景区的基础设施建设等,以获取相应的经济收入,倡导旅游商品开发尽可能地采用本地的材料并在本地加工,从而扩大社区受益面,减少旅游漏损。

同时,政府要与金融企业联手,为当地居民开办旅游服务项目提供一定数额的贷款和担保。对于民族地区的旅游企业,政府要控制外来经营者的数量与规模,制定相应的政策,让企业优先聘用当地社区居民,尤其是贫困家庭的居民,对于雇佣当地贫困人口超过一定比例的企业可实行税收优惠等政策。

其次,让居民以股东的身份参与旅游利益分配。在进行旅游开发时,将旅游景区的旅游资源产权界定清楚后转化成股本,收益可以实施按股分红与按劳分红相结合,进行股份合作制经营,国家、集体和个人均可在旅游开发中按照自己的股份获得相应的股息和红利。为了确保每位居民都能从旅游开发中获益,提高社区对资源保护和旅游开发的支持,还可以拿出一部分利润在社区居民中进行平均分配。利益分配机制的核心应该是按照社区居民的参与愿望和经营能力组织他们从事不同的旅游活动,设立不同的利益分配机制,以满足全体社区居民的利益分配要求。

(三) 贫困人口参与社区文化和生态保护机制

民族地区绚丽多彩的民俗文化和独特优良的生态环境是旅游业赖以生存和发展的基础。表19-1显示,有19.7%的居民认为"旅游开发对当地生活习俗有不利影响"。因此,文化保护成为甘南地区旅游扶贫开发中不容忽视的问题。选项"愿意参与社区文化和环境保护与资源管理"是居民赞成率最高的。认为旅游开发使生态环境遭到破坏的比例为37.6%,说明当地居民对旅游开发中的不利影响感知较弱,对旅游造成的生态环境破坏和生活习俗的影响还没有引起足够重视。社区居民是当地生态环境保护的最主要群体,为了减少和避免旅游发展可能带来的生态环境的负面影响,应发动居民参与到保护环境的行动中。

首先,通过让居民参与旅游经营管理、从旅游发展中受益来提升其保护意识,使他们的生产、生活方式从资源环境耗费型转向资源环境可持续利用型,提倡节能环保型生活方式,形成对资源环境保护的合力。

其次,发动居民参与旅游地环境治理和保护。如组织当地居民参与环保教育和法制教育,动员居民担任环境保护义务宣传员、采挖监察员、森林草场防护员、环卫督查员等,最大限度地调动当地居民投入到环境保护的行动中,构建出环境和生态建设的整体网络。

(四) 贫困人口参与旅游教育的培训机制

调查表明,缺乏知识和对旅游不够了解是限制民族地区居民参与旅游的主要因素。在参与意愿的选择上,"愿意接受教育培训"的选项平均分和支持率都很高。所以,为保障民族地区社区居民参与旅游的可行性和科学合理性,必须通过培训和教育来提高当地居民的综合素质。

要对居民进行参与意识的教育和培训,通过宣传等手段激发当地居民的民主参与意识,使他们认识到,社区居民是与当地自然历史和社区文化关系最密切的人,尤其是在民俗旅游、"农家乐"旅游方面更加重要,因为社区居民在旅游过程中起到了主体的作用,失去了他们就失去了真实性,游客就失去了好奇心和满意度。因此,必须通过引导使当地居民增强主人翁意识和参与当地旅游发展的责任感,获得社会认同感和自我价值实现的满足感。

要对居民进行旅游从业知识和技能的培训,包括旅游经营方式、个体经营的家庭旅馆、旅游餐饮服务、旅游商品开发以及普通话和英语表达能力等多方面的知识和能力培训,让想加入旅游业的居民都有能力真正参与到旅游发展中来。培训方式可以多种多样,包括与当地的科教扶贫和生态移民就业指导培训相结合、政府与非政府组织的专题培训和示范户交流、委托地方高校或旅游相关企业开展技能培训等。民族地区社区居民参与旅游开发的培训教育是一项长期性的工作,应灵活运用培训方式,尽量采用大多数居民都能接受的、通俗易懂的、喜闻乐见的方法进行,以提高居民的参与能力。

四、本章小结

旅游开发由于具有强大的发展潜力和社会、经济、环境效益,被认为是开发式扶贫的重要方式,因此受到国内外旅游学界和业界的普遍重视,有关旅游扶贫的研究成为重要议题。受中国城乡二元经济结构的影响,贫困问题主要集中在广大农村。农村贫困地区区位偏远、社会发育程度低、自然景观与人文习俗受人类经济与外来文化的干扰和影响较小、自然生态与人文习俗保存较好,是生态旅游资源分布较为集中、资源品质较高和最具潜力的区域,有70%的旅游景点分布在农村地区,自然观和人文景观占全国的"半壁江山",具有发展旅游业的潜在基础。而中国少数民族贫困地区与乡村旅游资源富集区存在着明显的空间耦合关系。因此,民族地区将发展旅游业与反贫困问题有机结合,是一种有效的脱贫途径。本章在此基础上构建了民族地区旅游扶贫的一种新型机制,即社区参与式扶贫机制,包括贫困人口参与旅游规划决策的咨询机制、贫困人口参与旅游经营与利益分配的保障机制、贫困人口参与社区文化和生态保护机制、贫困人口参与旅游教育的培训机制,以期通过此项机制的构建扩大民族地区旅游产业的规模与收入,使得民族地区旅游产业获得可持续发展。

第二十章 基于可持续发展的民族地区旅游产业外部性研究

经过三十多年的发展,民族地区取得了引人瞩目的成绩。但囿于自然资源和地理位置的限制,民族地区的经济发展仍然较为滞后。阿马蒂亚·森在《以自由看待发展》一书中写道:"发展必须更加关注使我们生活得更充实和拥有更多的自由。扩展我们有理由珍视的那些自由,不仅能使我们的生活更加丰富和不受局限,而且能使我们成为更加社会化的人、实施我们自己的选择、与我们生活在其中的世界交往并影响它。"[①]旅游业的发展提供了这样一种过程和机会。民族地区特有的地域文化与自然资源构成了旅游业发展的独特优势,通过大力发展具有民族特色的旅游产业,既可以使得少数民族地区的居民改善自己的生活质量,实现旅游业对人的发展、文化的发展、环境的发展和社会的发展等方面的积极影响,进而推进地区整体意义上的发展。

旅游产业具有很强的关联性,又是资源依赖型产业群体,旅游资源特有的稀缺性和公共品的属性,使得旅游产业在其发展过程中不可避免地会产生正外部性与负外部性现象,这种外部性体现为经济的外部性与生态环境的外部性。因此,民族地区旅游产业的发展在认知与评价旅游资源、进行区域内产业选择的比较优势分析、确定旅游目标市场、定位产业发展目标、进行可持续资本供给和产业发展战略选择等问题时,都应当在外部性的相关范畴内进行考虑,这是因为:

第一,在旅游产业发展过程中由于旅游资源的特殊属性以及旅游发展的强关联性,不可避免地会产生旅游外部性,但是如何更好地衡量外部性造成的影响,需要我们持有一种相应的理论客观地审视这一问题。外部性理论能够在学理层面上更加科学地解释旅游产业发展过程中遇到的种种问题,诸如旅游开发中政府与社区居民之间的关系、旅游主体与旅游客体之间的关系、旅游经销商与旅游供应商之间的关系、旅游资源与旅游发展潜力之间的关系、旅游发展与旅游管理之间的关系、文化与旅游产业可持续发展等之间的关系。

第二,外部性更加强调了所有权、激励与经济行为的内在联系。随着民族地区旅游产业发展的日趋成熟,许多深层次问题也被暴露了出来,如旅游的发展并没有带来预期的经济收益、劳动力流失、社会矛盾加剧、自然资源与社会资源的破坏加剧、旅游地声誉下降、文化本体性质让位于经济性质。深入研究民族地区旅游产业发展中遭遇的外部性问题,有助于促进旅游产业保持健康、有序的发展。

第三,文化发展是人类发展的一个重要目标和侧面,是民族地区旅游产业保持可持续发展的引子、基础、因子。以外部性理论为研究基础,可以在民族地区旅游产业发展的过

---

① 阿马蒂亚·森.以自有看待发展[M].北京:中国人民大学出版社,2012:15,62.

程中,更加透彻地分析旅游产业发展中的文化发展问题。准确地把握民族地区旅游地文化的精髓和灵魂,有助于凸显民族地区旅游地形象,构造差异性旅游产品,形成旅游核心竞争力,并在此基础上形成高端旅游消费者,对民族地区旅游目的地市场形成强大的支撑力,从而构建合理的旅游客源市场结构,以保证民族地区旅游产业的可持续发展。

一、旅游产业发展的经济外部性

由于旅游产业的运行从本质上讲是一种经济活动,旅游产业正外部性首先表现为经济效应的扩展,如需求乘数效应、投资乘数效应和就业乘数效应。但是,由于旅游产业是个极其脆弱而又不稳定的产业,一旦那些可能控制旅游产业而为旅游业所难控制的因素出现不利变故,过分依赖旅游业发展经济的国家或地区,其旅游业和整个经济都会遭到较大损失[1]。这些损失在经济学的层面上就表现为经济的负外部性,因此我们必须仔细研究民族地区旅游产业发展中的一般经济外部性问题。

(一) 旅游产业发展的经济正外部性问题研究

到目前为止,我们可以这样认定,经济主体的生产或消费会给非生产者或非消费者施以额外的成本或利益,就会产生外部性。"在很多场合,某个人(生产者或消费者)的一项经济活动会给社会上其他人带来好处,但他自己却不能因此而得到补偿,此时这个人从其活动中得到的私人利益就小于该活动所带来的社会利益"。"另一方面,在很多时候,某个人(生产者或消费者)的一项活动会给社会上其他成员带来危害,但他自己却并不为此而支付足够抵偿这种危害的成本。"[2]前者产生的外部性就是正外部性,后者产生的外部性就是负外部性。无论是正外部性还是负外部性,都会导致社会资源配置脱离帕雷托最优。旅游产业在其发展过程中,由于产业巨大的联动效应,在国民经济增长过程中显示出了强大的生命力,在投资、就业、拉动需求以及社会教育功能等方面显示出了巨大的潜力。可以说,旅游产业发展的经济正外部性主要体现在旅游的乘数效应,即需求乘数效应、投资乘数效应、就业乘数效应这三个方面。

1. 需求乘数效应

"乘数"(multiplier)是经济学中的一个基本概念。它反映了现代经济的特点,即由于国民经济各部门的相互联系,任何部门最终需求的变动都会自发地引起整个国民经济中产出、收入、就业等水平的变动,后者的变化量与引起这种变动的最终需求变化之比即是乘数,而旅游乘数则是用来测定单位旅游消费对旅游接待地区各种经济现象的影响程度的系数[3]。旅游产业的发展是建立在自然遗存物和历史遗存物的基础之上的,旅游消费者通过感知、体悟、学习的过程,在旅游活动中塑造了旅游主体的文化人格,增强了旅游主体的审美能力,使旅游消费者获得了旅游消费效用,而这一过程是其他形式所无法取代

---

[1] 郑本法.旅游社会学[M].兰州:甘肃人民出版社,2000.
[2] 高鸿业.西方经济学[M].北京:中国经济出版社,1998.
[3] 田里.旅游经济学[M].北京:高等教育出版社,2002.

的。观光旅游、度假旅游、探亲旅游、健身旅游、体育旅游、探险旅游、修学旅游、科考旅游、宗教旅游、商务旅游、公务旅游、会议旅游、工业观光旅游、农业观光旅游、军事旅游,不同的旅游方式反映了旅游消费者对旅游活动带有不同的偏好,这些偏好会刺激多样化的旅游需求,促使旅游产品和服务规模及结构满足市场的需求,并趋于合理化,在质太关联和数量比例方面产生协同效应,即前向、后向、旁敲和侧击效应。除此之外,旅游产业发展是一种结构效应,这势必会扩大与旅游产业相关的其他产业的投资,其他产业的配套发展又会支持旅游产业在更高层面上的发展,引起旅游产业和其他产业在需求上的一系列变化。旅游需求在经济系统中(国家或区域)导致了直接、间接和诱发性变化,这些变化与最初的直接变化的比率显然是不同的,需求乘数效应显著。

2. 投资乘数效应

投资乘数论认为,在形成一定消费倾向的情况下,总投资量增加时,可以引起若干倍于投资增量的总收入的增加。增加一笔投资最终引起的总收入的增加额,不仅包括因增加这笔投资而直接增加的收入,还包括因间接消费需求的增加而增加的收入。这样得到的总收入增量和投资增量之比,即称为投资乘数[①]。投资乘数效应不但与产业的关联度密切相关,还与边际消费倾向相关。边际消费倾向是消费增量与收入增量之比,边际消费倾向越大,则投资乘数效应越大。旅游产业是一项综合性较强的服务性行业。旅游投资对其他行业有着极强的带动作用。旅游产业涉及食、住、行、游、购、娱六大要素,边际消费倾向比较大。在旅游产业发展的过程中,直接服务于旅游产业的部门有旅游交通部门、旅游饭店、旅行社、旅游景点、娱乐设施、轻工纺织品及其他旅游商品的提供者,他们是旅游产业的直接受益部门。

在旅游产业较为发达的国家中更是如此,如在法国,旅馆、饭店、咖啡馆收益的43%、航空运输业收益的42%、铁路运输业收益的23%、汽车运输业的12%,都直接与旅游产业有关。旅游产业的发展还会给许多间接提供旅游消费资料的部门带来效应。通过编制实物形态投入产出表可以知道,当旅游的最终消费需求增加8亿元时,交通工具的制造部门就要相应增加4.79亿元的总产出,建筑部门相应增加4.21亿元的总产出,能源部门则增加5.16亿元的总产出。由以上分析可见,旅游者的原始消费或旅游投资在注入本国的经济系统后和具备一定消费倾向基础上,经过连续周转变化,带来比投入本身大数倍的收益[②]。

3. 就业乘数效应

旅游就业乘数是指旅游者的人数变动所导致的就业人数变动的倍增效应[③]。旅游产业的就业乘数效应可以从以下两个方面具体进行考虑:首先,旅游产业属于劳动密集型的产业,与旅馆业、餐饮业、交通业、游览业紧密相关。在这些行业中,产业的发展对技术含量的要求不如其他产业的要求高,它们更需要富有个性化的服务,必须拥有相当数量的劳动力资源才能保证上述行业的正常运转。依托于大量人力资源的服务是整个旅游活动

[①] 阳国亮.旅游投资的乘数效应与旅游扶贫[J].学术论坛,2000,(6):83-85.

[②] Haywood M K.斐济战略性旅游规划——是相互矛盾还是协调一致的决策.国际旅游规划案例分析[C].天津:南开大学出版社,2003.

[③] 宁泽群.旅游经济产业与政策[M].北京:中国旅游出版社,2005.

的核心和灵魂,因此旅游产业的发展为社会提供了大量就业机会;其次,工农业、商业、建筑业、轻工业、食品业、文化、教育等也为旅游活动的顺利开展提供了间接服务。旅游产业的巨大发展潜力为其他相关行业提供了非常广阔的就业空间,产生了影响深远的旅游就业乘数效应。

(二) 旅游产业发展的经济负外部性问题研究

旅游产业的发展和其他产业的发展一样,是依赖一定的路径走向的,是遵循一定的时序和逻辑发展规律的。根据旅游产业发展特征,我国旅游规划指导思想经历了四个类型的阶段:创汇导向型阶段、资源导向型阶段、市场导向型阶段、产品导向型阶段。可以说,这四个阶段就是对旅游规划过程所涉及的外部性的一种调试和适应的过程。

我国民族地区旅游产业的发展不同于世界旅游的一般发展规律,由于我国民族地区经济、文化、社会发展的特定历史特征,民族地区旅游产业的发展是在原有人文历史遗存和自然遗存的基础上接待国内外游客(尤其是国外游客)的。这一历史时期既没有考虑到旅游市场的需求状况,也没有考虑到旅游市场的供给状况。供给与需求双方的信息高度不对称,自发形成的旅游客源市场并没有显示出强劲的市场偏好,旅游资源的配置方式并没有遵循市场的机制和市场化条件下的发展规律,由此导致旅游产业发展的目标不尽合理;旅游功能没有被完全认知;旅游生产供给的专业化水平低下;旅游经济运行的规范化程度不高。上述影响势必会导致旅游产业发展的经济负外部性问题。主要表现在以下几个方面。

1. 旅游发展停滞

旅游产业已经成为世界上最大的产业之一,而且还在继续发展壮大。旅游产业的巨大带动作用,使得民族地区经济在现有的基础上获得了长足的发展,然而必须正视的一个现实问题是,由于旅游产业的连带性极强,民族地区经济的发展几乎遵循了一个相同的发展模式,以旅游产业发展带动区域经济发展,通过区域经济的发展促进区域旅游产业的发展。这就使得区域旅游产业的发展在旅游规划、旅游资源开发、旅游营销、旅游市场定位以及旅游教育等方面没有新的突破,发展趋向程式化。又因为旅游资源在很大程度上具有公共资源的属性,凭借公共资源可以吸引一定数量的游客到来,然而由于对旅游资源的过度使用和不当开发,削弱了旅游地的吸引力,以致现在的旅游品牌成为旅游经营者的"免费搭车者"(free rider),这种现象势必会带来长期的负效应。这将导致民族地区旅游产业的发展呈现出市场开拓能力低、融资渠道差、制度创新缓慢等窘境,在很大程度上抑制了旅游产业的发展,从而引起整个区域经济和旅游产业的非协同发展。

2. 主客需求矛盾

首先,旅游资源(人造旅游资源除外)一般都是天赋的,旅游资源对于旅游目的地和旅游出发地具有不同的效用价值,当目的地天赋资源与旅游资源的效用相当时,旅游目的地与旅游出发地的主客体之间的矛盾将达到最小值。但是,在现实世界中,由于人们需求的多样性、复杂性以及深层延伸性,目的地居民的需求与旅游出发地居民的需求相比,具有隐性的特征,这无疑会增加主客需求矛盾的可能性;其次,由于主体需求不能创造出巨大的显性价值,因此这些天赋的资源很自然地是要顺从于客体的需求,会被赋予更大的效用价值(旅游效用价值),而这个过程在很大程度上是以破坏天赋资源的禀赋为前提的,会破坏主体居民赖以生存和生活的资源条件,引发主客体之间的需求矛盾。

3. 旅游教育程度低下

旅游是一个劳动密集型的产业,它吸引了廉价的劳动力,却对技术没有很强的诉求度,这就使得与旅游产业相关的一系列研究与其他学科相比还是处于有些无足轻重的地位,旅游只是一个研究题目,不是一个学科或者专业。到目前为止,旅游研究还没有独立的理论或者概念基础,所以旅游研究最终还未从社会学和商业管理的研究领域和题目中分离出来,或者说还没有能够把其他产业和旅游产业有效地区分开来的理论或者概念。

二、旅游产业发展的环境外部性

旅游与环境是当今一个新的国际热点。目前有两大重要因素把它推向环境与发展领域的前沿:一是旅游已成为一个发展迅速的重要产业,旅游成为国际民间友好交往的一座重要桥梁。二是旅游与环境是一种相互依赖又相生相克的关系。维持一种高质量的自然环境是旅游开发的首要原则,因为做不到这一点,旅游目的地的魅力就会丧失。同时,不合理的旅游发展也带来了严重的环境问题,特别是对生物多样性保护和传统文化的保护产生了巨大的冲击,所有这一切都威胁着旅游业长远的发展。

(一) 旅游产业发展的环境正外部性问题研究

1. 开展旅游有助于保护和修复历史建筑等遗产

旅游产业的发展必须以盈利、竞争力、安全和当地居民接受为条件,同时也要置于本地区的管理和控制之下。旅游是一个依托周围环境的产业,因为它的核心资源都是旅游地的自然和建筑环境,这些资源可能会被赋予社会文化或者历史价值。把这些方面结合起来就形成了一个旅游产品。因此,对于旅游产业来说,保护环境和社会文化使之在旅游活动的过程中不受损害,是发展的一个必要条件[①]。

建筑是人们按照一定的建造目的,运用一定的建筑材料,遵循一定的科学与美学规律所进行的空间安排,是物质外显与文化内涵的有机结合。换言之,建筑是空间的"人化",是空间化了的社会人生。美学家黑格尔这样赞叹建筑艺术,"建筑是对一些没有生命的自然物质进行加工,使它与人的心灵结成血肉因缘,成为一种外部的艺术世界"。建筑不仅仅是简单的土木制造,它同时还是美的创造,是意境的展现,是文化的结晶。优美的古老建筑提升了城市的文化品位,让生活在其中的人们有意无意地接受了历史和文化的熏陶。许多驰誉世界的名城,其辉煌正是来自历史文化的长期积淀,那些各个时期的代表性建筑,给人们一种走进历史的感觉。依靠历史和文化的长期积淀,培养出城市的精神气质,反映出城市的本质。而旅游活动的广泛开展,使人们有机会去领略不同时期不同地域的建筑风格,反过来又增强了人们保护历史建筑、深层挖掘历史建筑的意识,两者之间是有

---

① Jean S H.在新的世界秩序下保竞争力——解决加勒比地区旅游产业的客次序发展问题.国际旅游规划案例分析[C].天津:南开大学出版社,2003.

机统一的。佩吉认为旅游可以潜在地强化本国的建筑风格[①]。格林等认为旅游发展促使废弃建筑得以重新利用、历史遗迹得到了修复和保护[②]。

2. 旅游开发有助于当地环境的改善

在谈及旅游与环境之间的关系时,它的正外部性效应往往被人们忽视。事实上,科学合理的旅游开发有助于区域环境的改善。时至今日,旅游产业要保持可持续发展的态势,得到了全社会的普遍认可,而要实现旅游产业的可持续发展,必须采用综合规划方法,在旅游开发规划中必须考虑经济、社会与生态因素。当旅游规划未介入当地社会、经济发展中时,单纯以经济作为衡量指标开展的规划对当地居民未来的生活质量以及自然环境的影响并不能得到人们的普遍认识,人们参与经济规划的程度较低。与此相反的是,旅游开发对目的地资源以及社区意愿的依赖性很强。在这种情况下,妥善处理旅游和社区愿望的关系,就显得十分重要。旅游目的地环境的普遍改善应当被作为一个显性要素被提上议事日程。旅游开发不仅要创造现实收益,同时还要创造"现实"与"愿望"的结合。社区原始的环境状态将在很大程度上被纳入旅游开发的体系之中,以保证各个要素的联系与整合,而不是分离式地发展,实现资源共享和协调,有利于当地环境的改善。

3. 开展旅游资源调查有助于生物的保护

旅游资源调查是旅游规划的一项重要任务。旅游资源调查系统记录了为资源配置和土地使用决策提供关键数据信息的过程。它的有效性取决于一系列因素,包括:反映旅游者和旅游经销商对于一个地区的自然、文化和传统特征的重视程度及其严密程度和可信度如何;调查是否能够有效支持资源规划和政策制定。旅游资源调查记录了一个民族地区适合发展旅游的自然和文化特征,民族地区的生物特征(如植被和野生动植物)常常赋予一个地区独特的"地方气息",但是却对旅游产业的发展十分敏感。因此,开展旅游资源调查,就可以运用科学的普查指标来描述生物特征,根据这些生物特征,对其赋予一定的权重,给旅游经营者和政府部门提供相关信息[③]。根据这些信息,旅游经营者在制订旅游规划的过程中,根据资源的承载力和适宜性科学合理地安排与设计旅游景区、景点建设,可以在最大限度内保护生物资源的多样性与完整性。

(二) 旅游产业发展的环境负外部性问题研究

大量的实践证明,人类在现代化进程中,生态的本体价值和民族旅游的发展必须建立在生态环境有效保护基础上的这一发展本质。旅游产业发展具有系统性的特征,旅游活动一旦开始,它的影响就会自始至终地影响到每一个旅游因子,尤其是与旅游目的地社会、经济、文化和环境的多方面交错混杂在一起。显而易见的一个事实是旅游活动的范畴

---

① Peter W. Williams, Juliepaul, Douglas Hainsworth.掌握旅游资源特色——加拿大不列颠哥伦比亚地区的资源调查.国际旅游规划案例分析[C].天津:南开大学出版社,2003.
② Samuel V L, Jill K L, Davide P.旅游开发中的社区信任与社区参与:美国俄勒冈州政府营地的社区规划与公众参与.国际旅游规划案例分析[C].天津:南开大学出版社,2003.
③ Peter W W, Juliepaul, Douglas H.掌握旅游资源特色——加拿大不列颠哥伦比亚地区的资源调查.国际旅游规划案例分析[C].天津:南开大学出版社,2003.

并不仅仅指旅游者的消费活动,同时也包括旅游开发商的生产活动。消费活动与生产活动的不当,均会破坏旅游环境。从消费活动来看,由于旅游消费者在市场价格既定的提下,总会追求消费效用的最大化,造成旅游资源以及其所依托的环境的过度消费。加之旅游资源主体权利的缺失,造成事后补偿的困难,环境负外部性不可避免地就会产生。从生产活动来看,旅游开发商不顾及当地居民的社区生活、自然环境状况,一味地以市场价值为目标开发旅游目的地,最大限度地利用当地的自然和人文资源,却忽略了最重要的一个方面,就是没有进行合理的市场定位与市场细分,即对不同市场偏好进行真实可靠的信息收集。旅游开发活动在某种程度上来说,是依靠开发者对历史的、文化的、审美的标准进行生产活动。对于在开发中出现的巨大外部成本(资源破坏、环境污染、拥挤等现象)视而不见,或根本没有给予考虑。造成旅游开发者实际支付的成本(即私人成本)远远低于社会成本(社会成本＝私人成本＋外部成本),旅游商品价格低于市场价格,旅游资源的社会效益没有得到最大限度的发挥,同时由于旅游开发过程中的盲目性和误导性,使得人力资本、资金、时间、技术含量等要素都构成了外部成本。我国民族地区旅游产业发展起步较晚,旅游开发的相关研究缺乏整体性,没有相对的开发细则来指导旅游开发活动。旅游开发者没有高度关注到旅游产业发展的各要素之间的高关联度,将资源作为其经历性产品出售,具体原因如下。

1. 旅游规划的影响

旅游规划的发展在20世纪后半叶经历了许多阶段。起初,为旅游创造便利条件是旅游产业主要关注的对象,而且常常十分注重旅游促销。随后,规划变得较为宽泛,包括空间规划,但是重点还是经济发展的最大化。虽然政府和行业继续积极地支持旅游产业的发展,但是他们基本上是单干,而且几乎忽视一切成本,也没有意识到无形的社会经济和环境影响,以及将之量化[①]。长久以来,旅游资源"公共物品"的属性,使得旅游开发者过度使用这一公共物品,并不需考虑支付额外成本。环境污染问题和资源减少的现实状况,促使全世界环境意识的苏醒,可持续发展的概念受到人们的普遍关注。现在许多人认为,如果不当机立断,采取可持续发展的方法,对文化和自然资源的严重破坏将加剧,我们还将失去旅游发展所依赖的资源,如自然景观的丧失,包括农田和牧场的丧失、对动植物的破坏、历史遗迹和纪念物的损伤。尽管旅游产业的发展已经进入一个全新的理智阶段,但是总的来说,对于可持续发展概念的理解,对于旅游规划并没有起到很强的指导作用。规划并不是一个毫无偏见的工作,并不是所有参与规划相关的群体都可以介入到规划的制定过程中。规划中的决策会影响到资源的再分配,还会决定哪些群体是规划的得利者和失利者。有无规划、规划内容以及规划的实施常常与旅游开发的实际情况相差甚远,当决策者在做出某项环境决策时,处于决策之外的人并不知道这项决策,但是却不得不承担该决策造成的某些后果,便有了外部性存在,将可觉察的利益或损失加于某些人,"而这些人并没有完全赞同或间接导致该事件决策,个人成本不等于社会成本,个人收益不等于社会

---

① Geoffery W.旅游度假区的比较研究:以印度尼西亚的两个同名海滨旅游度假地为例.国际旅游规划案例分析[C].天津:南开大学出版社,2003.

收益[①]"。旅游产业并非唯一能够促进经济发展和多样化的产业,实际上,旅游产业本身并非问题的根源。旅游可持续发展就其本质和基本原则而言,大致可以归为两类。一种是产品模式,一种是产业模式,如表20-1、表20-2。

表20-1 产品模式:可持续和非可持续旅游产业发展的因素

硬,大众,非可持续性	软,绿色,可持续性,可替代性
一般概念	
快速发展	慢速发展
无控制	出于控制之下
短期效益	长期效益
注重数量	注重质量
远程控制	当地控制
增长	发展
发展战略	
无规划的发展	先规划,后发展
项目优先的规划	概念优先的规划
各自制定区级规划	区级规划之间进行协调
在景观优美的地方集中发展	保护优美的景观
外地发展商	当地发展商
城市建筑	本地特色建筑
旅游者行为	
大众旅游(游客量大)	个人,家庭,朋友,游客量小
没有或很少心理准备	有心理准备
停留时间短	停留时间长
不懂外语	经过外语训练
购物	带来礼物
好管闲事	机智的(老练的)
吵闹	安静
重游率低	重游率高

表20-2 产业模式:旅游产业可持续发展规划的关键要素

综合的	充分分析社会、环境、经济和政治影响,使之成为整体规划的一部分
动态的	规划是连续的,对变化的环境做出反应,在一定的政策和策略的范围内进行修改
系统的	评估可能的影响,制定消除负面效应的策略,调查旅游者的需求与动机,结合地方资源设计旅游产品,提高地方资源的完整性
整体的	规划和管理就是把旅游放到范围更广的目的地社会经济和土地利用规划中考虑,所以决策(包括对旅游产业的影响)经过仔细地考虑和分析
面向社区的	和当地社区交流,邀请他们参与规划和管理活动,参与者有机会表明观点,也应该鼓励当地居民最大程度地参与旅游服务

---

① 王万山,伍世安.负外部性治理的经济效率分析[J].上海财经大学学报,2003,5(3):30-36.

续表

综合的	充分分析社会、环境、经济和政治影响,使之成为整体规划的一部分
可更新的	把旅游产业当做是可更新产业来管理,保持自然和人文资源完整性已被使用;可接受的改变限度和旅游承载力成为所有旅游规划的主要目标;支持一切利用当地资源和提高资源完整性的旅游产品的开发
有目标、可操作的	清楚地认识在政策的引导下旅游发展能够实实在在的带来什么;修改发展战略和行动计划以达到实际目标;在旅游企业,促销商和社区之间公平分配利益和责任

旅游可持续发展的不同方式将导致不同的旅游规划与开发后果。一般观点是旅游产业的可持续发展实质上是旅游资源管理的问题,发展既要保证资源的完整,又要保持经济上的可行性。在确保社会和环境目标的框架下,保持旅游产业的需求和供给平衡。因此,可持续旅游产业的规划本身不是目的,而是国家和地区资源管理的工具之一。在更广泛的意义上,这意味着制订旅游规划的时候,必须首先了解规划不是单一或孤立的步骤,而是宽泛和长久的社会和经济发展过程中相互依赖关系的体现①。

2. 旅游者的同质与均质化程度影响

不同类型游客量与游客消费水平的关系,同样是造成民族地区旅游产业负外部性的一个因素。旅游活动在很大程度上来说还是一种集体性的行为,这种行为累积的效果会影响旅游空间的质量。

① 环境污染。旅游负外部性作为一种"非市场性"的附带影响而存在于决策范围之外。由于负外部性并不通过市场的价格机制反映出来,市场机制也无法惩罚引起外部不经济的主体。此时,旅游者同质与均质化程度对于旅游者的行为控制力就显得尤为重要。旅游者的同质与均质化程度比较低时,对于环境质量的诉求度并不是很高,无法自觉意识到破坏资源和环境是一种经济外部不经济性的表现。由此,大气污染、水污染、噪声等负面影响便显现出来,这些负外部性影响在旅游地发展的初期有着非常突出的表现。

② 当地居民和外来游客的冲突。旅游者前往旅游目的地之前,存在一种潜在的意识形态,对旅游目的地会形成一种自我评价体系。当进入旅游目的地时,这种自我评价体系会与客观的旅游地的形象形成偏差。当集体的同质与均质化程度比较高的时候,会客观认知这种旅游环境,不会将自我意识形态中的高端或强势文化的意识形态强加于旅游目的地,影响目的地人们的文化和交际方式,进而影响他们的社会规约、社会期望的心理。会将自我融入到异质文化领域之中,重合和、喜愉悦、注重个人修养的价值文化,提高了旅游活动的效用价值。相反,当旅游者同质与均质化的程度很低时,旅游这种跨文化交际活动,只局限于一种简单的感官认知,旅游者所遵循的规范可能因主导文化、群体文化、社会关系、情景、地理、地区、地方乃至个人而异。此时,旅游者负载的旅游出发地的文化信号,会以多种视角形式及社会环境和心理环境强制介入旅游目的地,打破目的地长期形成的价值文化的稳定状态,造成当地居民和外来游客之间的冲突。

---

① Michael V C.振兴百慕大旅游政策规划:以成熟的海岛目的地为例//国际旅游规划案例分析[C].天津:南开大学出版社,2003.

3. 旅游方式的影响

从旅游消费者的角度来看,在市场规模既定的情形下,旅游者为了追求自身消费效用的最大化,会在支付一定的成本后,享受旅游消费活动,造成私人边际成本小于社会边际成本,私人边际收益大于社会边际收益,但因主体权力很难界定,造成事后难以追偿。随着科技的进步和个人财富的增加,新型旅游目的地层出不穷,可获得的信息也日渐丰富,游客有更多的选择机会,期望值也变得越来越高。结果,旅游产业逐渐发展成为一个架构复杂、竞争遍及全球的产业。因此,开发标准化的度假旅游产品可以帮助旅游经营者降低风险,同时旅游者也更乐意选择这些保障性强的旅游产品,但是不同类型旅游者的不同旅游动机、偏好和期望,具有明显的外部性影响,而最普遍的大众旅游方式对于旅游产业最显著的外部性表现就是旅游拥挤。旅游拥挤作为有限的消费容量和无限的消费规模之间的冲突,首先体现为消费者施与消费者的外部不经济,当旅游者的人数达到区域旅游人数的某个数量之后,旅游者的旅游效用是呈现递减趋势的。这种旅游方式一般是短期的、多目的的旅游体验,旅游者更多地依靠导游讲解来欣赏自然吸引物和人文吸引物。它通常与"静态可持续发展"(steady-state sustainability)相联系,旅游者会约束自己不做破坏环境的事情,但通常会对别人破坏环境的行为置之不理,或者说他们从来到一个旅游目的地到离开那儿,环境不会因他们而有任何改变[①]。

4. 旅游社区参与程度的影响

20世纪80年代以来,以游憩和旅游为目的的出行急速增长,一些特殊的社区管理问题也随之出现。一些民族地区可能没有准备好应对涌入本地的大量游客,不能及时提供服务,因此本地居民的生活质量受到旅游的影响,并且反过来影响游客的体验[②]。为了平衡民族地区旅游产业的发展与本地居民的利益,必须提高居民的参与意识与参与程度。旅游产业的区域特征和系统属性,使旅游活动必然与当地的社会、经济和环境存在错综复杂的关系。在这种条件下,旅游产业的发展必须争取到政府支持和本地居民的参与。本地居民参与,可以形成良好的"客地关系",降低彼此的交易成本,建立和谐的旅游环境;可以调动本地居民的积极性与主动性,有利于挖掘和保护旅游资源,并可以汇集本地的人力、物力和财力,实现旅游产业的良性发展,减少外部性问题的产生。

5. 旅游预测的影响

不同的旅游方式对民族地区的影响是不同的,这导致旅游影响很难评估。由于旅游地的人口特征不同,旅游影响是有差别的,分清旅游开发中的得失是非常重要的,而不能仅仅考虑开发成本和利润问题。旅游发展在一定程度上也可以预测,但是这需要拥有前瞻性的视野、规范化的行为和强有力的组织价值观。在制定战略规划的时候,应该综合考虑领导阶层的价值观和期望、社会道德规范以及社会和团体的责任[③]。

在以往的旅游预测中,大多集中于旅游承载力(tourism bearing capacity)、旅游客源

---

① Michael V C.振兴百慕大旅游政策规划:以成熟的海岛目的地为例//国际旅游规划案例分析[C].天津:南开大学出版社,2003.
② Samuel V L, Jill K L, Davide P.旅游开发中的社区信任与社区参与:美国俄勒冈州政府营地的社区规划与公众参与//国际旅游规划案例分析[C].天津:南开大学出版社,2003.
③ 王万山,伍世安.负外部性治理的经济效率分析[J].上海财经大学学报,2003,5(3):30-36.

市场(tourists markets)、旅游经济收益(tourism economic income)等指标的预测上。这些预测根据以往年份的旅游人数和旅游收益,采用特定的预测模式进行分析,随着旅游产业的成熟发展,这种预测明显地带有很大的局限性。这是因为,由于旅游者旅游行为的日趋成熟,旅游模式的多样性与复杂性日渐突出,旅游产品的丰富性使得一些旅游目的地的季节分布性较以往有了很大的变化,这些函数的变化,导致在使用以往的旅游程式预测时缺乏科学性。进一步来讲,旅游预测只是倾向于一些硬指标的预测,由于缺失了对以往游客的需求偏好、旅游者的文化价值取向、旅游者的心理暗示等软指标进行跟踪、记录与分析,因此,旅游预测缺乏全面性。

6. 旅游资源公共属性的影响

按照西方经济学的观点,环境问题是因生产、消费等社会经济活动造成的一种"外部不经济性"后果。作为市场微观主体的企业和个人,在获利动机的驱使下,在生产经营活动中往往只计算对自身利益产生直接影响的成本和收益,不考虑其活动造成的环境成本代价,有时甚至将环境成本转嫁给他人和未来,造成单个市场主体的成本和收益与社会成本和收益不一致,出现"外部不经济性",这是产生生态环境问题的重要经济根源。具体分析如表20-3。

表20-3 社会收益的分配情况国

分配份额	公平分配	不公平分配	利益损失
旅游经营者份额（Ⅰ）	N－E	N	E
受害者份额（Ⅱ）	0	－E	－E
社会净收益总额（Ⅰ）+（Ⅱ）	N－E	N－E	0

若以 N 表示旅游经营商不计环境成本时的私人净收益,用 E 表示生态环境的破坏造成的环境成本,则社会净收益为 N－E。如果在社会公平情况下,旅游经营商应该核算环境成本,这时其私人净收益等于社会净收益;如果在环境不公平的情况下,旅游经营商不核算环境成本,这时其私人净收益大于社会净收益。表20-3说明:社会净收益分别在环境公平和环境不公平的情况下,如何在旅游经营商和受害者之间进行分配。由此看出,同样的社会净收益可以有不同的分配方案。旅游生态环境破坏的不合理之处在于,现实中人们常常面对不公平的分配方案。社会不能接受环境污染,常常不是因为这种决策不能使社会净收益最大,而是因为这一社会净收益的分配往往是不公平的。旅游经营商不但分享了社会净收益,而且还从受害者那里透支了收益,其超额的收益来自于污染对受害者的损害,这就是当代的环境不公平。从现代经济学角度看,环境是一项社会公共财产,环境的价格被作为零来看待。既然不存在通过买卖显示环境真正价值的市场,那么按照经济学的供需理论,任何一种东西以价格为零供给,它的需求就比有价格的东西需求大,也就是说人们对环境这一财富的消费是不受经济因素约束的。对于旅游经营商来说,其目的是为了追求经济效益的最大化。游客越多其所获得的经济效益越大。但同时也应该看到,随着游客数量的增加,旅游景区所面临的环境问题也越来越突出,一旦超过旅游区生态环境容量阀值线,并且又不辅以人工治理,则旅游区生态系统会遭到不可恢复的破坏,从而给环境利用者带来外部不经济现象。

三、旅游产业发展的负外部性规避

旅游产业可持续发展暗含的一般含义是人类行为不能危害生态系统长期的稳定和人文景观的核心特征[①]。针对旅游产业的可持续发展,我们认为并不能简单地将落脚点置于保护生态环境、维系代际的永续发展的层面上,更为重要的是尊重和保护人类对自然资源和人文资源的依存心理状态,正是自然资源和人文资源的存在,才激发了人们对于真、善、美的追寻,渴望更高层次的精神生活。如果这些资源遭到破坏甚至是消失殆尽,那么人们的心灵是空虚的,无法给予自己的感情。因此,我们必须从更宏观、更广阔、更深刻的角度去认知旅游产业的可持续发展的概念。

(一) 旅游产业发展的经济负外部性规避措施

1. 明晰产权

产权是一种社会工具,其重要性就在于事实上它们能帮助一个人形成他与其他人进行交易时的合理预期。这些预期通过社会的法律、习俗和道德得到表达[②]。在旅游产业中,大多数的旅游资源都具有公共物品的属性,产权没有被完全明确的赋予。造成人们对使用旅游资源的所有权和使用权的泛滥,这是导致旅游负外部性尤其是造成环境污染的关键原因,是产生旅游产业外部不经济的根源。通过政府干预建立一系列的资源所有权制度,将旅游资源的管理成本和信息成本个体化,最大限度地降低旅游产业的外部不经济。旅游资源的共有财产属性导致了很大的外部性。一个共有产权所有者的活动的全部成本不是间接由他来承担的,而且他们不注意其他人向他支付适当的量的意愿。共有财产排除了"使用财产就要付费"的体制,因此明晰产权就是要在国家和政府层面上,根据国家和地方所制定的旅游保护方针政策、法律法规和标准,依靠行政组织,运用行政力量,按照行政方式来管理旅游的方法。明晰产权可以使资源所有者通过考虑未来的收益和成本,而不得不关注当前的供给与需求条件,进而在宏观层面上更经济地使用旅游资源。

2. 对外部性产生者征税

从资源配置的角度分析,外部不经济表示不在决策者考虑范围之内的时候所产生的一种低效率现象,因此这种非市场性的影响使价格机制不能有效地配置资源,造成了以牺牲资源环境和社会其他利益为代价来获取收益,影响旅游区的可持续发展。从图 20-1 可以看出外部不经济造成的损失是边际社会成本与边际私人成本相背离的部分,环境外部不经济是由于环境损失造成社会成本上升的部分,因而要从根本上解决旅游生态环境问题,促进旅游区的可持续发展必须降低社会成本,使私人外部成本内部化。就全社会而言,可用较少的投入减少较大的损失,有利于社会和公众。一个主要途径就是可以通过政策性收税,对产生的社会成本进行经济补偿。

---

① Christoph Stadel.是分歧和冲突,还是一致与和谐——奥地利上陶恩国家公园的自然保护和旅游潜力//国际旅游规划案例分析[C].天津:南开大学出版社,2003.
② (美)科斯·阿尔钦诺斯等.财产权利与制度变迁——产权学派与新制度学派译文集[C].上海:上海人民出版社,2002.

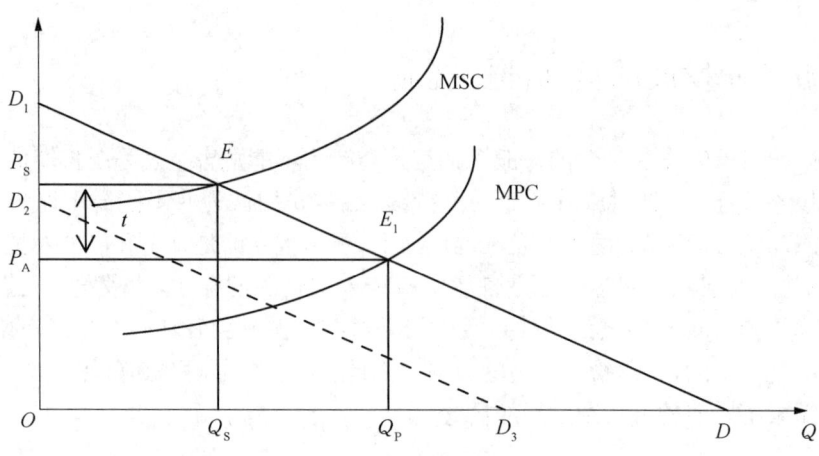

图 20-1 旅游外部不经济性内部化示意图

MPC 为不考虑外部不经济影响的边际私人成本，MSC 为考虑外部不经济的边际社会成本，DD_1 为游客对旅游产品的需求曲线。若不考虑外部不经济，MPC 与 DD_1 相交于 E_1 点，相应产量为 Q_P，价格为 P_P，此时资源配置显然不合理。要使资源可持续利用，必须考虑外部不经济的情况下进行合理的配置，即在 MSC 与 DD_1 的交点 E 处，此时价格为 P_S，资源产品产量为 Q_S，此时为旅游景区最佳环境容量。为了使控制旅游环境容量"颈瓶"的旅游生态环境容量达到最大值，从经济上有两种办法：①对游客增加附加的资源环境保护费 t，则游客需求曲线下降为 D_2D_2，与 MPC 交于 C 点，从而降低旅游产品的产量 Q_S，价格也降为 P_A。由图 20-1 可以看出，$P_A = P_S - t$。相应减少游客的数量，以达到生态环境的保护；②对旅游开发经营商收到 t 的税收，使其成本曲线上升到 MSC 的位置，与 DD_1 交于 E 点，产量 Q_A，价格 P_A，使其个人利润一部分转化为社会成本，加强生态环境的保护。

3. 实现旅游循环经济

实现民族地区循环旅游经济，首先必须进行科学的旅游规划。科学的旅游规划可以遏制对旅游资源各自为政的盲目开发，杜绝不顾长远效益的竭泽而渔的行为，使旅游资源的开发在渐进有序、统一和可持续的状态下进行。应一律坚持先规划后开发的原则。一些很好的规划模式值得借鉴和推广，比如同心圆规划模式：划定民族地区旅游区和风景名胜区的范围及其外围保护地带，按同心圆由里向外划分出不同功能的区带，即核心区、缓冲区和过渡区。核心区不受任何人为干扰、保持原始状态的自然生态系统，是自然保护区的主体；缓冲区在一定程度上可受人为干扰，但仍基本保持自然生态系统状态，缓冲带内可以允许少量的定居点，并能从事一定的、但受严格限制的生物资源开发利用的活动，如物种人工繁殖等；过渡区是自然保护区与非自然保护区之间的过渡带，在过渡区内，可以从事一定的资源开发与生态旅游等活动。除此之外，实现旅游循环经济进行宣传教育也必不可少。宣传教育举措包括针对旅游者、旅游从业人员、当地居民及领导干部等进行旅游环境保护的意义和有关知识的宣传教育。对旅游者，应以旅游消费道德教育为主；对旅游从业人员，应加强环保素质教育；对旅游区领导干部，要强调环保意识与管理能力教育；对当地居民，则应以环保参与教育与法制教育为重点，从多个层面入手实现旅游循环经济。

(二) 旅游产业发展的环境负外部性规避措施

1. 建立旅游容量地图

从微观层面上看,旅游开发商在进行生产活动时往往注重对旅游景区(景点)的建设,却忽略了支持旅游景区(景点)发展的其他区域。很多区域没有特殊或独特的自然资源而不适合于大规模旅游开发,通常支持其他经济活动,例如农业耕作和林业,但是这些区域经常包含有趣的特征、有吸引力的景观和传统生活方式的样本。到达目的地的旅游路线,或短途旅游和观光路线经常穿过这些地方,需要一些保护措施来保持其环境容量,同时满足其他使用者的需求①。旅游容量地图是基于生态承载量、资源空间承载量、心理承载量、经济承载量、土地利用强度、旅游经济收益强度、游客密度等指标而建立的旅游承载量地图。建立旅游容量地图,能够使人们逐渐意识到自身旅游行为对目的地的影响不仅是经济的,还有社会和环境方面的,而且旅游容量地图的重要性表现在所有的相关决策者都能够了解资源利用产生的区域影响。从宏观层面上看,旅游系统是一个脆弱的人类-社会-生态系统,国内外的旅游发展实践证明,旅游系统的发展并非总是不断向前进化的,在一定的社会经济条件下,旅游系统如果任其自然演化,总会出现不同程度的结构与功能失调②。几乎绝大部分旅游点的发展都会经历一个从萌芽、起步到兴旺、衰退的发展与演替过程,因此建立旅游容量地图应当能够模拟出旅游地不同资源利用组合方式可能带来的影响,必须具有强大的反馈功能。

2. 社区居民参与

旅游发展的重点已经从数量转变到质量。大众旅游不再被认为是一项具有长期吸引力的选择。对旅游产品质量的关注要集中在以下几个方面:保持目的地内在的吸引力;因地制宜地开发旅游项目;重视环境承载力;尊重目的地社区的生活方式和文化传统。随着产品开发重点逐渐转移到质量上来,为开发"软性"的生态旅游产品(soft tourism products)创造生态环境,还要保证产品质量,这就必须依靠民族地区当地的人力资源。民族地区旅游产业发展中的居民参与包括两个方面的内容:① 旅游组织在进行旅游规划时,应当识别不同利益者对旅游开发的看法,所关心的问题以及不同倾向与态度。只有这样做,旅游规划与开发才能具有综合性的特征,进而争取社区居民对旅游规划的支持,加强他们对规划者、政府以及旅游经营商的信任与信心,以便更好地认识旅游开发所带来的影响以及应该采取的对策。② 民族地区旅游产业要保持它的特色,本地居民的参与显得尤为重要。这是因为:首先,本地居民的广泛参与有利于避免反映旅游地特色的基本资源出现枯竭;其次,本地居民对本民族文化怀有的自豪感、自信心能够帮助旅游者正确地理解民族地区的文化和资源特色;最后,居民参与可以保证民族地区的生活系统有足够的活力来抵抗外来因素造成的影响③。

---

① 舒代宁.旅游循环经济的实现途径[J].循环经济,2006,(6):14-15.
② 周志红.旅游自组织系统:区域旅游规划的根本目标[J].热带地理,2002,22(3):249-252.
③ Miehael J K, Miehael S O C, Clodagh C.为竞争协调!实现折中创造条件——影响伊尼斯奥尔旅游发展和管理的若干问题//国际旅游规划案例分析[C].天津:南开大学出版社,2003.

3. 提高跨文化交际质量

旅游活动是一项跨文化交际活动,语言的交流在这个过程中也显得同等重要,大量的事实证明交际或语言深深植根于它们赖以生存的文化土壤之中。同样对文化的认识也离不开对交际的认识,两者构成一个不可分割的统一体。Sapir 指出,文化是交际的同义词,实际上两者在很大程度上同构、同质①。英国社会人类学家 Malinowski(1923)说过,"语言深深地扎根于文化现实和该民族人民的习俗生活之中,语言研究离不开这一宽泛的语言行为环境"②。因此,必须对不同的文化背景、价值取向、社会规范等方面存在的差异性进行全面的认识。了解语言、文化与跨文化交际的关系,在短暂共存的环境中构建对双方有利的心理表征,提高旅游服务人员的服务质量,使旅游服务语言符合"文化与社会期望",提高旅游跨文化交际质量。

4. 提倡可持续旅游消费

旅游消费是一种重要消费形式,是人们的基本需要(即生理需要和安全需要)得到一定满足后,为实现更高层次的需要而进行的高级消费形式,因而没有数量的限制。由于旅游产品的不可转移性和实践性强的特点,使得旅游者对旅游产品的消费就具有"掠夺性"的特点,旅游者会在尽可能短的时间内,去消费尽可能多的旅游产品,实现旅游消费的最大效用。显而易见的一个事实是,旅游者的过度消费,会造成旅游资源的过快消耗,导致旅游目的地环境恶化,加大旅游生产和经营的盲目性,从而影响旅游产品的供给,造成大量资金积压和浪费,影响旅游产业的持续运行,影响旅游经济效益。因此,在这种背景下,应提倡可持续旅游消费。可持续旅游消费不但能直接减少资源与环境的压力,而且通过旅游消费意识的引导推动旅游消费主题的自觉创新,从可持续发展的循环链上不断地推动旅游消费客体创新,使之与旅游消费主体创新相适应,继而建立可持续旅游消费与可持续旅游生产的互动发展新机制,促使民族地区旅游生产朝着可持续的方向发展。

四、本章小结

旅游产业具有极强的关联性特征,这种特征必然导致旅游产业在其发展过程中会产生经济与环境的关联效应,而这种关联效应在经济学层面上就表现为正外部性与负外部性效应,而这种外部性效应势必会波及甚至统摄旅游产业发展的目标体系、产业定位、资源分析、环境支持、产品设计与安排、市场形成与成长、产业形象与产品推广、生产力布局以及旅游产业的运行等。旅游产业的发展就是要有效张扬正外部性效应,而有效规避负外部性效应,只有这样才能实现旅游产业与经济、环境和文化之间的良性互动。因此,民族地区旅游可持续发展就其本质而言,是一种建立在要素发展和人类活动基础上的产业发展,如果说在旅游产业发展初期更多地表现为要素(或某一要素)发展的话,那么当旅游供给规模、供给结构和需求规模、需求结构成长到一定阶段,旅游发展就必然表现为旅游

---

① Sapir E. Language: an introduction to study of speech [M]. NewYork: Harhcount, Brance & Company, 1921: 221.

② 康有金,柯可.关于高级英语教学中的文化教学现状的调查研究[J].湖北经济学院学报(人文社会科学版), 2012,9(1): 177-179.

产业的可持续发展了。因为旅游产业的可持续发展涵盖了要素发展(包括文化、自然遗存物、旅游配套设施及服务、信息、组织等旅游软资源)和市场发展(可持续存在的、有稳定增长的、有规模的、结构合理的旅游消费者集群),而不是单一的某要素的发展,只有建立在产业运行层面上的旅游发展才能导致其可持续发展,换言之,旅游可持续发展就是旅游产业发展。

民族地区旅游产业的经济正外部性主要体现在旅游的乘数效应,即需求乘数效应、投资乘数效应、就业乘数效应几个方面。旅游活动是旅游需求者不同偏好的集合,这种多元结构的偏好势必决定旅游市场具有丰富性与复杂性的特点,就要求有多个不同的行业来支持旅游消费过程,进而带动其他相关产业的或行业的发展。然而由于民族地区旅游产业发展的起点低,对于技术的诉求力度小,使得关于民族地区旅游科学研究的进展较为缓慢,不能为民族地区旅游产业的发展提供一个系统、规范的理论指导,在一定层面上讲是一种摸索尝试的发展过程,它所带来的后果就是旅游发展停滞。

旅游产业发展的一个重要支撑因素就是旅游资源以及旅游资源所依托的旅游环境。在旅游价格既定的前提下,旅游消费者总会追求最大的消费效用。又由于旅游资源的公共产品属性,使得旅游开发商的开发行为具有很强的重复性和破坏性,这样环境的负外部性影响就异常显著。当然旅游产业的发展并不能否定它对环境也具有一定的积极影响:开展旅游有助于把保护和修复历史建筑等遗产;旅游开发有助于当地环境的改善;开展旅游资源调查活动有助于生物的保护。

随着民族地区旅游产业的发展,许多具有相似自然禀赋的旅游目的地,在旅游开发中趋于雷同,造成较强的替代性,削弱了民族地区旅游地自身的竞争力。同时作为需求方的旅游消费者并不满足于感官享受,他们希望在旅游活动过程中既能放松身心,又能感受旅游地的文化气息,因此文化应当成为民族地区发展旅游产业的基础,因为文化是长期积淀的结果,是旅游产业的精华提取物,传递着民族地区的文脉信号,是高级的旅游产品,具有很高的潜在经济价值,能够带给游客的印象也是深刻和持久的。民族地区的文化负载着当地的文脉信号,决定了本地区旅游产品的深度与广度,能够在更大程度上满足旅游市场的需求,并能再次激发旅游动机,形成合理有效的旅游发展路径,从而有利于旅游产业的持续发展。因此,民族地区旅游产业发展的外部性还应关注文化在旅游发展中的外部性问题。其正外部性主要表现为:文化是旅游产业保持可持续发展的引子、文化是旅游产业发展的基础、文化是旅游产业保持可持续发展的因子以及旅游产业可持续发展是文化得以保护和发展的产业载体。同时也必须关注到旅游产业在其发展过程中由于旅游经济效应的巨大吸引力,文化在旅游产业的发展中处于一种失威的困境之中,文化更多地被赋予了经济价值的符号,被庸俗化、商品化,原有文化中处于本位的鲜明特点让位于旅游活动强烈冲击下的文化特征,文化负外部性影响显著。

我们认为民族地区旅游产业的发展和经济、环境以及文化的发展是等量齐观的。民族地区旅游产业的发展会支持本地区经济、环境与文化的发展,而本地区经济、环境以及文化的发展又会反哺于旅游产业的可持续发展,保证彼此之间的一种均衡发展态势,促进民族地区旅游产业健康的发展。

后 记

思考我国民族地区旅游产业的发展问题由来已久,在前几年,这种思考主要集中在对作为区域旅游一种类型的民族地区旅游发展模式的研究上,因此承担了一些属于研究性质的纵向课题和大量应用性质的规划项目。思想总是在实践中成长,做了一些研究工作,反思这些研究工作,探讨的志趣便不由自主地转向对我国民族地区旅游发展的根本目标体系和价值基准的方向上了。在2009年,我承担了国家社科规划项目"多元目标引领的西北民族地区旅游产业发展研究",开始较为系统和深入地研究导引我国民族地区旅游产业可持续发展和科学发展的"根本"和"基准",并带领我的几届研究生做这个研究,作为这个思考的初步成果已由中国社会科学出版社出版,而作为该书的扩展性的思考——对我国民族地区整体旅游产业发展基础、模式以及影响的研究的思考——则是这本初步探索的作品所呈现的内容了。

全书由把多勋总纂和统筹,由我的往届和在读研究生们共同编写。其中,前言,把多勋(西北师范大学旅游学院);第一章,把多勋、姜丽(西北师范大学旅游学院在读);第二、三章,把多勋、温倩(西北师范大学旅游学院在读);第四章,把多勋、王瑞(西北师范大学旅游学院);第五章,把多勋、韩若苑(西北师范大学旅游学院);第六章,把多勋、温倩;第七章,徐金海(中国社会科学院研究生院)、把多勋;第八章,把多勋、路小莎(中国人民银行武威市中心支行);第九章,张欢欢(信阳农林学院旅游管理学院)、把多勋;第十章,尚雪英(兰州城市学院)、把多勋;第十一、十二章,把多勋、彭睿娟(西北师范大学旅游学院);第十三章,王俊(中国社会科学院研究生院)、把多勋;第十四章,把多勋、张杰(西北师范大学旅游学院在读);第十五章,把多勋、王艳(安徽省农行省分行营业部);第十六章,游喜喜(南开大学旅游与服务学院)、把多勋;第十七章,徐伟、把多勋;第十八章,把多勋、杨光(中国邮政储蓄银行廊坊市分行);第十九章,杨阿莉(西北师范大学旅游学院)、把多勋;第二十章,彭睿娟;后记,把多勋。

旅游产业是我国"新经济"和三次产业中最有活力和发展速度最快的产业之一,因而也是"变数"最大的产业,新思想、新观念、新思路、新战略和新方法层出不穷,内外环境因素也处在迅烈的变化中,令人目不暇接。因此,试图一劳永逸地穷尽产业发展的规律或模式,并试图创造"经典"的态度都是不可能的,再加之水平、思考和积累的"高度"和"厚度"都有限,不足之处在所难免,请大家批评指正!

在编写本书的过程中,我的在读研究生温倩付出了大量的心血和劳动,承担了本书主要的资料收集、编辑和校对工作;往届研究生彭睿娟也做了很多资料收集和编辑工作;我的孩子把梦阳一直在精神上鼓励和鞭策我,使我有了努力工作的强大动力,向他(她)们致以由衷的谢意!还有为本书付出宝贵支持和劳动的其他同学和同仁们,恕不一一列举了,在此一并致谢!

把多勋写于中共中央党校学员1号楼1301室
2017年4月16日